비대면 시대의 미중 기술경쟁

정보세계정치학의 시각

비대면 시대의 미중 기술경쟁
정보세계정치학의 시각

2021년 5월 10일 초판 1쇄 인쇄
2021년 5월 17일 초판 1쇄 발행

엮은이 김상배
지은이 김다인, 김지이, 김지윤, 정서윤, 오예림, 이수연, 홍지영, 최정훈, 노유경

편집 김천희
디자인 김진운
마케팅 최민규

펴낸이 윤철호·고하영
펴낸곳 ㈜사회평론아카데미
등록번호 2013-000247(2013년 8월 23일)
전화 02-326-1545
팩스 02-326-1626
주소 서울특별시 마포구 월드컵북로6길 56

이메일 editor@sapyoung.com
홈페이지 www.sapyoung.com
ISBN 979-11-6707-010-4 93340

이 저서는 2020년 서울대학교 정치외교학부(글로벌 리더스 프로그램)의 지원을 받아 수행된 연구임.

비대면 시대의 미중 기술경쟁
정보세계정치학의 시각

김상배 엮음

사회평론아카데미

차례

머리말

비대면 시대의 미중 기술경쟁

김상배

이 책은 2020년 상반기에 출간한 『4차 산업혁명과 미중 패권경쟁: 정보세계정치학의 시각』(사회평론아카데미)에 이어 두 번째로 엮은 서울대학교 정치외교학부 글로벌 리더스 프로그램(GLP) 학술논집이다. 2020년에는 예기치 못한 코로나19의 발생으로 인해서 GLP의 국내외 답사 프로그램을 운영할 수 없게 되어, 다양한 대체 프로그램들을 진행할 수밖에 없었다. 이 책은 그 일환으로 진행된, 정치외교학부 및 관련 전공 학생들을 대상으로 한 특별기획 세미나의 연구 결과물이다. 정보세계정치학의 시각에서 미중 기술경쟁을 탐구한 학술논집의 제목에 '비대면(非對面, untact)'이라는 말을 담아 '답사 못 간 한(?)'을 풀어 보려 했다.

여러 가지 점에서 코로나19 사태는 세계정치의 '변환'(變換, transformation)을 초래한 사건 중의 하나로 기록될 것이다. 국제안보의 관점에서 볼 때, 1991년 소련이 붕괴하면서 탈냉전(Post-Cold War) 질서로의 변환이 일어났고, 2001년 9·11 테러의 발생이 탈근대(Post-modern) 질서로의 변환을 일으켰다면, 2020년 코로나19 사태는 '인간 중심 질서'에서 '탈인간(Post-human) 질서'로 변환하는 시대극의 서막을 열지도 모른다. 국제정치경제의 관점에서 보아도, 코로나19 사태는 1997년 동아시아 금융위기나 2008년 글로벌 경제위기를 넘어서는 큰 충격을 낳을 것이라고 예견된다.

좀 더 구체적으로 코로나19 사태는 미중 패권경쟁에도 큰 영향을 미쳤다. 특히 미래국력의 핵심이라고 할 수 있는 기술패권 경쟁에 미친 영향이 지대하다. 코로나19 사태를 거치면서 5G, 반도체, 인공지능 분야의 경쟁이 시선을 끌었다. 코로나19 사태 이후 기술혁신의 국내적 기반을 강화해야 한다는 담론이 득세하면서 제조업 기반을 독자적으로 확보하려는 시도가 두드러졌다. 이러한 시도는 글로벌 공급망의 디커플링(decoupling)과 연계되어 해외 생산시설을 리쇼어링(re-shoring)하는 기술민족주의적 행보로 이어진다. 글로벌 공급망을 공유하던 시대는 사라지고, 미중이 서로 자국 중심의 공급망을 구축하려는 경쟁이 벌어지고 있다.

좀 더 장기적인 관점에서 보면, 코로나19 관련 과학연구와 기술 개발 경쟁이 점화될 것이다. 이미 코로나19의 백신과 치료제, 그 밖의 바이오·제약·의료 기술을 둘러싼 양국 간 경쟁은 격화되고 있다. 이러한 연속선상에서 보면 코로나19 사태의 발생은 바이오 기술(BT) 패러다임 또는 '5차 산업혁명'의 주도권을 향한 양국의 경쟁을 앞당기는 효과를 낳을 것으로 평가된다. 지난 시절 동안에도 바이오 기술 패러다임의 부상에 대한 논의가 없었던 것은 아니지만, 코로나19의 발생은 질병에 의한 죽음의 공포를 절박한 위협으로 각인시켰을 뿐만 아니라, 인류가 추구해온 기술발달의 경로를 좀 더 생태친화적인 방향으로 바꾸어 놓을 수도 있다.

이 책은 코로나19가 창출한 비대면 기술환경의 도래에 주목했다. 코로나19 사태로 인한 '사회적 거리두기'의 차원에서 4차 산업혁명 분야의 기술을 활용한 비대면 환경이 급속히 조성되었다. 재택근무 도입으로 온라인 쇼핑, 택배주문, 온라인 뱅킹 등 비대면 경제도 급부상하고 있다. 구글, 넷플릭스 등과 같은 온라인 기업, 특히 줌(Zoom) 같은 화상회의 플랫폼 기업이 떴다. 코로나19 사태가 진정되더라도 온라인 기반 비대면 활동이 증가하고, 디지털 경제와 비대면 경제로의 전환이 급속도로 이뤄질 것으로 전망된다. 특히 비대면 패러다임의 부상은 미중 간에 초국적으로 구축되는 '디지털 플랫폼 경쟁'을 촉발할 가능성이 크다.

미중 플랫폼 경쟁에 대한 논의는 2000년대 컴퓨터 운영체계에서

2010년대 인터넷 검색으로 옮겨갔다. 2010년대 후반에는 5G의 도입이 창출하는 플랫폼 환경이 쟁점이었다. 비슷한 시기 디지털 경제의 데이터 플랫폼으로서 클라우드가 쟁점으로 두드러지더니, 2020년을 넘어서면서 SNS, 전자상거래, 간편결제 분야의 플랫폼 경쟁이 논란거리가 되기에 이르렀다. 초기에는 MS와 구글과 같은 미국 기업들을 제재하는 중국 정부의 조치가 화두였다면, 최근에는 화웨이나 텐센트, 알리바바, 바이트댄스와 같은 중국 기업들을 제재하는 미국 정부의 행보가 관심을 끌었다. 이러한 과정에서 미중경쟁의 초점도 좁은 의미의 제품과 기술, 표준 등을 둘러싼 경쟁을 넘어서 좀 더 포괄적인 의미에서 파악된 디지털 플랫폼 경쟁으로 확대되었다.

이러한 디지털 플랫폼 경쟁은, 단순한 '기업 간 경쟁'이 아니라, 미중 양국이 나서는 '국가 간 경쟁'의 시각에서 이해해야 한다. 최근 통상, 주권, 정책, 법, 제도, 민족주의, 동맹, 외교, 국제규범, 전쟁 등이 변수가 되고 있다. 국경을 넘어서는 디지털 무역이 쟁점이 되고, 중앙은행이 발행하는 디지털 화폐가 문제시되며, 사이버 동맹외교가 논란을 일으키고 있다. 일국 차원을 넘어서 국가군(群)을 단위로 글로벌 가치사슬이 재편되고 인터넷마저도 지정학적 구도에 따라 양분될 조짐을 보이고 있다. 이러한 현상들은 모두 어느 한 부문에서 벌어지는 플랫폼 경쟁이 아니라 이들을 모두 엮어서 봐야 하는 '플랫폼의 플랫폼(Platform of Platforms)' 경쟁, 국제정치학의 용어로 말하면, '글로벌 패권경쟁'이라고 할 수 있다.

이 책의 바탕에는 미국과 중국이라는 두 개의 플랫폼 사이에 놓인 한국의 전략적 선택에 대한 고민이 있다. 진화하고 있는 미중 기술패권 경쟁 사이에서 한국이 취할 미래 국가전략의 방향은 어디일까? 한국은 서방 진영의 제도와 규범 및 가치를 따르면서도, 중국과는 주로 경제 분야에서 밀접한 관계를 유지하고 있다. 다시 말해 한국은 두 개의 플랫폼에 모두 발을 딛고 있는 모양새이다. 이러한 상황은 미중 양국이 우호관계를 유지할 경우에는 기회이지만, 지금처럼 갈등이 깊어가는 시절에는 딜레마가 된다. 플랫폼의 틈새가 크지 않을 때는 양다리 작전이 통했지만, 지금처럼 플랫폼의 틈새가 점점 더 벌어질 것이 예상되는 상황에서는 접근법부터 달라야 할 것이다.

이 책은 크게 세 부로 구성되었다. 제1부 '미중 기술경쟁의 진화'는 비대면 시대의 미중 기술패권 경쟁과 디지털 플랫폼 경쟁을 분석한 네 편의 논문을 담았다. 5G, 반도체, 인공지능(AI)을 비롯하여, 컴퓨팅 운영체계와 모바일 플랫폼, 전자상거래와 핀테크, 소셜 미디어 등의 분야에서 벌어지고 있는 미중 기술경쟁의 어제와 오늘, 그리고 미래를 살펴보았다.

제1장 "비대면 시대의 미중 기술패권 경쟁: 5G, 반도체, AI를 중심으로"(김다인)는 코로나19 사태로 인해서 야기된 세계정치 변환의 사례로서 5G, 반도체, AI 분야에서 벌어지는 미중 경쟁을 '복합지정학의 시각'에서 고찰하였다. 5G 분야의 미중경쟁은 기술 확보를 위한 자원 권력 경쟁뿐만 아니라, 주변국들을 내 편으로 모으는 네트워크 권력 경쟁의 양상을 보이고 있다. 이는 과거 군사·경제적 차원의 동맹 게임이 5G 인프라 확보를 바탕으로 한 사이버 공간의 '탈(脫)지정학적 경쟁'으로 확장되고 있음을 보여준다. 5G 인프라 확보 경쟁은 부품 분야인 반도체 부문의 수출 제재와 공급 차단의 경쟁으로도 이어진다. 이는 코로나19 사태와 맞물리면서 지구화의 상호의존 과정에서 형성된 글로벌 생산 네트워크의 재편이라는 '비(非)지정학적 차원'의 구조 변동도 야기하고 있다. 최근 미중 기술경쟁은 통신과 반도체 분야의 하드웨어를 둘러싼 경쟁을 넘어서 인공지능(AI) 분야로 급속히 확장

되고 있다. AI 기술의 활용과 응용 단계에서 나타나는 각국 정부의 정책·제도, 사회체제, 국가안보, 더 나아가 각국의 위기해결 모델, 국제적 리더십을 둘러싼 담론정치에서는 '비판지정학적 동학'도 엿볼 수 있다. 특히 코로나19를 계기로 인공지능 기술의 활용 가능 범위가 확대됨에 따라 다양한 영역에서 이러한 체제와 담론 변수는 논란거리가 될 것으로 전망된다.

제2장 "컴퓨팅·모바일 플랫폼 경쟁: 미국의 패권에 대한 중국의 대응"(김지이)은 미중 무역갈등의 연장선으로 볼 수 있는 컴퓨팅 및 모바일 플랫폼 경쟁의 사례를 살펴보았다. 구체적으로 1990년대 말부터 오늘날까지 변화하고 있는, 컴퓨팅 및 모바일 플랫폼 분야 미국의 기술패권에 대한 중국의 대응 전략을 분석하였다. 제2장은 컴퓨터 운영체제, 모바일 운영체제 그리고 앱 스토어 분야의 미중경쟁 과정에서 드러난 미국 기업들의 기술적 우세와 이에 기반을 둔 미국의 패권에 대한 중국의 대응 방식상의 변화에 초점을 두었다. 이러한 중국의 대응 방식에서는 지속성과 변화가 동시에 감지된다. 한편으로 중국의 첨단기술 경쟁에서 미국에 대한 대응과 방식에 있어 중국 정부의 강력한 지지와 역량은 변함이 없다. 그러나 다른 한편에서 보면, 중국 기업들의 자율성이 점차로 제고되고, 또한 일정한 수준으로 보장되는 변화를 보이고 있음을 알 수 있다. 또한 중국 기업들이 기술경쟁을 마주하는 데 있어서 전과는 다르게 정부에 대한 의존성을 줄이고 자체적인 기술력 제고와 기업들 사이 협력 네트워크 구축을 통해 대응하는 추세를 보이고 있다.

제3장 "전자상거래와 핀테크 분야 미중 플랫폼 경쟁"(김지윤)은 디지털 기술의 발달과 함께 국제 금융패권을 둘러싼 미중의 새로운 전장(戰場)으로 부상하게 된 디지털 경제의 국제정치적 함의에 주목한

다. 새로운 공간에서, 새로운 구도와 문법으로 전개되고 있는 미중 디지털 경제 플랫폼 경쟁은 기업 간, 국가 간, 기업-국가 간 경쟁 등 다양한 층위의 경쟁들이 동시다발적으로 교차하는 복합 경쟁의 속성을 띤다. 또한 제도·관념의 변수들과 결합하여 글로벌 경제 질서의 질적 변화와 미중 패권경쟁의 향배를 점칠 수 있는 유의미한 이정표가 된다. 제3장은 구성적 제도주의의 분석틀을 원용하여, 디지털 경제 플랫폼 분야의 미중경쟁을 플랫폼 비즈니스 모델 및 기술체계(이익), 플랫폼 기업 규제 및 국제 규범(제도), 플랫폼 경제 질서 담론 및 민관 상호작용 양상(관념)의 세 가지 차원에서 분석하였다. 국제정치학의 이론틀에 입각한 현상 분석을 통해 미국과 중국이 디지털 경제 분야의 이익-제도-관념 차원에서 본질적으로 다른 정체성을 구축해오고 있음을 확인하고, 이로부터 향후 글로벌 경제 공동체의 디커플링(decoupling)에 관한 예측을 구체화했다.

제4장 "미중 디지털 미디어 플랫폼 경쟁: '규모의 변수'와 '체제 적합력'의 개념을 도입하여"(정서윤)는 페이스북과 텐센트의 사례에 주목하여 미중 디지털 미디어 경쟁을 살펴보았다. 특히 디지털 미디어 플랫폼 부문의 국제정치학적 함의를 추출하기 위해서 '규모의 변수'와 '체제 적합력'의 개념을 원용하였다. 자유와 민주주의의 상징이었던 페이스북의 '오픈형 소셜 미디어 모델'보다 텐센트의 '생활밀착형 메신저 모델'이 득세하고 있다. 또한 미국 기업인 페이스북이 리브라를 통해 디지털 화폐 신산업으로 플랫폼을 확장하는 가운데, 중국 정부가 디지털 위안화의 도입을 통해 국내외 금융시스템의 장악을 노리고 있다. 플랫폼 상의 데이터 및 개인정보와 콘텐츠 관리와 관련하여, 자유주의적인 미국의 정책담론과 국가 차원의 관할권을 주장하는 중국의 정책담론이 서로 충돌하고 있다. 중국에서는 폐쇄적 정책이 중국 기업

의 선도적 행보를 막고 있으며, 미국에서는 디지털 미디어 시장에서의 자유의 권리의 범위를 새로이 설정하는 문제가 제기되고 있다. 더 나아가 끊임없이 확장해 나가는 복합적인 미중 미디어 플랫폼 경쟁에서 전 세계 사용자의 마음을 얻을 수 있는 보편적인 담론을 추구하는 플랫폼의 구축이 핵심이 되고 있다.

제2부 '데이터·사이버 안보 갈등'은 데이터 안보와 데이터 외교, 그리고 사이버 안보와 관련된 미국과 중국의 갈등 및 양국의 대응정책을 다룬 세 편의 논문을 실었다. 안보화 이론이나 신흥안보의 이론에서 제기된 안보위협의 인식과 담론 및 이를 반영한 구체적인 정책 추진의 과정 등이 이들 논문의 주요 관심사이다.

제5장 "클라우드 컴퓨팅 분야의 미중 3차원 표준경쟁: 데이터 안보/외교의 시각"(오예림)은 4차 산업혁명 시대의 핵심 원천기술 중 하나인 클라우드 컴퓨팅 분야를 사례로 하여 미국과 중국이 벌이는 데이터 안보/외교 경쟁의 중층적·복합적 양상을 분석하였다. 특히 기술-제도-담론의 3차원 표준경쟁 분석틀을 원용하며, 제도와 담론표준을 둘러싸고 미중 양국의 대내외 데이터 거버넌스가 어떻게 상호 충돌·경합하는지 살펴보았다. 기술표준경쟁의 차원에서 각각 GAFAM과 BATH로 대표되는 미국과 중국의 IT 기업들 간의 경쟁 양상을 다루며, 일견 민간 기업들 간의 경쟁으로 보이는 IT 기업들의 경쟁이 국가 행위자의 개입으로 인해 서로 다른 네트워크간의 기술표준을 둘러싼 경쟁으로 비화하는 양상을 살펴보았다. 제도표준경쟁의 측면에서는 양국이 대내 데이터 거버넌스를 위해 운용하고 있는 대표적인 법제를 살펴봄으로써 클라우드 컴퓨팅 기술을 뒷받침하는 양국의 정치경제모델 간 차이를 파악하였다. 마지막으로 미국과 중국의 대외 데이터 거버넌스 구상을 각각 살펴보고, 그 이면의 인식과 목적을 살펴봄으로

써 현재 데이터 분야에 대한 범세계적 규칙이 부재한 상황을 활용하여
양국이 어떻게 상호 경합적인 담론체계를 내세우며 담론표준경쟁을
이끌어가는지 검토하였다.

제6장 "중국의 사이버 공격과 미국 데이터의 침해: 신흥안보론
의 시각"(이수연)이 미중 사이버·데이터 갈등을 보는 출발점은, 안보
화 논의가 모든 것을 과도하게 안보 문제로 보게 만든다는 '과잉 안보
화'의 주장에 대한 비판이다. 안보화의 적절성 문제는 실제로 어떤 대
상이 어떠한 피해를 얼마나 받는지를 살펴보고 그러한 피해가 국가안
보를 거론할 정도인지를 판별하는 구체적인 논의가 필요하다는 것이
다. 제6장은 이를 밝히기 위해서 신흥안보의 시각을 원용하여 중국의
사이버 공격과 미국의 데이터 침해 문제에 대한 분석을 전개한다. 사
이버 공간에서 여러 공격이 발생하는 핵심적 이유는 데이터 절취에 있
다. 이는 데이터를 확보하기 위한 전쟁을 방불케 한다. 데이터는 디지
털 시대의 가장 중요한 자원으로 인식되고 있으며, 누가 얼마나 많은,
얼마나 좋은 데이터를 가졌는지에 따라 향후 국가의 미래가 좌우된다.
제6장은 중국의 사이버 공격으로 인해 미국의 개인, 기업, 국가가 어
떠한 데이터 침해를 받고 있는지 조명함으로써 과잉 안보화의 주장에
맞서는 이론적·경험적 근거를 찾고자 하였다.

제7장 "미국 사이버 안보 정책의 진화: 미중갈등의 인식 변화를
중심으로"(홍지영)는 사이버 위협과 미중관계에 대한 인식의 변화에
따라 미국의 사이버 안보 정책이 어떻게 변화했는지를 살펴보았다. 사
이버 공간은 탈지정학적 성격을 지닌 복합지정학적 공간임에도 불구
하고 최근에는 미중 간의 사이버 갈등은 지정학적 성격을 강하게 드러
내고 있다. 이러한 배경에는 중국의 부상에 따른 미국과의 갈등과 정
보통신 분야 기술패권 경쟁의 심화가 얽혀있다. 정보통신 기술에 대

한 국가 기반시설의 의존도가 심화되고 다수의 국가 지원 해킹의 사례들이 발생함에 따라 오바마 행정부는 사이버 안보 추진 체계를 기존의 국토안보부 중심에서 백악관 중심으로 재편하였다. 또한 사이버 보안국을 신설하는 등 체계적이고 전방위적인 사이버보안 대응 능력의 재편을 진행했다. 오바마 행정부 시기에는 군사적 견제와 경제적 협력의 컨게이지먼트(congagement) 전략을 구사하였으며, 중국 이외에도 러시아, 북한, 이란 등 다양한 국가 지원 해킹에 대한 국가적 차원의 사이버보안 대응력과 복원력의 강화 등과 같은 정부 구조의 체계화에 초점을 맞추었다. 미중 기술경쟁에 더욱 가속화되면서 트럼프 행정부는 '미국 우선주의' 정책과 압도적인 미국의 패권 회복, 중국 제품에 대한 정부기관, 의회 등의 우려 등을 배경으로 중국 기술에 대한 견제에 더욱 초점을 맞춘 정책들을 실행하였다. 따라서 중국 제품의 보안 우려, 기술 탈취 및 전복 우려 등에 대응하는 방안으로 중국 제품의 미국 내 사용이 금지되고 이에 대한 동맹국의 협력을 요구하는 방향으로 대외정책을 실행하였다.

제3부 '하이브리드전과 미래전의 세계정치'는 미국과 중국의 벌이는 기술패권 경쟁의 구도를 넘어서 유럽과 러시아의 대결뿐만 아니라 비대면 시대의 미래전에 대한 전망을 포함하는 정보세계정치의 쟁점들을 살펴보았다. 이를 위해서 하이브리드전과 미래전의 맥락에서 본 드론 기술 등의 사례를 검토하였다.

제8장 "하이브리드 위협에 대한 나토의 대응전략: 전통 군사안보와 사이버 안보의 연계"(최정훈)는 러시아의 하이브리드 위협에 대한 나토의 대응전략 사례를 다루었다. 2014년 러시아의 우크라이나 무력 분쟁은 비정규전과 사이버전과 정보심리전 등이 재래식 무력을 동원한 분쟁과 복합적으로 작용하여, 상대의 전쟁수행 의지 자체를 공략하

는 하이브리드전의 한 양상을 보여주었다. 이에 대항하여 나토는 전통 군사안보와 사이버 안보 등 비전통적 안보의 수단을 결합하여, 전력의 탄력성을 제고하고 하이브리드 위협에 맞설 수 있는 복원력을 증진하는 전략을 채택하고 있다. 전방배치(FP) 제도의 수립과 나토즉각대응군(NRF)의 재편, 민·군의 복원력 증대와 하이브리드 위협 대응을 위한 각종 기구의 설립과 운영, 그리고 지속적으로 확대되는 각종 훈련을 통한 두 수단의 연계는, 오프라인 전장과 온라인 전장에서의 무력이 융합되는 양상을 보여주고 있다. 이는 더 나아가 전선을 형성하고 군대와 군대가 대치하는 전통적인 전쟁에서, 전시와 평시, 전선과 후방, 온라인 전장과 오프라인 전장의 구분이 모호해지는 새로운 양상의 전쟁이 출현할 가능성을 보여준다.

제9장 "기술발전과 세계정치: 드론의 출현과 확산 및 활용을 중심으로"(노유경)는 기술이 그 발전 단계에 따라 상이한 국제정치적 함의를 지니는 복합적인 변수라는 인식에서 출발한다. 기술은 출현부터 확산, 그리고 활용도의 확장에 이르는 여러 단계에 걸쳐서 발전이 진행되며, 그 과정에서 국가 및 비국가 행위자 간 행동 패턴의 변화를 일으키는 변수로 작용해왔다. 제9장은 드론 기술의 발전을 사례로 들어 그 기술발전 단계를 세분화하고 단계별 주요 특징들을 살펴본 후, 드론 기술발전의 국제정치적 함의를 분석하였다. 먼저 새로운 첨단기술인 드론 기술의 출현은 국가 및 비국가 행위자 간의 관계, 국제정치환경의 구조 및 성격, 그리고 행위자의 관념을 변화시키는 요인으로 작용할 것으로 볼 수 있다. 드론 기술의 제품화 및 확산 단계에서는 기술의 용도별로 각기 다른 확산 요인이 작동하는 가운데 기술 발명과 확산 주체의 분리, 네트워크 권력 경쟁의 심화 및 국가적 역량의 재분배 등이 발생한다. 마지막으로 드론 기술의 활용과 정당화 단계에서는 최

종 활용 용도에 대한 불확실성이 국제안보환경의 불안정성을 가중하고, 네트워크 권력이 실체화하며, 드론 활용의 합법성 및 윤리적 기준에 대한 논의의 필요성이 환기된다.

　이 책을 펴내기까지 많은 분의 도움이 있었다. 이 책의 작업에 공동 저자로 참여한 9명의 학부생과 대학원생들이 가장 큰 역할을 했다. 코로나19로 인해 어려운 시기임에도, 아직 기존 연구가 많이 축적되어 있지 않아 연구가 쉽지 않은 새로운 주제를 탐구하기 위해서, 젊은 열정과 지적 의지를 보여준 필자들께 큰 감사를 보낸다. 이전의 여느 작업과 마찬가지로 학생들의 미완성 초고들을 예닐곱 번씩 읽어보면서도 지지치 않을 수 있었던 것은 바로 이러한 열정과 의지에 동참하고 싶었기 때문일 것이다. 이번 특별기획세미나의 조교로 참여하여 진행을 도와준 최정훈에게 감사의 마음을 전한다. 글로벌 리더스 프로그램(GLP)의 총괄 조교 역할을 맡아 준 임항성과 나호성의 지원도 큰 힘이 되었다. 또한 2016년부터 시작하여 2020년에도 GLP를 묵묵히 지원해 준 리더스코즈메틱의 김진구 대표께 깊은 감사의 마음을 전한다. 끝으로 새로운 지적 시도의 의미를 알아보고 항상 흔쾌히 출판을 맡아 주신 사회평론아카데미 출판사 관계자들께도 고마움을 전한다.

제1부

미중 기술경쟁의 진화

제1장

비대면 시대의 미중 기술패권 경쟁
5G, 반도체, AI를 중심으로

김다인

I. 머리말

21세기 세계 정치의 최대 화두는 미중 패권 경쟁이다. 그 중에서도 단연 주목해볼 만한 것은 바로 선도부문에서 벌어지는 기술패권 경쟁이다. 2018년경부터 불거진 미중 간 무역 전쟁은 표면적으로는 무역 불균형을 해소하는 데 초점이 맞추어진 것처럼 보이나, 그 근저에는 기술 확보의 경쟁이 작동하고 있기 때문이다. 트럼프 정부가 들어선 이후, 현재까지 미국은 선도 부문에서 총 3차례의 무역 제재를 통해 중국을 견제해 왔다. 이에 맞서 중국 정부 또한 '중국제조 2025'와 '제조강국 3단계 전략' 등을 통해 국가 기반산업의 자급률을 높이고자 하였으며, AI, 빅데이터, 5G 등 정보통신 기술의 발전을 위한 전략 분야를 설정함으로써 공업화와 정보화의 융합을 국가 주도로 이루어내고 있다. 또한, 선도 부문에서 중국의 R&D 투자 지출과 특허 출원 건수 등역시 급속도로 성장하면서 미국을 위협하고 있다. 선행 연구들은 미중 기술패권 경쟁을 군사력과 경제력 등 자원 권력을 두고 벌이는 전통적 게임뿐만 아니라, 지식력을 확보하기 위해 국가 행위자, 비국가 행위자가 활발히 참여하여 벌이는 '복합성의 게임'으로 이해한다(김상배 2012; 이승주 2019).

그러던 중 최근 코로나19 사태의 발생으로 사회적 거리두기가 일상화되고, 언택트(untact)와 디지털화를 필두로 비대면 신산업이 성장하게 되었다. 이로 인해 주요국들의 디지털 기업들은 전 세계적인 경기 침체에도 불구하고 오히려 성장의 도약을 이루었다. 예컨대, FAANG으로 불리는 페이스북, 아마존, 애플, 넷플릭스, 구글, 마이크로소프트의 주식이 S&P 500에서 차지하는 비중은 2020년 12월 19%에서 올해 4월 22%로 증가하였으며, 중국의 BAT 또한 AI 부문의 투자 확대, 비대면 플랫폼 육성 등을 통해 역성장의 기회를 노리고 있다. 이와 같은 비대면 환경의 조성은 디지털 기술의 중요성을 더욱 높이고, 자연스럽게 이를 확보하려는 기업과 국가 간 기존 경쟁을 더욱 격화하게 되었다. 미국은 중국 IT 기업에 대한 수출 규제를 확대하였으며, 클린 네트워크의 조성, '경제 번영 네트워크(Economic Prosperity Network, EPN)' 등 동맹 국가들을 끌어들여 중국 고립시키기에 나섰다. 이에 중국은 강하게 반발하며 자체 기술력을 제고하고 생산의 자급화를 도모한다. 요컨대 코로나19는 특정 국가에게 유리하게 작동하거나 경쟁의 판도를 뒤엎는 독립변수로 작동하기보다는 선도 기술을 둘러싼 기존의 미중 간 경쟁을 더욱 심화, 촉진하는 속내변수로 작동하는 것이다.

그러나 코로나19의 세계 정치에 관한 선행 연구들은 코로나19의 변수를 '블랙박스'에 가두어 막연히 세계정치의 변화를 논하거나, 또는 그것이 독립변수인지 아닌지를 묻는 단순 국제정치학적인 시각을 취하고 있다(김상배 2020). 더욱이 코로나19 변수를 포함하여 미중 기술 경쟁의 현재를 논한 연구들은 많지 않다. 먼저, 김준연·박강민(2020)은 포스트 코로나 시대의 미중 AI 경쟁을 국가 차원의 전략적 선택으로 고찰한다. 조은교(2020a)는 코로나 이후 대두된 중국 책임론에 따라 다시 격화된 반도체 시장에서의 무역 경쟁을 재조명하며, 오일석(2021)은 코로나 이후 5G를 둘러싸고 나타나는 미중 간 경쟁의 면모를 화웨이 사태를 중심으로 분석한다. 하지만 이와 같이 코로나 변수를 반영한 연구들도 5G, 반도체, AI 등 부분적인 기술 영역에만 주목하거나 기업 간 전략의 차이점, 양국의 전략과 대응방안을 나열한 것에 그치고 있다. 보다 근본적으로는 적절한 이론적 시각을 바탕으로 복합 게임의 양상을 지닌 현상을 분석하려는 노력이 부진하다.

헨리 키신저는 코로나 팬데믹으로 전례 없는 안보 위협이 발생하였으며, 이에 따라 세계 질서는 영원한 변화를 맞이하게 될지도 모른다고 주장했다(Kissinger 2020). 이처럼 미래 국력을 좌우하는 선도 기술을 확보하기 위한 양국의 전략적 선택과 경쟁은 패권국과 도전국 간 세력 전이를 통해 글로벌 권력 구조를 변동시킬 가능성이 있다는 점에서 고전지정학의 관심사가 된다. 현실주의 이론을 바탕으로 하는 고전지정학에 따르면, 주요 국가 행위자들은 물질적 자원 권력 분포와 지리적 접근성을 바탕으로 안보 경쟁을 벌이며, 이에 따라 글로벌 패권이 이동하게 된다. 5G나 반도체 부문에서 가해지는 대중국 무역 제재와 동맹 전선의 형성 등 글로벌 패권을 두고 벌이는 지정학적 경쟁이 가속화되고 있다는 점에서 이러한 시각은 일견 타당성을 지닌다. 현재 미중이 벌이는 기술패권 경쟁에서 자국 중심의 이익을 전면에 내세우고 보호무역 조치를 단행하는 기술 민족주의적 면모가 여실히 드러나고 있다는 점에서 '지정학의 귀환'이 거론되기도 한다(Mead 2014).

그럼에도 이러한 단일한 시각만으로 미중 기술패권 경쟁의 현실을 파악하는 것에는 한계가 있다. 양국이 치열하게 경쟁을 벌이고 있는 4차 산업 기술은 기본적으로 사이버 공간을 매개로 하고 있다는 점에서 영토와 지리적 공간을 벗어나 있기 때문이다. 또한, 기술패권 경쟁은 과거로부터 국가 간 협력에 의해 구축되어 온 국제경제질서를 토대로 이루어지므로 경제 분야에서 이미 구조화되어 온 양국의 상호 의존의 관계를 지우고 물질 권력만으로 질서 변동을 논하는 것은 적절치 못하다. 이렇듯 자유주의적 관점에서는 '지정학의 환상'을 경계하며 패권국의 리더십이 단순히 자원 권력에만 의존하는 것이 아니라, 규칙과 제도를 설계하고 글로벌 협력을 도모하기 위한 노력에서 비롯되기도 한다고 본다(Ikenberry 2014). 나아가 구성주의에서는 두 대국 간 경쟁에 권력 자원 변수뿐만 아니라 관념 변수가 개입되고 있다는 점에 주목한다. 양국은 동맹국들을 끌어들이기 위해 자국에게 유리한 방향으로 안보 프레임을 설계하고 당장 실재하지 않는 위험을 '구성'하는 전략을 택한다. 실제로 코로나19 사태 직후 불거진 책임론 공방 등 이러한 관념 차원에서의 경쟁은 더욱 확장되어 나타난다. 이처럼 미중 기술패권을 이해함에 있어 국제정치학의 전통적 시각인 현실주의, 자유주의, 구성주의 모두 설명력을 가지면서도 어느 하나의 시각만으로는 부족하다는 것을 알 수 있다.

이에 본고는 비대면 시대의 미중 기술패권 경쟁을 파악하고자 복합지정학(Complex Geopolitics)의 시각을 받아들인다. 복합지정학은 현실주의, 자유주의, 구성주의 시각을 모두 포괄하여 고전지정학의 유용성을 인정하면서도, 탈(脫)지정학, 비(非)지정학, 비판지정학을 통해 이를 보완한다(김상배 2015). 즉, 선도 부문에서의 미중 간 경쟁은 양국의 상대적 지위 변화에 따른 지정학적 경쟁을 근간으로 하면서도 오프라인 동맹이 사이버 공간으로 옮겨오는 탈지정학적 면모를 보이고, 글로벌 생산 네트워크라는 비지정학적 산물의 변화를 함께 추동하며, 제도, 체제의 차이에 따른 담론 정치라는 비판지정학의 성격도 함께 나타난다. 이를 집약하는 대표적인 사례로는 화웨이 사태를 들 수 있다. 김상배(2019)는 복합지정학의 시각에서 화웨이 사태를 분석하고, 선도 부문에서의 경쟁이 기술의 표준을 확보하기 위한 경쟁을 넘어서 무역 마찰과 더불어 제도, 담론 간 경쟁으로 이어지는 양상을 고찰한다. 본고에서는 코로나19 이후 5G, 반도체, 그리고 AI 각 선도 부문에서 나타나는 미중 경쟁을 살펴보고, 화웨이 사태와 그 이후 벌어지는 복합 게임의 양상을 분석하는 것을 목표로 한다.

본고는 다음과 같이 구성된다. 2-4절에서는 5G, 반도체, 그리고

AI의 각 선도부문에서 코로나19 전후로 나타나는 경쟁 양상을 살펴본 다. 먼저, 2절에서는 트럼프 행정부 시기 촉발되었던 5G 분야에서의 경쟁이 코로나19 이후로 더욱 격화되어 나타나는 양상을 살펴본다. 이 과정에서는 단순한 권력 자원 간 경쟁을 넘어 디지털 인프라의 도 입을 두고 펼쳐지는 탈지정학의 동맹 외교가 나타난다. 3절에서는 5G 통신 부문에서 촉진된 미중 간 패권 경쟁이 보다 구체화되어 반도체 부문에서의 규제와 제재로 이어지는 과정을 고찰한다. 이러한 경쟁은 지구화의 상호 의존 과정에서 구축된 글로벌 생산 네트워크의 변화라 는 비지정학 차원의 구조 변동을 동반한다. 이 과정에서 기술민족주의 와 자국 중심의 공급망을 새편하려는 경쟁이 이어진다. 4절에서는 인 공지능 분야에서 제기되는 여러 쟁점과 경쟁 양상을 살펴본다. 코로나 19의 창궐로 AI 기술의 응용 분야가 확대됨에 따라 단순히 기술적 측 면에서의 우위를 가리는 것에서 그치지 않고, 담론과 체제 경쟁을 포 괄하는 갈등으로 나아간다. 특히 코로나19 자체의 대응에도 AI 기술 이 활용됨에 따라 나타나는 경쟁 양상은 위기 해결 역량과 리더십의 경쟁으로 이어진다. 끝으로는 미중 패권 경쟁의 전망과 함께 한국이 나아가야 할 방향성에 대해 간략히 논한다.

II. 5G: 디지털 인프라의 동맹 외교

트럼프 정부 시기부터 격화되어 온 5G 부문에서의 기술경쟁은 화웨이 사태로 대두되어, '비대칭성'을 주요 특성으로 하여 전개되어 오고 있 다. 즉, 화웨이라는 중국 기업과 미국 정부가 맞서는 비대칭 경쟁의 모 습을 보이고 있는 것이다. 또한, 정부의 적극적 지원, 수출입 규제 등 자원 권력 게임의 양상뿐만 아니라, 주변국들을 양국 간 경쟁으로 끌어들이는 네트워크 권력 게임의 양상을 띠고 있다는 점이 특징적이다. 특히 이와 같은 동맹의 형성은 과거 군사, 경제적 측면에서 형성되어 오던 동맹 관계가 5G 인프라 확보를 위한 사이버 공간으로 옮겨오는 탈지정학적 성격을 드러낸다.

1. 비대칭 경쟁과 내 편 모으기

미중 디지털 패권 경쟁의 선두 분야로는 5G 통신 기술을 들 수 있다. 5G는 4세대 LTE보다 전송 속도가 20배 이상 빠르며, 초당 최고 20기가비트(Gbps)의 데이터 전송 속도를 제공하는 기술이다. 5G 기술은 기술 그 자체보다도, 안정성과 빠른 속도를 확보하여 통신 이 외의 다양한 디바이스를 연결하고, 이를 통해 인공지능(AI), 자율주행자동차, 사물인터넷(IoT), 디지털 금융, 원격 의료 등 다양한 기술의 실현을 가능케 한다는 점에서 4차 산업 혁명 시대의 핵심 인프라로 간주된다(김용신 2020). 5G와 같은 새로운 통신 기술의 발전은 자연스럽게 통신 산업 생태계의 변화로 이어졌다. 기술 표준을 선점하여 새로운 시장에서의 주도권을 확보하고자 각국의 치열한 각축전이 전개되기 시작한 것이다. 이러한 경쟁 속에서 가장 두드러지는 것은 단연 미국과 중국 양 대국 간의 힘겨루기라고 할 수 있다.

　　5G 기술을 둘러싼 미중 패권 경쟁은 표준 확보 경쟁의 모습으로 나타난다. 결국 패권을 구성하고 유지하는 데에는 기술력뿐만 아니라 그와 관련된 제도와 규범, 즉 플랫폼을 누가 먼저 설정하는지가 중요하기 때문이다(배영자 2018). 5G와 관련된 다양한 부문 중 현재는 장비, 단말기, 부품, 서비스 등의 영역에서 표준 확보를 위한 경쟁이 치

열하며, 5G 구현을 위한 모뎀 칩을 개발하는 통신칩 제조 부문에서는 퀄컴, 인텔과 같은 미국 기업이 압도적 우위를 점한 듯 보인다. 하지만 고주파수 대역에서 필요한 각종 통신 장비 부문에서는 화웨이, ZTE 등의 중국 기업들이 약진하고 있음에 주목해봄 직하다. 특히 화웨이는 전 세계 5G 통신장비 시장 점유율 약 30%를 차지하고 있으며, 5G 관련 특허 출원 비율 역시 약 34%로 세계 1위 수준을 유지하고 있다. 또한, 모뎀, 칩, 라우터, 기지국, 단말기 등 5G 통신 기술의 핵심 가치사슬의 수직 계열화에 성공한 유일한 기업으로, ZTE와 함께 국제시장에서의 경쟁력을 인정받고 있다(배영자 2019).

이와 같은 중국 기업들의 활약은 중국 정부의 강력한 지원이 뒷받침되어 이루어질 수 있었다. 중국 정부는 5G를 경제 성장 전략의 일환으로 삼아 기술, 표준화, 주파수 등에 관한 정책 지원을 하고, 2013년 2월 과학기술부 등의 정부 부처와 민간 기업, 학계가 참여한 IMT-2020 프로모션 그룹(Promotion Group)을 발족하여 이를 중심으로 하는 5G R&D를 추진하고 있다. 또한, 중국의 공업신식화부에서는 2016년 10월 '차세대 정보기술 산업 계획'을 발표하여 중장기 5G 이동통신 산업 발전 가이드라인을 제시하였다. 총 2단계로 구성되어 1차(2016-2018년)는 핵심 기술 연구 개발 및 시험 단계, 2차(2018-2020)는 상용화 제품 개발 및 실증 단계로 나뉘어 추진되며, 2020년까지 기술을 완전히 상용화하고 새로운 중국의 5G 이동 통신 표준을 만드는 것을 목표로 하고 있다(이규복 2017). 이와 같은 정부의 적극적인 육성책에 힘입어 중국의 5G 이동 통신 부문에서는 통신 3사(차이나모바일, 차이나유니콤, 차이나텔레콤)와 양대 통신장비 회사가 시너지 효과를 내는 산업 구조가 형성될 수 있었다.

한편, 미국은 국가 안보의 관점에서 중국 기업들의 굴기에 우려를 표명하고, 이를 저지하려는 전략을 취하고 있다. 지난 2018년 8월 미국은 국가 안보를 근거로 '국방수권법(National Defense Authorization Act, NDAA)'을 통해 화웨이의 제품을 정부 조달 품목에서 제외하였으며, 같은 해 12월에는 화웨이의 최고재무책임자(CFO)이자 부회장인 멍완저우를 대(對)이란 제재 위반 혐의로 체포하였다. 또한, 2019년 2월 마이크 펜스 미국 부통령은 뮌헨 안보회의에서 미국의 동맹국들이 화웨이 제품을 사용하지 말 것을 촉구하였으며, 폼페이오 미 국무장관은 유럽을 순방하며 화웨이 장비 사용 금지에 동참하라고 유럽 국가들을 압박하였다. 그러던 중 2019년 5월, 트럼프 대통령이 '정보통신기술 및 서비스 공급망 확보' 행정 명령을 발표하여 국가비상사태를 선포하면서 중국을 향한 미국의 견제는 질적으로 더욱 격화되었다. 미국은 화웨이가 백도어를 통해 자국의 국가 안보를 위협한다는 것을 이유로 화웨이를 거래 제한 기업 목록(Entity list)에 올렸고, 주요 IT 기업들에게 거래 중지를 요구하였다(Pancevski 2020). 구글, MS, 인텔, 퀄컴, 브로드컴, 마이크론, ARM 등이 연이어 화웨이와의 공급계약을 중단하자 글로벌 공급망에 크게 의존하고 있던 화웨이는 제품 생산에 위기를 맞게 되었다.

국제적으로 미국 정부는 화웨이와 벌이는 비대칭 경쟁 이 외에도 동맹국들을 끌어들이는 '내 편 모으기' 전략을 구사하는 모습을 보인다. 2018년 초부터 미국은 오프라인 첩보 동맹을 맺고 있는 영국, 캐나다, 호주, 뉴질랜드 등 이른바 '파이브 아이즈(Five Eyes)' 국가들에게 화웨이 통신 장비를 도입하지 말 것을 요청하였다. 그러나 이들 국가들은 2019년 초반까지 동맹국들은 화웨이 제재 요구를 수용하는 듯해 보였으나 2019년 2월 이후로 미국의 압박에 동참했던 영국과 뉴질랜드 등의 국가들이 이와 같은 동맹 전선에서 이탈하는 조짐을 보이기 시작했다(김상배 2019). 자체 기술만으로는 5G 인프라 구축이 어렵다는 현실적인 상황을 받아들인 것이다. 예컨대 영국은 2020년 1월 국가안보회의에서 5G 통신망 구축을 위해 화웨이 장비 도입을 결정하였으며, 독일과 프랑스 또한 2020년 3월경 화웨이 장비 도입 의사를 밝혔다(Kelion 2020a). 스웨덴, 뉴질랜드 등도 화웨이의 장비를 완전히 배제하지 않겠다는 입장을 표명하면서 중국을 향한 미국의 사이버 동맹 전선은 흔들리게 되었다. 독일, 프랑스, 이탈리아 등 유럽 국가들 또한 특정 기업에 대한 보이콧은 부당하다는 결론에 도달하며 화웨이를 5G 네트워크 구축 사업에서 배제하겠다는 입장을 철회하였다(전효진 2020).

2. 인프라 확보 경쟁과 반(反)화웨이 전선

생활 영역의 가상공간화를 불러온 코로나19 사태로 인해 재택근무, 원격학습, 원격의료 등 비대면 플랫폼에 대한 수요가 폭발적으로 증가하게 되었다. 이러한 비대면 서비스의 확대는 네트워크의 통신 처리 속도와 더불어 데이터 용량의 비약적 개선과 사용적합성의 향상을 필요로 하고 있어, 인프라로서의 5G 기술 사용과 발전에 대한 요구 또한 지속적으로 증가시키게 되었다(오일석 2021). 이로 인해 기존에 흔들리던 미국 중심의 동맹은 반전의 기회를 맞이하였다. 코로나19의 확산으로 유럽 국가들의 5G 주파수 경매가 무기한 보류되었으며, 코로나 책임론 공방에 따른 반중 정서가 형성되면서 화웨이 장비에 대한 불신도 늘어나게 되었다. 대표적으로 영국은 기존의 입장을 철회하고 자국의 5G 사업에서 화웨이를 배제하겠다고 발표했다(Kelion 2020b). 이처럼 5G 네트워크와 디지털 인프라를 둘러싸고 보다 견고한 반(反)

화웨이 전선이 강화, 유지되게 되었다.

내부적으로 미국은 중국 통신 기업에 대한 규제를 강화하고 5G 인프라 확보를 위한 지원책을 강구하는 등 통신 부문에서 중국을 강하게 견제하는 기조를 이어가고 있다. 2020년 3월에 '5G 확보를 위한 국가전략(National Strategy to Secure 5G)'을 발표하며 기술의 개발과 상용화는 물론 5G 인프라를 적극적으로 관리하겠다는 의지를 표명하였으며(Vincent 2020), 5월에는 화웨이 기술 사용 금지에 대한 행정명령을 1년 더 연장하였다(Layton 2020). 나아가 11월에는 미국의 하원 의회가 화웨이, ZTE 등 중국 업체의 통신 장비를 제거하거나 교체하고, 자국 내 5G 통신 기반 구축을 지원하는 법안을 만장일치로 통과시켰다. 이와 같이 미국은 코로나19 사태로 5G의 경제적 가치가 향후 더욱 증가될 것으로 예상됨에 따라 5G 부문에서의 중국 기업의 점유가 미국의 국가 안보와 경제에 상당한 영향을 미칠 것이라는 입장을 유지, 강화하고 있다(Benner 2020).

나아가 미국은 동맹 외교를 통해 더욱 노골적으로 주변국들을 포괄하는 거대 네트워크를 구축하면서 중국 견제를 이어가고 있다. 2020년 8월 백악관이 공표한 클린 네트워크가 대표적이다. 클린 네트워크란 통신장비, 모바일 어플리케이션, 클라우드 서비스, 해저 케이블 등의 5G 서비스 분야에서 신뢰할 수 없는 중국 기업과 공산당의 개입을 배제하여 안전한 네트워크를 조성하고자 하는 정책을 뜻한다(Press Statement 2020). 미국은 자유의 가치를 수호하는 동맹국들에게도 클린 네트워크에의 참여를 독려하였으며, 현재까지 총 53개국, 180개의 통신 기업의 동참이 이루어지고 있다. 특징적인 점은 클린 네트워크의 조성이 지상이 아닌 해저에서도 시도됨에 따라 범국가적 연결망이 구축된다는 것이다. 예컨대 구글과 페이스북은 최근 태평양 해저에 인터넷 광케이블을 설치하는 프로젝트를 추진하면서 홍콩을 경유하는 당초 노선을 싱가포르를 경유하는 것으로 바꾸는 법무부 및 행정부의 권고 방안을 검토한 바 있다. 홍콩에 대한 중국의 전면적 단속의 시행으로 인해 홍콩의 자치권이 크게 약화됨에 따라 케이블을 통한 중국 정부의 도청 가능성이 우려된다는 것이다. 이에 따라 폼페이오 장관은 클린 네트워크의 공식 영역으로 해저 케이블을 포함하면서 해저 케이블이 중국의 대규모 정보 수집을 위해 전복되지 않도록 하는 방안을 추진하겠다고 밝혔다(Hamilton 2020).

나아가 2020년 10월 미국 국무부는 코소보, 불가리아, 스로바키아, 북마케도니아 등 발칸반도 4개국과도 5G 구축 과정에서 장비 공급사 선정 시 '외국 정부의 통제 여부'를 고려한다는 협약을 체결하여 중국을 간접적으로 겨냥하였다. 또한, 최근에는 브라질의 5G 구축 사업에서 화웨이를 배제하는 조건으로 브라질 통신 업체들이 다른 제조 업체들의 5G 장비를 구매할 수 있도록 하는 재정 지원을 약속하기도 하였다. 이에 화답하여 브라질 정부는 미국의 클린 네트워크 정책에 대해 지지 입장을 밝히며 반(反)화웨이 전선에 동참하였다. 이와 같은 미국의 입장은 바이든 행정부 시기에도 지속될 것으로 예상된다. 바이든 대통령이 트럼프 대통령에 비해서 개방된 자유무역을 선호하기는 하나, 국가 보안, 기술 유출 등의 우려가 현존하는 한, 정권교체와 관계없이 대중국 기조는 지속될 것으로 보인다. 또한, 동맹 관계를 중요하게 여기는 바이든 행정부의 특성상, 더욱 유기적인 대중국 전선의 형성 가능성 역시 제기된다(Davis and Lingling 2021).

이에 대응하여 중국은 미국의 기술 플랫폼에서 배제될 것에 위협을 느끼고, 자국 내에서 혁신경제를 지속하고 5G 인프라를 확장해가는 정책을 추진한다. 2020년 3월, 중앙정치국 상무위원회는 5G 기지국, IoT, 빅데이터센터, AI, 특고압 송전망, 신에너지자동차, 고속철도 등 7개의 신인프라 건설에 34조 위안(한화 약 5,800조 원)을 투자하기로 결정했는데, 특히 5G가 신인프라의 선도 기술임을 강조하고 있다. 기술 경쟁에서 우위를 점하고 있는 미국이 중국을 견제하고 있는 상황 속에서 '첨단기술의 국산화'와 '독자적인 기술플랫폼 개발'에 주력하며 미국과의 기술패권 경쟁에 장기적으로 대비하려는 모습을 보이고 있는 것이다(이동규 2020). 또한, 중국 발전개혁위원회는 5G의 기반이 되는 기초 소재, 핵심 칩, 첨단 부품, 신형 디스플레이, 핵심 소프트웨어 등 핵심 기술 발전뿐만 아니라, 각국 정부 기관과 기업, 공공사업체 및 공공기관이 함께 기지국을 건설하고 개방하는 것에 최우선 중점을 두었다(苏诗钰 2020). 이러한 정책의 추진으로 2020년 11월까지 중국은 자국 내 약 72만 개의 5G 기지국을 건설하였다고 밝혔다(Zhao and Yuan 2020).

추가적으로 중국은 일대일로 사업의 일환으로 코로나19 대응을 위한 치료기술과 방역물자를 지원하여 개도국과의 관계를 더욱 공고히 함에 따라 해외에서 5G 인프라 확대를 도모하고 있기도 하다. 수혜를 받은 아프리카 여러 나라들이 자국의 5G 통신망을 갖추기 위해 중국의 화웨이 장비를 사용하겠다고 발표한 것이다. 가장 먼저 아프리카에서 비교적 경제력이 큰 남아프리카 공화국이 자국의 5G 사업에 화웨이의 모든 장비를 사용할 것을 결정하였다(薏仁 2020). 뒤이어 케냐가 5G 망사업에 착수하여 화웨이 장비의 성능 테스트를 시작했으며, 이집트 등 아프리카에서 비교적 경제력이 우수한 나라들 또한 5G 사업을 시작함에 따라 최우선 순위로 화웨이의 기술과 장비를 고려하고 있다고 밝혔다(신강균 2020). 이로써 아프리카에 대한 중국의 군사적, 경제적 영향력을 확대하기 위해 과거부터 행해지던 노력들은 '21세기 디지털 실크로드'의 구축을 위한 5G 네트워크의 확대로까지 이어지게 되었다.

요컨대 코로나19를 기점으로 약화되었던 미국 중심의 반화웨이 동맹 전선은 더욱 공고해지는 한편, 중국은 자국 내 공격적인 인프라 투자를 확대하고, 개도국에 대한 화웨이의 영향력을 늘려가게 되었다. 또한, 이러한 경쟁은 기술의 영역에만 국한되지 않고 드론, CCTV, 안면인식AI, 틱톡, 디지털 화폐 등 사회 전 영역의 다양한 플랫폼으로 확대되어 갈 가능성이 높다는 점에서 더 넓은 의미의 '(확장된) 화웨이 사태'의 발생 여부에 그 귀추가 주목된다.

III. 반도체: 글로벌 생산 네트워크의 재편과 위기?

5G 분야에서 벌어지는 미중 간 인프라 경쟁은 부품 분야로 내려와 반도체 부문에서의 경쟁으로 이어진다. 타국 기업의 기술, 인력 등을 지렛대 삼아 성장해 온 중국의 발전 방식에 강한 반발을 제기하면서 미국은 화웨이에 대한 추가 제재와 중국 반도체 기업에 대한 수출 규제를 단행한다. 이는 코로나19 사태와 맞물리면서 지정학적 공간에 고착된 국가 간 경쟁을 넘어 지구화의 상호 의존 과정에서 형성된 글로벌 생산 네트워크의 변화라는 비지정학적 차원의 구조 변동을 야기하기도 한다. 글로벌 공급망을 공유하던 시대는 사라지고 양국이 자국을 중심으로 하는 공급망의 재편에 몰두하는 경쟁의 양상이 나타난다.

1. 중국의 반도체 굴기와 미국의 대(對)중국 제재

IT 산업의 핵심 기술인 반도체는 모바일, 자동차, 사물인터넷(IoT), AI 산업 전반에 부품으로 활용됨에 따라 그 수요가 크게 증가하였다. 반도체를 둘러싼 경쟁은 하드웨어 경쟁의 일환으로 특히 5G 인프라 경쟁과 맞물려 나타나게 된다. 반도체 산업은 용도에 따라 저장 용도인 메모리 반도체와 연산 및 처리 용도인 비메모리 반도체로 구분되는데, 후자의 시장이 훨씬 큰 규모로 형성되어 있다. 한편, 생산 공정에 대한 구분에 따라서는 반도체를 설계하는 팹리스 기업, 생산을 담당하는 파운드리 기업, 검사 및 조립을 전문으로 하는 테스트와 패키징 기업으로 나뉜다. 이 중 팹리스 전문 기업은 반도체 칩을 직접 생산하지 않고 특정 용도 칩의 설계 및 마케팅에 특화되어 있으며, 파운드리 기업은 생산기술 및 생산비용의 우위를 바탕으로 타 기업이 의뢰한 칩의 생산만을 전담하여 분업 구조를 이루고 있다(조은교 2020a).

반도체 부문의 미중 기술 경쟁에서는 과거부터 미국이 압도적인 우위를 점해오고 있다. 미국은 고도의 설계 경쟁력을 바탕으로 세계 반도체 생산의 약 50%를 담당하며 비메모리 시장을 선도한다. 이에 후발주자인 중국은 팹리스, 파운드리, 메모리 부문을 위주로 국가 중심의 집중 투자 전략을 통해 미국을 따라잡고자 하였다. 2014년 6월 공업신식화부는 '국가 집적회로 산업발전 추진 강요(国家集成电路产业发展推进纲要)'에서 반도체 생산 능력 강화를 위한 세수 지원, 인재 육성 등의 세부 정책을 발표하였으며, '국가 반도체 투자기금(CICF)'을 설립하여 전폭적으로 지원했다. 이듬해인 2015년에는 '중국제조 2025' 중점 분야에 반도체를 포함하고 2025년까지 자급률 70% 달성의 목표를 제시하였으며(이은영 2018), 2018년에는 반도체 기업에 대한 소득세 감면 등의 혜택을 부여하겠다고 밝히는 등 정부 차원에서의 적극적인 지원을 아끼지 않았다(서동혁 외 2018).

　중국 기업의 경우, 반도체 산업에의 진출을 위해 미국, 한국 등 선두 주자를 중심으로 형성된 표준을 받아들여 생산 네트워크로 진입하는 전략을 택하였다. 초창기 미국 기업이 아웃소싱한 노동집약적 조립에서 시작하여 점차 기술 수준이 높은 설계와 공정 부문으로 이동해온 것이다. 또한, 고급 기술을 가진 외국 기업들의 인수 합병이나 고급 인력의 스카우트를 통해서 핵심 기술을 확보하기도 하였다. 중국 정부의 전폭적 지원과 기업의 모방 및 인수 합병 전략을 바탕으로 중국은 팹리스 시장에서 2017년 11%, 2019년 17%의 점유율을 차지하는 등 점진적인 성과를 이룰 수 있었다. 해당 부문에서는 특히 화웨이가 미국 기업의 의존도를 낮추기 위해 전략적으로 육성한 하이실리콘과 같은 기업의 약진이 두드러졌다(배영자 2019). 팹리스 시장이 성장함에 따라 중국의 자국 내 파운드리 서비스 수요 또한 꾸준히 증가하였으나 메모리 부문에서는 상대적으로 눈에 띄는 성과를 내놓고 있지는 못하고 있다.

　그러나 중국의 반도체 굴기는 여전히 세계 반도체 생산의 절반 가량을 차지하고 있는 미국에 의해서 가로막히게 되었다. 트럼프 행정부는 중국의 반도체 산업 성장이 자국 기업에 대한 인수합병이나 불법적 기술 유출을 통해 이루어지고 있다는 점에서 자국의 반도체 산업에 위협적이며 경제 침략적이라고 판단하고 있다. 이에 미국 정부는 관세나 수출제한 등의 보호무역적 조치를 통해 중국의 약진을 가로막기에 이르렀다. 지난 2018년 8월 트럼프 행정부는 반도체를 비롯한 중국산 수입품에 25%의 고관세를 부과하였으며, 2018년 10월에는 미국 상무부가 중국 D램 제조업체인 푸젠진화에 대한 미국 기업의 수출을 제한

하기도 하였다(Platzer et.al. 2020). 푸젠진화 반도체의 새로운 메모리 칩 능력이 미국의 군사 시스템용 칩 공급 업체의 생존에 '심대한 위협'을 가하고 있다는 것이 주된 이유이다. 윌버 로스 미 상무장관은 성명을 통해 "외국 회사가 우리 국가 안보의 이익에 반하는 활동을 할 때, 우리는 안보 보호를 위해 강력한 조처를 할 것"이라고 밝히며 중국의 굴기를 가로막아야 할 국가안보적 명분을 제시하였다(Press Statement 2018). 또한, 2019년에는 화웨이의 자회사로 반도체를 설계하는 팹리스 전문 기업 하이실리콘을 거래 제한 기업으로 지정하여 미국 반도체 기업의 설계 도구를 사용하지 못하도록 하였다.

더 나아가, 미국은 중국 기업의 인수합병이나 투자 등을 직접적으로 좌절시키기도 하였다. 예컨대, 2015년 중국의 기업 칭화유니는 미국의 메모리 반도체 업체인 마이크론을 인수합병하려고 시도하였으나 미국 외국인투자위원회(Committee on Foreign Investment in the United States, CFIUS)에 의해 좌절되었다(Jackson 2017). 뿐만 아니라, 2018년에는 미국의 주요 산업이나 기술에 중국의 투자를 제한시키기 위하여 외국인투자위험심사현대화법(Foreign Investment Risk Review Modernization Act of 2018, FIRRMA)이 2019년 국방수권법(NDAA)에 포함되어 대통령의 서명으로 발효되었다. 이로 인해 CFIUS는 국가안보의 개념을 포괄적으로 적용하여 심사하는 등 그 권한이 더욱 확대되었으며, CFIUS를 필두로 하여 중국 기업에 대한 외국인 투자 및 M&A 의 재검토가 진행됨에 따라 대중국 견제의 핵심 행위자로 기능하게 되었다.

2. 기술민족주의와 공급망 재편

미국은 상술한 바와 같이 중국 반도체 기업에 대한 직간접적 제재를 가할 뿐만 아니라, 5G 부문에서 시작된 화웨이 제재의 연장선에서 화웨이를 겨냥한 반도체 수출 규제를 단행하기도 한다. 지난 2019년 5월 16일 발표된 미 상무부의 화웨이 제재안은 미연방 수출관리규정(Export Administration Regulation, EAR)을 개정하여 화웨이의 주력 제품에 핵심 부품인 반도체 수급을 차단하는 방식으로 공급망을 통제하고 있기는 하나, 제3국에서 생산된 미국 기술의 투입 비율이 25% 미만인 반도체는 납품 받을 수 있다는 점에서 비교적 약한 수준의 제재가 가해지고 있었다.

그러나 코로나 바이러스의 창궐 이후 5G를 비롯한 선도 부문에서의 갈등이 본격화되고 '중국 책임론'이 대두됨에 따라 화웨이 대한 미국의 제재는 더욱 심화되어 반도체 분야에서 대중국 공급의 차단이 개시되었다. 2020년 5월 15일 상무부는 EAR의 일반금지(General Prohibition) 항목에 규정되어 있는 해외 직접생산품 규칙(Foreign produced Direct Product Rule)을 개정하여 기존 조항에 추가로 미국의 기술 및 소프트웨어를 활용한 제3국의 반도체에 대해서도 수출을 금지하여 화웨이와 계열사에 대한 수출 통제를 대폭 확대하였다(박영욱 2020). 마지막으로 2020년 8월 17일 미국은 화웨이를 겨냥한 세 번째 조치로, 미국의 반도체 제조장비, 설계, 소프트웨어 기술을 사용한 국내외 모든 반도체를 화웨이와 그 계열사로 공급할 경우 미국 정부의 승인을 받도록 하는 내용의 제재안을 발표하였다(이지현 2020). 전 세계 대부분의 기업의 반도체 공정에서 미국의 기술이 활용된다는 점에서 사실상 미국은 통신장비의 핵심 부품인 반도체의 화웨이 공급을 원천차단한 것이나 다름없다.

화웨이 추가 제재와 더불어 미국은 해외의 핵심 민간 행위자를 통하여 화웨이를 비롯한 중국 기업을 견제하기도 한다. 글로벌 1위 파운드리 업체인 대만의 TSMC와의 협력 사례가 대표적이다. TSMC는 그동안 미국과 중국의 '펜스시터(fence sitter)'로 불리며 두 국가 중 어느 한쪽 편에 서지 않으며 양 국가 모두의 고객을 유치해 사업을 키워왔다(김성민 2020). 하지만 2020년 초 미국 정부는 TSMC가 스텔스 전투기인 'F35' 등에 사용되는 미군용 반도체를 미국 현지에서 생산할 것과 군용 반도체 공장의 신설을 요구하였다. TSMC의 최대 고객 중 하나인 중국의 화웨이 또한 TSMC에 최첨단 반도체의 중국 내 생산을 요청하였다. 그러나 TSMC는 반도체 자립을 위한 미국의 압박으로 이를 거절하고, 2021년부터 약 120억 달러를 미국 애리조나에 투자하여 반도체 공장을 건설한다고 발표하였다(Clark and Swanson 2020). 뒤이어 미국의 대중국 블랙리스트 확대 조치와 함께 TSMC가 화웨이와의 거래 중단을 공식적으로 선언함에 따라 US-TSMC 간 협력 구도가 더욱 뚜렷해졌다. 이러한 미국의 압박은 반도체 기술패권을 차지하기 위함도 있지만 대만을 통해 중국을 압박하려는 정치적 의도와도 맞닿아 있다(김상배 2020).

나아가, 기업 레벨에서는 미국의 인공지능(AI) 컴퓨팅 기업인 엔비디아(NVIDIA)의 ARM 인수 결정이 발표됨에 따라 화웨이와 SMIC 등 중국의 반도체 기업들에게 더욱 불리한 환경이 조성되었다. 일본의 소프트뱅크가 소유하던 비메모리 반도체 기업인 ARM의 원천 설계는 거의 모든 모바일 제품에 포함되어 세계 모바일용 반도체 시장에서 가장 지배적인 영향력을 행사하고 있기 때문이다. 인수가 성사된다면 엔비디아는 전 세계 대부분의 반도체 기업을 고객사로 둔 ARM

을 발판 삼아 보다 광범위한 영향력을 행사하고, 핵심 설계 관련 지식 재산권(IP)을 독점할 수 있게 된다. 또한, 이는 미국에게도 반도체 칩 디자인의 핵심 설계 부문에서 우위를 점할 수 있는 기회 요인으로 작용한다. 그러나 반대로 중국 기업들에게 이는 강력한 위협 요인이 된다. 화웨이를 비롯한 중국의 유력 업체들은 미중 간 갈등이 커진 상황에서 ARM의 경영권이 미국 기업인 엔비디아에 넘어가게 된다면 ARM의 기술에 대한 접근 또한 막힐 수 있다는 점에서 엔비디아의 ARM 인수에 우려를 표명하고 있다.

코로나19를 계기로 글로벌 공급망의 구조적 한계가 드러나자, 트럼프 행정부는 반도체 기술의 아시아 의존도를 줄이겠다고 선언하고 (Barrett 2020), 자국을 중심으로 한 생산 네트워크의 재편을 시도하였다. 2020년 9월 미국은 반도체 등 핵심 기술에 대한 국내 공급망과 인도-태평양 동맹을 강화하기 위한 중국 대응 법안(America LEADS Act)을 발의하였으며, 중국 중심의 글로벌 가치사슬(GVC) 의존도를 줄이고 독자적인 제조 생태계를 구축하기 위한 250억 달러 규모의 리쇼어링 펀드 조성 계획을 논의하였다. 또한, 동맹국들에게 글로벌 주요 공급망에서 중국을 배제하기 위한 '경제 번영 네트워크(EPN)'를 제안하기도 하였다. EPN은 미국이 주도하는 반중 경제 블록으로, 세계 경제 공급망에서 중국을 배제하고 미국 중심의 경제 연합체를 만들어가는 구상이다. 키스 크라크 미국 국무부 차관은 우리 정부에게도 EPN 참여를 공식적으로 요청한 바 있다.

이에 대응하여 중국은 내부적으로 반도체의 '자급률 제고'에 초점을 두고 있다. 미국에 의해 부품 공급이 차단되자 정부를 주도로 천문학적인 돈을 투자하면서 반도체 기술의 자체적 확보를 도모하게 된 것이다. 특히 TSMC와 화웨이의 거래가 중단되면서 세계 5위이자 중국 최대의 파운드리 업체인 SMIC가 기술 공급의 대체자로 부상하게 되었다. 이에 따라 중국 정부는 SMIC에 설비 및 기술개발 투자와 지원을 아끼지 않고 있다. 중국 정부는 SMIC에 대해 올해 43억 달러의 투자 계획을 발표하였으며, TSMC를 대체하여 화웨이에 대한 발주를 확대할 전망이라고 발표하였다. 또한, 중국 국가반도체산업투자펀드(CICF)와 상하이 집적회로 펀드도 SMIC와 자회사인 중신난방((中芯南方)에 각각 15억 달러와 7억 5,000만 달러를 투자한다고 밝혔다(张杨运 2020). 이처럼 TSMC의 화웨이 공급 중단 선언으로 중국은 자국 파운드리 업체에 대한 육성과 투자를 가속화할 전망이다. 추가적으로, 창신메모리(CXMT)가 연내 17나노 D램을, 양쯔메모리테크놀로지(YMTC)가 128단 낸드를 양산하겠다는 목표를 제시하는 등 그간 부진했던 메모리 반도체 시장에의 진입 또한 노리고 있기도 하다(김혜원 2020).

결국 화웨이를 포함한 중국의 반도체 기업들은 미국의 수출 제한에 따른 공급망 불안을 방지하기 위해 내부적으로 반도체 기술의 자급화를 도모한다. 즉, 쿼드(Quad), 파이브 아이즈(Five Eyes) 등과의 협력을 통해 중국을 배제하는 미국 중심의 네트워크에 맞서 내부적으로 반미연합을 구성하여 미국의 영향력을 최소화하려는 방안을 모색하는 것이다(박명서 2020). 그러나 주목할 점은 이것이 코로나19로 인해 새롭게 등장한 변화의 물결이라기보다는 기술 민족주의, 보호주의, 탈중국화, 디지털화 등 이미 글로벌 생산 네트워크에 영향을 미치던 거시적인 추세와 긴장들이 누적, 증폭되어 나타난 결과라는 점이다(Kano and Oh 2020). 이와 같은 추세가 이어진다면 향후 반도체 산업, 더 나아가 제조업 전반에서 글로벌 공급망의 재편이 야기될 것이라는 좀 더 거시적인 전망이 가능하다. 전문가들은 역할 분담을 통해 수십 년간 구축, 공유해왔던 기존의 글로벌 공급망이 사라지고, 기술 보호주의와 민족주의가 더욱 심화되어 미중 간 산업 생태계의 디커플링이 나타날 수 있다고 예측한다. 일각에서는 이러한 변화가 오히려 산업과 경제 측면에 심각한 타격을 줄 수 있다는 점에서 글로벌 생산 네트워크의 위기가 도래한 것이 아니냐는 경고를 내비치기도 한다(Davis 2021).

IV. 인공지능(AI): 안보·체제·리더십의 담론 정치

상술했듯 5G에서 시작되어 반도체 부품 경쟁으로까지 내려오는 미중 기술패권 경쟁은 인공지능이라는 포괄적, 미래지향적인 영역으로 넘어오면서 기술 그 자체에 대한 경쟁에서 더 나아가 이를 가공 및 활용하여 새롭게 적용하려는 기업들에 대한 게임으로 이어져 나타난다. 이러한 경쟁은 기술의 활용 과정에서 나타나는 각국 정부의 정책 및 제도, 사회 체제, 국가 안보, 더 나아가 각국의 위기 해결 모델, 국제적 리더십을 둘러싼 담론 정치의 모습으로 나타난다는 점에서 비판지정학적 성격을 드러낸다. 특히 코로나19를 기점으로 인공지능 기술의 활용 가능 범위가 확대됨에 따라 다양한 영역에서 이와 같은 체제와 담론 변수는 더욱 중요해질 것으로 보인다.

1. 중국의 AI 응용 기술 발전과 안보화 담론 정치

인공지능은 산업 전반에 활용되면서 국내외에 걸쳐 다양한 정치경제 변화를 가져올 것으로 전망된다. 특히 데이터, 슈퍼컴퓨팅, 알고리즘 등 혁신 기술이 종합되어 향후 미중 경쟁의 핵심 전장으로 자리하게 될 가능성이 크다(정원엽 2020). 현재 중국의 AI 기업들은 양적, 질적 측면 모두에서 이미 세계적 수준에 도달하였다는 평가를 받고 있다. 퓨처투데이연구소(Future Today Institute) 설립자인 에이미 웹(Amy Webb)은 빅 나인(Big Nince)에서 AI 선업을 선도할 9개의 기업으로 미국의 G-MAFIA(구글, 마이크로소프트, 애플, 페이스북, IBM, 아마존) 와 중국의 BAT(바이두, 알리바바, 텐센트)를 선정하였다(이왕휘 2019). 또한, 골드만삭스, 맥킨지 등은 중국이 인적자원, 인프라, 산업정책 등에 힘입어 향후 10년 안에 미국을 제치고 전 세계 AI 기술을 선도할 것으로 전망하고 있다(배영자 2019).

　　그러나 AI 알고리즘, AI 하드웨어 분야 등 핵심 기술력 부문에서는 여전히 미국이 중국보다 우위에 있다고 할 수 있다. 미국 AI 혁신의 가장 큰 특징으로는 '개방형 생태계'의 구축을 들 수 있다. 주로 민간 기업에 의해 주도되는 공개형 생태계 전략을 바탕으로 기업이 자체적으로 연구 개발에 성공한 머신러닝 프레임워크를 시장에 공개해 데이터만 있으면 누구나 AI를 활용할 수 있게 한 것이다(김준연·박강민 2020). 개방형 생태계의 구축은 진입하는 후발주자들이 자체 개발보다도 선도 기술을 모방하도록 유도한다는 점에서 의미가 있다. 즉, 미국은 네트워크의 개방성을 활용하여 더 많은 데이터 과학자들을 미국이 주도하는 생태계로 끌어들일 수 있었다. 이와 같은 네트워크 전략은 미국이 AI 기술 세계 1위국으로 자리매김하는 데 큰 영향력을 행사하였다.

　　한편, 중국은 미국과는 반대로 민간이 아닌 '정부 주도'의 발전 정책과 AI 알고리즘의 국외 유출을 막는 '폐쇄형 전략'을 통해 미국 주도의 생태계에서 벗어나기 위한 다양한 노력을 하고 있다. 중국 정부는 장기적인 관점에서 AI 연구개발과 기술발전에 필요한 자원들을 적극적으로 지원하는 전략을 수립하였다. 대표적으로 2017년 발표된 '차세대 인공지능 발전계획(新一代人工智能發展規劃)'은 2020년, 2025년, 그리고 2030년을 단위로 한 3단계 전략 목표를 수립하고, 6대 중점 임무를 명시하여 AI의 전 분야에 적극적인 투자와 지원을 제공할 것임을 표명하였다. 또한, AI 산업을 가속화하고, AI와 실물 경제의 융합을 추진하기 위해서 '새로운 세대의 인공지능 발전을 촉진하기 위한 3개년 추진 계획(2018-2020)'을 발표하기도 하였다. 이러한 노력이 축적된 결과, 중국은 알고리즘과 하드웨어 등 기초 트래커 분야에서는 미국에 뒤처지지만, 거대하지만 폐쇄적인 시장에서의 빠른 출시 및 피드백을 바탕으로 AI 응용기술 부문에서 상당한 역량을 보유하게 되었다. 특히 중국은 국가 주도의 통제로 인해 더욱 용이하게 음성 및 안면 인식 분야에서의 우위를 점하였으며, 이를 필두로 음성비서·지능형도시·자율주행 등의 분야로 영역을 확장 중에 있다.

이와 같은 중국 기업의 활약에 대응하여 미국은 자국 내 AI 투자를 늘리는 등 산업 육성 방안을 마련하고, AI 응용 기술을 다루는 중국 기업에 대한 제재를 가한다. 먼저 2019년 2월, 트럼프 행정부는 행정명령 '인공지능(AI) 분야에서 미국의 리더십 유지(Executive Order on Maintaining American Leadership in Artificial Intelligence)'를 발표하고, 미국의 과학적, 기술적 및 경제적 리더십의 지위를 유지하고 향상시키는 AI 정책의 5대 원칙을 제시하면서 간접적으로 중국을 견제하였다. 이에 따라 연방정부, 산업, 학계에 걸친 AI 기술 혁신이 추진되고, AI 주요 기술에 대한 대중의 신뢰를 강화함과 동시에 적국으로부터 기술을 보호할 수 있는 환경이 조성될 것으로 나타났다. 또한, 트럼프 행정부는 '인공지능 이니셔티브(American AI Initiative)'를 시작하라는 행정명령을 한 차례 발표하면서 AI 부문에서 미국의 우위를 공고히 하겠다는 강력한 의지를 표명하였다.

　나아가 미국은 중국의 AI 기업에 대한 직접적인 제재를 강구하기도 하는데, 여기서 기술 지배력을 둘러싼 두 대국 간 충돌은 인권 관념의 충돌과 국가 안보의 문제로 비화되는 양상을 띠게 된다. 지난 2019년 10월 미국 상무부는 중국의 대표적인 안면인식 관련 기업인 센스타임, 메그비, 이투커지, 그리고 음성인식 분야의 아이플라이테크 등 4개 기업과 세계 최대 비디오 감시 장비 제조업체인 하이크비전 등 총 8개의 중국 기업을 거래 제한 명단, 즉 블랙리스트에 추가하였다. 해당 기업들의 AI 기술이 신장성에 거주하는 위구르족, 카자흐스탄, 기타 이슬람 소수 집단 등을 감시하고 통제하는 데 사용되었다는 이유에서이다(Knight 2019). 이는 중국의 탄압과 인권 침해 혐의가 미국의 국가 안보, 외교정책에 반한다는 문제제기이자 안보 프레이밍의 성격을 지닌다. 나아가 이는 안면인식을 비롯한 AI 기술을 활용하여 중국 정부의 시민에 대한 감시 및 통제가 용이하게 나타날 수 있다는 우려의 표출이기도 하다. 이처럼 미국은 개인정보에 관한 중국의 느슨한 보호법제와 정부 정책 기조로 인해 무단횡단과 같은 공공질서 위반자, 범죄자 색출 등에 이미 상용화되어 있는 안면인식 기술이 개인의 정보주권과 인권을 침해하는 경계에 놓여있다고 비판한다.

　미국의 국가 안보에 대한 우려는 슈퍼컴퓨터 부문에서도 찾아볼 수 있다. 지난 2019년 6월 미국 상무부는 중국의 슈퍼컴퓨터 업체인 중커수광(中科曙光)과 3개 자회사, 기업과 정부 연구소인 우시 지앙난 컴퓨터기술연구소 등을 거래 제한 명단에 등재하였다. 거래 제한 목록에 포함된 이들 기업은 중국 정부가 추진하는 차세대 슈퍼컴퓨터 개발의 핵심인 것으로 알려져 있다. 그럼에도 미국이 거래 제한의 명분으로 내건 것은 자국의 안보와 이익의 보호이다. 즉, 슈퍼컴퓨터의 기술들이 무기 개발과 같은 군사적 목적으로 활용되어 자국의 안보를 위협할 가능성이 존재한다고 본 것이다. 실제로 중커수광은 군사적 용도로 슈퍼컴퓨터를 제공한 바가 있으며, 우시 지앙난 컴퓨터 기술 연구소는 중국 인민해방군 총참모부 산하의 '제56호 연구소'가 소유하고, 중국군 현대화를 지원했다는 의혹을 받고 있다는 점에서 미국의 우려는 어느 정도의 현실성을 지니고 있다고 평가된다(Swanson et al 2019).

2. 코로나19 대응과 위기해결 모델 경쟁

코로나19 국면에 접어들면서 미중 AI 경쟁은 기술의 응용 단계에서 크게 격화되는 듯한 조짐을 보인다. 가장 중요하게는 코로나19 사태에 대응해가는 과정에서 AI 기술이 접목될 수 있는 영역들이 확장되고 있음에 주목해봄 직하다. 즉, AI 기술이 전염병의 시작 및 예측 단계부터 종식에 이르기까지 국가 방약 체제 전주기에 걸쳐 활용되면서 위기에 효과적으로 대응할 수 있다는 것이다. 예컨대 집단 감염이 발생할 가능성이 높은 위험지역과 규모를 예측하여 위험성을 알리고, 감염 경로를 효과적으로 추적할 수 있으며, AI 탑재 로봇을 통해 환자를 진단하거나, 더 나아가서는 바이러스의 구조 파악 및 화학 데이터의 분석을 통한 치료제와 백신의 개발까지도 활용될 수 있다. 실제로 미중 양국은 AI와 로봇 기술을 적극적으로 활용하여 코로나 바이러스에 대응하고 있다.

그러나 양국은 기술의 활용 방식에 있어서 차이를 보인다. 먼저 미국의 경우, 공개 전략을 바탕으로 성장한 민간 기업들을 중심으로 바이러스에 맞서는 AI 기술의 활용과 발전이 이루어지고 있다. 미국의 제약회사인 인실리코 메디슨은 최근 코로나 바이러스 백신 개발 촉진을 위하여 AI를 통해 분석한 바이러스의 분자 구조에 대한 정보를 홈페이지에 공개하였다. 바이오 스타트업인 비르 테크놀로지도 AI를 통해 화학 데이터를 분석하여 치료제 개발에 착수했다. 나아가 거대 공룡기업인 구글 또한 AI 자회사 딥마인드의 의료용 AI인 알파폴드를 활용하여 코로나 바이러스의 단백질 구조를 파악하고 백신과 치료제를 개발하겠다는 의지를 표명한 바 있으며(오로라 2020), 마이크로소프트사의 애저(Azure)는 AI를 활용한 코로나19 챗봇 클라라(Clara) 서비스의 근간을 이루어 개인이 코로나의 진단 혹은 치료와 관련하여 의사결정을 할 수 있도록 지원하고 있다(강찬구 2020).

 이에 반해 중국은 정부의 강력한 통제와 주도 하에서 코로나19 방역 현장에 AI 기술을 바탕으로 한 의료 로봇, 의료진단 시스템 등을 도입하고 있다. 중국 정부는 코로나19 확산 시기 때부터 방역현장에서 AI 기술이 활용될 수 있도록 지원 정책을 추진하였다. 2020년 2월 공업정보화부는 '신종 코로나19 전염병에 대한 인공지능 효용 극대화를 위한 제안서(充分发挥人工智能赋能效用协力抗击新型冠状病毒感染的肺炎疫情倡议书)'를 발표하여 코로나 바이러스의 진단과 예방, 통제 분야에서 AI 응용분야를 발굴, 적용해야 한다고 언급하고 있다. 해당 제안서는 AI 기술과 코로나19 대응에 대한 융합을 강조한 정책 문건으로, 중국정부가 AI 기술의 활용을 방역의 핵심으로 여기고 있음을 드러낸다(조은교 2020b). 뒤이어 '인공지능 선도지역의 활성화를 통해, 전염병 예방 및 통제 강화(发挥先导区引领带动作用, 人工智能助力疫情防控)'를 발표하면서 인공지능 혁신 응용 시범구인 상하이, 지난·칭다오, 선전 등의 3개 지역을 AI 방역의 핵심지역으로 지정하였다. 해당 지역들에는 AI기반 전염병 예방 및 통제에 대한 플랫폼 구축 지원과 더불어 AI를 통한 CT 진단, AI 기반 의료 로봇 등 지능형 제품을 지원하겠다고 밝혔다.

양국 모두 코로나 백신의 개발을 가속화하기 위해 바이오와 AI를 결합하여 연구하게 되면서 IT와 BT가 융합되는 양상이 나타나고 있기도 하다. 신약 개발 단독으로는 코로나 대유행에 맞서기에 개발 속도가 부진하다는 점이 문제로 대두되자, 인공지능 신약 개발 플랫폼을 활용하여 개발의 비효율성을 극복하려는 시도가 이루어지는 것이다. 슈퍼컴퓨터를 통해 다양한 성공 사례와 실패 사례 데이터를 수집하고, 이를 인공지능에 학습시켜 시행착오의 기회비용을 줄이고, 예측 모델을 통한 솔루션의 제시까지 가능하다. 이러한 인공지능 플랫폼을 통해 미국의 바이오 기업인 모더나와 화이자는 개발 기간 약 10개월 내에 수만 개의 후보 물질 중 효과가 큰 것들을 찾아낼 수 있었으며, 이렇게 개발된 백신들은 각각 화이자 40개국, 모더나 30개국의 긴급사용 승인을 받아 일부 국가에서는 이미 접종이 이루어지고 있다. 한편, 중국의 바이오 기업인 시노팜 또한 백신을 개발에 성공하여 중국을 비롯한 바레인, UAE(아랍에미리트연합) 등의 승인을 받았다. 그러나 시노팜 백신의 예방효과가 미국의 화이자와 모더나 등에 비해 다소 떨어진다는 연구 결과가 제기됨에 따라 미국을 비롯한 서방 국가들은 시노팜 백신에 대한 의심을 제기하고 있는 상황이다.

이처럼 미중 양국은 전염병 예방 및 진단, 바이러스의 추적, 백신과 치료제의 개발 등 코로나19 위기에 대응하고자 AI 기술의 응용을 통한 경쟁을 벌이고 있다. 그러나 다른 한편에서 코로나19 사태는 기술 자체의 경쟁을 넘어, 그 저변에 있는 담론 변수와 그에 관한 경쟁을 수면 위로 떠오르게 한다. 즉, 프라이버시와 시민적 자유가 보건안보의 공공성을 빌미로 하여 얼마나 희생될 수 있는가에 관한 논쟁의 장이 형성된 것이다. 코로나19로 인해 기존에 존재하던 AI 안면인식 기술과 관련된 담론 정치, 체제 변수 간 경쟁은 더욱 격화되어, 전염병 확산 방지를 위한 국가 감시 역량 강화와 이에 저항하는 개인의 권리 수호 문제로 더욱 광범위하게 인식되기 시작하였다. 이는 중국으로 대표되는 동아시아 국가들의 공중 보건 우위 시각과 미국으로 대표되는 서구 국가들의 프라이버시 중시 시각이 지닌 차이가 극명하게 표출된 결과라고 할 수 있다(김상배 2020). 먼저 중국의 경우, 코로나19 확산을 저지한다는 이유로 센스타임을 비롯한 AI 기업들의 안면인식 기술을 국가의 감시 활동에 적극적으로 활용하였다. 이에 따라 센스타임은 트럼프 행정부 시기 이미 블랙리스트에 기재되어 해외 진출에 차질을 빚게 되었으나, 코로나19를 거치며 자국에서의 수요가 늘어남에 따라 오히려 급성장세를 보이고 있다.

'개인의 자유'와 '인권', 그리고 '프라이버시'의 가치를 수호하는 미국에서는 이에 대해 강력히 반발하고 있다. 이는 중국의 홍콩 국가보안법 상정 강행과 맞물려 홍콩 특별 지위 박탈과 더불어 중국 공안부 과학수사연구소(IFS), 클라우드마인드 및 치우360등 인공지능(AI), 치후360 등 보안 관련 기업들에 대한 수출 규제의 확대로 이어졌다. 미국 정부는 홍콩의 자유를 뒤엎고 중앙정부의 완전한 통제 아래 두려는 중국의 시도를 국가의 통제, 감시 기제로서 활용되는 안면인식 기술과 마찬가지로 인권, 그리고 자유에 대한 도전으로 받아들이고 있기 때문이다. 미국의 민간 기업들 또한 이러한 입장을 견지하고 있다. 조지 플로이드 사태 이후, IBM, 아마존, MS 등 미국의 거대 테크기업들은 적절하게 규제하는 법안이 마련되기 전까지 공권력에 활용되는 안면인식 기술 제공을 중단할 것을 선언하였다. 이들은 공권력의 수호를 위해 시민의 자유와 인권을 침해하는 목적으로 기술이 활용되는 것을 용인할 수 없다고 밝히며 공권력의 확보를 위해 정보주체의 인권을 침해해서는 안 된다는 입장을 명확히 하고 있다. 이는 정부로 하여금 감시 및 개인정보의 보호를 다루는 정책의 추진에 더욱 신중한 결정을 하도록 촉구하는 민간단체 및 기업의 요구를 반영한다고 할 수 있다(Brewster 2020).

정리하자면 코로나19의 국면에서 미중 양국은 AI를 전염병 대응을 위한 방역, 의료 현장에 적극적으로 활용하며, 특히 바이오 부문에서 AI 기술의 결합으로 백신의 개발 속도를 가속화하였다. 활용 과정에서 가장 두드러지는 차이점은 AI 기업 주도(미국)와 국가 주도(중국)라고 할 수 있다. 이러한 구도는 국가의 감시 및 통제 역량 강화를 위한 안면인식 AI 기술의 활용과 이에 대한 문제제기의 갈등으로 이어진다. 이는 기술적 차원에서 촉발된 패권 싸움이 개인정보, 프라이버시, 시민의 자유와 같은 이념적 가치에 대한 정치적 논쟁과 결부되어 나타남을 뜻한다. 즉, 미중 양국의 상대적 국력 차이에서 비롯된 경쟁이 각국의 체제가 지닌 위기 해결의 역량을 둘러싼 경쟁으로 이동하였으며, 코로나19의 극복을 놓고 벌이는 양국의 글로벌 리더십 경쟁으로 발전하게 된 것이다. 이처럼 앞으로의 미중 패권 경쟁은 기술에서 시작된 게임이 담론 정치의 양상을 띠고 문명 차원에서의 표준 경쟁으로 발전되어 갈 가능성이 크다.

V. 맺음말

코로나19는 기존에 존재하던 미중 간 기술패권 경쟁을 더욱 복합적으로 격화시키는 방향으로 작동한다. 이는 특히 언택트와 디지털화의 가속화로 인해서 발전 가능성이 더욱 증대된 디지털 부문에서 특징적으로 나타나며, 미래 산업으로 주목받는 5G, 반도체, AI 등과 같은 기술 선도 부문에서 가장 두드러진다. 세 부문에서의 기술 경쟁은 기업 간 경쟁의 층위에 다양한 정치적 변수들이 개입됨에 따라 국가 간 지정학적 경쟁으로 옮겨오는 양상을 지니며, 제도, 관념 등 다양한 변수가 복합적으로 개입한다.

먼저, 5G 통신 부문에서는 트럼프 행정부의 화웨이 규제 이후로 격화되어 온 5G 기술 확보 경쟁이 지속되어 디지털 인프라를 둘러싼 사이버 동맹외교의 양상으로 나타난다. 코로나 이전부터 중국 정부는 5G 기술에 대한 강력한 제도적 지원책을 강구하였다. 이에 반해 미국은 국가 안보의 관점에서 화웨이와 중국 정부 간 커넥션을 지적하고, 화웨이의 제품 생산에 필요한 부품 공급을 막는 등 보다 직접적인 제재를 가함에 따라 비대칭적 경쟁의 면모를 보여 왔다. 한편, 코로나19로 인해 중국 책임론이 대두됨에 따라 미국은 5G 개발과 상용화는 물론 인프라 관리를 위한 국가 전략을 발표하고, 화웨이 기술 사용 금지에 대한 행정명령을 연장하였다. 또한, 기존에 약화되었던 미국과 유럽 국가 간 동맹이 강화되었으며, 브라질 등 남미 국가와의 연합을 포함한 '반화웨이 전선'이 보다 공고히 형성되었다. 이에 대응하여 중국은 내부적으로 신인프라 건설 전략을 수립하여 기지국 설치 및 5G 투자를 늘리는 한편, 아프리카와 남반구 국가들을 대상으로 한 일대일로 사업을 지속하여 미국을 중심으로 한 반화웨이 전선에 맞서고 있다.

다음으로, 5G 부문에서의 네트워크 경쟁은 반도체라는 부품 단위로 이어져 글로벌 생산 네트워크의 재편을 초래한다. 코로나 이전부터 반도체 부문에서는 미국의 우위가 뚜렷하며, 거래 제한 기업의 지정, 중국 기업의 투자와 인수 합병을 저지하는 등 견제책 역시 극명히 드러난다. 미국은 특히 경제 안보의 관점에서 반도체 부문의 동아시아

의존도를 낮추는 것을 최우선 목표로 삼는다. 코로나를 기점으로 글로
벌 공급망의 구조적 한계가 드러나자 이러한 미국의 견제 태도는 더욱
심화되어 반도체 분야에서 대중국 공급 차단을 개시하는 탈중국 정책
의 도입이 이루어진다. 이에 따라 화웨이로 향하는 모든 반도체 부품
에 관하여 정부의 승인을 받도록 하였다. 여기에 더하여 대만의 파운
드리 업체인 TSMC와 동맹을 맺고 중국과의 거래를 차단하며, 쿼드,
파이브 아이즈 등 동맹국을 통한 공급망의 재편에도 나서고 있다. 이
에 맞서 중국은 미국에 의해 공급선이 막히자 반도체 자급률을 제고하
는 것에 초점을 둔다. 특히 자국의 파운드리 업체인 SMIC에 대한 투
자를 아끼지 않는 등 내부적인 위기 극복 전략을 택하여 미국의 견제
에 맞서고 있다. 이러한 전략적 차이로 인해 기술민족주의의 심화와
미중 간 산업 생태계의 디커플링이 전망되기도 한다.

　마지막으로, 인공지능 부문에서는 미중 간 이점이 양분되어 팽
팽한 경쟁이 지속될 것이며, 특히 코로나19의 대응 과정에서 AI 기술
이 활발히 활용됨에 따라 패권 경쟁이 더욱 심화될 것으로 예상된다.
이 과정에서 가장 특징적인 것은 안보와 체제, 리더십을 둘러싸고 벌
어지는 '담론 정치'의 양상이다. 공개전략을 바탕으로 민간 주도로 기
초 기술의 성장을 이룬 미국과 달리, 중국은 규모의 이점과 느슨한 개
인정보 법제 등을 바탕으로 안면인식 등의 응용 기술에서 우위를 점
하게 되었다. 이에 관하여 미국은 감시 및 통제 기제로 활용되어 시민
의 인권을 침해하는 안면인식 기술에 대한 우려를 표명하며, 안보화
를 통한 수출 규제를 단행하였다. 나아가 코로나19가 진행됨에 따라
국가 방역을 위한 공공성과 개인의 프라이버시라는 권리 수호 중 어
떤 가치를 더 중시할 것인지에 관한 입장이 극명히 갈리게 되면서 이
와 같은 담론 정치의 양상은 더욱 뚜렷하게 나타난다. 또한, 향후 군

사 부문을 비롯하여 백신 확보 등과 같은 의료 분야에서의 활용이 확대됨에 따라 다양한 영역에서 이와 같은 담론 경쟁이 더욱 치열해질 것으로 전망된다.

　이러한 상황에서 한국은 어떠한 방향으로 나아가야 하는가. 먼저, 외교적 역량의 중요성이 더욱 증대된다고 할 수 있다. 사이버 동맹 전선, 공급망 재편, 안보화의 담론 정치 등 복합적으로 지속되는 미중 간 경쟁으로 디커플링이 나타나고, 양국은 모두 한국으로부터 자국을 중심으로 한 네트워크에의 참여를 요구할 것이기 때문이다. 이러한 상황에서 단기적으로 어느 한쪽에 편승하는 방식으로는 위기를 타개하기 힘들다. 이에 따라 적절한 외교적 전략을 통한 대응의 필요성이 대두된다. 그러나 이 과정에서 전략의 모호성은 피해야 할 것이다. 그러므로 국익과 한국의 발전 방향을 고려하여 내부적으로 분명한 원칙을 정하는 것이 우선되어야 한다. 안보협력, 경제협력, 코로나 방역협력 등 단기적으로 직면할 문제뿐 아니라, 장기적으로 민주주의와 인권 등 한국이 추구하는 가치까지 고려하여 원칙을 정하고, 그 원칙에 따라 각 사안별로 적절한 전략과 대책을 준비하는 것이 필요해 보인다(이동규 2020).

　한편, 코로나19 백신 개발의 과정에서도 살펴보았듯이 인공지능과 IT 중심의 기술 패러다임에 바이오기술(BT)이 적극적으로 연계되면서 국제적으로도 BT가 더 이상 외생 변수가 아니라 내재적 변수로 들어오게 될 가능성이 커졌다. 바이오 제약 분야와 의료 분야가 향후 세계 경쟁의 핵심 화두로 떠오르게 된 것이다. 이는 이러한 기술들이 비단 바이오 제약 분야뿐만 아니라 스마트시티, 자율주행, 사이버 보안 등 다양한 응용 산업들과 결부되면서 무궁한 발전 가능성을 지니고 있음을 뜻하는 것이기도 하다. 그러므로 기업과 산업 측면에서는 선도 기술을 선제적으로 확보하고 관련 산업 육성을 위해 규제의 완화 및 적극적인 지원책이 필요할 것이다.

마지막으로, 코로나19라는 위기의 특성상 타국과의 연대 및 협력을 통한 위기의 타개가 중요할 것으로 보인다. 국경 간 이동이 제한되고 경제적 교류의 가능성이 낮아지고 있는 현 시점에서 국경을 봉쇄하고 자국 우선주의만을 좇는다면 세계 경제는 큰 위기를 맞이하게 될 가능성이 크다. 단기적으로는 코로나19라는 위기 자체의 극복이 선제되어야 하지만, 장기적으로는 코로나 종식 이후의 상황까지도 고려하여 연대를 통한 경제 회복의 가능성에 주목해야 한다. 특히 현실적인 여건을 고려하여 일본, 아세안 등 역내 국가들과의 연대 강화의 필요성이 존재한다. 중국에만 의존하는 글로벌 공급망이 지니는 한계가 여실히 들어난 상황에서 한국 역시 중국에 대한 의존도를 낮추고, 아세안 국가 등 공급선의 다변화를 고려해야 한다. 코로나19로 인해 미국의 리더십이 약화되어 가고 있는 상황에서 이와 같은 전략은 한국의 국력을 확대함과 동시에 국제 사회에서의 리더십을 발휘할 수 있는 역량을 쌓는 것이기도 하다.

참고문헌

강찬구. 2020. "미국, 향후 유망기술인 AI 연구와 관심 높아져." 『메디포뉴스』, http://www.medifonews.com/news/article.html?no=153509, 6월 9일.

김상배. 2012. "표준 경쟁으로 보는 세계패권 경쟁: 미국의 패권, 일본의 좌절, 중국의 도전." 『아시아리뷰』 2(2): 95-125.

_____. 2015. "사이버 안보의 복합지정학: 비대칭 전쟁의 국가전략과 과잉 안보담론의 경계." 『국제·지역연구』 24(3): 1-40.

_____. 2019. "화웨이 사태와 미중 기술패권 경쟁: 선도부문과 사이버 안보의 복합지정학." 『국제·지역연구』 28(3): 125-156.

_____. 2020. "코로나19와 신흥안보의 복합지정학: 팬데믹의 창발과 세계정치의 변환." 『한국정치학회보』 54(4): 53-81.

김성민. 2020. "미중 사이 줄타기하며 성장한 TSMC...미중 갈등 핵심으로." 『조선일보』, https://www.chosun.com/site/data/html_dir/2020/05/25/2020052503365.html, 5월 25일.

김용신. 2020. "미중 전략 경쟁과 세계화-AI 및 5G 경쟁 사례를 중심으로." 『중국지역연구』 7(1): 37-65.

김준연·박강민. 2020. "포스트 코로나 시대의 미-중 AI패권경쟁을 바라보는 관전 포인트." 『월간SW중심사회』 5.

김혜원. 2020 "코로나가 불 붙인 '반도체 삼국지'…패권 다툼 2라운드 막 올랐다." 『아시아경제』 https://www.asiae.co.kr/article/2020051511201188861 5월 15일.

뉴시스. 2020. "[올댓차이나] 중국, 5G·AI·반도체 등 전략산업 투자 확대." https://newsis.com/view/?id=NISX20200923_0001177369, 9월 23일.

박명서. 2020. "미국의 반도체 수출통제 강화에 따른 공급망 변화." *Gobal Trade* No.403, 한국무역협회 워싱턴지부.

박영욱. 2020. "화웨이 제재를 위한 미국의 법적 조치." KISA Report 9, 한국인터넷진흥원.

배영자. 2018. "미국과 중국의 패권경쟁: 중국 인터넷 기업의 도전과 인터넷 주권 이념을 중심으로." 『신흥무대의 미중경쟁: 정보세계정치학의 시각』. 한울아카데미.

_____. 2019. "미중 기술패권경쟁: 반도체·5G·인공지능 부문을 중심으로." 『EAI 스페셜 이슈브리핑 시리즈』.

서동혁 외. 2018. "4차 산업혁명에 따른 중국산업 발전과 협력 방안." 『산업연구원 연구보고서』.

오로라. 2020. "우린 마스크 한 장에 발동동... 美는 AI가, 中은 로보캅이 코로나 싸운다." 『조선일보』, https://biz.chosun.com/site/data/html_dir/2020/03/09/2020030903545.html, 3월 20일.

오일석. 2021. "코로나19와 5G 기술패권경쟁." 『INSS 전략보고』 109, 국가안보전략연구원.

신강균. "中 일대일로 사업으로 공들여 온 아프리카에서 화웨이 5G사업 휩쓴다." 『한중21』

https://www.kochina21.com/mobile/article.html?no=6813, 8월 13일.

이규복. 2017. "중국의 5G 이동통신 정책 추진 현황."『과학기술정책』8.

이동규. 2020. "코로나19 팬데믹 이후의 미중 갈등과 향후 전망."『이슈브리프』2020-18.
아산정책연구원

이승주. 2019. "미중 무역 전쟁: 트럼프 행정부의 다차원적 복합 게임."『국제·지역연구』
28(4): 1-34.

이왕휘. 2019. "중국의 AI 기술 부상: 미중 과학기술경쟁에 주는 함의, 중국의 AI와
미래변화." 성균관대학교 성균 중국 연구소.

이지현. 2020. "미국 반도체 장비 산업."『코트라 해외시장 뉴스』, https://news.
kotra.or.kr/user/globalBbs/kotranews/784/globalBbsDataView.
do?setIdx=403&dataIdx=185756 11월 13일.

이은영. 2018. "중국의 반도체 굴기 추진과 향후 전망."『차이나넥스트』3. KDB
미래전략연구소.

전효진. 2020. "화웨이 '獨·佛서도 5G 장비 도입의사…EU·英도 배제 안해'."『조선비즈』,
https://biz.chosun.com/site/data/html_dir/2020/03/22/2020032200297.html, 3월
22일.

정원엽. 2020. "미국의 질 vs 중국의 양…미중 기술 전쟁터는 인공지능."『중앙일보』,
https://news.joins.com/article/23924460?cloc=joongang-section-moredigitalfirst,
11월 19일.

조은교. 2020a. "미중 기술 분쟁의 화두, 반도체산업의 발전 현황과 시사점."『중국산업경제
브리프』.

_____. 2020b. "포스트 코로나 시대, 핵심 기술로 부상한 중국의 AI와 시사점."『중국전문가
포럼』https://csf.kiep.go.kr/issueInfoViewes?rticle_id=37758&board_id=4&mid=
a20200000000&search_option=&search_keyword=&search_year=&search_month
=&currentPage=1&pageCnt=10, 3월 26일.

Barrett, Eamon. 2020. "Semiconductors are a weapon in the U.S.-China trade war. Can
this chipmaker serve both sides?" https://fortune.com/2020/08/10/us-china-trade-
war-semiconductors-chips-tsmc-chipmakers/, Fortune, Aug.10.

Benner, Katie. 2020. "China's Dominance of 5G Networks Puts U.S. Economic Future at
Stake, Barr Warns." *The New York Times*, https://www.nytimes.com/2020/02/06/
us/politics/barr-5g.html, Feb.6

Brewster, Thomas. "2020, Microsoft Urged To Follow Amazon And IBM: Stop Selling
Facial Recognition To Cops After George Floyd's Death." *Forbes*, https://www.
forbes.com/sites/thomasbrewster/2020/06/11/microsoft-urged-to-follow-
amazon-and-ibm-stop-selling-facial-recognition-to-cops-after-george-floyds-
death/?sh=567bcfa95b6b, Jun.11

Bureau of Industry and Security, Commerce. 2019. "Addition of Entities to the Entity List
and Revision of an Entry on the Entity List." Federal Register.

Clark, Don and Swanson Ana. 2020. "T.S.M.C. Is Set to Build a U.S. Chip Facility, a Win for Trump." *New York Times*, https://www.nytimes.com/2020/05/14/technology/trump-tsmc-us-chip-facility.html, May.14

Davis, Bob. "Decoupling With China Would Hurt U.S. Businesses, Chamber of Commerce Says." *The Wall Street Journal*, https://www.wsj.com/articles/decoupling-with-china-would-hurt-u-s-businesses-chamber-of-commerce-says-11613575803, Feb.17.

Davis, Bob and Wei Lingling. 2021. "Biden Plans to Build a Grand Alliance to Counter China. It Won't Be Easy." *The Wall Street Journal*, https://www.wsj.com/articles/biden-trump-xi-china-economic-trade-strategy-policy-11609945027, Jan.6

Hamilton, Isobel. 2020. "The Trump administration's mission to wall off the Chinese internet has officially killed a US-Hong Kong undersea cable project from Facebook and Google." *Business Insider*, https://www.businessinsider.com/facebook-and-google-kill-off-hong-kong-undersea-cable-2020-9, Sep.1.

Ikenberry, G. John. 2014. "The Illusion of Geopolitics: The Enduring Power of the Liberal Order." *Foreign Affairs* 93(3): 80-90.

Jackson. 2017. "Report of the Committee on Foreign Investment in the United States." Congressional Research Service.

Kano Liena and Chang Hoon, Oh. 2020. "Global Value Chains in the Post-COVID World: Governance for Reliability." *Journal of Management Studies* 57(8): 1773-1777.

Kelion, Leo. 2020a. "Huawei set for limited role in UK 5G networks." *BBC News*, https://www.bbc.com/news/technology-51283059, Jan.28.

_____. 2020b. "Huawei 5G kit must be removed from UK by 2027." *BBC News*, https://www.bbc.com/news/technology-53403793, July.14.

Kissinger, Henry A. 2020. "The Coronavirus Pandemic Will Forever Alter the World Order." *The Wall Street Journal*, https://www.wsj.com/articles/the-coronavirus-pandemic-will-forever-alter-the-world-order-11585953005, April.3.

Knight, Will. 2019. "Trump's Latest Salvo Against China Targets AI Firms." *Wired*, https://www.wired.com/story/trumps-salvo-against-china-targets-ai-firms/, Oct.9.

Layton, Roslyn. 2020. "Trump Just Extended The Huawei Ban. Is The Policy Working?" *Forbes*, https://www.forbes.com/sites/roslynlayton/2020/05/15/trump-just-extended-the-huawei-ban-is-the-policy-working/?sh=427f101b3492, May.15.

Mead, Walter Russell. 2014. "The Return of Geopolitics: The Revenge of the Revisionist Powers." *Foreign Affairs* 93(3).

Pancevski. 2020, Bojan. "U.S. Officials Say Huawei Can Covertly Access Telecom Networks." *The Wall Street Journal*, https://www.wsj.com/articles/u-s-officials-say-huawei-can-covertly-access-telecom-networks-11581452256, Feb.12.

Platzer, D. Michaela, K. M. Sutter, and John F. Sargent Jr. 2020. "Semiconductors: U.S. Industry, Global Competition, and Federal Policy." Congressional Research Service.

Press Statement. 2018. "Addition of Fujian Jinhua Integrated Circuit Company, Ltd
(Jinhua) to the Entity List." U.S. Department of Commerce, https://www.
commerce.gov/news/press-releases/2018/10/addition-fujian-jinhua-integrated-
circuit-company-ltd-jinhua-entity-list, Oct.29.

_____. 2020. "Anouncing the Exapnsion of the Clean Network to Safeguard Amercia's
Assets." U.S. Department of State, https://www.state.gov/announcing-the-
expansion-of-the-clean-network-to-safeguard-americas-assets/, Aug.5.

Swanson et al. 2019. "U.S. Blacklists More Chinese Tech Companies Over National
Security Concerns." *New York Times*, https://www.nytimes.com/2019/06/21/us/
politics/us-china-trade-blacklist.html, jun.21.

Vincent, Brandi. 2020. "The strategy focuses on four lines of effort and will guide how
the government approaches 5G for the near future." *Nextgov*, https://www.
nextgov.com/emerging-tech/2020/03/white-house-releases-national-strategy-5g-
security/164109/, Mar.25.

Zhao, Shirley and Gao Yuan. 2020. "China's Record 5G Blueprint for 2021
Electrifies Telecom Stocks." *Bloomberg*, https://www.bloomberg.com/news/
articles/2020-12-29/china-s-record-5g-blueprint-for-2021-electrifies-telecom-
stocks, Dec.29.

张杨运. 2020. "中芯国际:国家集成电路基金等多方同意分别向中芯南方注资15亿美元及7.5亿
美元." 『新浪』, http://finance.sina.com.cn/roll/2020-05-15/doc-iircuyvi3328935.
shtml, 05.15.

苏诗钰. 2020. "四部门发文扩大战略性新兴产业投资." 『证券日报』, http://www.zqrb.cn/
finance/hongguanjingji/2020-09-24/A1600879017001.html, 09.24.

薏仁. 2020. "美国警告宣告无效, 这国高调宣布与华为合作, 发布5G商用网络." 『百度』, https://
baijiahao.baidu.com/s?id=1672822268047393128&wfr=spider&for=pc&searchw
ord=%E7%BE%8E%E5%9B%BD%E5%8D%8E%E4%B8%BA5G

제2장

컴퓨팅·모바일 플랫폼 경쟁
미국의 패권에 대한 중국의 대응

김지이

I. 서론

2018년부터 시작된 미중 무역전쟁은 ICT 기술의 빠른 발전과 함께 다양한 플랫폼 경쟁으로 접어들었다. 다만 미중 무역전쟁은 중국과의 날로 늘어나는 무역적자와 '불공정 무역관행'에 대한 변화를 목적으로 미국 정부가 선제적인 대응을 펼쳤다면, 미중 플랫폼 경쟁은 미국 기술패권에 위협인식을 가진 중국의 대응이 먼저였다. 이와 같은 맥락 아래, 본 연구는 20세기 1990년대부터 2010년대까지 미국의 디지털 기술패권에 대한 중국의 인식과 대응을 컴퓨팅, 모바일, 앱 스토어 세 부분으로 나누어 각각 다뤄보려고 한다. 앞으로의 미중 패권경쟁의 승부처는 플랫폼 생태계를 누가 더 먼저, 그리고 단단하게 구축하느냐에 달렸다고 볼 수 있는데 이와 같은 미래지향적인 질문에 대한 해답은 지난날 미중 플랫폼 경쟁의 특징과 변화를 살펴보는 데서 찾을 수 있을 것이다.

지금까지 미중 플랫폼 경쟁을 다룬 연구들을 다음과 같이 범주화해볼 수 있다. 가장 먼저, 미중 플랫폼 경쟁을 경제학적인 시각으로 다뤘던 연구들이 있다. 대표적으로 다나카 미치아키(2019)에서는 미중 플랫폼 경쟁을 GAFA[1]와 BATH[2]라는 미국과 중국의 메가테크 기업 8개 사를 손자병법의 5요소를 통해 분석하여 각 기업의 주요전략을 살펴보았다. 또한 잘 알려졌다고 생각했던 미국의 GAFA의 숨은 전략과 그동안 폄하되었던 중국 BATH의 경쟁력을 분석함과 동시에 각각의 기업들을 비교하여 각 기업의 강세와 약세에 대해 살펴보면서 지금까지는 미국이 우위에 있음을 주장한다. 하지만 앞서 언급했듯이 이 연

---

1   GAFA는 미국의 구글, 애플, 페이스북, 아마존 기업을 뜻 가리킨다.
2   BATH는 중국의 바이두, 알리바바, 텐센트, 화웨이 기업을 가리킨다.

구는 경제학적 시각으로 진행된 연구로서 국제정치학적 시각이 결여되어 있다.

계속하여 미중 플랫폼 경쟁을 국제정치학적 시각으로 다룬 연구들이 있다(최필수·이희옥·이현대 2020; Kim Sangbae 2019). 구체적으로 최필수·이희옥·이현대(2020)에서는 미중의 데이터 플랫폼을 둘러싼 경쟁을 집중적으로 살펴보면서 양국의 수준을 분야별로 종합 비교하고 장단점을 평가하였다. 해당 연구는 결론적으로 인공지능에서는 미국이, 차세대 통신기술(5G)에서는 중국이 우세를 보이고 있다고 보고 있다. 동시에 양국이 데이터 플랫폼에서 성공을 거두기 위해서는 극복해야 될 약점들과 또 미중의 데이터 플랫폼을 둘러싼 경쟁 속에서 한국이 세워야 할 대응전략에 대해 논의하고 있다. 하지만 이상의 연구들은 모두 하나의 플랫폼을 중심으로 벌어지는 미중 경쟁과 그에 상응하는 대응전략을 살펴보았다. 이는 특정 분야에서의 중국의 대응전략에 대한 자세한 내용과 특징을 살펴보는 데 많은 기여를 하고 있으나 전반적으로 중국의 첨단기술 경쟁에서의 대응전략 변화 또는 추세를 읽는 데는 한계가 있다.

따라서 본 연구는 각 시기 부동한 플랫폼에서 미국의 기술패권에 대응하는 중국의 전략을 살펴봄과 동시에 각각의 전략의 특징들을 중심으로 중국의 대응전략에 어떠한 변화가 있었는지를 비교분석하고자 한다. 구체적으로 컴퓨터 운영체제(OS) 플랫폼에서는 20세기 1990년대 말, 마이크로소프트(이하 MS)의 기술패권에 대한 중국의 홍치리눅스(红旗Linux) 대항책이 있겠다. 또한 모바일 플랫폼에서는 운영체제와 앱 스토어 분야를 나누어 살펴보겠다. 운영체제 부분은 구글 안드로이드에 대항하는 화웨이 홍멍 OS를 집중적으로 살펴보고, 앱 스토어 분야에서는 애플 앱 스토어에 맞서는 GDSA 통합 플랫폼의 출격에 대해 다뤄보려고 한다.

이 글은 다음과 같이 구성되었다. 우선 2절에서는 1990년대 말부터 시작되었던 MS에 대한 중국 정부의 위협인식을 살펴보겠다. 동시에 MS의 기술패권에 대해 홍치리눅스를 중심으로 중국 정부가 펼쳤던 다양한 대응전략과 그에 대한 특징을 분석한다. 제3절에서는 모바일 OS 플랫폼의 현황과 그에 대한 중국의 인식과 대응을 살펴보겠다. 대표적으로 구글 안드로이드에 맞서는 샤오미 MIUI, 화웨이 홍멍 OS를 중심으로 대체를 통한 경쟁을 선보이는 중국의 대응전략을 분석해보려 한다. 제4절 앱 스토어 부분에서는 현재 앱 스토어 현황과 중국에서의 구글과 애플 앱 스토어의 위치, 나아가서는 애플 앱 스토어에 대한 중국의 규제를 통한 경쟁 및 대응 특징을 다뤄보겠다. 마지막으로 제5절에서는 앞서 논의되었던 부분들을 종합하여 실제로 세 분야에서의 중국의 대응전략의 변화에 대해 살펴보면서 앞으로 지속될 미중 플랫폼 경쟁에 가져다줄 수 있는 시사점을 제시해보겠다.

II. 컴퓨터 플랫폼: 표준을 통한 경쟁

"삼류 기업은 제품을 팔고, 이류 기업은 기술을 팔며, 일류 기업은 표준을 판다." 중국기업들 사이 유행처럼 쓰이는 말로서 기술표준의 중요성을 강조한다. 표준은 국가주권의 경제영역에서의 연장선이자, 국가가 실시하는 비관세장벽의 중요수단으로 간주된다. 따라서 시장 발전이 수요하는 핵심 기술에 대한 표준을 제정하는 자가 그와 동시에 치열한 정보기술 시장에서의 주도권 획득, 거대한 시장 점유율과 경제 이익을 얻게 되며 나아가 국가와 산업의 안전을 도모할 수 있다(湖沙

沙 2014).

1. MS의 기술패권과 중국의 인식

20세기 후반, 특히 1990년대 미국은 그 어떤 나라도 모방하기 어려운 IT 기술을 확보하고 해당 분야에서의 강세를 지속하면서 세계적으로 전례 없는 미국 IT 주도현상을 선보였다. 그러나 분명한 것은 이러한 미국의 IT 기술패권은 하루아침에 만들어지지 않았다는 것이다. IT 산업을 주도할 만한 경쟁력을 지니기까지 미국 IT 기업들의 혁신능력과 기술력, 국가 차원에서의 다양한 지원, 성숙한 기술혁신체제 3요소가 잘 맞물렸기 때문에 가능했다. 아래에서는 1990년대 중후반부터 전 세계 컴퓨터 OS 시장을 강타했던 MS를 중심으로 IT 영역에서의 미국의 성공 요인을 구체적으로 살펴본다.

MS는 IBM를 비롯한 여러 업체들에게 자사의 컴퓨터 운영체제를 공급하는 동시에, 운영체제 자체에 대해 '개방과 소유' 전략을 펼쳤다. 우선 개방은 MS 자사의 운영체제를 토대로 응용소프트웨어를 개발하고자 하는 업체들에게 컴퓨터 운영체제와 응용 소프트웨어 간의 호환성을 결정하는 APIs(Application Programming Interfaces)에 대한 접근을 허용하는 것을 가리킨다. 한편, MS 내부의 응용소프트웨어는 자유롭게 호환하도록 허용하는 동시에 MS의 DOS 또는 윈도우 운영체제 속 소스 코드에 대해서는 비공개 전략을 취하면서 기타 응용소프트웨어 간에는 호환이 불가능하도록 통제했다. 이를 '소유의 전략'이라 일컫는다. 이와 같은 '소유의 전략'은 결국 MS의 소스 코드마저도 하나의 지적재산권 대상으로 간주되게 만듦으로써 독자적인 상업 소프트웨어 산업이 출현하는 기반을 제공하였다.

　　MS의 윈도우 운영체제의 소스 코드가 대부분 비공개인 상황이 지속되면서 기타 소프트웨어 업체들은 다른 운영체제와 호환되지 않았기에 점차적으로 윈도우 운영체제에서만 가동될 수 있는 소프트웨어들을 지속적으로 생산하는 상황이 연출되었다. 결국, MS 자사의 운영체제 호환성을 보장해주는 동시에 기타 운영체제를 통한 소프트웨어 간의 호환성은 폐쇄하는 '개방과 소유' 전략은 MS의 시장 점유율을 높이는 데 유리하게 작용하였다. MS의 운영체제 공급 범위는 갈수록 확대되었으며, 1990년대 같은 진영에 있는 경쟁업체들을 누르고 전반 소프트웨어 시장을 독점하게 되었다. 이 과정에서 MS의 DOS와 윈도우 운영체제는 가장 광범위하게 보급되는 소프트웨어로 자리매김하였다.

　　계속하여 MS는 자사의 기술표준의 지위를 강화하기 위해 지적재산권 보호에 많은 심혈을 기울였다. 이는 일종의 방어적 차원에서 진행하는 선제적인 대응이라고 볼 수 있는데, 소프트웨어는 하드웨어에 비해 사실상 구체성이 낮고 적용 범위가 상당히 포괄적이므로 분쟁의 여지가 매우 크기 때문이다. 하지만 소프트웨어가 대부분의 기업 또는 산업에 있어서 핵심적인 역할을 수행하기 시작하면서 기업들이 자사의 기술 및 제품 개발 경쟁과 함께 지적재산권에 대한 보호를 적극 수행하였다. MS도 지적재산권에 예민할 수밖에 없는 OS를 중심으로 운영되는 대기업이었기 때문에 자사의 컴퓨터 OS 또는 응용프로그램과 관련된 지적재산권 침해에 대해서는 법적 소송을 적극적으로 제기했다(Haynes 1995; Kajala 1998). 미국의 경제성장의 중요한 축을 담당하는 IT 기업들의 요구가 지속적으로 이어지고 항의가 빗발치자, 미국 정부는 자국의 IT 기업들이 유리한 환경에서 경쟁할 수 있도록 제도적 환경을 조성하는 한편 지적재산권 보호정책을 적극적으로 추진하였다.

실제로 미국 정부는 컴퓨터 하드 및 소프트웨어 전반을 포함한 IT 기술의 지적재산권 보호 레짐을 수립하기 위해 다양한 노력을 해왔다. 대표적으로 컴퓨터 프로그램의 지적재산권 보호 범위가 소스 코드에까지 확장된다는 내용을 담고 있는 컴퓨터소프트웨어저작권법(Computer Software Copyright Act)이 1980년에 통과되었다(Haynes 1995). 뿐만 아니라 국제적 차원에서 자국 IT 기업들의 기술보호를 위해 다양한 국제레짐 형성에 앞장섰다. 실제로 미국은 1987년 시작된 우루과이라운드(UR)에서 '무역관련 지적재산권에 관한 협정(Trade-Related Aspects of Intellectual Property Rights; 이하 TRIPs)'을 다자간 협상 의제에 포함시켰다. TRIPs에 포함된 지적재산권 보호 내용에 대해 기술 후발국들은 걱정과 부담을 토로했지만, 결국 1994년에 WTO의 부속협정으로 TRIPs 협정이 채택되었다(Sum 2003). 이러한 국내외적 차원에서의 강력한 저작권과 특허법 제정은 궁극적으로 MS가 세계시장에서의 운영체제 기술패권을 확보하는 데 유리하도록 하나의 방패막 역할을 했다. 미국 정부의 거시적 경제정책 일환으로 추진된 지적재산권 보호정책은 미국의 IT 영역을 비롯한 지식집약형 산업의 경쟁력을 높이는 데 일조하였다.

마지막으로 컴퓨터 운영체제와 같은 지식집약형 산업의 성공에 있어서 가장 근본적인 요소인 성숙한 기술혁신체제를 빼놓을 수 없다. 앞서 살펴보았던 미국 정부의 지적재산권 보호정책과 MS의 자체적인 기술력 외에도 연구소, 기업, 그리고 대학이 함께 만들어내는 수평적 네트워크도 기술의 경쟁력 확보에 중요한 역할을 했다(Rosenberg and Nelson 1994). 우선 민간 기업인 MS의 혁신 노력을 보면, MS는 자사 제품의 경쟁력을 유지하기 위해 윈도우와 같은 운영체제를 시장 전체에서 사실상의 표준으로 자리매김하도록 공을 들였을 뿐 아니라, 제품의 성능과 기능을 지속적으로 업그레이드해 새로운 제품을 출시하기도 하였다. 기술혁신체제의 또 하나의 중요한 축을 담당하고 있는 대학과 대학 연구소에 대해 살펴보면, 대학이 미국의 기술혁신체제에 기여하는 부분은 바로 인재양성이다. 미국 대학에서 전문적인 교육을 받은 학생들이 바로 기업과 대학 사이의 연계에 새로운 활로를 열어주었고 동시에 미국의 새로운 기술 발전의 원동력이 되었다(Feller 1999, 83).

종합하면, MS가 운영체제에서의 기술패권을 쥐고 윈텔리즘이 출현한 배경에는 단순히 기술 혁신만 있는 것이 아니라 사실상의 기술표준을 장악하기 위한 기업의 노력과 더불어 그러한 기술을 보호하고자 했던 국가의 노력이 있었다. 또한 기업, 대학, 연구소의 연합과 그로 인해 형성된 수평적 개발환경을 통해 보다 체계화되고 성숙된 기술혁신체제 역시 기업의 성공에 중요한 역할을 수행했다. 결국 MS의 기술패권을 잘 보여주는 '윈텔리즘'의 탄생은 기업의 기술력을 바탕으로 하는 기술표준 확립, 정부의 적극적인 지원, 그리고 성숙한 기술혁신체제의 3요소가 적절히 배합되었기 때문에 가능했다고 볼 수 있다.

2. 표준설립 시도: 훙치리눅스를 중심으로

1992년 MS는 베이징 연락사무소를 개설해 중국 시장에 진입하였고, 1995년에는 마이크로소프트 차이나(Microsoft China)를 설립하였다. MS의 중국 시장 진출은 한마디로 MS의 독보적인 기술력과 그 기술 자체에 대한 중국 정부의 강한 필요가 잘 맞으면서 순조롭게 진행되었다. 하지만, 중국은 1978년 말 개혁개방을 시작함에도 불구하고 여전히 선도부문에서 취약한 모습을 보였고, IT를 비롯한 첨단기술 정책제도 역시 성숙하지 못했다. 또한 21세기에 들어서면서 정보산업의 글로벌화는 중국의 정보산업 발전에 새로운 문제들을 가져다주었으며 주요하게는 정보안전과 국가안보 문제를 야기하였다(胡沙沙 2014). 특히 미국 다국적 IT기업들이 사이버 공간으로 통하는 중요한 기술과 산업을 독점적으로 운영할 가능성이 커짐에 따라 중국 내부에는 엄청난 위협인식이 대두되었다. 그리고 이러한 위협인식의 중심에는 MS가 자리 잡고 있었다.

MS는 당시 DOS 시스템으로 세계 컴퓨터 운영체제에서 우위를 점하고 있었고 소스 코드 비공개라는 전략과 함께, MS-Windows 전환이 대성공을 거두면서 운영체제 시장 분야에서 독보적인 위치를 점하였다. 이와 같은 MS의 독점적 지위는 중국 시장에서도 유용했고 결국, 중국 컴퓨터 OS시장 독점을 넘어 서비스 시장, 지식재산권, 애플리케이션의 독점으로까지 이어졌다. MS가 선보인 '나비효과'는 중국 정부로 하여금 기술과 경제, 정보안전 그리고 국가안보에 이르는 위협인식을 형성하게 하였다.

20세기 1990년대 중국 시장에 진출한 이후, MS가 컴퓨터 OS분야에서 독점지위를 이용해 중국 내에서 선보인 조치들은 중국 정부로 하여금 기술과 시장에서의 위협인식을 형성하게 만들었을 뿐만 아니라, 더 나아가 정보안전 그리고 국가안보에 대한 위협을 인식하도록 만들었다. 결국 MS의 중국 시장 내에서의 힘이 커질수록 그리고 MS의 운영체제를 사용하는 소비자들이 늘어나고 또 중국의 PC 시장이 방대해질수록 중국 정부는 MS의 조치와 행동들을 단순히 기술이나 경제적인 이익의 저해요소로 간주하지 않았다. 대신 이를 안보상의 위협으로 인식하는 변화를 보여주면서 국가적 차원의 안보문제로 인지하기 시작하였다.

　　정보기술 및 산업의 발전, 국가 정보안전이 위협을 받는다는 인식
이 팽배해진 중국 정부는 결국 1999년에 중커홍치(中科红旗: 이하 홍
치)리눅스에 직접 투자를 진행하면서 전폭적인 경제적 지원과 정책적
지지로 중국 컴퓨터 운영체제 시장에 개입하기 시작한다. 홍치리눅스
OS는 1999년 8월 중국과학원 기관 중 하나인 중국과학원 소프트웨어
연구소에서 탄생했다. 중국과학원은 1949년 중화인민공화국 건국과
함께 설립되었고 시종일관 중앙정부의 전폭적인 지지를 받으면서 중
국의 공업기술체계, 국방과학기술체계 및 구역혁신체계 건설을 선도
하였다. 따라서 중앙정부와 긴밀한 연계를 지닌 연구소에서 홍치리눅
스 개발을 진행하였다는 것은 정부의 암묵적인 지지가 존재했다는 것
을 의미한다. 그리고 중국 정부는 21세기에 들어서자 공업과정보화부
에서 전문위험투자회사를 설립하여 중커홍치에 직접 투자를 진행하면
서 리눅스에 대한 지지를 아끼지 않는 모습을 보였다.

　　그러나 당시 MS의 기술패권에 대항하기 위해 중국이 공을 들인
부분은 바로 MS를 대체할 컴퓨터 OS 표준을 새로 세우는 것이었다.
알다시피, MS의 DOS 그리고 윈도우 운영체제에 대항할 만한 표준을
설립하기 위해서는 대항 표준을 가진 운영체제가 MS에 버금가는 시장
점유율을 가지고 있어야 한다. 결국 운영체제가 대중에 많이 보급될수
록 그 대항의 힘이 커짐을 의미한다. 따라서 2000년대 중국 정부는 홍
치리눅스 대해 연구개발을 위한 재정적 지원뿐만 아니라 초기 시장개
척에도 힘을 보탰다.

　　MS는 컴퓨터 운영체제에서의 사실상의 표준을 획득함과 더불어
소비자로 하여금 자사의 소프트웨어에 대한 의존도를 높이기 위해 관
련된 응용프로그램을 끼워 팔았다. 이는 MS의 운영체제와 응용프로
그램에 익숙해진 소비자로 하여금 새로운 운영체제 사용에 대한 어려

움을 인식시키는 효과를 낳았다. 동시에 MS는 자사의 응용프로그램이 기타 운영체제와 호환이 불가능하도록 조치하였는데, 이로 인해 다른 회사의 새로운 운영체제가 시장에 진입하고 대중들에게 보급되는 것이 어려운 구조가 형성되었다. 그리하여 초기 중국의 많은 국내 리눅스 기업들은 MS가 쌓아놓은 시장진입 장벽을 뛰어넘지 못하였다. 결국 소비자와 시장의 선택을 받지 못한 기업들은 자연스럽게 OS 경쟁에서 도태되었다. 이를 인지한 중국 정부는 리눅스 보급을 위한 국내시장 형성에 많은 노력을 선보였고, 그중에서도 가장 중요한 조치는 바로 정부구매였다. 정부구매를 통해 정부가 홍치리눅스를 비롯한 국산 소프트웨어의 주 고객층이 되는 것이었다.

국무원 [2002] 47호 문건에서는 2005년까지 소프트웨어 시장 매출을 2500억 위안에 달성, 국산 소프트웨어와 서비스가 국내시장의 60% 점유, 국제적으로 경쟁력 있는 소프트웨어 제품 배양 등을 발전 목표로 내세웠다. 동시에 "표준에 부합하는 소프트웨어 제품과 서비스 보급에 관해서, 국산 소프트웨어가 공공조달에 우선권을 가져야 한다. 정부 재정자금을 이용하여 실행되는 정보화공정에서 소프트웨어 제품과 서비스를 구매하는 데 사용되는 자금은 원칙적으로 총 투자액의 30%보다 낮으면 안 된다"고 밝혔다. 이는 정부가 공공조달이라는 조치를 통해 홍치리눅스를 비롯한 국산 리눅스가 시장에 진입하기 용이한 환경을 만들어주는 것을 의미한다. 이러한 정부의 시도는 공공조달을 통해 리눅스가 차츰 사회에 보급되면서 소비자가 보다 친숙하게 다가갈 수 있도록 유리한 외부환경을 조성하는 데 일조했다.

중국 정부는 기술, 자금 지원 그리고 시장 개척과 같은 다양한 노력 외에도 앞으로 중국 소프트웨어 기업들이 적어도 중국 내에서 발전하는 데 비교적 유리하도록 보다 성숙된 제도적 환경을 형성해주려고 노력했다. 그 대표적인 예로 표준화설립, 지식재산권 보호와 반독점법 제정이 있다.

새로운 표준 설립을 위해서는 그동안 진행되었던 불법복제를 타파하는 것이 중국에게는 가장 시급했다. 따라서 중국 정부는 2000년부터 지적재산권 보호에 대한 다양한 정책을 내놓았고 동시에 정부기관에서 우선 소프트웨어 정품 사용에 앞장섰다. 2001년 10월 국무원 판공실에서 소프트웨어 정품화 사업을 전면 추진하겠다고 발표했고 채 1년도 되지 않은 2002년 5월 국무원 소프트웨어 시스템 정품화 작업을 완료했다. 2006년에는 중국 정보산업부, 국가저작권국, 상무부가 "컴퓨터 정품 운영체제 소프트웨어에 관련된 문제에 관한 통지"를 발표하면서 소프트웨어의 지적재산권 보호에 필요한 좋은 환경을 조성하려는 모습을 보였다. 정보산업부[2006] 199호 문건 중 제5항과 6항에서는 컴퓨터 생산자와 운영체제 소프트웨어 제공자는 반드시 매년 2월 정보산업부에 전년도의 컴퓨터 판매수량 및 운영체제 수량을 보고해야 하며 허위로 기재하거나 보고할 시, 상황의 엄중성에 따라 책임을 물을 것이라고 공시했다. 더불어, 임의의 기업과 개인이 소프트웨어 불법복제 현상을 저작권국(局), 산업부 등에 제보 시, 저작권관리부문에서 "중화인민공화국저작권법"과 "컴퓨터소프트웨어보호조례"에 근거해 법률적 책임을 묻겠다고 선언하였다(中华人民共和国信息産业部 2006).

종합하면 이상의 MS의 기술패권에 대한 중국의 대응전략은 중국 정부의 계획과 설계로부터 출발되는 "위로부터의 대응"의 특징을 잘 보여준다. 더불어 중국 정부의 MS 기술독점에 대한 대항책들과 사이버 공간에서의 정보안전 수호를 이루기 위한 각종 전략들은 기술 자체적인 대응도 있었지만 그보다는 정부 차원에서의 경제적 그리고 정책적인 대응들이 더 많았다.

3. 대응전략의 특징: '하향식 중앙집중형' 산업모델

이상에서 살펴본 MS에 대한 중국의 대응을 '하향식 중앙집중형' 소프트웨어 산업모델이라고 개념화할 수 있다. 아래에서는 중국의 '하향식 중앙집중형' 소프트웨어 산업모델이 가지고 있는 특징에 대해 살펴보겠다.

가장 먼저, 중국의 '하향식 중앙집중형' 소프트웨어 산업모델은 정부가 계획하고 주도하는 정책에 순응하고 따르는 하향식 정책 수립과 이행 방식을 가지고 있다. 즉, 특정 산업에 대한 정책 또는 대응전략이 정부의 수요에 의해 구비되어지고 그렇게 만들어진 정책에 지방정부나 대학연구소, 민간기업 등 비(非)국가 행위자들이 일방적으로 따라야 되는 것이다.

구체적으로 살펴보면, 중국 정부는 국무원 [2000]년 18호 문건인 '소프트웨어 산업과 IC(integrated circuit) 산업발전을 위한 정책에 관한 통지'를 통해 독립자주적인 OS 시스템을 보유하는 것이 국가의 정보산업을 비롯해 새로운 세기 경제발전과 안전에 중요하다는 것을 피력한다. 이는 결국 MS 윈도우를 대체할 새로운 독립자주적인 OS 시스템이 필요하다는 것을 정당화하려는 정부의 노력으로 간주된다.

이와 같은 중국의 하향식 소프트웨어 산업모델의 특징은 그 정책이행 과정에서도 잘 드러난다. 당시 중국 정부의 리눅스를 중심으로 제정되고 추진되는 정책에 대해 그것이 과연 적절한 정책인지, 아니면 고려할 만한 기타 방안이 있는지에 대해 민간이나 학계에서 논의가 많이 이루어지지 않았다. 다시 말해, 민간 기업과 지방정부들은 정부의 정책 수립의 적실성을 판단하지 않고 하달된 정책을 일방적으로 이행하는 피동적 수용자의 모습을 보이고 있다.

중국 소프트웨어 산업모델의 또 다른 특징은 중앙의 집중화된 관리구조이다. 당시 기술후발국이었던 중국에서 중앙정부만이 소프트웨어 산업을 추진할 수 있는 유일한 경제력과 추진능력을 가지고 있었다. 독립자주적인 OS 시스템 형성은 사회 전반 인프라를 새롭게 형성해야 됨을 의미하기도 하는데 이는 R&D에 대한 장기적인 지원, 지속적으로 이끌고 나갈 리더십 등이 요구된다. 하지만 당시 중국 국내 소프트웨어 기업들은 그 규모가 작고 구조가 불균형적이었기 때문에 MS 윈도우에 대항할 OS의 대체표준 설립과 같은 큰 프로젝트를 추진할 역량을 구비하지 못한 상황이었다.

결국 소프트웨어 산업을 추진할 수 있는 자원과 역량이 중앙정부에 집중되다 보니 중국 중앙의 집중화된 관리구조를 따를 수밖에 없었다. 여기서 말하는 집중화된 관리구조는 다음과 같다. 우선, 중앙정부가 산업 발전에 대한 정책을 제정함과 동시에 그 이행단계에까지 깊게 관여하는 것이다. 요컨대, "863 계획" 프로젝트에 소프트웨어 산업을 국가 과학기술 발전의 우선순위로 제정하고 난 후, 그 프로젝트가 실제로 가동될 때 참여할 수 있는 국내 소프트웨어 기업을 직접 제정하는 것이다. 본 연구에서 다룬 홍치리눅스가 대표적인 사례이다. "863 계획" 프로젝트에 소프트웨어 산업이 제정된 이후, 리눅스 OS를 기반으로 두고 있는 국내 기업들 중에서는 홍치리눅스가 유일하게 4년을 연달아 참여하게 된다. 또한 정부가 리눅스 제품을 구매할 때도 국가가 직접 투자하고 기술을 지원한 홍치리눅스 같은 기업들의 제품을 중심으로 구입하는 모습을 보였다.

중국의 집중화된 관리구조는 소프트웨어 산업 발전을 위해 제한된 자원을 선택과 집중을 통해 최대화된 효과를 보려는 의도에서 출발한 것이다. 이와 같은 중앙집중형 관리구조는 특정 기업에게만 집중되어 있었으므로 정부가 투자하지 않은 기타 민간 기업들에게는 경쟁에 참여할 수 있는 기회 자체가 허용되지 않았다. 따라서 중국 컴퓨터 OS 시장은 다소 폐쇄된 형태를 띠게 되었다.

요컨대, 중국의 '하향식 중앙집중형' 소프트웨어 산업모델은 유연한 속성을 필요로 하는 컴퓨터 OS 플랫폼과는 적합하지 않은 관리구조를 가지고 있었다. 그러다보니 기업의 자율성이 보장되지 못했다. 나아가 기업이 정부의 정책과 재정적 지원에 지나치게 의존하는 문제가 있었기에 시장의 수요에 의한 기술발전보다는 정부의 요구에 더 치우치는 기술개발을 진행하기도 했다. 이 밖에도 1990년대 말부터 비로소 소프트웨어 산업과 관련된 정책을 추진하기 시작한 중국 정부는 경험이 부족하였고, 그 결과 정책 집행 과정에서 잦은 혼선이 발생하였다. 다시 말해, 중국의 국가기술혁신체제가 충분히 성숙되지 못했다. 그 결과 중국의 '하향식 중앙집중형' 소프트웨어 산업모델은 일정한 한계가 있을 수밖에 없었다.

III. 모바일 플랫폼: 대체를 통한 경쟁

1. 모바일 OS시장 현황과 중국의 인식

알다시피, 모바일 OS 플랫폼에서의 양대 산맥은 구글의 안드로이드와 애플의 iOS이다. 2020년 12월을 기준으로 전 세계 모바일 OS에서 안드로이드의 점유율은 72.48%이고 애플의 iOS는 26.91%이다

(Statcounter 2020b). 더욱이 중국 시장만을 타깃으로 했을 때, 안드로이드의 점유율은 80%가 넘고, iOS는 약 19%에 달한다(Statcounter 2020a). 한마디로 모바일 플랫폼에서는 이 두 가지 모바일 OS를 제외하고는 기타 모바일 OS가 설 자리는 없다.

하지만 구글과 애플이 모바일 OS 시장을 처음부터 평정하거나 또는 단번에 눈에 띄는 성과를 거둔 것은 아니다. 2010년까지만 해도 심비안(Symbian) OS가 모바일 OS 플랫폼에서 가장 많은 점유율을 보유했고 구글의 안드로이드는 2012년부터 시작하여 강세를 보이기 시작하였다(Statcounter 2020c). 그렇다면 구글 안드로이드와 애플 iOS의 모바일 운영체제의 성공전략은 무엇일까?

사실 안드로이드와 iOS는 같은 메커니즘으로 성공한 케이스라고 보기보단 차이점이 더 많음에도 불구하고 모두 성공을 거둔 케이스라는 것이 흥미로운 부분이다. 한마디로 두 가지 운영체제 모두 단순히 모바일 OS라는 점을 제외하고는 모바일 OS 운영전략과 방식이 모두 상이하다. 그 중에서도 안드로이드의 성공의 핵심이 '개방성'이었다면 iOS는 '폐쇄성'이라는 특징을 무기로 모바일 운영체제 플랫폼에서 성공을 이루어냈다는 것이다.

사실 안드로이드는 2007년, 구글이 소스코드를 무료로 공개하겠다고 선언한 이후 엄청난 성장을 거듭했다. 기업이나 개인 가릴 것 없이 누구든지 앱을 제작할 의향이 있다면 공개된 안드로이드의 소스코드를 제공 받아 사용할 수 있다. 나아가 안드로이드는 모든 부분을 커스터마이징할 수 있는 장점도 가지고 있다. 물론 개방성에 초점을 맞춘 만큼 보안이 취약하다는 것은 다양한 연구소에서 공통적으로 제기해온 단점이다. 미국표준기술연구소(NIST)가 공개한 '국가취약점 데이터베이스(NVD)'에 따르면 지난해 가장 많은 보안 취약점을 노출한 OS는 구글 안드로이드로 총 414건에 달했다(National Institute of Standards and Technology 2020).

반면, 앞서 언급했듯이 iOS의 특징이자 핵심은 '폐쇄성'이다. iOS의 모든 권리는 애플이 가지고 있다. 즉 소스코드를 공개하는 것도, OS를 취급하거나 또는 개선하는 것도 오로지 애플 기업의 권한이다. 때문에 안드로이드와 다르게 iOS는 사용자가 원하는 대로 스마트 폰을 수정할 수 없으며 애플이 제공한 틀 안에서만 변화를 줄 수 있다. 뿐만 아니라, 다양한 곳에서 앱을 다운로드할 수 있는 안드로이드와 달리 iOS의 앱은 오로지 앱 스토에서만 거래된다. 실제로 애플은 '폐쇄성'이라는 특징으로 인해 애플이 취급하는 앱 스토어 내 등록되는 앱들의 완성도를 검사하고 부합되지 않은 부분들을 걸러내고 있다. 그러므로 애플의 iOS는 폐쇄성으로 인해 악성코드가 포함된 앱이 배포될 가능성을 낮추기 때문에 보안성이 뛰어난 장점을 가지고 있다.

반대로 안드로이드의 최대 장점은 구글에서 제공하는 앱과 호환이 뛰어나다는 점이다. 로그인 한 번으로 구글 플레이, 지메일, 구글 크롬, 문서, 유튜브 등 구글에서 제공하는 모든 앱을 막힘 없이 이용할 수 있다. 한마디로 앱 사이의 연동성이 뛰어나다. 반면 iOS의 경우 아이폰, 맥북, 아이패드, 애플워치 등 기기 간 연동이 뛰어나다. 사용자가 iOS의 잠금을 해제하면 애플워치의 잠금도 해제된다거나 iOS에서 살피던 웹페이지를 아이패드와 맥북으로 이동해 계속 탐색하는 기능도 제공한다. 안드로이드는 다양한 제조사에서 제품을 생산하지만 iOS는 애플에서 생산하는 제품에만 탑재되기 때문에 가능한 것이다. 이와 같이 두 모바일 OS는 상이하면서도 자체적인 개성을 충분히 시장에 어필하는 데 성공하였다.

그렇다면 중국은 자국의 모바일 OS 플랫폼 시장의 약 99%를 갖고 있는 미국 구글 안드로이드와 애플 iOS에 어떠한 인식을 가지고 있을까? 결론은 컴퓨팅 OS 플랫폼 경쟁에서와 동일한 맥락을 띤다. 인터넷 시대로 진입한 지 길지 않지만 급속하게 사용자가 늘어나면서 정부의 인터넷 안전 나아가서는 정보안전, 국가안전에 대한 고민이 많아지고 있다. 단적으로 2014년 컴퓨팅 OS에서 중국 정부가 집중적으로 지지하고 지원했던 홍치리눅스가 파산을 선언하면서 중국 내에서 네티즌들이 '자주적인 운영체제를 갖는 것이 왜 어렵고 중요한가'라는 논의를 진행하기도 했다. 중국 학계와 당 인사들도 이러한 질문에 대해 많은 논의를 펼쳤다. 왕루(王璐)는 '운영체제는 인간의 대뇌와도 같은 것이다… 더욱이 인터넷 시대에 개인용 컴퓨터, 스마트 단말기의 응용이나 인터넷, 사물인터넷, 클라우드 등 각종 서비스와 응용에서 운영체제는 없어서는 안 될 중요한 부분이다. 즉, 운영체제의 지위와 역할은 대체 불가능하다. 또한 시스템에 대한 공격과 위협은 운영체제가 주요 타킷이 되는 경우가 많다. 그만큼 운영체제의 안전이 중요하다'고 언급하였다. 동시에 거듭 중국 자주적인 운영체제 개발과 보급을 강조하고 독려하였다(王璐 2014).

2. 대체 가능한 모바일 OS 출시: 샤오미 MIUI, 홍멍 OS를 중심으로

앞서 언급했듯이 구글은 명실상부한 모바일 운영체제 안드로이드를 가지고 있다. 애플의 iOS 운영체제와 양대 산맥을 이룬다고는 하지만 중국에서 안드로이드 시장점유율이 iOS보다 압도적으로 많은 건 주지의 사실이다. 구글은 안드로이드를 중심으로 이미 모바일 운영체제 생태계를 구축 완료한 상태이며, 삼성, 화웨이, LG 등의 많은 곳에서 안드로이드 단말기를 쓰고 있다. 하지만 2019년 5월 구글은 중국 화웨이에 안드로이드 서비스를 차단한다고 발표했다(Moon 2019). 앞서 보았듯 중국 시장 내에서 점유율 80% 이상에 달하는 안드로이드의 서비스 차단은 화웨이에게 적잖은 충격을 주었다. 물론 전부터 미국의 보복에 대비해 자체적인 모바일 OS 준비에 박차를 가했지만 단기간 내에 안드로이드를 대체할 모바일 OS를 개발하는 것이 쉽지 않기 때문이다.

안드로이드는 '개방성'이라는 특징으로 인해 소스코드를 누구나 자유롭게 쓸 수 있다. 하지만 구글의 안드로이드 비즈니스는 생각처럼 무조건적인 공짜 운영은 아니다. 앞서 언급했듯이 소스코드는 누구나 사용할 수 있지만 딱 여기까지가 구글이 제공하는 무료서비스이다. 다시 말해, G-mail, 구글 검색을 비롯한 구글의 인기 앱이나 구글 플레이 같은 앱 스토어를 탑재하기 위해선 기업과 별도 계약을 맺어야 한다. 안드로이드 차단 조치는 이 부분에 적용된다. 안드로이드 소스코드는 사용 가능하나, 그 외 나머지 서비스들은 계약으로 인한 허용 과정이 있기에 사용 불가능하다는 것이다.

화웨이 이전에 사실 많은 중국 내 기업들이 자체적인 모바일 OS를 개발하고 또 보급하는 시도를 해왔다. 그 중심과 시작엔 샤오미 OS 생태계 구축 시도가 있었다. 2011년 9월, 샤오미는 자사의 첫 번째 스마트폰 '미1(米1)'을 발표하였다. 디자인까지 '아이폰'을 빼닮아 '짝퉁 애플'이란 조롱을 받았지만, 샤오미는 약진했다. 창업 2년차인 2011년 30만 대의 판매고를 올리더니 2013년엔 1870만 대를 팔아치웠다. 2014년엔 삼성전자가 2년간 지켜온 중국시장 점유율 1위 자리를 꿰찼다(김다린 2019). '저렴한 가격, 그럼에도 괜찮은 성능'의 콘셉트가 시장에 적중했다. 순식간에 샤오미는 유니콘 기업으로 우뚝 섰다.

당시 샤오미가 주목을 받은 건 다음과 같다. 첫째, 가성비다. "마진을 5%만 남긴다"는 경영전략이 샤오미에게 가성비 브랜드라는 이미지를 구축시켰다. 실제로 샤오미에게 인도는 중국 다음으로 큰 수입원천이 되기도 했다(Gupta and Wang 2015). 둘째, 샤오미는 자체적인 모바일 운영체제 미유(MIUI)를 갖고 있었다. 미유는 샤오미가 독자적으로 형성한 모바일 운영체제로서 매주 고객의 코멘트를 중심으로 업데이트가 진행되었다. 따라서 당시 중국 내 기타 경쟁사들보다 시장의 수요를 잘 반영할 수 있었다. 문제는 샤오미가 스마트폰 분야에서는 지속적인 성장을 일구지 못했다는 것이다. 실제로 현재 화웨이, Oppo, Vivo 등과 같은 경쟁사들에게 밀리고 있는 실정이다. 따라서 여전히 중국 시장의 모바일 OS 시장은 안드로이드와 iOS가 독점하고 있다.

그렇다면 샤오미의 부진 이유는 뭘까? 아마 샤오미의 모바일 운영체제가 완전한 독립을 이루지 못한 데 있다고 본다. 실제로 샤오미는 독자적인 모바일 OS를 보급했지만 그 역시도 안드로이드 기반 운영체제였다. 또한 당시 샤오미의 경영전략은 결코 모바일 OS 시장이 성숙되고 발달한 미국, 일본 등의 지역을 뚫기 어려운 부분이 존재했다.

그렇다면 오늘날 화웨이의 독자적인 모바일 OS는 샤오미와 얼마나 다를까? 화웨이도 샤오미와 비슷한 시기에 독자적인 모바일 OS 개발에 힘썼다. 중국의 성장속도가 빨라지면서 이에 대한 미국의 견제를 대비해 화웨이는 오랫동안 상하이교통대와 공동으로 리눅스(Linux)를 기반으로 한 독자 OS인 홍멍을 개발해왔고, 실제로 2016년에 이미 완성했다고 밝혔다(차대운 2019; 王成錄 2021). 다만, 미중 무역 전쟁이 기술경쟁을 비롯한 다양한 플랫폼 경쟁으로 이어지면서 자체적으로 개발한 모바일 OS를 계획과는 다르게 앞당겨 발표할 수밖에 없었다. 2019년 8월 화웨이는 광둥성 둥관시에서 열린 연례 개발자 대회에서 새 모바일 OS인 홍멍을 공개했다. 또한 2020년 12월 16일에는 스마트폰 개발자를 상대로 화웨이가 자체적으로 개발한 홍멍 OS 2.0 베타 버전을 공개하였고 이어서, 같은 달 21일에는 홍멍 OS를 탑재한 스마트 스크린을 출시했다(Zhang Yang 2020).

화웨이 소비자 소프트웨어 CEO인 왕청루(王成录)는 "우리가 홍멍 OS를 개발하는 것은 시장에서 경쟁력 있는 제품을 만들기 위한 것만이 아니다. 우리는 중국도 처음으로 독자 생태계를 가질 수 있는 가능성이 있다는 것을 중국 업계와 학계가 깨닫게 하고 싶다"고 말했다(Zhang Yang 2020). 뿐만 아니라 왕청루는 "홍멍 시스템이 마침내 만들어진다면 중국은 사물인터넷 프로그래밍 언어에서 가장 앞서 나갈 것이다… 현재 우리가 쓰는 시스템은 윈도, iOS, 안드로이드다. 중국은 이들 시스템의 핵심 지식재산권이 없는데 이는 중국 사회의 발전에 매우 큰 숨은 위험"이라고 지적하기도 했다(Zhang Yang 2020).

나아가 올해 1월에 "2020년 과학 풍운방(2020科技风云榜)" 대회에서 화웨이는 2021년 화웨이 홍멍 OS를 탑재한 하드웨어 기반만 3~4억 대 정도에 달하도록 하겠다는 목표를 제시하기도 했다(王成录 2021). 물론 화웨이가 당시 홍멍 OS를 발표했을 때, 당장은 안드로이드나 iOS와 같은 생태계 구축은 어렵다고 밝혔다. 다만, 홍멍 OS가 추구하는 건 단순히 모바일 OS 분야가 아닌, 앞으로 더 큰 발전 가능성이 있는 스마트 TV와 같은 다양한 분야를 아우르는 통합형 생태계를 구축하겠다는 욕심을 내비쳤다.

3. 대응전략의 특징: 중국형 '민관협력'

모바일 OS 분야에서 중국의 대응은 이전 컴퓨터 OS 플랫폼에서 미국에게 선보인 대응과는 사뭇 달랐다. 가장 먼저 눈에 띄는 건, 중국 정부의 대응방식이다. 한마디로 전에는 직접적인 방법들을 다수 대동해 미국의 컴퓨터 운영체제 독점에 대응하였지만, 모바일 OS 경쟁에서는 정부가 나서서 기술부터 정책까지의 대항책을 구미하는 모습보다는 보다 간접적인 방식으로 기업에게 힘을 실어다 주었다. 우선, 2019년 5월, 구글이 화웨이에 부분적인 서비스 중단 발표에 대해 중국 외교부 대변인은 정례기자회견에서 "구글이 화웨이에 대한 부분적 서비스 중단 사건에 대한 진척을 눈여겨보고 있다. 동시에, 중국 정부는 중국 기업이 법률적 무기로 자신의 정당한 권익을 수호하는 데에 지지의사를 표한다"고 언급하였다(新浪财经 2019.5.21).

또한, 2020년 10월에는 중국 정부가 미국 안드로이드 시스템을 상대로 반독점 조사를 진행할 것이라는 기사가 쏟아졌다(环球时报 2020.9.30). 중국시장관리감독 총국, 국무원 등에서는 당시 해당 이슈에 대해 별다른 공식적인 입장을 내놓지 않았으나 중국 내부에서는 미국에게 일방적으로 당할 수 없다는 긍정적인 의견들을 선보였다. 이와 같이, 마이크로소프트 기술패권에 대해 홍치리눅스라는 대항책을 직접적으로 강구하여 대응하는 모습보다는 간접적인 방식으로 기업이 위기를 해결해나가는 데 필요한 시간을 벌어다주는 모습을 보였다.

둘째, 기업이 적극적으로 위기 해결방안을 고안해내고 또 시장의 수요에 집중하려는 모습을 보였다. 이전 홍치리눅스의 경우는 중국 계획경제의 잔해로 인해 형성된 산물이라고 볼 수 있다. 모든 부분을 정부가 주도하였기에, 기업이 정부에 대한 의존도가 높았고 시장의 수요

보다는 정부의 요구에 응하는 모습을 보였다. 반면에 샤오미, 화웨이 같은 경우는 자체적으로 이미 기술적인 독립을 하려는 노력을 해왔다. 중국 내 여러 대학들과 협력하여 자체적인 모바일 OS를 제작하면서 미래의 미중 경쟁에서 받을 수 있는 피해를 최소화하려는 대안책을 구비해왔다는 것이 이러한 변화를 잘 보여준다. 만일 이와 같은 노력을 해오지 않았더라면 화웨이는 구글이 안드로이드 서비스를 중지하겠다고 선언하고 나서 몇 달 후, 대체 가능한 홍멍 OS 공개 및 모바일 탑재를 선보이기는 어려웠을 것이다.

이상의 대응 특징을 종합하여 중국식 '민관협력' 모델이라고 칭할 수 있겠다. 이 산업모델은 앞서 살펴본 홍치리눅스의 '하향식 중앙집중형' 산업모델과는 다소 차이가 있다. 우선, 기업의 자율성이 전보다는 커졌다. 동시에 정부의 집중관리도 역시 어느 정도 느슨한 부분들이 보인다. 다시 말해, 정부가 하나부터 열까지, 미시적인 것부터 거시적인 부분까지 케어를 해오던 단계가 끝났다고 볼 수 있다. 보다 시장의 수요를 만족할 수 있게 기업은 자사의 제품 개발에 힘을 쏟았고 정부 역시 다양한 제도와 지원을 통해 지지하는 모습을 보였다. 하지만 명심해야 될 부분은 중국식 '민관협력'은 결코 중국 정부의 관리능력이 약해졌다는 것을 설명하는 게 아니다. 화웨이, 샤오미의 시도와 대응은 기술력이 일정 이상 뒷받침되는 기업이 제한적인 자율성을 가질 수 있도록 정부가 보장해주고 있다는 것이다. 즉, 정부가 독자적으로 판단하고 이행하기보다는 기업의 추진력과 이행능력을 높이 사고 함께 움직인다는 있다는 것을 알 수 있다.

IV. 앱 스토어 플랫폼: 규제와 협력을 통한 경쟁

1. 앱 스토어 현황과 중국의 인식

모바일 OS 플랫폼과 분리할 수 없는 것이 바로 앱 스토어 플랫폼이다. 실제로 디지털 시대로 빠르게 전환되면서 세계적으로 스마트폰 사용자 수가 급증하고 있다. 이와 같은 모바일 사용자 수 증가로 인해 어플리케이션 시장도 방대해지면서, 많은 ICT 기업들이 이 어플리케이션을 한 곳에 모아주는 앱 스토어 구축에 힘쓰고 있다.

현재까지의 앱 스토어 현황은 앞선 두 플랫폼 추세와 같이 미국 기업들이 전 세계 시장에서 우위를 점하고 있다. 다만 한 가지 흥미로운 점은 애플의 앱 스토어가 구글 플레이 스토어보다 더 많은 수익을 창출한다는 것이다. 사실상, iOS의 전 세계 앱 시장 점유율은 약 15%로 구글 플레이 스토어보다 낮다. 더불어, 애플은 약 200만 개의 앱들을 담고 있는 반면, 구글 플레이 스토어에서는 256만 개의 앱들을 다운로드할 수 있다(Apple 2020; Iqbal 2020). 그럼에도 불구하고 애플의 앱 스토어 플랫폼이 수익을 더 많이 창출하는 이유는 바로 핵심 수익원을 가지고 있기 때문이다. 대표적으로 애플의 아이폰이 일본, 미국 등 경제가 많이 발달된 국가에서 인기가 많다. 따라서 아이폰 사용자당 많은 수익을 창출해준다. 반면, 구글 플레이의 가장 큰 시장은 인도, 동남아시아, 남미이며 일반적으로 사용자당 적은 수익을 창출한다. 따라서 시장 점유율이 많지 않음에도 불구하고 iOS는 앱 개발자의 매출 창출을 주도해 왔다.

또한 애플이 많지 않은 시장점유율에도 불구하고 구글 플레이보다 앱 스토어 생태계에서 더 많은 수익을 창출하는 다른 한 가지 이유는 바로 중국 시장 확보이다. 실제로, 구글 플레이 매장은 중국에서 영업이 금지되어 있다. 중국 내 구글 안드로이드 시장점유율이 80% 이상을 차지함에도 불구하고 구글 플레이 스토어가 금지되어 있는 이유는 2010년 구글의 중국 시장 철수와 관련이 있다. 알다시피 2009년 12월, 중국 인권운동가 두 명의 구글 메일 계정과 구글 인프라가 해킹당한 사실이 밝혀지면서 구글은 관련 사례의 배후로 중국 정부의 개입의혹을 제기하였다. 당시 구글은 이에 대한 불쾌감을 드러냈고 미국정부 역시 중국 정부의 인터넷 검열을 강하게 비판하면서 양국이 정면대치하는 양상이 벌어졌다(Clinton 2010). 이와 같은 신경전 속에서 구글은 결국 2010년 3월 23일, 자사의 중국 사이트를 홍콩으로 옮기는형태로 중국 시장에서 검색 사업 부문을 철수한다고 공식적으로 발표하였다.

　2010년 구글의 중국 시장 철수는 중국 정부의 정보주권에 대한수호를 확실하게 보여준 사례였다. 실제로 중국은 정보주권에 대한 관심도가 크다. 대표적으로 구글이 철수를 선언한 지 5개월이 지난 2010년 6월 8일, 중국 국무원신문판공실에서는 "중국인터넷정황"이라는백서를 처음으로 발표하였으며 인터넷 안전에 대해 부분적으로 언급하는 내용을 담았다. 대표적으로 "중화인민공화국 국경 내 인터넷은국가 중요 기초설비로서 중국 주권 관할 범위에 속한다. 따라서 중국은 인터넷 주권을 보호해야 되며 존중받아야 된다"고 명시하면서 더욱더 인터넷을 통한 정보 주권보호에 노력을 기울였다(中华人民共和国国务院新闻办公室 2010). 뿐만 아니라, 2010년 "인터넷정황" 발표를 시작으로 반복적으로 정보주권에 대한 언급을 지속해왔다.

　시진핑 국가주석은 2014년 브라질 국회연설에서 "날로 발달하는인터넷 기술로 인해 인터넷 공간이 국가 주권, 안전, 발전 이익에 새로운 도전을 가져다준다… 그러나 인터넷 기술이 어떠한 정도로 업그레이되든 관계없이, 절대로 정보주권을 침범해서는 안 된다"라고 언급하였다(中国新闻网 2014.7.17). 나아가 2015년 중국에서 열린 제2회 세계인터넷대회에서 시진핑 국가주석은 "과학은 국경이 없지만 과학자는 국경이 있는 것과 마찬가지로, 인터넷 역시 국경은 없지만, 인터넷공간은 주권이 존재한다… 따라서 인터넷 주권을 존중해주시길 바란다"고 언급하면서 다시 한 번 중국 정보주권 나아가서는 정보를 전파하는 인터넷공간에 대한 주권담론을 강조하기도 하였다(中国新闻网 2015.12.16). 결국 중국 정부의 인터넷 검열에 대한 요구를 만족시키지 못한 구글은 중국 시장에서 철수해야 했고 그 뒤를 따라 구글 이메일, 구글 플레이 스토어 등 다양한 앱들이 중국 내에서 사용 금지당했다.

반대로, 애플은 지금까지 중국에서 영업을 하고 있다. 애플 앱 스토어의 중국 내 사용이 계속된 이유는 바로 구글이 거절한 중국 정부의 검열 요구를 애플은 수용했기 때문이다. 당시 각종 비판을 받은 건 사실이지만, 애플에게 중국 시장이 주는 가치는 결코 무시할 수 없는 것이다. 애플은 2020년 자사 보도자료를 통해 앱 스토어 생태계가 2019년에만 전 세계적으로 5,190억 달러 규모의 매출 및 판매 실적을 지원했다고 발표했다(Apple 2020). 그리고 총 매출액의 47%가 중국에서 발생했다고 분석되었다(뉴시스 2020.6.12). 매출 발생 지역으로 미국 27%, 유럽 10%, 일본 7%가 순차적으로 이름을 올렸지만 세 지역의 총액이 중국 시장 하나가 만들어내는 가치에 도달하지 못한다. 그만큼 애플의 앱 스토어 생태계는 중국 시장이 가져다주는 수익이 많음을 알 수 있다.

2. 규제와 협력: 애플 앱 규제와 GDSA 통합 플랫폼을 중심으로

우선 앱 스토어 규제 이전에 구글 플레이 스토어가 중국 기업 내 영업 금지를 받은 이후의 상황들을 살펴볼 필요가 있다. 결론부터 보자면 2010년 구글 중국 시장 철수 이후 구글 플레이 스토어가 영업 정지가 되었지만 중국 내에서 소비자가 큰 혼란을 받지는 않았다. 첫째, 당시 중국 스마트폰, 즉 모바일 인터넷 사용자가 많지 않았다. 중국은 앞서 언급했듯이 인터넷 시대의 진입 시기가 다소 늦었다. 2000년대에 본 격적으로 인터넷을 보급하기 시작했지만 2010년 기준으로 모바일 인 터넷 사용자는 전 국민의 약 23%를 차지했다(China Internet Network Information Center 2015). 또한 연해도시를 비롯한 주요 도시의 보 급률이 기타 지역보다 높았음에도 불구하고 5%대를 넘기지 못했다 (China Internet Network Information Center 2015). 이와 같은 상황에 서 중국의 앱 스토어 시장 점유율은 중국 현지화가 잘 되어 있는 기업 들에게 돌아갔다. 2010년을 기준으로 중국 내 앱 스토어 시장 점포는 바이두가 31.5%, 텐센트 20.6%, 360이 11%를 차지하면서 상위 랭크 에 이름을 올렸다(易째 2016). 따라서 중국은 구글 플레이 스토어 퇴출 에 큰 혼란이나 타격을 입었다고 보기 어렵다.

이와 같은 중국 내 앱 스토어 시장 점유율은 오늘날까지도 이어져 오고 있다. 2020년을 기준으로 중국 내 안드로이드 기반 앱 스토어 점 유율은 텐센트의 MyApp 26%, 화웨이 앱 스토어 13%, Oppo 앱 스토 어 13%, 360 Mobile Assistant 10%, Baidu 9% 순으로 이름을 올렸다 (Ou 2020). 중국 시장 내에서 중국 기업들이 앱 스토어 플랫폼에서 강 세를 보이는 이유 중 하나가 바로 중국 정부의 정책을 따른다는 것이 다. 이는 아래에서 더 자세히 설명하게 될 애플에 대한 규제정책과 같다. 이 외에도 중국 기업들이 앱 스토어 플랫폼에서 강세를 이어가는 이유는 다음과 같다. 대표적으로 텐센트의 경우, 앱 스토어 내에서 앱을 다운로드 하는 것 외에도 스마트 폰 청소를 비롯한 다양한 기능이 탑재되어 있다. 반대로, 화웨이와 Oppo의 경우는 직접 자사에서 제조하는 스마트 폰에 앱 스토어를 끼워 넣음으로써 중국 앱 스토어 시장에서의 점유율을 높이고 있다(Ou 2020).

그렇다면 애플은 중국 시장 내에서 어떻게 자사의 경쟁력을 유지하고 있을까? 바로 구글과는 다르게 중국 정부의 규제를 따르고 있다. 미중 무역 전쟁이 장기화되고 양국 간의 경쟁이 심화되면서 애플의 앱 스토어 생태계 독점을 막고자 하는 중국의 움직임이 곳곳에서 포착되고 있다. 우선 중국은 한층 강화된 규제정책을 사용하고 있다. 2020년 12월 23일, 중국 정부가 앱 관리를 강화하면서 애플이 다수 게임 앱을 제거했다고 월스트리트저널은 보도했다(Higgins 2020). 실제로, 중국 정부는 2016년부터 《모바일 게임 출판 서비스 관리에 관한 통지》라는 게임 앱에 대한 허가 후 출시 규정을 세웠고 올해 단속 강도를 높이면서 애플 앱 스토어 내의 앱 삭제를 요구했다(中华人民共和国国家新闻出版广电总局 2016). 실제로 애플은 2020년 중국 당국의 요구로 중국 내 제공되는 앱 중 9만 4000개쯤의 게임 앱을 제거한 것으로 알려졌다(김평화 2020). 이와 같은 애플의 행동에 일각에서는 애플이 중국 정부가 민감해하는 정치 관련 주제를 다루는 앱을 삭제하고 있다는 주장이 나왔다(Higgins 2020). 그럼에도 불구하고 애플이 중국 정부의 요구를 수용하는 건 앞서 언급했듯이 애플의 앱 스토어 생태계에서 중국이 창출하는 매출액이 약 절반을 차지하기 때문이다.

뿐만 아니라 중국 내 기업들의 움직임도 심상치 않다. 2020년 초반, 중국기업 화웨이, 샤오미, Oppo 그리고 Vivo가 합심하여 GDSA

(the Global Developer Service Alliance)라는 새로운 앱 스토어를 창
출하겠다고 발표했다(Kirton 2020). 해당 앱 스토어는 중국시장에서
구글 플레이 스토어와 애플 앱 스토어의 시장 독점을 막고자 도전장을
내놓은 것이라고 일각에서는 보고 있다(England 2020).

GDSA에 화웨이 이 외의 기차 제조업체들이 참여한 것은 미중 무
역 갈등이 지속되며 화웨이 외에도 중국 제조업체로까지 미국의 금지
령이 확산될 가능성이 있다고 판단해 동참을 선언한 것으로 전해졌다.
중국에게 앱 스토어 플랫폼 경쟁은 아직 구체적인 방안을 선보인 대
응이 아니기에 당장 판도를 뒤집을 수는 없다는 게 현실이다. 하지만
4개 기업의 세계 시장 점유율이 40%가 넘는다는 점을 고려해 통합형
플랫폼인 GDSA가 경쟁력이 있을 수 있다는 분석도 나오고 있다(배성
수 2020).

3. 대응전략의 특징: 기업 주도의 네트워크 형성

앱 스토어 플랫폼 경쟁에서의 중국의 대응은 앞선 두 가지 분야의 OS
경쟁과는 상이한 점이 존재한다. 한마디로 정부가 다소 소극적인 모습
인 반면, 기업들이 주도적으로 대응책을 구비하기 시작한다는 것이다.
앱 스토어 플랫폼 경쟁에서 중국 대응책의 특징을 '기업 주도적 네트
워크 형성'이라고 할 수 있겠다.

'기업 주도적 네트워크 형성'은 기본적으로 중국이 이전의 기술경
쟁에서 선보였던 대응책과는 다른 점을 내포하고 있다. 첫째, 중국 정
부의 대응 태도가 다소 소극적이다. 앞선 컴퓨팅 OS, 모바일 OS 플랫
폼 경쟁에서는 중국 정부의 지속적인 요구의 목소리를 다양한 곳에서
찾을 수 있었다. 그러나 앱 스토어 구축이나 대체에 대한 대응의 움직

임은 크게 드러나지 않고 있다. 물론 현재 미중의 다양한 플랫폼 경쟁에서 앞 두 분야의 경쟁이 더 근본적이고 중요한 경쟁인 점도 있다. 자체적인 기초공사가 확실치 않게 된 상황에서 상위의 대응책 구비에 대한 관심을 적게 가질 수밖에 없다. 또한 미중 무역전쟁으로부터 시작되어 다양한 기술 플랫폼 경쟁으로까지 경쟁의 범위가 확대되다보니 중국 정부의 전과는 다른 대응태도의 변화를 초래했다고 볼 수 있다.

뿐만 아니라, 이전 컴퓨팅 OS 경쟁에서는 중국 내 기업들의 기술력이 높지 못하고 운영방식이 성숙되지 못하였기에 자원과 능력을 겸비한 정부가 직접 나서는 모습을 보였다. 하지만 오늘날 중국 기업은 20세기 1990년대의 홍치리눅스가 아니다. 이미 중국 기업들은 다양한 플랫폼 경쟁에서 자체적인 경쟁력을 통해 시장 점유율을 높였다. 처음에는 소위 가성비가 중국의 기술제품이 핵심경쟁력이었다면 이제는 조금 더 나아가 기술적인 욕심을 내는 기업들이 많아지고 있다. 이와 같이 기업들의 적극적인 움직임 역시 결국 정부가 전면에 나서서 문제를 통제하거나 불필요한 신경전을 벌이지 않아도 되는 상황을 만들어 주었다. 하지만 여기서도 주의해야 될 점은, 중국 정부가 앱 스토어 플랫폼에 다소 소극적인 태도를 보인다고 해서 정부의 능력이 약해진 것은 아니다. 알다시피, 중국은 일당제 국가로서 그 어떤 나라보다도 강한 정부를 가지고 있다. 따라서 중국 정부의 소극적인 태도를 정부의 능력 약세로 보는 오류를 범해서는 안 된다.

둘째, 기업의 높은 적극성이다. GDSA의 출범도 결국 기업의 높은 주도성과 적극성으로 인해 나온 결과물이다. 사실 중국 내에서는 화웨이, 샤오미, Oppo, Vivo 4 개사는 경쟁업체이다. 이 기업들이 국제시장에서 인정 받기 위해 많은 프로모션을 진행하고 있는 건 사실이나, 어디까지나 먼저 국내 시장이 주된 경쟁범위이자, 첫 번째 목표일 것이다. 따라서 아직 모바일 분야에서의 압도적인 지분을 가지고 있지 않은 상황에서 경쟁업체와의 협력은 결코 달갑지 않다. 더욱이 많은 시간과 비용을 들여야 하는 부분에서는 말이다. 그럼에도 불구하고, 4개 사가 GDSA의 통합 플랫폼 출범을 선언한 데에는 앞으로의 미중 경쟁에 대한 대비책을 먼저 세우겠다는 의지가 보인다. 다시 말해, 모바일 OS에서 구글이 화웨이에 안드로이드 서비스를 중단하겠다고 선언한 상황이 또다시 펼쳐지지 않는다고 말할 수 없기에 사전에 이러한 불편한 상황에 대한 해결책을 대비하겠다는 것이다. 결국 중국 내 기업들에게는 미국에 대한 기술 의존도를 낮추는 것이 가장 시급한 문제이었기에 경쟁업체임에도 불구하고 4개 기업들은 중국 자체적인 앱 스토어 생태계 구축을 선언하였다. 이러한 현상을 본 연구는 기업 주도적 네트워크 형성이라고 명명했다.

V. 결론

본 연구는 오늘날 컴퓨팅과 모바일 분야에서 벌어지고 있는 미중 기술경쟁에 대해 살펴보았다. 구체적으로 현재 컴퓨팅, 모바일 플랫폼에서 미국의 기술 우위에 대한 중국의 대응을 집중적으로 살펴보았다. 그 과정에서 컴퓨터 OS, 모바일 OS, 앱 스토어와 같은 세 개의 구체적인 플랫폼 경쟁에서 미국 기술패권에 대한 중국의 인식, 그에 대한 대응책 및 특징들을 분석해보았다. 각 플랫폼에서의 특징은 동일한 부분도 있는 반면, 여러 가지 다른 점들을 보였다.

우선 세 플랫폼 경쟁에서의 유의성을 살펴보자. 알다시피 세 플랫폼 경쟁 모두 오늘날 각광받고 있는 첨단기술이다. 동시에 가상세계와 현실세계를 이어주는 매개체이기도 하다. 결국 오늘날 경쟁의 핵심이 점차 사이버공간에서의 우위권을 누가 선점하느냐에 달렸다고 볼 수 있기에 더 없이 중요한 분야라는 것이다.

계속하여, 본 연구에서 다룬 세 분야에서의 미국의 기술패권 또는 기술적 우위에 대해 중국은 상응한 위협인식을 쌓아왔다는 것이다. 중국에게 미국의 ICT기술은 가장 핵심적 이익인 주권위협으로 간주되는 정도로까지 오래 그리고 깊게 형성되어 왔다. 결국 중국 정부는 이미 오래전부터, 미국에 대한 기술 의존도를 낮추거나 또는 기술적으로 독립하지 못하는 한, 미중경쟁에서의 상대적 우위를 점할 수 없다는 것을 잘 알고 있다. 이와 같은 맥락에서, 중국 정부 역시 시종일관 ICT 기술개발과 발전에 대해 지대한 관심을 보였다. 매년 R&D 투자로서의 대폭적인 지원으로부터 시작하여 중국 내 기업의 성장에 유리한 우대정책 제정, 나아가서는 외국 기업을 규제하고 억제하는 제도 형성 등이 있겠다.

반면에 플랫폼 경쟁이 반복되면서 중국의 대응방식이 기존과는 다른 모습을 조금씩 보이고 있는 것도 사실이다. 가장 눈에 띄는 것은 바로 기업의 주도성이다. 앞서 다뤘듯이, 컴퓨팅 OS 경쟁에서 홍치리눅스는 그저 정부의 요구에 의해 만들어진 기업이자 제품이었다. 그리하여, 홍치리눅스는 정부에 대한 재정적 그리고 기술적 의존도가 높다 보니 기업이 중요시해야 하는 시장을 등지는 긍정적이지 못한 결과를 낳았다. 반면에 모바일 OS, 앱 스토어 플랫폼 경쟁에서는 달랐다. 미국 정부의 규제에 대해 또는 기업 위기에 대해 정부의 도움보다는 자체적인 기술력과 운영방식으로 돌파해나가겠다는 의지를 선보인다. 물론 중국 정부의 지지가 따를 거라 생각한다. 다만 전보다는 확실히 기업이 자신의 목소리를 내는 횟수가 많았고, 또 필요하면 자체적으로

세를 모아 집단적으로 대응하는 모습을 보이기도 했다. 이는 분명 이전 중국의 기술경쟁에서의 대응책과는 상이하다.

이와 같은 현상은 중국에게 두 가지 긍정적인 영향을 준다. 첫째, 정부의 운영이 보다 효율적이게 된다. 컴퓨팅 OS시기, 중국 정부는 하나부터 열까지 모든 영역에 대해 시간과 비용을 들여야 했지만 오늘날에는 중국 기업들의 자체 기술력이 높아지고 운영방식이 성숙해지면서 전반적인 시간과 비용이 보다 적게 들어가고 있다. 결국 정부의 입장에서는 우리가 익히 알고 있는 '정부의 역할'에 집중할 수 있다는 것이다.

둘째, 중국 기업들이 인지도를 쌓는 데 유리하다. 화웨이 같은 경우, 미국 정부의 규제를 받으면서 그 어느 때보다도 국제적인 주목을 많이 받게 되었다. 그리고 그 과정에서 화웨이가 많은 것을 잃었지만 동시에 얻은 것도 적지 않다고 본다. 화웨이는 미국 정부를 상대로 나름 자체적인 경쟁력을 선보였으며 다양한 규제에 미흡하지만 자체적인 답안과 해결책을 내놓는 모습을 보였다. 결과가 어떻게 될지는 알 수 없으나 한 가지 분명한 건 이전 중국 기업들에게서 볼 수 없었던 부분이다.

따라서 컴퓨팅에서 모바일로 이르는 미중의 플랫폼 경쟁에서 중국은 점차적으로 정부와 기업이 함께 협력하는 모습을 더 많이 보일 것이라 예상된다. 이유는 중국 기업들의 기술력이 높아졌다는 부분과 정부의 효율적인 운영에 대한 요구가 작동하기 때문이다.

참고문헌

김다린. 2019. "부활하는 샤오미, 내가 아직도 좁쌀로 보이니?" 『더스쿠프』 2019.7.25. https://www.thescoop.co.kr/news/articleView.html?idxno=35923

김평화. 2020. "애플, 中 정부 규제에 올해 앱 9만개 삭제." *IT Chosun* 2020.12.24. http://it. chosun.com/site/data/html_dir/2020/12/24/2020122401397.html

뉴시스. 2020. "애플 앱스토어 지난해 매출 625조원···47% 中서 발생." 2020.6.12.

다나카 미치아키. 2019. 『미중 플랫폼 전쟁 GAFA vs BATH: AI시대 메가테크 기업, 최후 승자는?』. 세종서적.

차대운. 2019. "中화웨이, 안드로이드 대체 독자 OS '훙멍' 발표." 『연합뉴스』 2019.8.9. https://www.yna.co.kr/view/AKR20190809119151089 (검색일: 2021년 1월 17일).

최필수·이희옥·이현태. 2020. "데이터 플랫폼에서의 중국의 경쟁력과 미중 갈등." 『중국과 중국학』 39: 55-87.

Apple. 2020. "Apple의 App Store 생태계, 2019년 5000억 달러 이상 상거래 촉진." 2020.6.15. https://www.apple.com/kr/newsroom/2020/06/apples-app-store-ecosystem-facilitated-over-half-a-trillion-dollars-in-commerce-in-2019/

China Internet Network Information Center. 2015. "Statistical Report on Internet Development in China." https://cnnic.com.cn/IDR/ReportDownloads/201507/P020150720486421654597.pdf

Clinton, Hillary. 2010(January 21). "Remarks on Internet Freedom." A Speech delivered at The Newseum, Washington, D.C. http://www.state.gov/secretary/rm/2010/01/135519.htm

England, Jason. 2020. "Huawei, Xiaomi, Oppo, and Vivo are teaming up to challenge the Play Store: The four companies were responsible for nearly 40% of phone shipments in Q4 of 2019." *Andriodcentral*, Feb. 5, 2020. https://www.androidcentral.com/huawei-xiaomi-oppo-and-vivo-are-teaming-challenge-play-store

Feller, Irwin. 1999. "The American University System as a Performer of Basic and Applied Research." in Lewis M. Branscomb, Fumio Kodama, and Richard Florida. eds. *Industrializing Knowledge: University-Industry Linkages in Japan and the Unites States*. Cambridge, MA: The MIT Press.

Gupta, Anil K. and Haiyan, Wang. 2015. "Why Xiaomi Can't Succeed Without India?" *Harvard Business Review*, June 29, 2015 https://hbr.org/2015/06/why-xiaomi-cant-succeed-without-india

Haynes, Jack M. 1995. "Computer Software: Intellectual Property Protection in the United States and Japan." *The John Marshall Journal of Computer & Information Law*

13(2): 245-267.

Higgins, Tim. 2020. "Apple's China App Store Sheds Videogames as Beijing Tightens Internet Control." *The Wall Street Journal*, Dec 23, 2020. https://www.wsj.com/articles/apples-china-app-store-sheds-games-under-pressure-11608719400

Iqbal, Mansoor. 2020. "App Download and Usage Statistics (2020)." *Bussiness of Apps*, 2020.10.30. https://www.businessofapps.com/data/app-statistics/

Kajala, Dennis S. 1998. "The First Case on Protection of Operating System and Reverse Engineering of Programs in Japan." *European Intellectual Property Review* 10: 172-177.

Kim, Sangbae. 2019. "US-China Competition in Cyberspace: A Perspective of Emerging Power Politics and Platform Competition." EAI Working Paper, 1-16.

Kirton, David. 2020. "Exclusive: China's mobile giants to take on Google's Play store-sources."

Moon, Angela. 2019. "Exclusive: Google suspends some business with Huawei after Trump blacklist - source." *Reuters*, Mar. 19, 2019. https://www.reuters.com/article/us-huawei-tech-alphabet-exclusive-idUSKCN1SP0NB

National Institute of Standards and Technology. 2020. "Top 20 Products with the Most Technical Vulnerabilities over Time." NIST National Vulnerability Database. https://nvd.nist.gov/

Ou, Tiffany. 2020. "A Breakdown of China's Android Market." *Bussiness of Apps*. https://www.businessofapps.com/insights/a-breakdown-of-chinas-android-market/

Rosenberg, Nathan and Richard R. Nelson. 1994. "American Universities and Technical Advance in Industry." *Research Policy* 23: 323-348.

Statcounter. 2020a. "Mobile Operating System Market Share China, Dec.2019-Dec.2020." https://gs.statcounter.com/os-market-share/mobile/china

_____. 2020b. "Mobile Operating System Market Share Worldwide, Dec.2019-Dec.2020." https://gs.statcounter.com/os-market-share/mobile/worldwide

_____. 2020c. "Desktop Operating System Market Share China, 2009-2019." https://gs.statcounter.com/os-market-share/desktop/china

Sum, Ngai-Ling. 2003. "Informational Capitalism and U.S. Economic Hegemony: Resistance and Adaptations in East Asia." *Critical Asian Studies* 35(3): 373-398.

Zhang Yang. 2020. "Harmony OS gives China own ecosystem, has far-reaching importance to nation's software sector: Huawei's Wang Chenglu." *Global Times*, Dec 12, 2020. https://www.globaltimes.cn/page/202012/1210579.shtml

环球时报. 2020. "外媒：中国准备对美国谷歌安卓系统发起反垄断调查." 2020.9.30. https://baijiahao.baidu.com/s?id=1679269624829755919&wfr=spider&for=pc

新浪财经. 2019. "外交部谈谷歌暂停华为业务：支持中企用法律捍卫权利." 2019.5.21. http://finance.sina.com.cn/stock/relnews/us/2019-05-21-doc-ihvhiews3380047.shtml

易观. 2016. "中国应用分发市场年度综合报告2016." http://pdf.dfcfw.com/pdf/H3_AP2016
　　09070017526762_1.pdf

王珞. 2014. "坚定走出自主可控操作系统的国产之路." 『人民网』, 2014.7.23. http://theory.
　　people.com.cn/n/2014/0723/c386964-25324761.html

王成录. 2021. "鸿蒙OS绝不是安卓或iOS的拷贝！" 『腾讯网』, 2021.1.13. https://new.qq.com/
　　omn/20210113/20210113A06EB900.html (검색일: 2021년 1월 17일)

中华人民共和国国家新闻出版广电总局. 2016. "关于移动游戏出版服务管理的通知" [2016] 44号.

中华人民共和国信息产业部. 2006. "计算机预装正版操作系统软件有关问题的通知." 信部联产
　　[2006] 199号.

胡沙沙 2014. "信息产业技术标准全球化对我国国家安全的威胁及应对战略研究." 硕士学位论文.
　　天津师范大学.

中国新闻网. 2014. "习近平在巴西国会的演讲(全文)." 2014.7.17. http://www.chinanews.
　　com/gn/2014/07-17/6396896.shtml.

中国新闻网. 2015. "习近平释全球互联网治理体系 发出"中国声音"." 2015.12.16. http://www.
　　chinanews.com/gn/2015/12-16/7674570.shtml

中华人民共和国国务院新闻办公室. 2010. 《中国互联网状况》白皮书." http://www.scio.gov.cn/
　　tt/Document/1011194/1011194.htm.

제3장

전자상거래와 핀테크 분야 미중 플랫폼 경쟁

김지윤

I. 서론

오늘날 정보기술의 발달은 경제와 금융의 지형을 탈바꿈시키고 있다. 특히 디지털 기술은 4차 산업혁명의 범용기술(general purpose technology)로서, 개인과 가정의 일상부터 기업과 사회의 운영방식까지 곳곳에 침투하여 근본적인 변화를 가져왔다. 디지털 기술이 기존 경제 질서와 상호 융합한 결과 글로벌 경제 질서의 재편을 야기하였고, 이는 기존의 것을 '아날로그'로 만드는, '디지털 경제'로의 거대한 전환이었다.

　이 새로운 경제 질서는 단순히 기술 변수의 현상적 발현이라는 수동적인 의미를 넘어, 국제금융패권으로의 등극을 모색하는 미국과 중국이 전략적으로 주목하고 있는 새로운 전장(戰場)으로서 양국 간 패권경쟁의 동력을 배태하는 능동적인 의미를 획득한다. 아날로그 경제 질서 하에서의 국제금융패권이 브레튼우즈 체제의 설계자이자 기축통화 달러의 발권국인 미국의 전유물이었다면, 1978년 개혁개방 이래로 미국과의 격차를 빠르게 줄여온 중국은 미국의 아성을 무너뜨리고 중국 특색의 신질서를 수립하는 '구도 건설자'로 등극하고자 한다. 이러한 국가 간 패권경쟁은 미국의 아마존(Amazon)과 중국의 알리바바(Alibaba) 등 디지털 경제를 대표하는 플랫폼 기업들 간의 경쟁에 짙은 그림자를 드리우며 그 물적 토대를 이룬다. 즉, 디지털 경제 플랫폼 분야의 미중경쟁은 일면 기업 간 경쟁으로 비춰질 수 있으나, 미국과 중국이라는 국가 간의 경쟁, 기업과 국가 간의 경쟁 등 다양한 층위의 경쟁들이 동시다발적으로 교차하는 복합 경쟁의 속성을 띤다. 경쟁이 전개되는 공간 역시 현실정치의 물리적 공간에만 국한된 것이 아니라, 사이버 공간 등 탈(脫)지리적 영역으로 확장되고 있다. 이처럼 새로운 공간에서, 새로운 구도와 문법으로 전개되고 있는 미국과 중국 간의 디지털 경제 플랫폼 경쟁은 단순한 기술경쟁을 넘어 국제정치·제도적 변수들과 결합하여 글로벌 경제 질서의 변화와 미중 패권경쟁의 향배를 점칠 수 있는 유의미한 이정표가 되어줄 것이다.

한편, 디지털 경제에 관해서는 아직 보편적으로 합의된 명확한 정의조차 존재하지 않을 뿐 아니라 경제활동의 장으로서 플랫폼이 상용화된 기간 자체도 길지 않은바, 해당 의제에 관한 학술적 논의는 충분히 성숙되어 있지 않다. 기존의 연구들은 주로 기술과 시장 분석에 국한된 경영학, 경제학적 접근 혹은 정권과 정책의 변동에 국한된 정치학적 접근의 경계를 넘지 못하고 한쪽에 치우친 설명이 주를 이루었다. 일례로 Chang and Allen은 경영학에서 경쟁기업 간 전략 분석에 활용되는 AMC(Awareness-Motivation-Capability) 프레임워크에 기반한 경쟁자 매핑(Competitor Mapping) 방법론을 이용해 아마존과 알리바바의 시장 공통성(market commonality)과 자원 유사성(resource similarity) 척도를 수식화하여 그래프 상에 나타내었고, 이를 바탕으로 두 기업의 전략적 의사결정에 대한 해석 및 전자상거래 산업의 경쟁지형에 주는 함의를 도출하였다(Chang and Allen 2017). 한편, Weitz는 정치학의 시나리오 분석 기법을 활용하여 향후 20년간 중국이 미국에 어떠한 유형의 도전이 될 것인지에 관한 4가지 시나리오를 제시하였는데, 분석에 활용한 변수들은 중국의 정체(政體)·인구·GDP·군사력·외교 등 국가 차원의 정치학적 변수들에 국한되었다(Weitz 2001).

본 논문은 통상적인 경영학, 경제학 중심의 접근에 국제정치학의 관점을 더하여 디지털 경제 플랫폼 분야 미중경쟁이 갖는 '복합 경쟁'의 속성을 분석하고자 한다. 디지털 기술이라는 기술 부문의 물질적 능력 확보 경쟁이 이념과 제도의 경쟁과 맞물려 두 강대국 간의 세력전이(power transition)를 촉발하는 양상을 분석하기 위해서는 이를 단지 기술경쟁에만 국한하여 볼 것이 아니라, 새로운 국제정치 현상으로서 접근하고 해석할 필요가 있기 때문이다. 이론적 분석틀로는 이익-제도-관념 간 구성적 상호작용에 주목하는 '구성적 제도주의(constitutive institutionalism)'의 틀을 원용한다. 4차 산업혁명 시대의 기술 변수는 규범이나 제도 영역과 일방적 인과관계의 반대쪽 극단에서 이들과 분리된 채로 존재하기보다는, 이익-제도-관념이라는 구도 안에 내재된 구성적 변수로서 상호작용하며 공진화하기 때문이다. 따라서 기술이 어떻게 사회적으로 구성되고, 어떠한 과정을 거쳐 이익-제도-관념의 세 층위에 영향을 미치는지 밝히는 것은 본 논문의 목표처럼 선도기술 부문의 부침과 세계 패권의 흥망을 연결하여 조망하고자 하는 논의의 핵심 관건이 된다(김상배 2003).

구성적 제도주의의 관점에서, 본 논문은 디지털 경제 플랫폼 분야의 미중경쟁을 플랫폼 비즈니스 모델(이익), 플랫폼 기업 규제 및 국제 규범(제도), 플랫폼 경제 질서 담론(관념)의 세 가지 차원에서 분석하고자 한다. 각 차원은 기업, 정부, 국가라는 행위자의 범주와 대응되어 전술한 복합 경쟁의 속성을 반영한다. 나아가, 디지털 경제가 갖는 신흥 선도부문으로서의 속성을 고려하면, '잘' 움직이는 자보다도 '먼저' 움직이는 자가 표준의 설계자로서 구조적 권력을 지속적으로 행사하게 되는 분야이므로, 구성적 제도주의에 입각한 본 논문의 논의는 정보세계정치학의 표준경쟁 문제와도 상통한다.

본 논문의 구성은 다음과 같다. 제2절에서는 이익의 차원에서 미중 양국의 대표 전자상거래 플랫폼 기업인 아마존과 알리바바의 비즈니스 모델을 플랫폼의 성격, 디지털 금융 서비스, 핀테크 기술체계, 해

외 진출 방식 등의 측면에서 비교한다. 제3절에서는 제도의 차원에서
자국 플랫폼 기업에 대한 지원과 해외 플랫폼 기업에 대한 규제가 작
동하는 방식을 토대로 미국과 중국이 디지털 경제 분야에서 구축하고
있는 제도적 정체성을 비교한다. 제4절에서는 관념의 차원에서 두 국
가의 디지털 담론, 4차 산업혁명 담론의 방향성, 민관 상호작용 양상
을 비교한다. 이상의 논의를 통해 미국과 중국이 디지털 경제 분야의
이익-제도-관념 면에서 본질적으로 상이한 정체성을 구축해오고 있음
을 확인하고, 이로부터 향후 글로벌 경제 공동체의 디커플링(decou-
pling)에 대한 전망과 그 국제정치적 함의를 구체화하여 살펴본다.

II. 디지털 플랫폼 비즈니스 모델의 미중경쟁

전자상거래(electronic commerce)는 플랫폼을 기반으로 이루어지는
디지털 경제의 대표적인 사례이다. 초기에는 전자문서의 교환, PC통
신의 홈쇼핑·홈뱅킹 등 비교적 단순한 개별 거래행위의 형태로 이루
어졌으나, 디지털 기술의 발전과 맞물려 플랫폼을 매개로 한 재화·서
비스의 거래와 그 과정에서 발생하는 다양한 유형의 경제 활동을 포괄
하는 산업으로 진화하였다. 오늘날 전자상거래 산업을 주도하는 대표
기업으로는 단연 미국의 아마존과 중국의 알리바바를 꼽을 수 있다.
컴퓨터(PC) 산업에서 인터넷 산업으로의 이행이 한창이던 1990년대
말, 당시 기술 수준에 비추어 혁신적이었던 전자상거래 기업으로 출발
한 아마존과 알리바바는 이후 다양한 산업 영역을 포괄하는 '메가테크
기업'으로 성장, 나아가 관념과 제도의 영역까지 아우르며 각기 거대
한 경제권을 구축하고 있다. 두 기업은 시가총액, 이용자 수, 거래 규

모 등 양적인 측면에서 1, 2위를 다투고 있을 뿐 아니라, 각자의 비전과 전략, 주력 서비스 및 기술체계 등을 디지털 경제 질서의 비즈니스 모델 표준으로 정립하고자 한다. 표준 세우기 전략은 일단 형성된 각자의 권역을 튼튼하고 지속성 있는 네트워크로 유지함으로써 디지털 경제 질서에 대한 구조적 권력 행사를 보장하기 때문이다. 각자의 비즈니스 모델이 표준으로서의 보편적 설득력을 확보할 수 있도록 두 기업은 현재에도, 그리고 앞으로도 전략의 개발과 진화에 매진한다. 따라서, 오늘날 디지털 경제 질서의 물적 토대를 이루는 '아마존 권역 對 알리바바 권역'의 도식을 파악하기 위해서는 두 기업의 비즈니스 모델을 비교 분석하는 작업이 필수적으로 요청된다.

1. 아마존: 고객을 위한 클라우드 중심 플랫폼과 기업 전략으로서의 핀테크

아마존의 비즈니스 모델은 '고객제일주의'라는 비전으로 대표된다. 아마존 비즈니스 모델에 정체성을 부여하는 일종의 기업 내부 담론표준으로도 볼 수 있는 고객제일주의는 고객에 대한 아마존만의 독자적 개념화에 기반을 두고 있다. 아마존이 정의하는 '고객'이란 소비자·판매자·개발자·기업 및 조직·컨텐츠 크리에이터 등 5개 분야를 포괄하는 개념이다. 소비자 범주로 B2C 서비스의 고객을 포함한다면, 그 외 4개의 범주로 B2B 서비스의 고객까지 아마존 사업운영의 핵심 가치로 아우른다(Amazon 2019). 고객제일주의, 초장기적 사고, 혁신을 향한 열정, 관리의 우수성 등을 핵심 가치로 내세우며 '지구상 최고의 고객제일주의 회사'가 될 것을 기업의 사명이자 사회적 목표로 삼고 있다면, 경제적 목표로는 장기적 현금흐름의 극대화를 추구한다(다나카 미치아키 2019). 혁신의 딜레마를 감수하며 다른 민간 기업들과의 시장 경쟁에 적극적으로 동참하고, 동시에 소비자 중심적인 사고방식을 지향한다는 점에서 후술할 민간 주도적 미국식 담론을 체현한 기업이라 볼 수 있다.

아마존은 전자상거래로 사업을 시작하였지만, 자체적 기술 혁신이라는 내부적 동인과 다른 기업의 인수라는 외부적 동인을 통해 디지털 공간과 현실 공간을 아우르는 '에브리싱 컴퍼니'로 진화하였다. 그리고 이 '에브리싱 컴퍼니'는 플랫폼의 형태를 취하고 있다. 아마존 플랫폼의 특징은 막강한 클라우드와 컴퓨팅 기술을 지렛대 삼아 빅데이터 생태계를 선점한 글로벌 플랫폼이라는 점이다. 클라우드 환경에서 전 세계의 공장, 제품, 소비자 등에 대한 광범위한 데이터를 수집하고 이를 클라우드 서버에 축적한 뒤 인공지능으로 처리하여 비즈니스에 활용하는, 미국 특색의 네트워크 플랫폼 모델이다(김상배 외 2018). 또한, 아마존 플랫폼은 타사 브랜드의 제품을 동등하게 판매하는 채널로서 고객과의 상호작용이 일관되게 이루어지는 시장 조성 역할을 하며, 선호편향을 배제한 상품 추천으로 판매자 간 가격경쟁을 유도한다(김자봉·이대기 2020).

이러한 아마존 플랫폼의 기술적 기반이 되는 클라우드 컴퓨팅 인프라가 '아마존 웹서비스(Amazon Web Service: AWS)'이다. AWS는 직접 서버 장비를 구매하거나 임대 계약을 하지 않고도 요청하는 즉시 원하는 서비스를 필요한 기간 동안 사용할 수 있도록 컴퓨팅 자원을 제공하는 서비스이다. 현재 전 세계에 걸쳐 24곳의 지리적으로 독립된 지역 '리전(Region)'과 77개의 독립적 데이터센터 '가용 영역(Availability zone)'을 운영하며 광범위한 글로벌 인프라를 구축하고 있다. 이는 민첩성, 탄력성과 더불어 자본 비용을 가변 비용으로 전환하고, 네트워크 효과를 통해 규모의 경제를 실현하여 가변 비용도 훨씬 저렴하게 든다는 장점을 가진 아마존의 강력한 기술 자원이자 여타 모든 서비스들의 기술적 인프라이다. 기업 내부에 국한된 것이 아니라, 전 세계의 수많은 이용자들이 원하는 서비스를 이용하기 위해 AWS로부터 컴퓨팅 자원을 제공받아야 한다는 서비스의 구조는 표면적으로는 클라우드 서비스로서의 편리성을 높이는 동시에, 이면적으로는 '게임의 규칙'을 짜는 기술표준으로서 아마존의 구조적 권력을 강화한다.

디지털 금융의 대표적인 사례로 지급결제 서비스를 들 수 있다. 지급결제란 경제활동의 결과 발생하는 채권·채무 관계를 소멸하고 화폐적 가치의 이전을 통해 처리하는 행위를 지칭하는데, 현금과 같은 오프라인 수단을 통한 지급결제의 경우 은행·금융사의 고유 업무로 인식되어 왔으나 최근에는 지급 수단이 온라인(인터넷 뱅킹, 신용카드 등)을 넘어 핀테크와 결합한 모바일 플랫폼(스마트폰, 전자상거래 플랫폼 등)으로 대체되면서, 디지털 금융 분야에서 기술 경쟁이 가장 두드러지는 부문으로 부상하였다(이현태·서봉교·조고운 2018). 기술 발전에도 불구하고, 미국에서는 전통적으로 현금과 신용카드를 통한 지급결제가 지배적이다. 한편, 아마존 소유 지급결제 서비스인 '아마존 페이'를 통해 고객은 아마존 계정에 등록된 신용카드 정보, 주소 정보 등을 활용하여 아마존 이외의 사이트에서도 별도의 정보 입력 필요 없이 간편하게 결제를 수행할 수 있다. 그러나 미국 지급결제 시장 점유율을 보면 페이팔(51%), 애플페이(11%)에 비해 아마존 페이의 점유율(1.28%)은 상대적으로 낮은 수준이다(Statistia 2019). 이에 아마존은 무인 식료품 매장 '아마존고'와 같은 온·오프라인 서비스의 융합과 연계하여 아마존 페이의 오프라인 진출을 추진하는 등 전략적 차별화를 모색하고 있다.

한편, 핀테크의 경우 대부분의 원천 기술을 개발·응용하는 첨단 IT 기업들이 미국에 많이 분포해 있지만, 현금·신용카드를 비롯한 전통적 지급결제 수단과 소매금융기업의 견제 때문에 핀테크의 발전은 오히려 지연된 측면이 있다(문병순·허지성 2014). 그리고 이에 대한 정부의 대응 역시 소극적이다. 핀테크는 기축통화 달러를 중심으로 구축된 아날로그 경제 질서의 공적 권위(미국 정부, 미연준)를 일부 대체하는 사적 권위의 속성을 갖기 때문에, 국가 차원에서도 달러의 위상 약화를 우려하여 핀테크 개발에 상대적으로 소극적인 입장을 고수해 온 것이라 해석할 수 있다.

아마존 기업 차원에서도, 핀테크를 비롯한 디지털 금융업의 육성 보다는 물류와 클라우드 컴퓨팅 부문의 혁신에 주력하는 경향을 보인다. 그럼에도 디지털 경제의 선도기업으로서 아마존은 당좌예금, 대출, 카드 등 다양한 분야에서 핀테크를 응용한 디지털 금융 서비스를 제공한다. 이 과정에서 국가로부터 은행업 인가를 받는 대신, AWS에 축적된 방대한 데이터를 기반으로 기존 금융회사들과의 파트너십을 구축하여 서비스를 제공한다는 점이 특징적이다. 아마존의 빅데이터와 거대한 물류 채널, 첨단기술이 기존 금융회사들로 하여금 시너지 효과에 대한 기대를 갖게 하여 파트너십 체결 유인을 제공하는 것이다. 다시 말해, 기업의 기술체계가 기업 외부의 민간 행위자들과의 상호작용을 촉진하는 유인으로 작용하고, 이는 국가의 지원으로부터 비교적 독립적으로 성장한 미국 디지털 경제 생태계의 민간 주도적 속성을 보여준다. 주요 서비스 파트너십 사례는 〈표 1〉과 같다.

아마존은 해외시장 진출 방식에 있어서도 국가의 지원에 의존하기보다는 기업 주도 독자적 전략 개발이라는 특징이 두드러진다.

표 1 금융사와의 파트너십을 통해 이루어지는 아마존 디지털 금융 서비스

서비스 내용	파트너 금융기관
아마존 당좌예금계좌 (Amazon Checking Account)	JP모건 체이스(JP Morgan Chase), 캐피탈 원 파이낸셜 (Capital One Financial)
아마존 대출서비스 (Amazon Lending)	뱅크오브아메리카(Bank of America) + 마커스(Marcus by Goldman Sachs, 골드만삭스 리테일 디지털 대출 플랫폼)
아마존 카드 서비스 (Small Business Credit Card)	JP모건 체이스(JP Morgan Chase), 싱크로니 파이낸셜 (Synchrony Financial)
아마존 보험 서비스 (Amazon Protect)	JP모건 체이스(JP Morgan Chase), 버크셔 해서웨이 (Berkshire Hathaway)

출처: 김자봉·이대기(2020), 필자 수정.

1998년 영국과 독일의 온라인 서적 판매 사이트들을 인수하며 시작된 아마존의 해외 진출은 2000년을 기점으로 본격화되었다. 아마존의 전체 매출에서 해외 시장이 차지하는 비중 역시 꾸준히 증가하고 있으며, 주요 시장으로는 유럽과 일본, 인도 등이 있다. 비교적 이른 시기에 진출한 유럽과 일본에 대해서는 서적 판매로 시작하여 미디어 콘텐츠 상품 전반, 일반 소비재 상품들 순으로 판매영역을 확장해가는 일관적인 전략을 통해 현지 전자상거래 시장에서 절대적 입지를 확보하는 데 성공하였다. 이를 뒷받침한 것은 아마존의 자체 물류 시스템인 FBA(Fulfillment By Amazon), 유료 구독회원제 서비스 아마존 프라임(Amazon Prime), 신선식품 무인화 매장 아마존 프레시(Amazon Fresh)를 비롯한 기업 자체적 전략 혁신이었다.

이처럼 아마존은 국가로부터 지원을 받기보다는 자체적으로 투자를 늘리고 전략을 개발하며 해외시장에 진출하기 때문에 해외사업에 있어 증가세인 매출과 대조적으로 영업이익은 2년 연속 적자를 기록하고 있다. 특히 중국에서는 알리바바를 비롯한 로컬 기업들과 정부 규제의 아성을 넘지 못하고 부진하였으며, 결국 2019년 온라인 쇼핑

몰 '아마존 차이나'를 철수한 바 있다. 이는 아마존의 해외진출 전략과 중국 정부의 자국기업 보호 정책이 정면으로 충돌한 기업-국가 간 경쟁의 사례로, 후술할 중국 정부의 이중성을 방증한다.

2. 알리바바: 중국을 위한 내수시장 연계 플랫폼과 국가 사업으로서의 핀테크

'중국의 아마존'을 표방하며 1999년 3월 설립된 알리바바는 오늘날 글로벌 전자상거래 시장에서 아마존을 비롯한 다른 경쟁사들을 압도하는 세계 최대의 전자상거래 기업으로 성장하였다. 아마존과 알리바바의 기업 간 경쟁 구도는 미국과 중국이라는 국가 간 패권경쟁으로 치환하여 볼 수 있으며, 알리바바의 성공은 미국 패권에 대한 중국의 도전에 있어 중요한 초석이 된다.

아마존의 기업 비전이 '고객을 위해서'라면, 알리바바의 비전은 '중국을 위해서'로서 명확한 대비를 이룬다. 2018년 인베스터 데이에서 알리바바는 자신들의 목표로 "TO MAKE IT EASY TO DO BUSINESS ANYWHERE"를 내걸었는데, 그 궁극적 목표는 '인프라 구축을 통한 중국 사회문제의 해결'에 있다(다나카 미치아키 2019). 즉 중국 사회에 대한 강한 사명감은 알리바바 비즈니스 모델의 근간을 이루는 정신이자, 글로벌 무대에서도 보편적 경쟁력을 획득하여 미국·중국·유럽·일본에 이은 '세계 5위 알리바바 경제권'을 구축하고자 하는 미션 설정의 동인이기도 하다. 아마존이 기업 자체의 재무적 성과 극대화를 통한 고객 후생 증대에 주력하는 것에 비해, 알리바바는 미국 패권을 중심으로 조직된 글로벌 무대에서의 세력 확장을 상대적으로 크게 의식한다는 점에서, 기성 패권에 대한 대항 표준으로서의 속성을 보인다.

알리바바의 기업 비전은 미국의 클라우드 중심·시장조성형 플랫폼과 대조적인, 거대 규모 내수시장 연계 플랫폼이라는 구체적 형태로 구현된다. 알리바바는 B2B 전자상거래 플랫폼인 '알리바바닷컴'과 '1688닷컴'뿐만 아니라 C2C 전자상거래 플랫폼 '타오바오', B2C 전자상거래 플랫폼 '티몰'을 설립하였고, 이들은 각각의 역할을 수행함과 동시에 서로 연계되어 있다. 알리바바닷컴은 해외 도매업자의 상품 구매 창구이고, 1688닷컴은 중국 중소상인들의 구매 통로이며, 이 중소상인들은 타오바오를 통해 중국 소비자에게, 알리익스프레스를 통해 해외 소비자에게 상품을 판매한다(배영자 2018). 즉, 플랫폼 별로 중국 내수시장을 구성하는 다양한 행위자들의 거래활동 수요를 매개함과 동시에 플랫폼 간에도 서로 연계되어 규모의 경제를 통한 네트워크 효과를 창출하는 구조이다. 더하여, 알리바바 플랫폼은 국가 차원의 기술전략과도 밀접한 연계를 이루며 발전하였다. 〈중국제조 2025〉와 〈인터넷플러스〉 등의 정책으로 중국 기업들에 대해서는 느슨한 규제가 적용되는 반면 중국에 진출한 외국 기업에 대해서는 보이지 않는 장벽과 차별이 작동하는 중국식 표준의 공간 속에서 알리바바 플랫폼이 약진할 수 있는 조건이 형성되었던 것이다(배영자 2018). 이는 〈중국제조 2025〉 정책이 천명하는 것처럼 중국이 제조대국에서 제조강국으로 전환하는 과정에서 파생되는 플랫폼의 사실상 표준 전략으로 해석된다.

구체적인 서비스의 측면에서, 디지털 금융 분야에서는 알리바바의 우세가 두드러진다. 아마존이 금융업보다는 클라우드 컴퓨팅과 물류에 집중하는 경향이 있다면, 알리바바는 전자상거래 플랫폼의 운영과 물류, 금융업을 삼위일체로 묶어 성장시켜왔으며 특히 알리바바 그룹의 핀테크 계열사인 앤트파이낸셜이 제공하는 모바일 지급결제 서비스 '알리페이'는 알리바바가 제공하는 모든 서비스의 관문이자 중국인의 일상생활에 깊이 침투한 사회적 인프라가 되었다. 2020년 1분기 기준 알리페이의 중국 시장점유율은 55.4%로 압도적이며, 후발주자 위챗페이(38.9%)와 합치면 총 94%로, 중국 내수시장에서 정부와 인민은행의 지위에 실질적인 위협을 가하고 있다(Statistia 2020). 이러한 알리페이의 위세는 기존 국유은행 중심 결제 시스템의 낙후성을 비은행 인터넷 전자상거래 회사들의 기술력으로 보완한 중국 디지털 금융의 발전상을 보여준다. 이는 모바일 지급결제의 보안 문제나 달러 위상 악화를 우려하여 현금과 신용카드가 지배적인 미국과 달리, 중국은 신용카드의 1인당 보급률이 매우 낮았다는 차이에서 기인한다. 이처럼 알리페이는 낙후되어 있었던 기존의 지급결제 시스템에 최초로 등장한 선구자로서, 중국 내에서는 이미 보편적인 비즈니스 모델 표준의 지위를 획득하였다.

알리페이를 필두로, 알리바바는 〈표 2〉와 같은 다방면의 핀테크 사업에 진출하였다. 미국에서는 현금·신용카드를 비롯한 전통적 지급결제 수단과 소매 금융기업의 견제로 핀테크의 발전이 오히려 지연된 측면이 있는 반면, 알리바바를 비롯한 중국 기업들은 핀테크에 우호적인 정부 정책을 배경으로 다방면의 금융 사업 경험을 축적하며 크게 성장하고 있다. 그 방식에 있어서도 국가로부터 은행업 인가를 받아 사업을 전개한다는 점에서 민간 파트너십 체결을 통해 이루어지는 미국 기업들과 대비되는 국가 주도적 속성이 드러난다. 예컨대 중국 정부는 2014년 3월 바이두, 알리바바, 텐센트를 민영은행 시범사업자로 선정하였고, 이에 알리바바는 2015년 6월 인터넷 전문은행인 마이뱅크(浙江网商银行)를 설립하였다. 이처럼 알리바바의 마이뱅크, 텐센트

표 2 알리바바의 핀테크 사업 영역 진출 현황

개시 연도	사업 분야	관련 회사	서비스 내용
2004	지급결제	알리페이	알리바바 그룹내 지급결제 플랫폼, 온라인-오프라인 결합
2007	소액대출	알리파이낸스	플랫폼 입점업체 대상 소액 자기자본 대출
2013	자산관리	위어바오	머니마켓펀드(MMF) 상품. 알리페이 예치 잔액 투자 (예금 기반)
2013	보험	중안 온라인보험	알리바바, 텐센트, 핑안보험사가 투자하는 온라인 보 험상품
2015	은행	마이뱅크	인터넷 전문은행
2015	신용평가	즈마신용	개인신용지수 점수화, 등급 산출

출처: 정대·학회연(2017), 필자 수정.

의 웨이중은행(微众银行)을 비롯한 중국의 인터넷 전문은행들은 중극
은행보험감독관리위원회(中国银行保险监督管理委员会)로부터 민영 은
행 인가를 받아 운영 중이며, 자산규모·영업이익 등 주요 지표들이 큰
성장세를 보이고 있다.

　알리바바의 핀테크 사업 진출 흐름을 구체적으로 살펴보면, 알리
페이의 지급결제 사업 경험과 관련 데이터의 축적이 소액 자기자본 대
출사업의 기반이 되고, 위어바오의 예금계좌 운용 경험과 기술 기반
이 마이뱅크라는 인터넷 전문은행 출범에 주요한 원동력으로 작용하
는 등, 체계적인 성장 양상을 포착할 수 있다. 이러한 알리바바의 핀테
크 사업영역 진출 양상은 핀테크 분야에서 성장하고 있는 다른 후발주
자 기업들이 참고할 만한 지표이자 표준으로 작동한다. 나아가, 앤트
파이낸셜 소속 개인신용평가기관인 '즈마신용'이 제공하는 신용평가
등급은 중국 모바일 지급결제의 신용 측정 기준으로서 지수(index)의
표준권력을 행사하고 있다.

　이처럼 중국 내에서 로컬표준으로서의 지위를 성공적으로 확보

한 알리바바는, 이제 세계 시장에서의 보편적 설득력을 획득하여 글로
벌 비즈니스 모델 표준으로 발돋움하기 위해 해외 시장 진출에 주력하
고 있다. 해외 진출에 있어 필수적인 물류 시스템의 측면에서 아마존
에 FBA가 있다면, 알리바바의 해외거래 전자상거래 플랫폼 알리익스
프레스는 알리바바 산하 물류기업인 차이냐오와 연합하여 해외창고를
설립하고 있다(김경환 2020). 알리바바의 해외창고방식은 빅데이터,
AI 등 4차 산업혁명 기술을 물류에 응용하여 현지 국가의 물류창고에
보관된 제품의 집하부터 배송까지 전반을 관리한다. 이처럼 해외창고
방식을 적극적으로 운용하는 중국 기업들의 해외진출 전략은 중국 정
부의 거시적 국가전략과 밀접한 연계를 이루며 다양한 정책 지원을 받
고 있다는 점에서 아마존의 기업 주도적 전략 수립을 통한 해외 진출
과 대비를 이룬다.

　중국 정부의 지원은 실질적 차원과 규범적 차원에서 모두 이루어
진다. 전자의 예로는 국제결제·거래·물류·통관·세금 등의 기술 표
준, 업무 매뉴얼, 관리감독 등을 제도화하여 국제전자상거래를 활성
화하기 위해 2013년 출범한 '중국국제전자상거래 종합시범구'를 들
수 있다. 현재 59개 도시가 시범구로 지정되어, 국무원과 국가발전개
혁위원회를 비롯한 정부 기관들의 제도적 관리 하에서 운영되고 있다
(中华人民共和国国务院 2020). 더불어, 2016년 12월 국무원이 발표한
「13.5 국가정보화계획」에서 '온라인실크로드(网上丝绸之路)'가 처음 언
급되었으며, 이어 「전자상거래 발전 3년 행동계획(2016-2018)」에서
일대일로 연선 국가의 주요 거점도시에 국제전자상거래 유통망을 건
설함으로써 온라인실크로드를 중국 전자상거래 기업 해외진출의 핵심
루트로 삼을 것을 공언하였다(天津日报 2015). 이처럼 알리바바를 비롯
한 중국 전자상거래 기업들의 핀테크 기술체계 및 비즈니스 모델은 중

국 정부의 '국가 사업'의 일환으로서, 일대일로 구상을 비롯한 국가 전략과 밀접하게 연계되어 추진 동력을 획득한다.

III. 디지털 플랫폼 법제도의 미중경쟁

제2절에서 살펴본 기업의 비즈니스 모델과 기술체계는 그를 뒷받침하는 정부 차원의 제도 환경이 항상 개재되는 사회적 과정이다(김상배 2014). 기술과 산업의 내재적 요구에 부응하는 방향으로 그를 적절하게 지원 혹은 규제함으로써 적합한 제도 환경을 창출하는 차원에서의 보이지 않는 경쟁까지 분석의 대상이 된다. 한편, 이러한 구도에는 기업의 이익과 기술, 산업에 대한 고려뿐만 아니라 정치적 변수가 필연적으로 투영된다. 이 정치적 변수는 일국적 차원과 국제적 차원으로 나누어 볼 수 있다. 일국적 차원에서는 기성 경제 질서의 공적 권위를 담당했던 정부와 중앙은행의 역할을 플랫폼이라는 사적 권위가 대체하게 됨에 따라, 전자가 후자의 부상을 견제하기 위해 제도 환경을 재조직하려는 움직임이다. 이는 주로 플랫폼 기업들에 대한 규제의 형태로 나타난다. 한편, 국제적 차원에서는 자국의 제도적 정체성을 국제 레짐에 투영하고자 하는 패권국들의 동기가 작동한다. 특히 디지털 경제는 보편적 국제 규범이 확립되어 있지 않은 신흥 분야이기 때문에, 미국과 중국은 각자 자국의 상이한 제도 표준을 내세워 국제 규범 형성 과정에서의 주도권을 확보하고자 한다. 이는 자국 기업의 해외 진출에 대한 지원과 해외 기업의 자국 진출에 대한 규제의 형태로 나타난다. 이처럼 디지털 플랫폼 법제도의 미중경쟁은 일국의 제도 마찰 혹은 체제 마찰을 넘어, 국제 규범 형성의 주도권을 둘러싼 두 강대국

간의 경쟁이 겹쳐 있는 복합적 구도를 띤다.

1. 미국: 민간 주도 자율규제와 對중국 공세정책

미국에는 전자상거래 전반을 규율하는 연방 차원의 일반법은 없으며, 연방 차원 및 주 차원의 여러 가지 규정들이 자율적·복합적으로 규제 기능을 수행한다(조성국 2015). 이들을 아우르는 근본적인 정책 기조는 1997년 빌 클린턴 행정부 시절 발표한 「글로벌 전자상거래 기본방침(A Framework for Global Electronic Commerce)」상의 5개 원칙에 집약되어 있다. 인터넷은 규제 산업이 아닌 시장 주도로 발전되어야 한다는 원칙하에 기본적으로 민간 부문이 주도하되, 정부의 역할은 반드시 필요한 영역에 대한 일관성 있는 최소한의 법제도 환경 구축에 국한되어야 하며, 그 목적으로는 경쟁 촉진, 거래 활성화 등 민간 부문의 육성에 초점을 두어야 한다는 미국식 제도체계의 정체성이 잘 드러난다(The White House 1997).

　이러한 정책 기조의 연장선상에서, 전자상거래를 규율하는 연방 차원의 규정으로는 「통일상법전(Uniform Commercial Code: UCC)」, 「연방거래위원회법(FTC Act)」 등이 있으며, '불공정하거나 기만적인 거래 행위 또는 관행(unfair or deceptive acts or practices)'으로부터 소비자를 보호하기 위해 「우편, 인터넷, 전화주문 판매 규칙(Mail, Internet, or Telephone Order Merchandise Rule)」 등의 법제가 추가적으로 마련되어 있다. 미국 사법체계의 연방제적 성격과, 소비자 보호 및 민간 부문의 경쟁 촉진이라는 지향점이 반영된 법률들을 통해 이루어지는 규제는 소송과 더불어 대체적 분쟁해결제도(Alternative Dispute Resolution: ADR) 및 민간 자율규제의 형태로 이루어진다.

　　최근 미중 양국에서 동시적으로 대두된 플랫폼 기업에 대한 반독점 규제에서 이러한 경향성을 확인할 수 있다. 2020년 10월 미 하원 법사위 산하 반독점소위는 "Investigation of Competition in Digital Markets" 보고서에서 소송의 동기를 '빅테크 기업들의 독과점 남용에 따른 소비자 권익 침해와 시장경쟁의 제한'이라 명시하였다. 이처럼 미국 반독점 규제의 주된 목표는 소비자 권익 보호 및 시장경쟁의 촉진에 있으며, 이를 달성하기 위해 법에 기반을 둔 행정체제 하에서 주로 소송을 통해 대응하고 있다. 이는 시간과 비용이 많이 수반될 수 있으나 미국 민주주의의 근간이 되는 법치주의에 입각한 방식이며, 집단소송(class action), 징벌적 손해배상제 등 기업을 상대로 소송을 진행하는 소비자들을 위한 실질적 보호 장치가 법제화되어 있다.

　　한편, 대외적 차원의 對중국 규제정책 측면에서는 중국 정부 및 플랫폼 기업에 대한 공세적 양상이 두드러진다. 미국 정부는 정치적·이념적 안전에 방점을 두는 중국 정부의 정책기조를 '디지털 보호주의'라 칭하고, 이것이 디지털 경제 분야의 기술 혁신을 선도해온 미국 플랫폼 기업들의 중국 시장 진출을 차단하여 경쟁력을 위협하는 핵심 요인이라고 비판한다(하영선·김상배 2018). 중국의 정책기조에 대한 비판적 인식은 오바마 행정부 시절에도 제기된 바 있으며, 2016년 미 무역대표부(USTR) 출간 '대외무역장벽보고서(2016 National Trade Estimate Report on Foreign Trade Barriers)'에서 중국의 인터넷 통제가 해외 공급자들뿐만 아니라 중국 기업에도 어려움을 가중시킨다는 우려를 표명하며 공식화되었다(U.S. Trade Representative 2016).

　　트럼프 행정부에 접어들면서 중국에 대한 비판적 입장 표명은 공세적 정책으로 가시화되며 직접적인 충돌을 빚기 시작하였다. 특히 충돌이 가시화되고 있는 분야 중 하나는 초국적 데이터 유통 규범 관련 분야이다. 디지털 경제 시대의 데이터는 단순한 일차적 정보의 의미를 넘어, 부가가치를 창출하며 그 자체로도 거래의 대상이 되는 새로운 생산요소로 간주된다. 특히 전자상거래 산업에서 고객 및 거래 데이터는 플랫폼의 설계·운영·확장에 있어 중요한 정보 자원이 되기 때문에, 데이터의 흐름을 통제하고 자국에 유리한 규범으로써 조직화한다면 디지털 경제 질서를 구성하는 기업 차원과 국가 차원의 동학을 실질적으로 통제할 수 있게 된다. 이러한 맥락에서, 2018년 3월 통과된 「합법적인 해외 데이터 활용의 명확화를 위한 법률(Clarifying Lawful Overseas Use of Data, 이하 클라우드법(CLOUD Act))」은 미국 정부와 사법당국에 자국 IT기업의 해외 서버에 저장된 통신 내용, 트래픽 데이터, 가입자 정보 등의 역외 데이터를 열람할 수 있는 권한을 부여한다(U.S. Congress 2018). 관련 현행법으로는 1986년 통과되었던 「저장통신법(Stored Communications Act)」이 있었는데, 클라우드법은 「저장통신법」이 적용되는 지리적 범위를 해외 국가로까지 확장하여 해외에 저장되어 있는 데이터, 초국적으로 유통되는 데이터에 대한 정부의 접근 권한을 확대하였다. 미 정부가 외국 정부와 행정협정을 체결함으로써 이 같은 상호 정보 공유 권한을 부여받게 된다. 이러한 정보 공유 권한은 미 정부와 행정협정을 체결한 국가에 한하여 부여되며, 해당 국가와는 상대국의 법 집행 기관이 영장 없이도 해당 국가의 IT기업에게 데이터 제공을 요구할 수 있다(Department of Justice 2020). 더불어, 국내외 전자정보의 관리·공개 등에 대한 IT사업자의 의무를 명확히 규정하였다. 해당 법안이 통과된다면 구글, 애플, 페이스북 등 미국의 IT기업들의 해외 진출에 있어 해외 정부 및 수사당국과 데이터 이용을 둘러싼 마찰의 소지를 줄일 수 있을 것이므로, 해당 기업들의 지지를 받아 통과되었다. 미 정부로 하여금 다른 기관들의 견제 없이 행정협정이라는 독자적 권한 행사를 통해 해외 국가들과 데이터를 자유롭게 교환·열람할 수 있게 한 해당 법안은 초국적 데이터 유통의 자유를 지향하는 미국의 제도적 정체성을 반영한다.

더하여, 트럼프 대통령은 각종 행정명령을 통해 중국 플랫폼 기업들의 미국 활동을 압박하였다. 미국의 대통령 행정명령(presidential executive order)은 엄격한 삼권분립을 채택하고 있는 미국에서 대통령의 명시적·묵시적 권한을 들어 예외적으로 인정하는 집행부의 입법행위(executive legislation)의 일종으로, 대통령의 정치적 의사를 직접 관철할 수 있는 주요 수단이 된다. 2017년에서 2021년까지 트럼프 대통령이 발효한 행정명령은 220건이고, 그중 다수는 화웨이·바이트댄스·텐센트 등 중국 IT기업들의 미국 내 거래 및 해당 기업들이 개발한 모바일 서비스 어플리케이션 사용 금지를 골자로 하였다. 이처럼 대통령 행정명령은 일국의 정부가 외국 기업을 상대로 직접적으로 부과하는 제한조치로서, 기업 간, 국가 간 경쟁뿐만 아니라 기업-국가 간의 경쟁도 교차하는 디지털 경제 질서의 복합 경쟁적 속성을 보여준다.

미국 행정부뿐만 아니라 의회도 중국 플랫폼 기업에 대한 직접적 규제를 위해 법제를 재편하고 있다. 대표적으로, 「외국기업책임법(Holding Foreign Companies Accountable Act)」이 2020년 5월에 상원, 12월에 하원에서 통과되어 미국 증권시장에 상장된 중국 기업에 대한 회계 조사를 강화하고 조사 거부나 회계부정을 구실로 퇴출시킬 수 있는 법적 근거가 마련되었다. 이처럼 미국의 對중국 규제가 초반에는 자유주의에 대한 위협세력으로 규정된 '디지털 보호주의'라는 포괄적 프레임을 대상으로 하였다면, 최근에는 개별 중국 기업들의 비즈니스 활동을 실질적으로 제약할 수 있는 구체적인 형태로 진화하고 있다. 이는 디지털 경제 질서에서 중국의 세력 확장에 대한 직·간접적 제약 요인으로 작용함과 동시에, 담론의 차원에서 미국이 견지하는 데이터 자유주의 이념을 국제 사회에서 제도로써 구현하기 위함이다.

2. 중국: 국가 주도 직접·후행규제와 정부의 이중적 역할

미국의 민간 자율규제 방식에 대조적으로, 중국은 디지털 경제 플랫폼 산업에 대한 국가의 직접적이고 초국경적인 개입을 정당화하는 법적·제도적 기반 마련에 주력해왔다. 다만 신흥 산업 분야의 자유로운 움직임을 제약하는 무조건적 규제·개입을 전 단계에 걸쳐 부과하는 것이 아닌, '사전적·점진적 규제 완화 & 후행규제'의 패턴으로 국가 차원의 규제를 유연하게 적용함으로써 미국에 비견하는 디지털 경제 플랫폼 경쟁력을 갖추게 되었다. 컴퓨터 소프트웨어에서 시작되어 인터넷 비즈니스 분야로 이행하였던 미중 표준경쟁의 초기 구도에서 중국식 제도표준이 미국의 워싱턴 컨센서스와 대조를 이루며 통제와 검열로 대표되는 베이징 컨센서스로 집약되었다면, 그보다 한 단계 더 발전한 디지털 경제 플랫폼 분야에서는 중국의 제도표준 역시 로컬표준을 넘어 보편적 설득력을 획득하기 위해 보다 유연한 형태로 진화하고 있는 것이다.

전자상거래 분야 전반에 대한 통합적·전문적 규율을 위해 중국은 2019년 1월 1일자로 「전자상거래법(中华人民共和国电子商务法)」을 시행하고 있다. 「전자서명법(中华人民共和国电子签名法)」, 「인터넷거래관리방법(中华人民共和国网络交易管理办法)」 등 개별적 부문규장에 의존하고 있었던 기존 법제상의 한계를 보완하여 2013년부터 구상된 해당 법안은 외국 입법례에 비해 전자상거래에 대한 국가의 관리·감독 책임과 권한을 광범위하게 규정한다. 국가의 안전보호의무를 전자통신

공간까지 확대하고 있으며(제69조), 온·오프라인 비즈니스 활동에 대한 평등대우원칙과 융합발전 촉진책임을 규정하고(제4조), 국가 주무부서가 전자상거래 경영자에게 데이터 제공을 요구할 경우 경영자의 정보 제공 책임을 규정하고 있다(제25조). 한편 해당 법률의 역외적용에 관하여 중국 정부는 동법 제2조 '중국 내의 전자상거래 활동'을 '중국과의 관련성이 있는 경우'로 포괄적으로 해석한다(김나현 2019). 이는 1) 중국법에 따라 시장주체등기를 한 전자상거래 플랫폼에서 발생한 거래인 경우, 2) 거래의 양당사자가 중국의 자연인·법인·비법인단체인 경우, 3) 중국이 다른 국가나 지역과 체결한 국제조약상 국가 간 전자상거래활동에 대해 중국법을 적용키로 규정한 경우 등을 포함한다(中华人民共和国商务部 2019). 즉, 중국 당국은 정보 제공 의무, 시장주체등기 및 납세의무, 시장관리의무를 비롯한 강한 법적 의무 및 벌칙규정·연대책임규정 등을 모두 외국의 전자상거래 플랫폼 경영자에 대해서도 부과할 수 있는 것이다. 이처럼 중국의 전자상거래 플랫폼을 통합적으로 규율하는 「전자상거래법」은 국가의 직접적·초국경적 개입을 정당화하는 중국식 제도표준의 구체적 현현(顯現)이라고 볼 수 있다.

중국의 디지털 경제 플랫폼 규제는 '사전적·점진적 규제 완화 & 후행규제'의 패턴이 나타난다. 사전적으로는 전자상거래 기업을 비롯한 비전통 시장금융 부문의 행위자들이 금융혁신을 주도할 수 있도록 은행과 같은 전통 계획금융의 독점영역에 대한 진입장벽을 완화하고, 해외 사업자들로부터 자국 산업을 보호하는 방향의 정책을 내세웠다(김상배 외 2020). 하지만 이러한 초기 규제완화에 따라 2015년 이후부터 중국 금융시스템 내 부실업체 대상 고리대출, 차입자의 사기행위, 투자금 횡령, 부도직전 도주 등의 부작용이 발생하면서, 이를 보완하기 위해 사후적 규제를 강화하는 흐름이다(이성복 2016).

한편, 국제적 차원에서는 중국 정부의 이중적 역할이 두드러진다. '이중적 역할'이라 함은, 자국 플랫폼의 해외 확장은 전폭적으로 지원하는 한편, 해외 플랫폼의 자국 진출에는 각종 규제를 부과하여 제약하는 중국 정부의 경향성을 의미한다. 전자의 측면에서, 중국 플랫폼의 해외 진출은 양화융합(兩化融合)을 기치로 한 〈중국제조 2025〉, 〈인터넷플러스〉 정책과 밀접하게 연계되어 있다. 〈중국제조 2025〉는 제조업과 정보통신의 융합을 통해 제조대국에서 제조강국으로 진일보하겠다는 목표를 천명한다. 차세대 정보기술산업·항공우주산업·첨단로봇·신재료·바이오 의약품 및 의료기계 등 '전략적 신흥산업'을 중점 발전영역으로 제시하고 해당 영역에서 세계 최고의 경쟁력 육성을 목표로 한다(中華人民共和國中央人民政府 2015). 한편 〈인터넷플러스〉 정책은 인터넷과 경제사회 분야의 융합을 통해 2025년까지 네트워크화·스마트화·서비스화·협동화의 생태계 완성을 목표로 한다(차정미 2018). 2017년 19차 당대회에서 상기한 두 정책의 통합이 이루어지면서 디지털 경제 구상이 본격적으로 구체화되었고, 2020년 정부사업보고에서 리커창 총리는 총 17번이나 '디지털 경제'를 강조하는 가운데 디지털 요소이동 촉진, 신형 인프라 발전, 디지털 경제 협동관리 정책 구축, 실물경제-디지털 융합 등 플랫폼의 확대 및 해외 진출을 위한 구체적 방안들을 골자로 하는 지원조치를 발표하였다(國家發展和改革委員會 2020).

더하여, 중국 정부는 2010년부터 알리페이와 같은 모바일 디지털 결제 플랫폼의 국제결제 업무를 허용한 이래로 그 범위를 점진적으로 확대하는 추세이며, 2015년 10월부터 위안화 국제결제 시스템(China Inter-border Payment System: CIPS)을 구축하여 중국 디지털 플랫폼 기업들이 미국의 시스템에 의탁하는 것이 아닌, 중국의 독자적인 시스템을 활용하여 국제결제 업무를 확대하도록 지원하고 있다. 이는 표준제정을 통한 세 넓히기 전략의 일환으로 해석 가능하다.

반면, 해외 플랫폼의 자국 진출에 있어서는 자국 법제를 근거로 규제함과 동시에 '인터넷 주권' 담론을 앞세워 이를 정당화하는 경향성을 보인다. 앞서 「전자상거래법」의 포괄적 해석 방식을 통해서도 이를 확인한 바 있다. 더하여, 2017년부터 시행 중인 「네트워크 안전법(中华人民共和国网络安全法)」에서도 중국 정부의 이중적 역할이 명문화되어 있다. 제1장 제1조에서 "사이버 주권과 국가 안전 수호(维护网络空间主权和国家安全)"를 가장 먼저 명시하고, 제2조에서는 "중국 영토내 네트워크 구축, 운영, 보호, 사용, 관리 · 감독 등에 적용(在中华人民共和国境内建设、运营、维护和使用网络, 以及网络安全的监督管理, 适用本法)한다"고 명시하고 있다. 즉 국내 사회 안정과 경제 이익 보호, 안보질서 유지를 위해 국가가 사이버 공간에 직접적으로 개입하여 포괄적으로 통제하는 것을 정당화한다. 해당 법률에 따르면 핵심 네트워크 사업자는 중국 경내에서 운영 중 수집하고 생성된 개인정보 및 중요 업무 데이터를 반드시 경내에 저장하고, 중국 정부가 요구하면 제공해야 하며, 이를 위반하였을 시에는 벌금뿐만 아니라 영업정지까지도 가능하다(中華人民共和國司法部 2016). 이때 네트워크 사업자는 중국 경내에서 사업을 운영한다는 조건만 충족한다면 중국 기업이든 외국 기업이든 모두 규제 대상으로 포괄하는 개념이기 때문에, 결과적으로 미국 기업에 대한 중국 정부의 직접적 검열 및 규제를 허용하는 법적 근거가 된다.

이처럼 중국 정부는 데이터 주권 담론을 기반으로 자국 플랫폼과 해외 플랫폼에 대한 모순된 역할을 수행하는 가운데, 디지털 무역을 위한 지구적 차원의 플랫폼 형성 노력에 대해서는 존중하는 입장을 견지한다. 중국이 이 같은 제도적 차원의 이중성을 하나의 전략으로 채택하고 있는 이유는 디지털 경제 플랫폼의 규범 수립이라는 보편적 추세에 동참하는 모양새를 취하되, 그 과정에서 미국을 비롯한 선진국들이 주도하는 규범을 무조건적으로 추수하는 것이 아니라 자국의 사회경제적 이익과 상충될 경우에는 자국의 입장을 유지하여 궁극적으로는 중국 표준의 보편적 설득력을 확보하기 위함이다(하영선·김상배 2018).

IV. 디지털 경제 질서 담론의 미중경쟁

본 장에서는 기업 전략 및 정부 제도의 차원에서 디지털 경제의 실체적 양상에 주목하였던 이전의 논의들을 포괄하여, 미국과 중국이 설계하고 있는 미래의 질서에 대한 비전과 담론을 비교한다. 기술 담론(technological discourse)은 현실 세계의 이익과 제도적 제약을 바탕으로 출현하며, 동시에 역으로 사회적 실제를 구성해가는 역할을 수행한다는 점에서, 현실의 이익을 바탕으로 하여 구성된 제도의 비물질적 측면을 이룬다(김상배 2014). 이는 단순히 이상적이고 추상적인 관념을 의미하는 것이 아니라, 국가 차원에서 수립·추진되는 구체적 기술구상의 지향점 및 민관 상호작용 양상, 나아가 이념과 정체성의 표준을 아우르는 논의로서, 구성적 제도주의에 입각한 본 논문의 분석을 완결 짓는 논의가 될 것이다.

1. 미국: 자유경쟁과 보편·개방의 사이버시스템 담론

오늘날 미국이 구축하고 있는 디지털 경제 질서 담론은 2000년대 초
반 인터넷 시대를 주도하였던 미국의 인터넷 담론표준과, 제조업보다
는 정보통신 시스템의 확대·발전을 지향해온 산업 기반의 연장선상에
서 파악될 수 있다. 전자는 기성 패권으로서의 보편주의와 자유주의에
대한 지향 및 민간 주도의 민관 상호작용에 관한 논의를 포함하고, 후
자는 제조업 고도화에 초점을 둔 중국의 '물리시스템(physical system:
PS)' 담론에 대비되는 '사이버시스템(cyber system: CS)' 담론으로 집
약된다.

　　과거부터 민간 주도의 경제성장과 규제 제정의 전통이 강했던 미
국의 현대 산업정책은 민간 주도의 산관학으로 특징지어진다(유인태
2018). 마찬가지로, 디지털 경제 분야에서도 정부의 단독 주도 하에
정책을 세우고 추진하는 경향보다는, 민간 행위자들 간의 자유로운 경
쟁과 민관 합작으로 기술적·제도적 의사결정이 이루어지고 결과적으
로 해당 부문의 성장을 견인하는 특징이 나타난다. 이는 미국 디지털
담론의 자유롭고 개방적인 성격에서 기인한다. 민간 기업들의 자유·
경쟁·시장 등의 가치를 중시하고 이를 규제하는 국가의 하향식 개입
을 일종의 '침해'라고 간주하여 경계하는 미국 고유의 실리콘밸리 정
신과 워싱턴 컨센서스에서 태동하여, 구글·페이스북·알리바바 등 플
랫폼 기업들이 주도적으로 글로벌 네트워크를 구축해가는 '사회적 실
재'의 맥락 속에서 미국 디지털 담론은 보편주의와 자유주의를 표방한
다. 이러한 미국 담론의 성격은 1990년대 컴퓨터 시대, 2000년대 초
인터넷 시대부터 오늘날의 디지털 플랫폼 시대까지 이어지는 흐름에
서 미국이 차지하고 있는 '사실상(de facto) 패권'으로서의 위상에서

기인한다. 즉 기성 패권으로서 우위를 점하고 있는 미국에게 보편주의와 자유주의는 미국 고유의 정신임과 더불어, 새롭게 부상하는 중국의 대항표준을 '디지털 자유주의에 대한 위협 세력'이라 적대적으로 프레이밍하고, 동시에 자국은 그에 맞서 싸우는 자유주의의 수호자 역할을 표방함으로써 국제 규범 수립 과정의 주도권을 확보하기 위해 동원된 수사이기도 한 것이다.

미국의 민간 기업들은 독자 비즈니스 또는 컨소시엄 구축을 통해 선도부문 기술의 주도권을 확보하기 위해 경쟁하며, 이 과정에서 정부는 자유로운 시장경쟁 생태계를 조성하고 지원하는 촉진자로서의 역할을 수행한다(김상배 외 2018). 선도부문에서의 시장경쟁에 필연적으로 수반되는 카니발리제이션(자기 시장 잠식)의 딜레마에 주저하지 않고 경쟁과 시장 조성에 참여한 민간 기업들은 기술 혁신을 일구어냈고, 정부 차원에서 이를 촉진하는 과정에도 자유경쟁, 토론, 시장의 기능 등 미국식 담론의 속성들을 투영하여 창발적 생태계의 조성에 기여하였다. 이러한 민관 상호작용의 구도를 보여주는 대표적인 사례로 2014년 GE, AT&T, IBM, 인텔(Intel), 시스코(Cisco) 등 IT 대기업들이 연합하여 설립한 산업인터넷 컨소시엄(Industrial Internet Consortium: IIC), 2011년 오바마 행정부의 대통령 과학기술자문위원회에서 고안된 선진 제조업 파트너십(Advanced Manufacturing Partnership: AMP) 구상 등이 있다.

한편, 전술한 기업과 정부 주도의 4차 산업혁명 전략 사례들은 미국 특색의 민관 상호작용 양상을 상징적으로 보여준다는 점에서 분석 의의가 있으나, 그 이전에 미국의 4차 산업혁명론, 나아가 디지털 경제 실서 담론의 방향성에 대한 논의가 선행되어야 한다. 이는 미국이 전통적으로 구축해왔던 산업 기반의 특성과 연계된다. 미국은 일찍이 인건비 상승 등 고비용 문제의 타개를 위해 자국의 제조업(하드웨어) 기업들을 인건비가 비교적 저렴한 해외로 이전하고, 자국의 영토 내에 서는 정보통신산업(소프트웨어)의 육성에 주력해왔다. 즉, 4차 산업혁 명론이 전제하는 제조업 기반 자체가 미국 영토 내에 조성되어 있지 않았던 것이다. 이는 코로나19의 확산으로 글로벌 공급망이 흔들리면 서 미국 정부가 해외로 진출했던 자국의 제조업 기업들을 본국으로 회 귀시키는 리쇼어링 정책을 강조하게 된 배경이기도 하다. 따라서 미국 의 디지털 경제 질서 담론은 제조업이 주도하는 비전이 아니라, 정보 통신혁명의 연장선상에서 막강한 클라우드와 컴퓨팅 파워를 적극 활 용해 글로벌 플랫폼을 구축하고, 이로써 제조업까지 통제하고자 하는 사이버시스템(CS) 담론인 것이다. 디지털 경제 질서를 제조업(오프라 인)과 정보통신산업(온라인)의 합주로 파악한다면, 미국은 온라인 서 비스를 지렛대 삼아 로봇, 자율주행차 등 오프라인 공간의 사업 분야 로 확장해가는 방향성을 지향하는 것이다(김상배 외 2018). 아마존의 O2O(Online to Offline)를 넘어선 O4O(Online for Offline) 서비스 제공, 완성차업체들보다 구글, 애플 등 미국을 대표하는 IT 플랫폼 기 업들이 자율주행기술 개발에 경주하고 있는 현실이 이를 뒷받침한다.

　미국의 클라우드 서버에 축적되는 방대한 데이터와 이를 처리하 기 위한 기술은 사이버시스템(CS) 담론의 물적 토대를 이룬다. 이는 본 절의 서두에서 언급하였던 보편·개방의 인터넷 담론과 유기적으로 연결된다. 플랫폼 비즈니스와 결합하여 새로운 가치를 창출할 수 있 을 만큼 방대한 데이터를 확보하기 위해서는 데이터의 자유로운 초국 적 이동이 보장되어야 하기 때문이다. 이는 후술할 중국의 데이터 주 권 담론과 정면 충돌하는 것으로, 데이터 유통 및 디지털 무역 분야 미 중 갈등의 신종 축으로 점차 가시화되고 있다.

2. 중국: 정치안전과 국가주권의 물리시스템 담론

자유와 개방을 지향하는 미국과 대조적으로, 중국의 디지털 경제 질서 담론은 '정치안전'과 '국가주권'에 방점을 둔다. 이는 디지털 경제 전반에 대한 국가의 개입 및 규제를 정당화하고, 나아가 민간 행위자들이 아닌 국가에 전적인 주도권을 부여하는 이념적 기반이 된다. 또한, 미국의 담론이 정보통신산업의 확장에 초점을 두는 사이버시스템(CS) 담론이었다면, 중국은 제조업 고도화에 초점을 두는 물리시스템(PS) 담론을 토대로, 미국의 질서와 호환될 수 없는 중국식 질서의 구축을 추구한다. 미국이 기성 패권이었다면 중국은 미국 패권체제의 빈틈 속에서 부상하는 대항 표준으로, 본 절에서 논의할 내용들은 중국이 개도국으로서의 국가 위상과 연계하여 대항 표준의 세를 넓히기 위해 동원하는 수사로 분석할 수 있다.

중국 정부의 양화융합(兩化融合) 구상과 경제사회적 실용주의 노선은 정치안전·국가주권의 디지털 담론을 뒷받침하는 양대 축을 이룬다. 전자는 2007년 중국공산당 17차 당대회에서 제기된 국가주도 과학기술혁신 담론으로, 4차 산업혁명 기술 역량에 기반한 정보화와 공업화의 결합 및 연계발전을 추구하며, 이를 실현하기 위한 정책으로 〈중국제조 2025〉, 〈인터넷 플러스〉 등을 추진하고 있다. 해당 구상이 시진핑 정권에 접어들어 비교적 최근에 제기된 것이라면, 개혁·개방 이래로 중국의 금융 발전 과정에 지속적으로 녹아들어온 경제사회적 실용주의 노선은 어떤 방식으로든 금융 산업을 발전시켜 국가 경제 발전에 기여한다고 판단된다면 기득권의 반발에도 불구하고 정책적 지원을 아끼지 않는다는 구상이다(이진영 2016). 실용주의 노선은 기존 오프라인 계획금융의 낙후성을 시장금융을 통해 보완하고 나아가 디지털 금융의 성장 기회로 활용하고자 한다는 점에서 디지털 경제 플랫폼의 발전을 견인하였다. 오프라인 금융의 발전과 성숙 이후 디지털 금융의 발전 단계를 거치고 있는 미국과는 상이한 금융 산업의 발전경로를 채택하고 있는 것이다(서봉교 2019). 나아가 실용주의 노선은 플랫폼 경제와 그 기술적 기반이 되는 핀테크의 저비용·고효율·편리성이라는 특징에 주목하여 포용금융을 위한 주요 수단으로 활용하고자 한다(恒昌財富 2018).

민관의 상호작용, 즉 정부-기업 간 관계 측면에서도 중국은 미국과는 대조적인 양상을 보인다. 표면적으로는 기업의 주체적 지위를 강화하는 '시장주도, 정부인도' 원칙을 내세우지만 그 이면에는 여전히 정부의 주도적 역할에 대한 강조가 내재하고 있기 때문이다. 이에 따라, 중국에서 민관협력의 구체적 양상은 정부주도 비정부단체(Government-organized non-government organizations: GONGOs)의 형태로 이루어진다. 이들은 국가의 기술구상과 정책지침이 기업 활동과 시장에 효과적으로 침투될 수 있도록 매개하며, 동시에 정책 홍보 및 소통, 현장과의 네트워크 등 국가정책의 성공적 추진을 위해 중요한 역할을 담당한다(차정미 2018). 대표적인 사례로는 '중국양화융합서비스연맹'(2013), '산업인터넷산업연맹'(2016), '중국 인공지능 산업발전연맹'(2017) 등이 있다. 이러한 민관협력연맹들의 조직은 중국공정원을 비롯한 국책기관 연구원, 중국 선두기업의 경영인, 칭화대 등 교육기관의 연구진 등 다양하게 구성되어 있는 한편, 실무적 운영은 모두 국책연구기관에서 담당하는 형태로 이루어지기 때문에, 정부주도 산학연의 통합적 거버넌스를 체현한 것으로 볼 수 있다(차정미 2018).

이처럼 중국의 디지털 경제 플랫폼 생태계는 정부의 강력한 주도권 하에 민간 기업들이 정부의 지원을 받아 조직화되고 독자적인 비즈니스를 추진하며 상호 경쟁하는 듯 보인다. 중국의 대표 전자상거래 플랫폼 기업인 알리바바 역시 정부 주도 하에 2017년 11월 BAT-바이두, 텅쉰, 커다쉰페이와 함께 중국 인공지능 굴기 대표팀의 일원으로 참여한 바 있다. 따라서 이는 일면 타당한 분석일 수 있으나, 중국은 미국과 달리 기업 간 경쟁구도와 더불어 정부-기업 간 경쟁구도가 병존하는 복합적 경쟁체제라는 점을 짚어야 비로소 완전한 분석이 될 수 있을 것이다.

　디지털 경제가 신흥 분야로서 아직 발전 초기 단계인 만큼 대부분의 경우에 정부가 기업의 성장을 견인하고 지원하는 역할을 하고 있지만, 이 기업이 점차 정부와 당국에 대한 정치적 도전이 될 만큼 세를 확장하게 된다면, 중국 정부가 즉각적으로 태세를 전환하는 것을 목도할 수 있다. 대표적인 사례가 최근 정부와 지속적으로 정치적 마찰을 빚고 있는 알리바바이다. 알리바바의 창업자 마윈이 공산당원이었음이 밝혀짐에 따라 알리바바의 초기 비약적 성장의 이면에 정부의 정치적 지원이 강하게 작용했을 것임을 유추할 수 있다. 하지만 알리바바는 최근 당국의 보수적 감독정책을 정면으로 비판하는 등 중국 정부와 정치적 마찰을 빚으며 반독점 규제의 대상이 되고 주가가 급락하고 있다. 일례로, 당국은 2020년 11월 예정되었던 알리바바의 자회사 앤트그룹의 상장을 무기한 연기시켰으며, 앤트그룹 경영진들을 직접 소환하여 별도의 금융 지주사 설립을 주문하여 금융업에서의 사실상 철수를 명령하기도 하였다. 알리바바뿐만 아니라, 중국 중앙경제공작회의는 2021년 새해 중점 임무 중 하나로 IT기업들에 대한 반독점 규제 강화를 명시하고, 관영 언론『인민일보』는 이들의 시장독점 행태를 공개적으로 비판하였다. 이러한 중국 정부의 태도는 플랫폼 생태계의 육

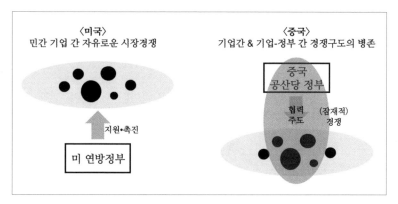

그림 1 디지털 경제 분야 정부-기업 관계: 미중 비교

성을 위한 보호주의적 지원을 강조했던 이전의 정책기조와는 매우 대
조적으로 보인다. 이러한 정부의 태세전환은 중국 디지털 경제 질서
에 잠재되어 있던 정부–기업 간의 경쟁구도가 기업의 세력 확장과 함
께 수면 위로 떠올라 복합적 경쟁체제를 구성하게 되면서, 기업에 대
한 정부의 견제가 작동하게 된 것으로 해석 가능하다. 즉, 미중 양국
의 정부–기업 관계의 동학은 〈그림 1〉과 같이 도식화하여 비교해볼 수
있다.

한편, 미국이 자국의 정보통신산업 기반을 토대로 클라우드와 빅
데이터 생태계 구축을 통해 제조업을 통제하는 구상을 견지하고 있는
데 반해, 중국은 거대한 내수시장과 제조업 기반을 토대로 제조업 고
도화를 위해 정보통신기술을 활용하는 물리시스템(PS) 담론을 지향
한다. 전술한 양화융합(兩化融合) 구상으로 이러한 담론을 국가 과제
로 천명한 바 있으며, 거래 대상별로 세분화되어 있는 알리바바의 플
랫폼 시스템은 중국을 대표하는 전자상거래 기업이 현실공간의 상거
래를 포괄적으로 이끌기 위해 디지털 기술력을 강화하여 플랫폼이라
는 온라인 공간으로 이행하는 비전을 체현한 것이다. 즉, 오프라인의

거대한 자본과 시장을 지렛대 삼아 온라인으로 진출하는 양상으로, 미국의 O2O(Online to Offline)와는 상반되는 방향성을 추구하고 있는 것이다.

중국의 물리시스템 담론의 이면에는 빅데이터의 무한한 잠재력이 작동하고 있다. 중국 플랫폼을 거쳐 가는 사용자 개개인의 정보, 나아가 중국 경내에서 활동하는 해외 플랫폼 사업자들의 정보까지 모두 제조업 고도화를 추동할 수 있는 데이터 자원이 된다. 따라서 중국은 데이터에 대한 일국적 차원의 관할권을 고수하려는 입장에서, '인터넷주권' 이념을 내세워 데이터에 대한 검열과 통제를 정당화하고자 한다. 이는 전술한 정치안전과 국가주권의 디지털 담론과도 유기적으로 연결된다.

V. 결론

디지털 경제 질서로의 이행은 코로나19 이래로 더욱 가속화되고 있다. 특히 과학기술뿐만 아니라 전자상거래, 금융 서비스 등 기술 기반 산업 부문 전반에서 미국과의 격차를 좁히고 있는 중국의 위세는 제도·담론의 차원과 맞물려, 21세기 글로벌 패권구조의 질적 재편 가능성을 타진한다. 이 과정에서 양국의 거대 플랫폼 기업들은 기성의 국가 행위자에 못지않은 실질적 권력을 발휘하는 비국가 행위자로 부상하며 권력주체의 분산(power diffusion)과 패권경쟁의 복합화를 야기한다. 이처럼 디지털 경제 부문의 미중경쟁은 4차 산업혁명 시대의 미중 패권경쟁과 글로벌 경제 질서의 질적 변화 가능성을 가늠할 수 있는 시금석이 될 것이나, 그 중요성에 비해 관련된 논의는 많이 축적되어 있지 않은 실정이다. 특히, 이를 경제학·경영학에 국한된 것이 아닌 국제정치학의 의제로 파악하여 제3국의 국가전략 수립에 반영하기 위한 학술적 연구 작업은 아직 미흡한 실정이다. 이 점을 통감하여, 본 논문은 구성적 제도주의의 분석틀을 활용하여 디지털 경제 플랫폼 부문 미중경쟁의 동학을 이익-제도-관념의 층위로 나누어 분석하였다. 각 층위에 해당하는 내용은 플랫폼 비즈니스 모델(이익), 플랫폼 규제 및 관련 법제도(제도), 플랫폼 경제 질서 담론(관념)으로 구체화하였으며, 이는 기업, 정부, 국가라는 행위자의 차원과도 대응된다. 개별 기업들의 비즈니스 전략 경쟁이 디지털 경제의 근간인 '플랫폼'의 태동과 확장을 이끌고, 정부가 법·제도적 지원 및 규제를 통해 이를 뒷받침하는 과정에서 정치 변수가 개입되며, 국가 차원에서 이들을 포괄하는 동시에 아직 다가오지 않은 미래 질서의 규범을 주도하기 위해 담론을 구축하고 이념과 정체성을 설정하는 연속적인 공진화의 흐름이다. 즉, 본 논문의 구성은 행위자를 중심으로 본다면 하나의 시기를 횡적으로 나누어 분석하는 공시적 관점인 동시에, 디지털 경제 질서의 과거-현재-미래를 아우르는 통시적 관점으로도 볼 수 있다. 분석 결과는 〈표 3〉과 같이 정리할 수 있다.

〈표 3〉에서 확인할 수 있는 것처럼, 디지털 경제 분야에서 미국과 중국은 이익-제도-관념의 차원에서 명백히 상이한 정체성의 질서를 구축해오고 있다. 최근에는 이러한 차이가 경제뿐만 아니라 외교, 군사안보, 미디어 등 다양한 부문에서 가시화되고, 양국이 서로의 질서를 받아들여 호환의 가능성을 모색하기보다는 비판하고 배척하는 공세적 입장을 유지하며 국가 간 실질적인 충돌을 야기하고 있다는 점에서, 미중의 결별(decoupling) 가능성을 구체화한다. 다시 말해, 글로벌 경제 질서가 미국과 중국을 중심으로 한 상호 배타적인 두 개의 경

표 3 구성적 제도주의의 시각에서 본 디지털 경제 플랫폼 분야 미중경쟁

		미국	중국
이익	플랫폼 기업 비즈니스 모델 & 기술체계	Amazon '고객을 위해서' 클라우드 중심 플랫폼 민간 파트너십을 통한 기업 전략으로서의 핀테크	Alibaba '중국을 위해서' 내수시장/국가전략 연계 플랫폼 국가 인가·정책지원을 통한 국가 사업으로서의 핀테크
제도	일국적 차원	민간 주도 자율규제 소비자 권익 보호	국가 주도 직접규제 사전적 규제완화&후행규제
	국제적 차원	對중국 공세정책 의회 입법 및 행정명령을 통한 입법·사법·행정 차원의 디지털 보호주의 배격	중국 정부의 이중적 역할 자국 기업의 해외확장 지원 & 해외 기업의 자국진출 규제
담론	디지털 담론	자유와 개방의 디지털 담론	정치안전과 국가주권의 디지털 담론
	4차 산업혁명 담론	정보통신산업 기반 사이버시스템(CS) 담론 (Cyber→Physical)	제조업 기반 물리시스템(PS) 담론 (Physical→Cyber)

제 공동체로 이원화되는 '반(反)세계화'의 추세가 단지 기우에 그치지 않고 현실화되고 있다는 것이다. 전자상거래 및 지급결제 부문만 보더라도, 전문가들은 세계의 소비자들이 '아마존에서 상거래를 하는 소비자'와 '알리바바에서 상거래를 하는 소비자', '미국식 신용카드 결제시스템을 사용하는 소비자'와 '알리페이 모바일 간편결제 시스템을 사용하는 소비자'로 이원화될 것이라 전망한다. 더하여, 본 논문에서 살펴본 바와 같이 양국은 근본적으로 상이한 정체성을 구축해오고 있기 때문에, 두 표준 간의 호환성은 낮으며 이는 제3국과 소비자들로 하여금 양자택일의 상황에 직면하게 한다.

미중 경제 공동체의 결별(decoupling)로 대변되는 글로벌 경제 질서의 거대한 변화에 다시금 직면한 미래 한국은 그 안에서의 생존과 번영을 모색하기 위한 체계적인 국가전략 수립의 과제를 안게 되었다.

전술한 바와 같이 미중 양국의 경제 질서가 상이한 이익-제도-관념을 기반으로 하고 서로에 대해 배척적인 태도로 일관하고 있는 만큼 이원화된 경제 공동체 간의 호환 불가능성이 충분히 개연적인 시나리오로 제기되는 바, 양자택일의 기로에 선 한국의 전략적 선택은 위기를 기회로 바꿀 수 있는 중요한 국제정치학적 함의를 갖는다. 이에 한국은 기업-정부-국가 차원의 다층적 협력을 통해, 미국과 중국이라는 두 강대국 간의 이원화된 경쟁 구도 속에서 수동적으로 휘둘리기보다는 능동적이고 선제적으로 움직임으로써 전략공간의 개척을 모색할 필요가 있다. 예컨대 기업들은 비대면 산업, 디지털 헬스케어, 스마트제조, 6G 등 코로나19를 계기로 수요가 확대된 분야에 대한 연구개발 및 투자를 가속화하여 신흥 선도부문에서의 기술표준을 선점하고, 이 경쟁 우위를 기반으로 미국과 중국 시장에 진출하여 '한국 특색의' 경쟁력과 매력을 각인시켜야 할 것이다. 더하여 정부는 대내적으로는 한국 기업에 대한 지원 및 민간육성정책, 대외적으로는 미국과 중국에 대한 중견국 외교정책을 통해 이를 뒷받침해야 한다. 마지막으로, 디지털 질서 속에서의 국제정치학은 이익-제도-관념, 기업-정부-국가 등 다양한 층위를 총체적으로 아우르는 접근을 통해 발상의 전환을 모색하고, 이론적 틀에 입각하여 설득력을 갖춘 현상 분석 및 예측을 통해 국가 전략 수립의 방향성을 제언하는 실천적인 학문으로 나아가야 한다.

참고문헌

김경환. 2020. "중국 전자상거래기업의 글로벌시장 진출방식에 관한 연구-해외창고 방식을
　　중심으로."『중국학(구중국어문론집)』71(1).
김나현. 2019. "중국 전자상거래법에 관한 소고."『중앙법학』21(1).
김상배. 2003. "정보기술과 국제정치이론: 구성적 기술론과 정보세계정치론의 모색."
　　『국제정치논총』43(4).
_____. 2014.『아라크네의 국제정치학』. 한울아카데미.
김상배 외. 2018.『4차 산업혁명론의 국제정치학: 주요국의 담론과 전략, 제도』.
　　사회평론아카데미.
_____. 2020.『4차 산업혁명과 미중 패권경쟁: 정보세계정치학의 시각』. 사회평론아카데미.
김자봉·이대기. 2020. "빅테크의 금융업 진출 영향과 시사점: 아마존의 사례를 중심으로."
　　KIF(한국금융연구원) 금융조사보고서.
다나카 미치아키. 2019.『미중 플랫폼 전쟁 GAFA vs BATH』. 세종서적.
문병순·허지성. 2014. "규제 많은 미국이 핀테크를 선도하는 이유."『LG Business Insight』.
배영자. 2018. "중국 인터넷 기업의 부상과 인터넷 주권 이념의 관계: 공동생산 개념을
　　중심으로."『21세기정치학회보』28(1).
서봉교. 2019. "미중 국제금융 헤게모니 경쟁과 중국의 디지털 국제금융 도전."
　　『미래성장연구』5(2).
유인태. 2018. "미국의 4차 산업혁명 담론과 전략, 제도." 서울대학교 국제문제연구소.
　　『세계정치』28.
이성복. 2016. "중국 핀테크 혁신 4년의 명과 암."『중국 금융시장 포커스』2016년 봄호.
　　자본시장연구원.
이진영. 2016. "[올댓차이나-폭풍성장 핀테크 ②] "핀테크 강국은 미국 아닌 중국"…그
　　배경은?"『뉴시스』2016.8.14. https://news.joins.com/article/20446759(검색일:
　　2021.1.3.)
이현태·서봉교·조고운. 2020. "중국 모바일 결제 플랫폼의 발전과 시사점: 알리바바 사례를
　　중심으로." KIEP 대외경제정책연구원.
정대·학회연. 2017. "영국과 중국의 핀테크산업 규제법제에 관한 연구-인터넷전문은행과
　　대출형 P2P를 중심으로."『법학논총』41(2).
차정미. 2018. "중국의 4차 산업혁명 담론과 전략, 제도." 서울대학교 국제문제연구소.
　　『세계정치』28.
하영선·김상배. 2018.『신흥 무대의 미중 경쟁: 정보세계정치학의 시각』. 한울아카데미.

Amazon. 2019. "2019 Annual Report."
Chang, W.L. & T.J. Allen. 2017. "Amazon and Alibaba: Competition in a Dynamic

Environment." Workshop on E-Business. Springer, Cham.

Department of Justice. 2020. "Clarifying Lawful Overseas Use of Data Act; Attorney General Certification and Determination." https://www.federalregister.gov/documents/2020/03/03/2020-04248/clarifying-lawful-overseas-use-of-data-act-attorney-general-certification-and-determination (검색일: 2021.1.20.)

Ninia, John. 2020. "The impact of e-commerce: China verses the United States." Cornell University SC Johnson College of Business. https://business.cornell.edu/hub/2020/02/18/impact-e-commerce-china-united-states/(검색일: 2021.01.12.)

Statistia. "Amazon – Statistics&Facts." https://www.statista.com/

_____. "Digital Payments in China – Statistics&Facts." https://www.statista.com/

The Economist. 2019. "Amazon and Alibaba are pacesetters of the next supply-chain revolution." https://www.economist.com/special-report/2019/07/11/amazon-and-alibaba-are-pacesetters-of-the-next-supply-chain-revolution(검색일: 2021.1.12.)

The White House (Office of the Press Secretary). 2011. "President Obama Launches Advanced Manufacturing Partnership." https://obamawhitehouse.archives.gov/the-press-office/2011/06/24/president-obama-launches-advanced-manufacturing-partnership(검색일: 2021.1.3.)

The White House. 1997. "The Framework for Global Electronic Commerce." https://clintonwhitehouse4.archives.gov/WH/New/Commerce/(검색일: 2021.1.3.)

U.S. Congress. 2018. S.2383. 115th Congress 2nd Session. https://www.congress.gov/115/bills/s2383/BILLS-115s2383is.pdf (검색일: 2021.1.20.)

U.S. Government Publishing Office. 2014. "One Hundred Thirteenth Congress of the United States of America."

U.S. House Judiciary Committee. 2020. "Investigation of Competition in Digital Markets." Subcommittee on Antitrust, Commercial and Administrative Law of the Committee on the Judiciary.

U.S. Trade Representative. 2016. "2016 National Trade Estimate Report on Foreign Trade Barriers." Office of the United States Trade Representative.

Weitz, R. 2001. "Meeting the China challenge: Some insights from scenario-based planning." *The Journal of Strategic Studies* 24(3).

中華人民共和國商務部. 2019. 电子商务法的适用范围和调整对象.

中華人民共和國司法部. 2016. 『中华人民共和国网络安全法』

中華人民共和國中央人民政府. 2015. "国务院关于印发《中国制造2025》的通知"

_____. 2015. "国务院关于积极推进"互联网＋"行动的指导意见"

中华人民共和国国务院. 2020. "国务院：新设46个跨境电商综试区" http://www.gov.cn/zhengce/2020-04/08/content_5500182.htm(검색일: 2021.01.21.)

國家發展和改革委員會. 2020. 「关于2019年国民经济和社会发展计划执行情况与2020年国民经济和社会发展计划草案的报告」.

天津日报. 2015. "天津出台推进电子商务发展三年行动计划, 2016年将成中国北方电子商务中心城市." 『天津日报』.

恒昌财富. 2018. "移动支付对普金融意父深远." 『中国网』

제4장

미중 디지털 미디어 플랫폼
'규모의 변수'와 '체제 적합력'의 개념을 도입하여

정서윤

I. 서론

미국과 중국은 새롭게 등장하고 있는 디지털 플랫폼 부문에서 치열한 패권경쟁을 벌이고 있다. 특히, 세계적 인기를 얻고 있는 중국의 소셜미디어 애플리케이션 틱톡(Tik Tok)이 미국의 페이스북과 유튜브를 위협하는 플랫폼이 되자 미국 정부에서는 국가 안보를 이유로 거래 금지 명령을 내렸다. 중국의 개인정보 법에 따라 틱톡이 중국 정부의 요구에 의해 미국인들의 개인정보와 데이터를 유출할 수 있으므로 틱톡의 모기업인 바이트댄스 내 미국 사업 부문을 미국 기업에 매각하라고 압박하기도 하였다.

틱톡의 사례에서 볼 수 있듯이 디지털 플랫폼 경쟁은 더 이상 국가 단위가 아니라 산업이나 기업 단위에서 발생하고 있다. 구글(Google), 아마존(Amazon), 페이스북(Facebook), 애플(Apple)과 바이두(Baidu), 알리바바(Alibaba), 텐센트(Tencent), 화웨이(Huawei)로 대표되는 미중 ICT 플랫폼 기업들은 각각 검색엔진, 전자상거래, 소셜네트워크, 정보통신기술 영역에서 영향력 있는 플랫폼으로 성장하기 위해 끊임없는 경쟁을 벌이고 있다.

스태티스타(Statista)에 따르면, 인터넷에 접속할 수 있는 디지털 기기의 보급 확대로 2019년 기준 전 세계 인터넷 사용 인구는 43억 명을 돌파하였으며, 꾸준히 증가하고 있다(Statista 2019). 2019년 12월 이후 전 세계로 확산된 코로나19 바이러스의 영향으로 사회적 거리두기 풍조가 등장하였으며, 자연스럽게 인터넷 플랫폼 사용량은 증가하였다.[1] 특히 미국의 페이스북과 중국의 텐센트(위챗)로 대표되는 디지

---

1   글로벌 시장조사업체 칸타의 조사결과에 따르면 전 세계 사용자들이 가족 및 친구들과 주로 온라인으로 소통함에 따라 디지털 미디어 플랫폼인 페이스북, 인스타그램, 왓츠앱

털 미디어 플랫폼은 전 세계인의 삶에 상당한 영향을 미치고 있다. 개인의 일상부터 다양한 뉴스, 콘텐츠를 공유하고 활용할 수 있는 디지털 미디어 플랫폼은 인터넷을 통해 타인과 손쉽게 소통하고 교류할 수 있는 장이 되었다.

또한, 첨단 기술의 지속적인 발전으로 다양한 분야의 신산업과 연계되면서 디지털 미디어 플랫폼은 '복합' 디지털 미디어 플랫폼으로 거듭나고 있다. 기본적인 메신저와 콘텐츠 공유를 통한 소셜 네트워킹과 정보 검색, 디지털 결제 플랫폼을 활용한 쇼핑, 엔터테인먼트 및 게임 콘텐츠 향유까지 다양한 분야와 제휴가 이루어지면서 우리의 삶에 필수 불가결한 플랫폼으로 발전하고 있다. 기술의 발전으로 다양한 산업 분야가 융합되면서 전통 산업과 소프트웨어 산업의 경계가 무너졌으며, 디지털 미디어 플랫폼은 소셜커머스, 엔터테인먼트, 인공지능, 가상현실 등 신산업 및 분야와의 연계를 통해 창의적이고 참신한 플랫폼으로의 변혁을 이루어나가고 있다(한국콘텐츠진흥원 2020).

이렇게 다양한 영역을 포괄하는 두 디지털 미디어 플랫폼은 미국과 중국의 패권경쟁에 상당한 영향력을 미치기 때문에 국제정치학적 관점에서의 연구가 필요하다. 하지만 대부분의 관련 연구는 특정 국가의 플랫폼 비즈니스 모델을 분석하여 이익 창출을 위한 경영 전략을 도출하고 있으며, 미국과 중국의 디지털 미디어 플랫폼 '경쟁'에 대한 정치외교학적 시각이 투영된 연구는 부재한다. 한영미(2015), 설진아(2018), 조병규(2018)는 모두 미국, 중국, 한국에서 디지털 미디어 플랫폼을 제공하는 ICT 기업들의 비즈니스 모델을 비교·분석하여 글

의 사용량이 40%가량 증가했다는 결과가 나왔다. 코로나19의 확산 이후 소셜미디어 앱 사용이 전반적으로 증가했으며, 왓츠앱의 경우 코로나가 널리 확산된 지역의 경우에는 사용량이 51%까지 증가했다는 것이다.

로벌 기업으로 거듭나기 위한 경영학적 전략을 제시하는 데 그치고 있다. 미국과 중국 사이의 데이터 주권, 인터넷 정책에 대한 대립과 경쟁에 관한 연구도 존재하지만, 디지털 미디어 플랫폼상의 정책 및 담론 경쟁에 대한 논의는 다루어지지 않았다. 배영자(2018)는 미국의 개방적 인터넷 정책에 대항할 중국의 인터넷 주권 이념을 거시적인 사이버 안보 규범과 관련지어 분석하고 있지만, 디지털 미디어 플랫폼에서 파생되는 구체적인 정책 담론 경쟁에 관한 논의는 다루지 않았다.

디지털 미디어 플랫폼 경쟁은 민간기업을 주요 행위자로 하며, 국가별 체제의 영향을 받는다. 글로벌 플랫폼 패권을 두고 벌어지는 이 경쟁은 다양한 국가·비국가 행위자가 세력을 규합하는 네트워크 복합 게임의 형태를 띤다. 따라서 게임의 주요 행위자인 미국의 페이스북과 중국의 텐센트(위챗)를 중심으로 한 디지털 미디어 플랫폼 경쟁에 규모의 변수와 체제 적합력이라는 개념을 도입한 정치외교학적 관점에서 분석하고자 한다.

김상배(2018)는 신흥 무대의 미국과 중국의 기술패권 경쟁에서 기술·제도·매력 3차원의 틀을 제시한다. 물량에서 품질로 가는 기술 경쟁, 품질에서 세력으로 가는 표준과 제도의 경쟁, 세력에서 규범으로 가는 매력과 담론의 경쟁의 세 가지 차원에서 패권경쟁이 이루어진다. 이 세 가지 차원을 넘어, 새롭게 등장하는 환경변화 요인에는 '더 큰(bigger)' 것이 가지는 우위를 활용한 규모의 변수와 주로 민간 차원의 행위자가 활동하는 환경에 관한 체제 적합성이 있다. 규모의 측면에서 많은 사용자 확보는 곧 해당 플랫폼의 경쟁력으로 이어지므로 중국의 텐센트는 거대한 내수시장을 기반으로, 미국의 페이스북은 글로벌 시장을 활용하여 점차 자사 플랫폼이 적용되는 신산업의 범위를 확장하고 있다. 그 과정에서 맞물리는 각 국가의 정책, 체제 담론도 다양한 행위자들의 끊임없는 논의를 거쳐 변화하고 있으며 각 국가의 체제에 적합한 플랫폼이 되거나 자사가 속한 체제의 정당성을 국제사회에 알리는 노력도 중요해졌다.

본문에서는 3단 문턱 경쟁을 넘어 끊임없이 확장하는 디지털 미디어 플랫폼 경쟁의 '규모의 변수'와 인터넷 정책, 데이터, 콘텐츠 차원에서 존재하는 '체제 적합력'을 중심으로 디지털 미디어 플랫폼의 미중 패권경쟁을 분석하고자 한다. 2장에서는 페이스북과 텐센트라는 디지털 미디어 플랫폼의 경쟁이 국가 간 경쟁으로 이어지는 양상을 분석한다. 3절에서는 규모의 변수에 초점을 두어 지속적인 사용자 확대를 위한 페이스북의 오픈형 소셜미디어 플랫폼과 위챗의 생활밀착형 메신저 플랫폼의 경쟁에 주목한다. 또한, 페이스북과 위챗이 디지털 화폐라는 신기술 부문으로 서비스 영역을 확장하는 경쟁의 양상을 분석한다. 4절에서는 체제의 변수에 초점을 두어 최근 발생한 다양한 이슈와 함께 데이터·개인정보, 콘텐츠에 대한 미국과 중국의 정책 담론의 변화 양상을 살펴보고자 한다.

II. 미중경쟁 사이의 디지털 미디어 플랫폼

미국의 대표적 디지털 미디어 플랫폼 기업인 페이스북은 페이스북과 페이스북 메신저를 기본으로 2012년 인스타그램과 2014년 모바일 메신저 왓츠앱을 인수하여 세계 최대의 디지털 미디어 플랫폼 네트워크를 구축하였다. 미국의 페이스북(22억 명), 왓츠앱(15억 명), 페이스북 메신저(13억 명), 인스타그램(10억 명)이 합쳐진 페이스북 그룹은 세계의 대부분이 사용하는 1위 디지털 미디어 플랫폼이다.

하지만 중국 ICT 기업은 자국 산업 보호를 내세운 중국 정부의 발전정책과 중국 내 대규모 자본과 거대 내수시장을 활용하여 미국의 디지털 미디어 플랫폼 기업을 따라잡고 있다. 위챗(10억 명)과 QQ(8억 명), 큐존(Qzone)(5.5억 명)이라는 모바일 메신저·미디어 플랫폼을 보유한 텐센트가 바로 그 대표 주자이다(고영태 2018). 텐센트는 공격적인 기업 인수합병과 투자를 통해 해외 진출로를 모색하면서 페이스북에 대항하는 글로벌 디지털 미디어 플랫폼으로서 부상하고 있다.

앞서 언급했듯이 ICT의 급속한 발전과 모바일 전자기기의 확산으로 언제 어디에서나 인터넷 접근이 가능해진 21세기에 디지털 미디어 플랫폼 중심의 세계 패러다임이 도래했다고 해도 과언이 아니다. 디지털 미디어 플랫폼의 특성상 사용자들의 수월한 정보 공유와 소통이 가능하고 다양한 산업분야의 기업이 디지털 플랫폼을 매개로 융합·제휴하고 있어서 궁극적으로 정치·경제·사회 전반의 변화에 지대한 영향을 미칠 것이다. 가장 익숙하고 편리한 디지털 미디어 플랫폼을 꾸준히 이용하는 사용자의 특성 때문에 많은 사용자 수를 확보한 디지털 미디어 플랫폼의 영향력은 국제사회의 흐름을 변화시킬 수 있을 만큼 커지게 된다. 실제 페이스북과 텐센트는 소셜 서비스뿐만 아니라 정보 검색, 전자상거래, 엔터테인먼트 등 다양한 분야에서 충돌하며 미중 패권경쟁의 주요 행위자가 되었다.

1. 디지털 미디어 플랫폼: 페이스북과 텐센트

2006년 플랫폼을 전 세계로 개방한 페이스북은 사용자를 중심으로 하는 네트워킹 서비스를 기반으로 빠르게 성장하여, 2020년 현재 약 22억 명의 사용자를 보유한 글로벌 미디어 플랫폼으로 거듭났다. 페이스북은 다양한 SNS와 연동 가능한 계정 중심의 미디어 플랫폼으로, 사용자에게 소셜네트워킹서비스, 페이스북 홈의 뉴스피드를 통한 콘텐츠의 공유 및 유통 그리고 정보 검색 등의 기능을 제공한다. 2015년에는 메신저 송금서비스인 페이스북 페이를 도입하여 결제시스템을 갖추었고, 페이스북 라이브(Facebook Live)를 통한 동영상 스트리밍, 인스탄트 아티클(Instant Articles)을 통한 효율적인 뉴스 퍼블리싱 서비스를 제공하면서 콘텐츠 공유와 뉴스 유통에 중점을 둔 '미디어' 중심형 플랫폼이 되었다(송진 외 2016).

페이스북 애플리케이션이 급속도로 성장하자 2012년 사진 공유 앱인 인스타그램을 인수하였으며, 2014년에는 메신저 플랫폼인 왓츠앱과 가상현실 헤드셋 제조업체인 오큘러스(Oculus Rift)를 인수합병하면서 거대 디지털 미디어 플랫폼 기업으로 거듭났다. 앞서 언급했듯 전 세계의 1/3이 사용하는 플랫폼으로서 가장 파급력 있는 글로벌 미디어 플랫폼 기업이 되었다. 페이스북의 설립자 마크 저커버그는 페이스북 그룹에 속한 개별 미디어 플랫폼 네 가지를 통합하여 하나의 종합 메신저 플랫폼을 만들려는 행보를 보인다(차현아 2019). 더 편리한 애플리케이션 서비스를 제공하여 사용자가 라이프, 커뮤니티, 비즈니스 관련 콘텐츠를 쉽게 공유할 수 있는 하나의 강력한 디지털 미디어 플랫폼이 되고자 한다.

또한, 소셜미디어 플랫폼의 특성상 페이스북 그룹은 수익의 90% 이상을 광고를 통해 얻고 있으므로, 다양한 신산업 분야와 연계하여 수익구조와 서비스 제공을 다각화하려는 노력이 보인다. 페이스북은 '리브라(Libra)' 출시를 통한 디지털 화폐 산업, AR/VR 기술을 접목한 소셜 서비스 제공, 다양한 언론사 및 콘텐츠 기업과의 제휴를 통한 뉴스 콘텐츠 퍼블리싱 등 다양한 영역을 포괄하는 플랫폼으로 기능하고 있다. 특히 텍스트, 사진, 동영상을 통해 자신의 일상과 생활을 공유하는 소셜네트워크 애플리케이션인 인스타그램은 인플루언서를 중심으로 한 기업의 전략 마케팅 수단으로 활용되며 전자상거래(E-commerce) 영역의 핵심 플랫폼이 되었다.

한편, PC 버전 메신저인 'QQ' 서비스를 제공하던 중국의 IT기업 텐센트는 2010년 10월 모바일 전용의 새로운 메신저 애플리케이션 '위챗'을 출시했다. 같은 시기에 '디지털 기술' 중심의 글로벌 트렌드를 자각한 중국 정부는 '인터넷 플러스 전략', '중국제조 2025' 등의 정부 주도의 정책을 통해 ICT 분야의 신기술 기업을 육성하는 데 주력하였다(최필수 2020). 페이스북과 유튜브 등 글로벌 미디어 플랫폼이 차단된 중국에서 텐센트의 위챗은 다양한 기능을 통합한 '생활형' 플랫폼으로서 빠르게 증가한 중국의 디지털 플랫폼 사용자의 수요를 모두 끌어들였다. 2020년 6월 기준, 중국 인터넷 미디어 플랫폼의 모바일 사용자 규모는 9억 3200만 명으로 전체 인터넷 플랫폼 사용자의 99.2%를 차지한다(한국콘텐츠진흥원 2020). 모바일 기기 기반 서비스를 제공하는 텐센트의 위챗은 '중국에서 위챗이 없으면 당신은 존재하지 않는 것이다'라는 말이 등장할 정도로 중국인의 삶에 초밀착된 디지털 미디어 플랫폼으로서 빠르게 성장했다.

위챗은 기본적으로 메신저형 미디어 플랫폼이다. 위챗은 음성 채팅 기능과 사용자가 기록하고 싶은 순간에 사진과 글을 게시하고 서로의 이야기에 공감할 수 있는 '모멘트' 기능을 제공한다. 위치기반 서비스를 활용한 '흔들기' 기능을 통해 근처 위챗 사용자와 서로 대화도 가능하다. 4개의 분리된 플랫폼을 보유했던 페이스북과 달리 위챗은 메신저 플랫폼을 기반으로 위챗페이 및 불필요한 설치나 가입 절차 없이 사용 가능한 다양한 미니 애플리케이션(샤오청쉬)을 결합하여 하나의

앱에서 거의 모든 생활서비스가 가능한 슈퍼 앱(App)의 모델이라고
할 수 있다. 텐센트 신문과 위챗 뉴스레터를 통해 모바일 정보 창구로
서의 역할과 택시 호출, 레스토랑 예약, 영화 티켓 구매, 음식 배달, 디
지털 보험 가입 등의 기능을 제공하여 중국인들의 생활과 비즈니스에
중요한 부분을 차지하는 플랫폼이 되었다. 신용카드 발급조건이 까다
로운 중국 경제의 특성상 현금결제를 대체한 간편결제 서비스인 위챗
페이는 포스기뿐만 아니라 공과금 납부, 구멍가게, 길거리 공연에서도
활용되고 있다(조병규 2018).

2. 복합적인 플랫폼 네트워크 경쟁으로의 변환

페이스북과 텐센트 기업의 확장은 곧 미국과 중국의 세계적 영향력 확
장을 의미하게 되었다. 페이스북과 텐센트가 대립하는 지점에서 미국
과 중국 정부는 철저하게 자국 기업의 유리한 환경을 조성하기 위해
노력하고 있다. 두 기업은 디지털 미디어 플랫폼과 음악, 드라마, 영
화, 게임 등 엔터테인먼트 산업, 클라우드, 인공지능, AR/VR을 포괄
하는 신ICT 산업의 연계를 통해 플랫폼 서비스 영역을 확장하고 있다.
동시에 각 부문에서 미국과 중국은 국가 안보, 개인정보보호, 콘텐츠
이데올로기, 데이터 주권에 대해 상반되는 담론을 주장하며 충돌할 조
짐을 보인다.
　미국의 페이스북 그룹은 디지털 미디어 관련 범위에서 여러 기업
의 독립적 경영을 보장하는 형태로 플랫폼을 확장하고 있다면, 알리바
바, 바이두와 함께 중국의 3대 독점 인터넷 기업 중 하나인 텐센트는
페이스북보다 폭넓은 범위에서 공격적인 국내외 투자 및 기업의 인수
합병의 행보를 보인다. 웨이핀후이(Weipinhui), 58따오지아(58dao-

jia) 등 중국의 전자상거래 및 O2O 서비스 플랫폼 기업과 인수합병을
진행하여 위챗이라는 디지털 미디어 플랫폼이 중국의 모든 생활서비
스를 독점 제공하는 내수시장을 조성하고자 한다. 이에 그치지 않고
다양한 해외 게임, 엔터테인먼트, O2O 플랫폼 기업, AR/VR, 인공지
능(AI), 클라우드 같은 신산업 기업에 적극적인 투자를 통해 지분을 확
보하고 있다. 이는 추후 페이스북과 텐센트를 매개로 한 미국과 중국
간의 첨단 산업 기술 및 문화콘텐츠 경쟁으로 이어질 가능성이 크다.

　　디지털 미디어 플랫폼상에서 텍스트나 음원, 사진, 동영상 등을
포함한 비정형데이터가 끊임없이 생성되고 있으며 이를 통찰력 있게
분석해 새로운 가치를 창출하는 것이 중요해졌다. 따라서 디지털 미
디어 플랫폼 미중경쟁에는 미국과 중국의 인터넷 기업이 보유한 데이
터 및 개인정보 유통 흐름에 대한 담론 경쟁도 포함된다. 개인정보 및
데이터의 자유로운 유통을 주장하는 미국과 달리, 중국의 국가정보법
에 의하면 텐센트는 국가의 요구할 경우 위챗 서비스 및 사용자에 대
한 정보를 중국 정부에 제공할 수 있다(전국인민대표대회 2016). 중국
시장에 진출하려는 미국 기업은 중국 정부의 요구 사항에 응한다는 조
건에 동의해야만 정상적인 비즈니스가 가능하여 스타벅스, 애플, KFC
등 미국의 글로벌 프랜차이즈 기업들은 중국 사업 부문에서 일정 부분
제약을 받고 있다. 미국을 포함한 서구 진영에서는 중국 정부의 개인
정보 및 데이터 통제를 개인의 자유를 빼앗고 기본권을 유린하는 담론
이라며 강력하게 비판한다. 하지만 미국의 다국적 인터넷 기업들도 정
보를 금전적 대가를 받고 상업적 목적을 위해 거래한 정황이 포착되면
서 여론의 뭇매를 받고 있다.

　　디지털 플랫폼의 초국경적인 네트워크를 통해 공유되는 디지털
콘텐츠는 사회적 커뮤니케이션과 연대를 활성화하고 있다. 미국의 디

지털 미디어/콘텐츠 플랫폼이 세계 콘텐츠 시장을 선도하고 있는 것은 사실이지만, 국내 시장의 막대한 규모와 다양한 분야와의 적극적인 연계를 통해 복합적이고 통합적인 미디어 콘텐츠 모델을 제시하려는 중국의 도전도 만만치 않다. 중국은 미국이 세계적 차원의 인터넷 자유의 논리로 중국의 정책과 제도를 비판하고 미국 자신과 서구의 정치 모델, 가치관, 생활양식 등을 간접적으로 전파하고 있다고 주장한다. 하지만, 중국 정부의 전반적인 검열 정책은 콘텐츠 및 정보의 교류가 자유로워진 21세기에 모순된다는 이유로 여전히 많은 국가의 비판을 받고 있다. 플랫폼상의 콘텐츠 관리 차원에서도 미국과 중국의 담론은 대립한다. 표현의 자유를 보장하는 미국의 담론을 따르는 페이스북에서는 콘텐츠가 자유롭게 공유되고 재생산된다. 하지만, 중국의 폐쇄적 콘텐츠 담론에 의하면 위챗이나 웨이보 같은 중국 SNS에서 기존의 콘텐츠를 활용하여 사용자가 새롭게 재생산하는 콘텐츠는 모두 검열의 대상이 된다.

미국의 페이스북과 중국의 텐센트(위챗)라는 두 인터넷 플랫폼 기업의 경쟁은 디지털 플랫폼 경쟁뿐만 아니라, 신ICT 산업의 기술경쟁, 데이터 및 정보, 콘텐츠 담론 경쟁 등 다양한 영역의 미중 패권경쟁으로 이어질 가능성이 크다. 미국과 중국의 디지털 플랫폼 경쟁은 다양한 영역을 포함하여 확장하고 있으며, 미국과 중국 체제의 특성은 앞으로 페이스북과 위챗의 글로벌 경쟁에 중요한 변수가 될 것이다. 따라서, 규모의 변수와 체제의 적합력의 차원에서 디지털 미디어 플랫폼의 미중 경쟁을 확장하여 분석해보고자 한다.

III. 미중 디지털 미디어 플랫폼 경쟁과 규모의 변수

페이스북 플랫폼의 전 세계 사용자는 58억 명(중복 포함)으로 텐센트 플랫폼의 24억 명과 2배 이상의 차이를 보인다(고영태 2018). 페이스북은 미주, 아시아, 남아메리카 등 전 세계에 진출하고 있지만, 위챗은 아직 중국인 사용자 그룹에 의존하고 있다. 페이스북 매출의 60%가 해외시장에서 발생하는 반면, 텐센트 플랫폼의 해외 매출은 미미하며, 그조차도 해외에 거주하는 중국인 디아스포라 네트워크를 활용하여 해외시장에 진출한 것이 대부분이다(배영자 2018). 그렇다면 중국시장에 기반을 두어 성장한 텐센트가 과연 패권적인 글로벌 플랫폼을 보유한 페이스북에 도전하는 세계적 기업으로 볼 수 있을까? 페이스북과 위챗은 미디어 서비스의 범위를 다양한 분야와 연계하여 확장하고 있다. 이 경쟁구도를 유지하거나 뒤집기 위해 고려해야 하는 것은 많은 플랫폼 사용자를 확보하기 위한 규모의 변수의 활용이라고 할 수 있다. 특히, 디지털 미디어 플랫폼이 서비스되는 모델에 있어 사용자의 인기를 얻는 것과 새롭게 부상하는 디지털 화폐 분야로의 규모 확장은 페이스북과 텐센트에 있어 많은 사용자를 확보할 수 있는 두 가지 규모의 변수로 이해할 수 있다.

1. 오픈형 소셜미디어 플랫폼 vs. 생활밀착형 메신저 플랫폼

첫 번째는 디지털 미디어 플랫폼 모델의 확장에 따른 규모의 변수이다. 페이스북의 경우 오픈형 소셜미디어 플랫폼의 형태로 서비스를 제공하고 있으며, 위챗의 경우 생활밀착형 메신저 플랫폼의 형태로 서비스 영역을 확대하고 있다. 페이스북은 사용자 간의 자유로운 의사소통과 정보 공유, 인맥확대를 통해 사회적 관계를 생성하고 강화하는 소셜 네트워킹 서비스를 제공한다. 기본적으로 타인과 외부 서비스를 연결하는 중개자 역할을 한다. 페이스북은 뉴스피드와 타임라인 기능을 통해 전문 콘텐츠 생산자의 고품질 콘텐츠와 일반 사용자의 일상을 담은 생활형 콘텐츠를 쉽게 공유할 수 있도록 한다는 점에서 '미디어' 플랫폼의 성격이 강하다(설진아 2018).

개인적 차원에서 페이스북은 사용자가 페이스북 플랫폼에서 자신만의 스토리를 창작하고 공유하며 타인과 교류하는 활동에 최적화된 미디어 플랫폼이다. 사용자는 자신이 소비한 다양한 정보를 타임라인에 기록하고 저장하여 이것을 바탕으로 다시 스스로 미디어 콘텐츠의 생산한다. 뉴스피드를 통해서는 연결된 친구, 그룹과 다양한 소식을 주고받으며 관계를 유지하는데, 페이스북 플랫폼의 대표적인 특징인 좋아요(Like) 버튼은 소셜미디어 사용자 간의 교류를 증대하는 역할을 한다.

사회적 차원에서 페이스북은 뉴스 소비의 중심이 되는 소셜미디어 플랫폼이다. 인스턴트 아티클 기능은 페이스북 앱에서 언론사 기사 링크를 통해 해당 언론사의 모바일 웹페이지로 바로 이동하는 것이 아닌, 앱 내에서 바로 빠르게 로딩하는 뉴스 퍼블리싱 서비스이다. 뉴스 미디어 콘텐츠의 쉬운 유통 구조를 구축함으로써 페이스북은 뉴스 소비의 중심이 되었다. 현재 인스턴트 아티클에는 1000여 개 이상의 언론사가 참여하고 있으며 인스턴트 아티클 서비스에 초기부터 참여했던 과커 미디어(Gawker Media)는 홈페이지 외 채널에 적극 뉴스 유통하는 전략을 통해 브랜드 가치가 제고되어 일간 방문자가 400만 명에서 470만 명으로 증가했다(송진 외 2016). 또한, 모바일 앱에서 동영상을 촬영하여 스트리밍 방식으로 공유하는 페이스북 라이브 서비스를 통해서 다양한 언론사 및 엔터테인먼트 기업이 다양한 콘텐츠를 공유하고 있다. 실제로 오스트레일리아의 언론사 news.com.au는 총선을 앞두고 정당 지도자들의 토론을 페이스북 라이브를 통해 송출하기도 하였다(news.com.au 2016).

반면, 위챗 플랫폼은 인터넷 시장을 선도하는 중국의 다양한 서비스 애플리케이션 기능을 보유한 슈퍼 앱(Super App)으로 이해할 수 있다. 텐센트는 설립 초기부터 메신저를 기반으로 한 거대한 디지털 미디어 플랫폼을 구축하는 것을 염두에 두었다. 위챗은 연락처를 통한 사교 관계의 관리, 자유로운 커뮤니케이션을 목적으로 하였다. 2013년에는 '위챗페이(WeChat Pay)'라는 결제 서비스가 플랫폼 내에서 제공되면서 위챗은 소셜 네트워킹 중심의 메신저 플랫폼을 넘어 다양한 서비스와 연결되었다(Huang 2020).

2017년에 샤오청쉬로 불리는 미니 애플리케이션이 출시되면서 위챗이 제공하는 서비스의 범위는 급속도로 늘어났고, 2018년을 기준으로 580.000여 개가 넘는 미니 앱이 위챗에서 제공되고 있다. 위챗은 인스턴트 메시지, 모바일 메신저부터 뉴스, 검색엔진, 전자상거래, 지도서비스, 온라인 게임, 인터넷뱅킹, 음식 배송, 택시 호출, 차량공유, 병원 예약, 공과금 납부, 금융상품 구매, 음악 감상 등의 부가생활 기능을 제공한다(조병규 2018). 텐센트는 이에 그치지 않고 'AI(Artificial Intelligence) in All' 프로젝트를 통해 인공지능을 엔터테인먼트, 의료, 상거래, 금융, 보안, 통·번역, 소셜 네트워킹 등 위챗이 제공하는 서비스 분야에 적용하려고 시도하는 등 끊임없이 몸집을 확장하고 있다(Marr 2018). 급격한 도시화와 모바일 결제 시장의 발전, O2O 서비스의 확장으로 인해 위치 기반 서비스(LBS)를 바탕으로 한 다양한 서비스 애플리케이션 스타트업이 생겨났고, 이들은 모두 위챗이라는 거대 플랫폼 위에 견인되어 협력 관계를 만들어나가고 있다.

　페이스북과 위챗의 디지털 미디어 플랫폼 경쟁에서는 중국이 조금 더 우위를 보인다. 많은 언론에서는 페이스북의 미래를 '위챗'에서 찾을 수 있다고 말한다(차현아 2019; 김회권 2019). 2019년 4월 페이스북 설립자 저커버그가 페이스북 개발자 회의에서 기존에 페이스북이 지향했던 플랫폼 모델의 변형을 내세웠기 때문이다. 가짜뉴스와 혐오 발언, 여러 정치적 콘텐츠에 대한 이슈로 페이스북의 미디어 광장이 논란의 대상이 되자, 이를 프라이빗한 공간으로 바꾸려고 시도하였다. 페이스북과 페이스북 메신저, 인스타그램, 왓츠앱의 통합을 주장하면서 프라이빗한 메신저를 기반으로 다양한 부가 콘텐츠 서비스를 누릴 수 있는 모델로 전환하겠다고 언급하였다(김회권 2019).

　이는 위챗의 슈퍼 앱 플랫폼 모델과 매우 유사하며, 수익 대부분이 광고에서 오는 페이스북의 수익구조를 다각화하기 위해 전자상거래 영역을 확장함과 동시에, 디지털 암호화폐 도입을 통한 결제 서비스 제공으로 수입원을 창출하고자 하려는 시도가 보인다. 실제로, 페이스북은 2019년 비디오 쇼핑 플랫폼인 패키지드(Packaged)를 인수하여 마켓플레이스(Marketplace)와 페이스북 라이브를 통한 라이브 커머스 기능을 추가할 예정이라고 하였다(임소현 2020). 이를 통해 메신저 기반의 생활밀착형 플랫폼인 위챗을 벤치마킹하는 것이 아닌지에 관한 추측이 나오고 있다. 정보와 뉴스 콘텐츠의 자유로운 유통과 민주적인 여론 형성과 논의의 상징이었던 페이스북이 편리함과 실속을 추구하는 중국형 생활 미디어 플랫폼 모델로 변화하려는 현상도 미중 경쟁에서 주목할 만한 소재이다. 따라서 거대 디지털 미디어 플랫폼 모델과 관련한 규모의 변수에서 중국 중심의 흐름이 나타날 가능성이 있다고 전망된다.

2. 신기술로의 플랫폼 확장과 디지털 화폐 경쟁

최근 ICT 기술의 발전으로 산업 간의 경계가 점차 모호해지면서 상이
한 산업 간의 융합이 증가하고 있다. 특히 디지털 플랫폼은 다양한 기
업과 산업을 연결할 수 있다는 점에서 타 산업 분야와 시너지 효과를
창출하면서도 비즈니스 세력을 확장할 수 있다는 장점이 있다. 세력
확장의 가장 직접적인 방법은 투자를 통한 지분확보나 기업의 인수합
병이 있다. 미국의 페이스북은 주력 분야인 소셜미디어/네트워크 서
비스 플랫폼의 경쟁력을 강화하기 위해 관련 기업들과의 투자 및 인수
합병에 집중한다면, 중국의 텐센트는 산업 전반에 걸친 다각화를 추진
하고 있다. 공격적인 세력 확장으로 2020년 9월 위챗의 모기업인 텐
센트의 시가총액이 페이스북을 초월하였다. 텐센트의 시가총액은 5조
2000억 홍콩달러(약 6700억 달러)로 6588억 달러의 시가총액을 보유
한 페이스북을 넘어 세계 7위 기업에 등극하였다(강동균 2020).
　　텐센트가 분야와 무관하게 다양한 글로벌 IT기업에 공격적인 투
자하는 행보를 보이는 것은 꽤 오래되었다. 미중 갈등이 격화되면서
텐센트는 혁신역량을 키우기 위해 모바일 결제, 5G 이동통신, 온라인
게임과 SNS 분야에 막대한 투자를 하였다. 미국의 전기자동차 기업
테슬라(TSLA)와 미국 IT 회사 에센셜 프로덕츠[2]에도 투자하였으며,
게임 '리그오브레전드'로 유명한 미국의 게임회사 라이엇 게임즈를 인
수하기도 하였다. 텐센트의 공격적 투자와 인수합병 전략은 위챗 모바
일 플랫폼에서 다양한 게임 서비스와 모바일 콘텐츠 기업 연계를 확보
하기 위해 이루어지기도 한다.

2　구글(Google)의 모바일 기기 운영체제(OS) 안드로이드 개발을 이끈 회사이다.

특히, 페이스북과 텐센트의 위챗은 이미 페이스북 페이와 위챗페이를 통해 자사 플랫폼과 연계하여 쓸 수 있는 전자결제시스템을 구축하였다. 디지털 미디어 플랫폼 상에서 결제가 간편해지면서 전자상거래와 엔터테인먼트 서비스 산업의 소비도 증가했다. 소비의 수단이 전자결제로 바뀌면서 디지털 화폐 부문은 사용자들이 여러 미디어 플랫폼을 사용하기보다 하나의 디지털 미디어 플랫폼을 꾸준히 쓰는 락인(lock-in) 효과를 가져올 중요한 부문이 되었다. 많은 수의 사용자가 미디어 플랫폼의 경쟁력이 될 수 있다는 점에서 디지털 암호화폐 영역은 중요한 규모의 변수가 된다. 디지털 암호화폐라는 신산업 분야와 페이스북, 위챗 플랫폼의 결합을 통해 미래의 거대한 미디어 플랫폼의 전망을 알아보고자 한다.

페이스북은 2019년 6월 '리브라(Libra)'[3]로 통칭하는 암호화폐를 만들겠다는 계획을 밝히며 리브라를 축으로 한 글로벌 금융시스템에 대한 구상을 내놓았다. 우버, 리프트, 이베이, 마스터카드, 페이팔 등 전 세계에서 빠르게 성장하는 주요 기업들로 이루어진 '리브라 협회'는 한뜻으로 '리브라'의 출시를 지지하고 있다. 앞서 언급한 메신저 기반 온라인 결제시스템으로 페이스북 플랫폼의 기조를 바꾼다는 저커버그의 발언에 투영하여 본다면, 페이스북의 암호화폐는 기업 경쟁의 차원에서 중국의 위챗페이를 견제할 수단이자 국가 경쟁의 차원에서 약 22억 명의 페이스북 사용자층을 중심으로 페이스북이 주도하는 글로벌 통화가 될 수 있다.

실제로 리브라라는 결제수단을 활용하여 송금, 마스터 카드나 비자의 가맹점에서의 결제, 우버 택시 요금의 결제 등이 가능해지면서

---

3   리브라는 '스테이플 코인(stable coin)'이다. 코인의 가격이 법정화폐와 연동되어 가격이 변동하지 않고 일정한 안정된 암호화폐를 말한다.

페이스북 경제권은 실현 가능한 미래 패러다임으로 등장하였다. 물론 G7을 포함한 주요 선진국들은 정부가 해왔던 화폐의 주조와 관리에 대한 도전이라며 반대했다(김회권 2019). 하지만 페이스북은 지난 2020년 5월 리브라를 저장할 수 있는 디지털 지갑을 포함하여 미래형 금융서비스를 제공할 자회사 '노비 파이낸셜(Novi Financial)'을 설립하였다. 노비 서비스는 페이스북, 페이스북 메신저, 왓츠앱 서비스와 연동하여 쉽게 송금서비스를 이용할 수 있도록 구축되었다(Porter 2020).

페이스북의 '리브라' 프로젝트에 위챗페이가 위협을 받을 수 있다고 느낀 텐센트는 이에 대응하여 새로운 암호화폐 활용을 위한 전담 연구팀을 결성하였지만, 새로운 암호화폐의 탄생으로 이어지지는 않았다(Zhong 2019). 텐센트의 '위챗페이'가 사실상 이미 중국에서 일종의 디지털 화폐로서 상용화되고 널리 쓰이고 있기 때문이라고 볼 수 있다. 오히려 디지털 화폐 기술 패권 경쟁은 페이스북이라는 민간기업에 중국 정부가 대응하는 차원으로도 심화되었고, 중국의 정부 주도의 산업 육성 정책이 새로운 경쟁의 장을 열었다. 중국 정부는 이미 2019년 '암호법'을 통해 블록체인 암호화폐 분야의 경쟁력 모색을 위한 국가의 역할을 강조하며, 국가주도형 암호화폐와 블록체인, 핀테크의 결합 프로젝트를 준비하였다(김채윤 2020). 이후, 2020년 10월 중국 정부가 인민은행(중국 중앙은행; The People's Bank of China)이 공급하는 디지털 위안화를 공식적으로 출시했다. 페이스북의 '리브라'로 인해 국가의 화폐 발행권이 도전받는 상황에서, 중국 정부가 디지털 위안화를 발행한 것이다(Wan 2019).

이렇게 만들어진 디지털 위안화는 중국 내수시장의 측면에서 알리바바와 텐센트로 대표되는 민간기업의 결제 플랫폼에 대한 중국 정부의 견제이기도 하다. 2019년 기준 중국의 막대한 모바일 결제 시장을 알리페이(55%)와 위챗페이(39%)나 분점하여, 민간기업의 결제 플랫폼이 중국의 금융시스템 전체를 좌지우지할 수 있는 상황에 이르렀기 때문이다. 디지털 위안화는 기술 특성상 자금의 흐름과 현재의 위치를 파악할 수 있어 중국 정부는 손쉽게 개인의 거래 현황과 자산 현황에 대한 정보를 얻을 것이다(최현준 2020). 디지털 위안화가 중국 정부의 사회 장악력을 높이기 위한 수단이 될 수도 있다는 것이다. 물론 리브라와 디지털 위안화 모두 완전히 상용화가 된 것은 아니므로 쉽게 미래 경쟁 구도를 예측할 수는 없다. 하지만, 디지털 미디어 플랫폼과 디지털 암호화폐 기술이 결합하여 나타나는 규모의 미래 플랫폼 경쟁에서 중국 정부의 폐쇄적 정책은 중국 기업들에 걸림돌이 될 가능성이 크다.

IV. 미중 디지털 미디어 플랫폼 경쟁과 체제의 적합력

미국과 중국 사이에서 벌어지고 있는 디지털 미디어 플랫폼 경쟁의 주체는 글로벌 플랫폼 기업인 페이스북과 텐센트이다. 경쟁의 행위자가 기업 같은 비국가 행위자여도 그들이 활동하는 환경은 국가의 정책과 제도에 의해 결정된다는 점에서 미국과 중국의 체제 또한 경쟁에서 중요한 변수가 된다. 중국 정부는 여전히 폐쇄적인 인터넷 정책 담론을 펼치며, 인터넷 플랫폼 산업에 대한 국가 차원의 관할권을 고수한다. 정부의 통제와 주권을 강조하는 중국의 정책 담론은 지금까지 미국의 인터넷 플랫폼 패권에 대항하기 위한 중국 플랫폼을 키워나가는 데 활용하기에 큰 문제가 없었다. 하지만 앞으로 인터넷 플랫폼의 경쟁이

가속화되고 다양한 산업 분야와의 연계, 확장이 일어나면서 중국의 선
도적 인터넷 기업들의 행보를 가로막을 요인이 될 수 있다.

반면, 미국은 실리콘 밸리를 통한 시장 중심적 비즈니스 생태
계 제공을 통한 개방적인 인터넷 정책 담론을 펼친다(김수정 2019).
GAFA[4]는 이미 자유로운 시장경제 체제에서 주력 분야에 대한 끊임없
는 기술혁신과 발전을 통해 글로벌 인터넷 플랫폼을 선도하는 기업으
로 거듭났다. 2017년에는 미국의 망 중립성[5]을 폐지하면서 인터넷의
자유와 공공성의 훼손이라는 비판을 받기는 했지만, 더 자본주의화
된 인터넷 시장 위에서 기존 글로벌 플랫폼 패권 기업들과 신생 스타
트업들의 자유로운 경쟁과 혁신이 가능할지 그 귀추를 지켜볼 필요가
있다.

특히 디지털 미디어 플랫폼인 페이스북과 위챗은 각 국가의 정책
담론에 상당한 영향을 받는다. 국가 주도적이고 폐쇄적인 중국 담론과
시장 중심적이고 개방적인 미국 담론이라는 큰 틀이 존재하지만, 각각
의 정책 담론 안에서 다양한 행위자들이 충돌하는 동학을 통해 조금씩
변화해 가고 있다. 디지털 미디어 플랫폼에 대한 국가의 정책으로는
크게 데이터 및 개인정보 관리에 대한 것과 플랫폼상에서 유통되는 콘
텐츠 관리에 대한 것이 있다. 각 영역에서 여러 이슈와 연계하여 변화
하는 환경에 대한 미국과 중국의 정책 담론과 체제의 적합력을 알아보
고자 한다.

---

4   구글(Google), 아마존(Amazon), 페이스북(Facebook), 애플(Apple). 미국의 대표적
      인 4개의 ICT 플랫폼 기업들.
5   2017년 미국의 망 중립성이 폐지되면서 버라이즌, AT&T 등 인터넷 서비스 제공자
      (ISP)가 미국 통신법상 '공공서비스'가 아닌 '정보 서비스'로 분류되었다.

1. 디지털 미디어 플랫폼상의 데이터·개인정보 정책 담론

이데올로기, 안보 및 상업적 이해, 개인정보보호 등의 차이로 각국은 디지털 미디어 플랫폼상의 빅데이터 규제에 대해 입장을 달리한다. 중국 정부가 인터넷 플랫폼에 대한 국가 차원의 관할권을 고수하고, 국가 안보를 개인정보보호보다 우위에 두는 반면, 미국의 인터넷 플랫폼 기업들은 데이터의 자유로운 이동과 활용을 주창한다.

미국의 인터넷 기업들은 개인정보를 포함한 빅데이터를 수집하여 상업적으로 활용하는데, 페이스북의 경우처럼 해외 사용자의 개인정보에 해당 미디어 플랫폼을 보유한 기업과 미국 정부만이 접근할 수 있다는 점에서 문제가 발생한다. 페이스북을 포함하여 이커머스, 검색엔진, 소셜미디어 등 다양한 인터넷 플랫폼을 소유한 기업들은 축적된 사용자의 빅데이터를 활용하여 사용자 맞춤형 콘텐츠를 제공하거나 제3의 기업에 판매해왔다(Jorgensen and Desai 2017). 이렇게 플랫폼 사용자의 개인정보를 사적 권력으로써 민간기업들이 활용하면서 사생활 침해 논란이 커지고 있다.

페이스북은 개인정보 관리와 관련하여 언론의 자유보다 개인정보보호를 우선순위에 두는 유럽에서 큰 곤혹을 치렀다. 2016년 영국의 데이터 분석 기업 케임브리지 애널리티카(CA)가 페이스북 이용자의 개인정보를 트럼프 선거 캠프에 넘겨 선거운동에 불법적으로 활용한 정황이 포착되었고, 이는 온라인에서의 페이스북 삭제를 요청하는 사회적 운동(#deletefacebook)으로 이어졌다(CBS NEWS 2018). 2018년에는 세 차례의 개인정보 유출 사건이 드러나며 페이스북 가입자의 이탈이 증가했는데, 세계를 주도하는 플랫폼 기업으로서의 신뢰 하락은 중국과의 경쟁상황에서 주의를 기울여야 하는 지표라고 볼 수 있다.

중국의 경우 2017년 6월부터 시행된 중화인민공화국 네트워크법을 통해 데이터 및 개인정보에 대한 정부의 주권을 강조하였다. 해당 법안에 따르면, 중국 내 글로벌 플랫폼 기업이 획득한 자국의 데이터를 외부로 반출하는 것이 제한되며, 해당 데이터는 중국 현지 서버에 저장되고 필요한 경우 중국 정부의 요구에 따른 검열도 가능하다(전국인민대표대회 2016). 중국의 네트워크 안전법은 개인정보를 보호하는 차원을 넘어 중국의 사이버 공간은 중앙집권적 국가행위자에 귀속된다는 것을 보여준다. 미국과 유럽을 포함한 서구 국가들은 명백한 기본권 침해라고 비판했지만, 중국 정부는 위 법안의 취지를 인터넷 공간의 주권과 국가 안보를 유지하고 여러 행위자의 합법적 권익을 보호하기 위함이라고 주장하였다(MacKinnon 2011). 또한, 중국 정부는 안면인식 기술을 도입한 생체 데이터 수집에 주력하고 있는데, 이는 심각한 개인정보 침해를 일으키며, 정치적 감시와 검열의 위험성이 있다는 점에서 비판받고 있다.

이러한 데이터 및 개인정보 담론은 미국과 중국이 자국 시장에 위협이 되는 상대 국가의 디지털 플랫폼을 견제하기 위한 수단으로 활용된다. 기존에 중국 정부가 이러한 이유로 미국 인터넷 플랫폼 기업 전면을 제한해 왔다면, 최근에는 트럼프 정부의 화웨이 제재와 최근의 틱톡 거래금지 명령에서 볼 수 있듯이 미국도 적극적으로 빠르게 부상하는 중국의 플랫폼의 미국 시장 진출에 제동을 걸고 있다. 개인정보 활용 문제는 시민의 권리와 직결된다는 점에서 매우 중요하지만, 인터넷 플랫폼 기업들의 데이터·정보 활용은 국가 안보적 대립을 초래할 수도 있는 주요 쟁점이 되었다. 담론 경쟁에서 우위를 점하기 위해서는 기존의 담론에서 미시적 차원의 개인정보보호와 거시적 차원의 데이터 국가 안보를 균형 있게 바라보는 보편적인 담론으로의 변화가 필요하다. 개별적 개인이자 국민의 권리와 공익에 봉사하는 국가의 역할을 수행할 수 있으면서도 인터넷 플랫폼 기업의 활동을 활성화할 수 있는 보편적 정책 담론을 주장할 때, 디지털 미디어 플랫폼 경쟁의 무대에서 지지 세력을 확보할 수 있을 것이다.

2. 디지털 미디어 플랫폼상의 콘텐츠 정책 담론

미국의 디지털 미디어 플랫폼은 '표현의 자유'의 가치를 중요시하며, 다양한 행위자들이 자신이 기록하고 저장한 정보를 바탕으로 끊임없이 새로운 콘텐츠를 생산해내는 자유주의적 담론을 따른다. 인터넷 공간에서 자유로운 의사 표현의 권리가 보장되어야 하며, 정부의 검열과 개입을 최소한으로 제한해야 한다는 것이다. 반대로 중국 정부는 사이버 주권의 담론을 원용하여, 디지털 미디어 플랫폼상에서 유통되는 불건전하고 유해한 정보를 차단하고 검열하는 것이 국가의 정당한 권한이라고 주장했으며, 이러한 통제는 표현의 자유를 침해하는 것이라는 이유로 국제사회의 비난을 받기도 하였다(배영자 2018). 콘텐츠 관리에 대한 미국과 중국의 정책 담론은 다양한 이슈와 맞닥뜨렸지만 아이러니하게도 이는 기존의 기조가 유지되거나 강화되는 결과를 가져왔다.

  미국 디지털 미디어 플랫폼은 '표현의 자유'가 보장된 공간으로, 페이스북에서 사용자들은 특정 사회문제나 사안에 대한 자신의 의견을 자유롭게 피력하고 토의할 수 있다. 하지만 최근 페이스북 플랫폼을 통해 유통되는 사이버 루머와 가짜뉴스(fake news) 콘텐츠의 유포가 문제가 되고 있다. 최근 미국이나 서방 진영 국가들의 선거 과정에서 수행된 러시아발 가짜뉴스 공격은 터무니없는 정보를 유포하여 여론을 왜곡하고 사회분열을 부추겼다(Perez & Prokupecz 2017; Fieger-man 2017). 그뿐만 아니라 인종차별과 관련된 혐오의 표현이 담긴 콘텐츠가 전파되면서 서구 민주주의 사회의 이분법적이고 양극화된 갈등으로 비화되기도 하였다. 이에 페이스북에 업로드되는 콘텐츠에 대한 '표현의 자유'와 '규제의 정도'를 두고 치열한 공방이 벌어졌다. 또한, 페이스북의 콘텐츠 규제 규정 및 알고리즘이 공개되지 않았다는 이유로 특정 정당에 유리한 콘텐츠를 강조하고 이에 반하는 콘텐츠를 검열한다는 정치적 편향성에 대한 논란이 나오는 등 페이스북 플랫폼에 대한 크고 작은 콘텐츠 논쟁은 지속되었다(임소연 2020).

페이스북 그룹은 유해 콘텐츠 및 가짜뉴스를 차단하기 위한 콘텐츠 관리 절차에 인공지능(AI)을 확대하겠다는 계획을 밝혔다. 과거 서비스 초창기에 페이스북은 사용자의 개별 신고에 의존하여 유해 콘텐츠의 규정 위반 여부를 일일이 검토하여 처리하는 방식을 사용하였다. 이후 피해 범위가 커지자 AI 머신러닝 기술을 도입하여 사용자의 신고가 없어도 자체적으로 유해한 콘텐츠를 가려내 처리할 수 있도록 하였고, 그 결과 스팸 콘텐츠가 가짜 계정, 성 착취 이미지, 테러리즘 관련 선동 게시물 등 부적절한 콘텐츠가 99%의 비율로 사전에 감지되었다(Facebook 2019). 하지만 트럼프 정부가 사용자들이 제작하여 플랫폼에 올린 콘텐츠에 대해 인터넷 플랫폼 기업이 법적 책임을 묻지 못하도록 한 통신품위법(CDA) 230조가 보장하는 기업의 면책 권한을 축소하는 방안을 추진하면서, 페이스북상의 콘텐츠 자율성도 축소될 조짐을 보이기도 하였다(Fung 2019). 하지만 여전히 미국을 포함한 서구 국가들은 자유로운 콘텐츠의 생성과 공유를 기본적인 담론의 틀로 한다.

중국 정부는 인터넷이 확산되는 초기부터 소위 '인터넷 만리장성'

을 통해 국가 인터넷 콘텐츠 검열체계를 구축해왔다. 중국에서 활동하는 외국 기업과 국내기업들은 이러한 중국 정부의 인터넷 통제를 수용할 수밖에 없었다. 미국의 인터넷 기업들은 중국 정부가 시장접근을 위한 조건으로써 제시한 자체 검열의 정책을 수용하고 나서야 중국 시장에 진출할 수 있었다. 2009년 중국 서부에서 일어난 소수민족 봉기가 페이스북으로부터 비롯되었다는 근거로 중국 내에서 페이스북 서비스가 차단되었고, 이어 구글, 유튜브 등 미국의 인터넷 기업들이 차례로 차단되었다(배영자 2018). 현재까지도 미국의 애플(Apple)이 주요 시장 중 하나인 중국의 애플 앱스토어에서 콘텐츠 규제에 어긋난다는 이유만으로 애플리케이션 3만여 개를 삭제한 전례가 존재한다(Titcomb 2020).

또한, 중국 정부는 애플 스토어(Apple Store), 트위터(Twitter), 페이스북(Facebook), 유튜브(Youtube) 등의 미국 인터넷 플랫폼의 국내 유입을 차단하고, 그 대체재로 중국 기업 중심의 인터넷 플랫폼을 제공하였다. 중국 정부가 중국 국민이 원하는 정보를 중국 내부에서 모두 얻을 수 있게 하여, 이들이 국외 사이트에 접속해 정보를 검색하고 획득할 동기를 잃게 하고 네티즌에 대한 인터넷 검열을 무의식중에 수용하도록 만든 것이다(King & Roberts 2013; Gerbaudo 2012).

2010년 이후 급속도로 성장한 모바일 인터넷 플랫폼 시장에서 아이러니하게도 중국의 통제 패러다임은 더 교묘한 방식으로 강화되었다(Feng & Guo 2013). 중국에서는 모바일 기기의 보급, 디지털 미디어 플랫폼과 전자상거래의 융합으로 모바일 네트워크의 획기적인 확산과 성장이 이루어졌다. 이미 인터넷의 등장으로 경제발전을 체감한 중국 정부는 모바일로 전환된 인터넷 환경에서의 경제발전을 원했고, 주요 인터넷 플랫폼 기업과 사용자 통제에 용이한 플랫폼 개발을 장려

하여 정보의 흐름을 막지 않으면서도 통제할 수 있는 메커니즘을 구축
했다. 그 플랫폼이 바로 위챗 같은 소셜미디어 애플리케이션이다. 중
국 정부 입장에서 사람들의 커뮤니케이션 채널이 위챗으로 일원화되
자 관리 범주도 좁아지고 여론 조작이 쉬워졌고, 12억 명 이상이 사용
하는 위챗 플랫폼을 매개로 검열과 통제 활동을 강화하고 있다(Khar-
pal 2020).

2016년 국가신문출판광전총국에서 발의된 웨이보, 위챗 등 SNS
플랫폼에서 시청 프로그램 전파에 관한 관리규정에 따르면 웨이보, 위
챗 등 SNS는 네티즌이 올린 자체 제작한 시사 정치 분야의 시청 뉴스
프로그램을 재전송을 금지한다(국가신문출판광전총국 2016). 디지털
미디어 플랫폼 산업의 의의가 플랫폼 서비스를 통해 사용자들이 자유
롭게 새로운 콘텐츠를 생산, 재생산하고 공유하여 물리적 한계를 뛰어
넘는 커뮤니케이션 네트워크를 형성하는 것이라는 점에서 중국 정부
의 이런 규제는 모순적이라고 볼 수 있다.

특히, 중국의 철저한 디지털 미디어 플랫폼상의 콘텐츠 규제 담론
이 탈국가적으로 확장되는 인터넷 플랫폼 경쟁에서 보편적 정당성을
확보하여 미국에 대한 우위를 점할 수 있을지에 대한 의문이 든다. 국
가 중심의 인터넷 정책은 해외 패권 기업의 중국 시장 장악을 막아 중
국 기업들의 해외시장 진출에 도움이 될 수는 있겠지만, 앞서 중국의
디지털 암호화폐 신기술 관련 디지털 플랫폼 확장 사례에서 살펴보았
듯이 중국이 패권에 도전하는 지위가 아닌 패권을 선도하는 지위로 가
는 과정에서 오히려 걸림돌이 될 가능성이 크다. 정부의 규제로 인하
여 ICT 분야 플랫폼 산업은 미국과 서구의 발전 속도에 비해 현저히
뒤처질 수밖에 없으며, 산업 분야의 혁신을 이루는 것이 아니라 계속
해서 기존 패권에 도전만 해야 하는 지위에 머물러야 할 수도 있다.

V. 결론

국가 간 정보와 데이터의 흐름이 급속도로 증가하고, 다양한 전자기기를 통한 인터넷 보급과 코로나19의 확산으로 인터넷 접속량이 늘어난 상황에서 디지털 플랫폼은 새로운 글로벌 시대를 여는 열쇠가 되었다. 21세기 신흥 국제정치 무대에서 벌어지는 디지털 플랫폼의 미중 경쟁은 자본과 기술의 평면적 경쟁을 넘어서 시장의 표준과 내용이 가지는 매력을 장악하기 위해 벌어지는 양상을 보인다. 특히, 미국의 페이스북과 중국의 텐센트로 대표되는 디지털 미디어 플랫폼 경쟁은 전 세계인의 삶에 큰 영향을 미치고 있다.

페이스북과 위챗은 기본적인 메신저 기능을 통해 커뮤니케이션 및 소셜네트워킹서비스를 제공하는 디지털 미디어 플랫폼이다. 최근에는 디지털 결제, 정보 검색, O2O 서비스 등 다양한 산업 분야와의 연계를 통해 정치, 경제, 사회 전반에 영향을 미치는 복합적인 거대 플랫폼으로의 확장을 거듭하고 있다. 본문은 빠른 속도로 혁신을 이루는 디지털 미디어 플랫폼 부문에서의 미중 경쟁이 지니는 국제정치학적 함의를 고려하여, 기술-제도-담론이라는 3차원의 단선적 틀을 보완하는 '규모(scale)의 변수'와 '체제의 적합력'의 변수의 관점에서 분석하고, 미래의 경쟁 패러다임에서는 어떤 쟁점이 부상할지 예측하였다.

디지털 미디어 플랫폼 경쟁은 다양한 분야와의 연계를 통해 네트워크 권력의 확장을 추구하고, 여러 비국가 행위자가 참여한다는 점에서 많은 플랫폼 사용자를 확보할 수 있는 '규모의 변수'가 중요하다. 먼저, 디지털 미디어 플랫폼 모델 경쟁의 차원에서 페이스북의 오픈형 소셜미디어 모델과 중국의 생활밀착형 메신저 모델이 대립한다. 최근 정보와 뉴스 콘텐츠의 자유로운 유통과 민주적 여론 형성의 상징이었던 페이스북이 하나의 애플리케이션에서 다양한 미디어/생활서비스를 제공하는 위챗의 복합형 모델로 전환할 계획을 발표했다는 점에서 중국의 미디어 플랫폼 모델 중심의 흐름이 나타날 가능성이 제기되고 있다.

두 번째로, 신산업으로의 확장하는 범위에서 일어나는 규모의 경쟁이다. 페이스북과 텐센트 모두 인공지능(AI), 클라우드, VR/AR 등의 신ICT 기업의 서비스와 자사의 미디어 플랫폼을 연계하여 세력을 확장하려는 행보를 보인다. 특히, 페이스북은 빠르게 성장하는 텐센트의 모바일 결제 플랫폼 위챗페이에 대응하기 위해 디지털 화폐 '리브라'를 출시하여 페이스북 중심의 글로벌 금융 시스템을 구축하고자 하였다. 중국 정부가 이에 대응하고 기존 위챗페이를 견제하기 위해 국가 주도로 디지털 위안화를 발행하였고, 주요 금융시스템에 대한 독점과 통제가 우려되는 상황이다. 중국 정부의 폐쇄적 규제 정책은 텐센트같이 페이스북에 대항할 기업들의 기술 발전과 창의적 혁신을 막고, 그저 창의적 모방에 그치게 하여 미국과의 기술 플랫폼 경쟁에서 항상 열세에 있도록 하는 체제적 요인을 제공하고 있다.

미국과 중국의 체제 특성에서 비롯한 인터넷 플랫폼 정책 담론 경쟁의 동학도 조금씩 변화하고 있다. 데이터 및 개인정보 관리와 관련하여 미국은 데이터의 자유로운 이동과 활용을 추구하지만, 중국은 인터넷 플랫폼에서 국가 차원의 관할권을 주장하며 국가 안보를 개인정보보다 더 우선순위에 두고 있다. 미국에서는 인터넷 기업들의 상업적 개인정보 활용으로 개인정보 유출 및 사생활 논란이 불거졌으며, 중국에서는 정부의 데이터 수집에 대한 개인정보 침해와 정치적 감시 및 검열의 위험성이 제기되었다. 개인 차원의 권리 보호를 근간으로 하며, 데이터 가치를 극대화하려는 기업의 목적을 인정하는 동시에 데이터의 공공성을 보장한다는 보편적 정당성을 가진 담론으로의 변화를 통해 경쟁에서의 우위를 선점하기 위한 미중의 노력이 필요하다.

콘텐츠 관리와 관련하여 미국은 '표현의 자유'를 보장하고 새로운 콘텐츠를 끊임없이 생산할 수 있는 자유주의적 정책을 표방하며 정부의 검열과 개입의 최소화를 주장한다. 반대로 중국은 인터넷 플랫폼상의 불건전하고 유해한 정보를 차단하고 검열하는 것이 국가의 정당한 권한이라고 주장하여 국제사회의 지탄을 받고 있다. 중국 정부는 해외 기업들에 대한 검열체계를 강화하면서 시장진입을 막고 이를 빠르게 육성한 중국 플랫폼으로 대체하여 정부의 콘텐츠 통제를 교묘하게 강화하고 있다. 다양한 콘텐츠의 재생산이라는 소셜 플랫폼의 의미를 퇴색하고 보편적 정당성이 결여된 중국의 제도는 미래 인터넷 플랫폼의 미중 경쟁에서 방해요인으로 작용할 것이라고 볼 수 있다.

21세기 미국과 중국의 디지털 미디어 플랫폼 경쟁은 플랫폼 모델부터 신산업으로의 확장, 정보와 콘텐츠에 대한 정부 당국의 정책 담론 등 다양한 변수가 충돌하는 동학 속에 진행되고 있다. 국가, 기업, 시민(플랫폼 사용자) 등 다양한 행위자가 복합적으로 얽혀 경쟁하고 협력하는 두 네트워크의 대립이라는 측면에서, 새롭게 등장하고 있는 '복합' 디지털 미디어 플랫폼의 미중 경쟁은 국제사회의 흐름을 바꿀 만큼 막대한 영향력을 미칠 것이다. 특히, 새롭게 부상하는 신흥 부문의 담론에 있어 '자유'와 '통제'의 이분법을 절충한 '보편적 정당성'을 확보하느냐가 인터넷 플랫폼 경쟁에서 미국과 중국의 우위를 정하는 기준이 될 것으로 보인다. 소셜 플랫폼을 통해 더욱 쉽게 결집할 수 있게 된 글로벌 사용자의 마음을 얻어야 하기 때문이다. 이를 위해서는 규모의 변수와 체제의 적합력을 고려하여 끊임없이 확장하고 변화하는 플랫폼 경쟁의 환경에 대한 분석이 필요하며, 상대 진영을 공격하고 차단하는 안보화 경쟁보다는 오히려 적극적인 교류와 협력을 통해 지피지기 백전백승을 실현할 수 있는 보편적 매력 담론을 선점하는 것이 중요하겠다.

참고문헌

강동균·김정은. 2020. "中 텐센트 시총, 페이스북 추월." 『한국경제』 2020.10.5. https://
www.hankyung.com/economy/article/2020072923511 (검색일: 2021.1.4.)
고영태. 2018. "페이스북 사용자 22억⋯유튜브와 위챗은?" *KBS NEWS* 2018.8.27. http://
news.kbs.co.kr/news/view.do?ncd=4029990&ref=A (검색일: 2021.1.4.)
국가신문출판광전총국. 2016. "国家新闻出版广电总局发布微博、微信等网络社交平台传播视听节
目的管理规定(웨이보, 위챗 등 SNS 플랫폼에서 시청 프로그램 전파에 대한 관리규정)."
중국문화정책(종합).
권상희. 2020. "왓츠앱, 코로나19로 사용량 40% 증가." 『ZDnetKorea』. 2020.3.27. https://
zdnet.co.kr/view/?no=20200327100942 (검색일: 2021.1.4.)
김상배. 2018. "신흥 무대 미중 경쟁의 정보세계정치: 분석 틀의 모색." 하영선·김상배 편.
『신흥무대의 미중경쟁: 정보세계정치학의 시각』. 한울엠플러스. 34-60.
_____. 2020. "데이터 안보와 디지털 패권경쟁: 신흥안보와 복합지정학의 시각." 『국가전략』
26(2).
김수정·신재식 2019. "ICT 혁신창업 완성을 위한 글로벌 생태계 성공요인 분석." 『이리포트』
17. 한국콘텐츠진흥원.
김진용. 2017. "시진핑 시기 중국의 모바일 인터넷 발전과 통제." 『아세아연구』 60(2): 456-
487.
김채윤. 2020. "미중 디지털 금융표준 경쟁과 중국의 핀테크 전략: 모바일 지급결제(TPP)
플랫폼을 중심으로." 김상배 편. 『4차 산업혁명과 미중 패권경쟁』. 사회평론아카데미.
88-134
김회권. 2019. "페이스북. 돈의 미래를 묻다." 『주간조선』 2019.7.1. http://weekly.chosun.
com/client/news/viw.asp?nNewsNumb=002564100014&ctcd=C08 (검색일:
2021.1.5.)
배영자. 2018. "중국 인터넷 기업의 부상과 인터넷 주권(Internet Sovereignty) 이념의 관계:
공동생산 개념을 중심으로." 『21세기정치학회』 8(1): 91-113.
설진아·최은경. 2018. "GAFA의 플랫폼 전략과 네트워크 효과 유형 분석." 『방송통신연구』
102: 104-140.
송진 외. 2016. "글로벌 미디어 플랫폼의 비즈니스 전략." 『코카포커스』 16(7).
임소연. 2020. "누가 더 SNS서 홀대받나⋯이걸로 싸우는 美공화당·민주당." 『머니투데이』
2020.10.29. https://news.mt.co.kr/mtview.php?no=2020102814060029105
(검색일: 2021.1.4.)
_____. 2020. "미국, 라이브커머스 시장 현황과 진출전략." Kotra. 2020.9.15.
전국인민대표대회. 2016. "中华人民共和国网络安全法(중화인민공화국 네트워크 안전법;
중화인민공화국 주석령 제53호)." 중국문화정책(종합).
조병규. 2018. "중국 ICT 기업의 플랫폼 전략 분석: BAT(바이두, 알리바바, 텐센트)를 중심으로.” 연세대학교 석사학위논문.

차현아. 2019. “페이스북의 미래는 중국 위챗에 있다?” 『IT조선』 2019.3.8. http://it.chosun.
　　com/site/data/html_dir/2019/03/08/2019030801097.html (검색일: 2021.1.4.)

최필수 외. 2020. “데이터 플랫폼에서의 중국의 경쟁력과 미중 갈등.” 『중국과 중국학』 39:
　　55-87.

최현준. 2020. “통제강화? 혁신선도?…중국이 ‘디지털 위안화’ 발행 서두르는 까닭은.”
　　『한겨레』 2020.9.29. http://www.hani.co.kr/arti/international/international_
　　general/964029.html (검색일: 2021.1.4.)

한국콘텐츠진흥원. 2020. 『위클리 글로벌』 192.

＿＿＿. 2020. 『위클리 글로벌』 199.

한영미. 2015. “비즈니스모델 혁신에 대한 사례 연구: 미국, 중국, 한국 ICT 기업을 중심으로.”
　　숙명여자대학교 석사학위논문.

CBS NEWS. 2018. “#DeleteFacebook trends amid Cambridge Analytica scandal.”
　　(March 21, 2018). https://www.cbsnews.com/news/deletefacebook-trends-amid-
　　cambridge-analytica-scandal/ (검색일: 2021.1.4.)

Facebook. 2019. “Applying AI to Keep the Platform Safe.” https://developers.facebook.
　　com/videos/2019/applying-ai-to-keep-the-platform-safe/ (검색일: 2021.1.12.)

Feng, Guangchao Charles and Steve Zhongshi Guo 2013. “Tracing the route of China's
　　Internet censorship: An empirical study.” *Telematics and Informatics* 30(4): 335-
　　345.

Fiegerman, Seth. 2017. “Facebook's global fight against fake news.” *CNN Business*. (May
　　9, 2017). https://money.cnn.com/2017/05/09/technology/facebook-fake-news/
　　index.html (검색일: 2021.1.4.)

Fung, Brian. 2019. “White House proposal would have FCC and FTC police alleged
　　social media censorship.” *CNN Business*. (August 10, 2019). https://edition.cnn.
　　com/2019/08/09/tech/white-house-social-media-executive-order-fcc-ftc/ (검색일:
　　2021.1.4.)

Gerbaudo, Paolo. 2012. “Tweets and the Streets: Social Media and Contemporary
　　Activism.” Pluto Press.

Huang, Yiping. 2020. “How digital technology is transforming China's economy.”
　　EastAsiaForum. (December 28, 2020). https://www.eastasiaforum.
　　org/2020/12/28/how-digital-technology-is-transforming-chinas-economy/
　　(검색일: 2021.1.12.)

Jørgensen, Rikke Frank and Tariq Desai. 2017. “Right to Privacy Meets Online Platforms:
　　Exploring Privacy Complaints against Facebook and Google.” *Nordic Journal of
　　Human Rights* 35(2): 106-126.

Kharpal, Arjun. 2020. “Chinese tech giant Tencent reportedly surveilled foreign users of
　　WeChat to help censorship at home.” *CNBC*. (May 8, 2020). https://www.cnbc.

com/2020/05/08/tencent-wechat-surveillance-help-censorship-in-china.html (검색일: 2021.1.12.)

King, Gary, Jennifer Pan, and Margaret E. Roberts. 2013. "How censorship in China allows government criticism but silences collective expression." *American Political Science Review* 107(2): 326–343.

MacKinnon, Rebecca. 2011. "China's networked authoritarianism." *Journal of Democracy* 22(2): 32–46.

Marr, Bernard. 2018. "Artificial Intelligence (AI) In China: The Amazing Ways Tencent Is Driving It's Adoption." *Forbes*. (June 4, 2018). https://www.forbes.com/sites/bernardmarr/2018/06/04/artificial-intelligence-ai-in-china-the-amazing-ways-tencent-is-driving-its-adoption/?sh=9d50935479ac (검색일: 2021.1.4.)

News.com.au. 2016. "Leaders' Debate will be 'different to any you've seen before." (June 14, 2016). https://www.news.com.au/national/federal-election/newscomau-leaders-debate-will-be-different-to-any-youve-seen-before/news-story/5e482f3109a9506782233f91f74e9da1 (검색일: 2021.1.4.)

Perez, Evan and Shimon Prokupecz. 2017. "US suspects Russian hackers planted fake news behind Qatar crisis." *CNN Politics*. (June 7, 2017). https://edition.cnn.com/2017/06/06/politics/russian-hackers-planted-fake-news-qatar-crisis/index.html (검색일: 2021.1.4.)

Pham, Sherisse. 2020. "Trump's WeChat ban could prevent US companies from doing business in China." *CNN Business*. (August 26, 2020). https://edition.cnn.com/2020/08/26/tech/wechat-us-ban-impact-hnk-intl/index.html (검색일: 2021.1.12.)

Porter, Jon 2020. "Facebook renames Calibra digital wallet to Novi." *The Verge*. (May 26, 2020). https://www.theverge.com/2020/5/26/21270437/facebook-calibra-novi-rename-digital-wallet (검색일: 2021.1.4.)

Titcomb, James. 2020. "Apple removes over 700 apps from Chinese App Store." *The Telegraph*. (April 12, 2020). https://www.telegraph.co.uk/technology/2018/11/29/apple-removes-700-apps-chinese-app-store/ (검색일: 2021.1.4.)

Wan, Dovey. 2019. "Digital Renminbi: A Fiat Coin to Make M0 Great Again." *Coindesk*. (May 17, 2019). https://www.coindesk.com/digital-renminbi-a-fiat-coin-to-make-m0-great-again (검색일: 2021.1.4.)

Zhong, Raymond. 2019. "China's Cryptocurrency Plan Has a Powerful Partner: Big Brother." *The New York Times*. (October 18, 2019). https://www.nytimes.com/2019/10/18/technology/china-cryptocurrency-facebook-libra.html (검색일: 2021.1.12.)

Zhu, Feng and Aaron Smith. 2015. "Baidu, Alibaba, and Tencent: The Three Kingdoms of the Chinese Internet." Harvard Business Review Case Study.

Dai, S. (黛山山). 2018. "网络视频内容产品的商业模式创新路径." 『湖北省教育厅科研计划项目』

98.

Liu, Y., Liu, S., Zhang, X (刘燕南 刘双 张雪静). 2015. "中美付费视频网站之比较 用户内容与
    模式."『中国地质大学学报』15(6): 128-136.

Sohu(搜狐). 2019. "《一起来捉妖》牵手五大博物馆：AR探索玩法让千年文物真正"活"起来？"
    2019.11.8. https://www.sohu.com/a/352557039_204728 (검색일: 2021.1.4.)

Tan, J (谈佳洁). 2016. "先网后台大剧排播模式研究."『泰山学院学报』38(4): 34-42.

Wang, C (王超). 2017. "中国网络视频行业发展研究."『洛阳师范学院学报』36(3): 48-51.

제2부

데이터·사이버 안보 갈등

제5장

클라우드 컴퓨팅 분야의 미중 3차원 표준경쟁
데이터 외교/안보의 시각

오예림

I. 머리말

4차 산업혁명의 시대에 데이터는 '새로운 원유'로 불릴 정도로 주요한 자원으로 취급되고 있다. 빅데이터와 사물인터넷, 클라우드 컴퓨팅 등의 기술이 발전함에 따라 생산되고 이전, 유통되는 데이터의 양과 속도는 기하급수적으로 증가하고 있으며, 각국 데이터 산업의 시장규모도 이와 함께 폭증하는 추세를 보이고 있다. 빅데이터는 4차 산업혁명의 핵심적 자원이지만, 그 양이 방대하기 때문에 기존의 정보처리 방법으로 접근하기 어려워 저장과 조작을 위해서는 클라우드 컴퓨팅 (cloud computing)이라는 새로운 활용전략이 필요하게 된다(고명현 2020).

일견 산업과 기술 분야에서의 핵심으로 보이는 데이터와 데이터의 저장 및 유통 환경을 규정 짓는 클라우드 컴퓨팅을 국제정치의 시각에서 바라보아야 하는 이유는, 데이터가 이를 활용하는 첨단기술 산업 분야, 즉 선도 부문에서 우위를 차지하려는 국가 간의 경쟁과도 연결되기 때문이며, 동시에 데이터 양의 기하급수적 증가로 인해 기존 스몰 데이터 환경에서와는 다른 국가안보적 함의를 갖게 되기 때문이다. 즉, 기존에 개개인의 개인정보 자기결정권과 프라이버시의 관점에서 중시되었던 데이터가, 그 생산과 유통의 폭발적 증가로 인해 그 속에서 국가적으로나 군사 안보적으로 유의미한 패턴을 읽어낼 수 있게 되면서 국가안보의 문제로 창발(emerge)할 수 있다는 것이다. 이러한 경제적, 군사안보적 함의로 인해 데이터의 문제는 국제정치의 영역과도 만나고 있다(김상배 2016).

이를 보여주는 대표적인 사례는 2020년 6월 트럼프 행정부가 내세운 '클린 네트워크(Clean Network program)'라는 구상이다. '클린 네트워크'를 통해 미국은 5G 통신망, 모바일 애플리케이션과 앱스토어, 클라우드 등에서 중국의 기업들을 배제한 '청정' 네트워크를 구축하겠다는 목표를 밝혔다(US Department of State 2020). 이러한 미국의 행보는 중국 기업들을 일방적으로 견제하고 미국의 '데이터 패권'을 유지하려고 하는 움직임으로 이해되어, 중국도 '데이터 안보 이니셔티브'라는 자체적인 구상으로 대응했다. 미국의 '데이터 패권'에 중국은 '데이터 주권'으로 맞서고 있으며, 양국이 각자 주변국들의 참여를 요청하며 상이한 데이터 거버넌스 구상 사이의 갈등선이 첨예하게 드러나고 있는 상황이다.

　이러한 측면에서 미중 간의 경쟁이라는 국제정치의 이슈를 이해하기 위해서는 우선 데이터의 속성과 데이터가 놓이는 새로운 환경으로서 클라우드 컴퓨팅에 대해 이해할 필요가 있다. 데이터는 그 자체로 유동성과 가분성 등의 특징을 지닌다. 데이터는 이동 속도가 빠르며, 클라우드와 같은 공간에 저장될 경우에는 하나의 고정되고 관찰 가능한 위치에 있지 않아 데이터의 위치에는 잠재적 임의성이 존재한다. 또한, 복사와 이동이 쉽고 빠르기 때문에 여러 공간에 동시에 저장되기도 하는 등 가분성의 특징도 지닌다. 이러한 특성으로 인해 데이터는 탈영토적(un-territorial) 특성을 지니며, 이는 기존의 고전적인 영토 경계를 넘나드는 데이터의 이동을 가능하게 함과 동시에 데이터의 거버넌스를 더욱 복잡하게 만들기도 한다(Daskal 2015).

　산업과 경영 분야에서 강조된 데이터는 국경을 넘나들어 이동하며 그 국제정치적 중요성이 증대된다. 데이터의 초국경적 이동을 보편적인 현상으로 만든 데에는 클라우드 컴퓨팅 기술이 크게 기여했는데, 미국표준기술연구소(National Institute of Standards and Technology: NIST)의 표준적 정의에 따르면, 클라우드 컴퓨팅이란 컴퓨팅 자원(네트워크, 서버, 저장공간, 애플리케이션 및 서비스)의 공유 풀에 대한 편리한 요구 기반(on-demand)의 네트워크 접근 모델로, 관리 노력과 서비스 제공자와의 상호작용을 최소화하면서 신속하게 제공이 가능하다(Mell and Grance 2011). 쉽게 말하면, 클라우드 서비스를 이용할 경우 사용자가 개인의 단말기에 개별적으로 컴퓨팅 자원을 설치하지 않고도 필요할 때마다 쉽게 컴퓨팅 자원에 접근하여 이용할 수 있다. 클라우드 컴퓨팅 서비스 사용자는 소프트웨어나 서버, 저장공간 등의 IT 자원을 자신이 필요한 만큼 빌려서 사용하고, 그에 대한 비용을 지불한다(이상동 2013). 이러한 클라우드 환경에서는 데이터가 한곳의 고정된 위치에 저장되기보다는, 클라우드 서비스의 서버에 저장된 데이터가 여러 국가의 데이터 센터에 분산되어 저장되며, 데이터의 저장 위치가 실시간으로 변화하기도 한다. 이러한 측면에서 클라우드 환경에서 데이터가 저장된 정확한 물리적인 위치는 모호하다(노현숙 2015).

　클라우드 환경에서의 데이터의 초국경적 이동은 기존에 주로 법학 분야에서 데이터에 대한 국가의 관할권(jurisdiction) 행사나 개인정보 보호법제와의 정합성, 또는 정보과학 및 산업기술의 맥락에서 주목을 받아왔다. 그러나 데이터가 가진 권력적 함의와 이로 인해 파생되는 국가 간 관계의 재편 등은 상대적으로 강조되지 못했다. 권력에 대한 학문으로서 정치학과 국제정치학의 시각에서 새로운 형태의 부의 원천이자 권력자원이 된 데이터와 더불어, 데이터의 활용과 저장 및 유통에 있어서 새로운 환경이 된 클라우드 환경에 대해 깊이 있게 다루는 것은 충분히 필요하고 유의미한 작업인바, 본고에서는 데이터와 클라우드 컴퓨팅을 둘러싼 국가의 대내적, 대외적 거버넌스 형성을 미중 간의 패권경쟁이라는 맥락에서 바라보고 분석하고자 한다.

본고에서는 이와 같은 분석을 위해 네트워크 권력론과 '3차원 표준경쟁'의 틀을 원용하고자 한다. 이는 데이터 및 클라우드 컴퓨팅이라는 새로운 이슈 영역에서 벌어지는 미중 간의 경쟁은 단순히 '미국'과 '중국'이라는 단일 국민국가 간의 경쟁이 아닌, 서로 다른 네트워크 사이에서 벌어지는 네트워크 간 정치(inter-network politics)이기 때문이며, 국가행위자와 비국가행위자들이 함께 벌이는 권력게임의 양상을 파악하기 위해서는 기존 국제정치이론의 자원권력론을 넘어선 새로운 권력론이 필요하다고 보았기 때문이다.

네트워크 권력은 네트워크, 즉 행위자들이 이루고 있는 관계를 활용하거나 관계 자체를 만들어내는 과정에서 발휘되는 권력을 말한다. 네트워크 권력은 네트워크를 구성하는 행위자들의 집합이 만들어내는 집합권력, 네트워크상에서 특정한 구조적 위치를 차지함으로써 비롯되는 위치권력, 네트워크 자체를 프로그래밍하는 과정에서 발휘되는 설계권력의 세 차원으로 나뉜다. 네트워크 권력의 작동 과정은 표준설정의 과정과도 연계되며, 표준은 필연적으로 권력현상을 수반한다(김상배 2018). 이러한 관점에서 네트워크 권력정치의 대표적 사례가 바로 표준을 설정하는 과정에서 발휘되는 표준권력의 작동 메커니즘으로, 본고에서 원용할 개념틀은 세 가지 차원의 표준경쟁, 즉, 기술-제도-담론의 3차원 표준경쟁이다. 본고에서는 3차원 표준경쟁의 분석틀을 원용함으로써, 어느 한 요인에만 초점을 맞추어서는 온전히 보기 어려운 선도부문에서의 다층적이고 복합적인 경쟁 양상을 파악하고자 하며, 클라우드 컴퓨팅 분야에서의 미국과 중국의 기술표준경쟁, 제도표준경쟁, 담론표준경쟁이 어떠한 양상으로 벌어지고 있는지 살펴보고자 한다.

이 글은 크게 네 부분으로 나뉜다. 2절에서는 클라우드 컴퓨팅 분야를 주도하고 있는 미국과 중국의 IT 기업들을 중심으로 클라우드 컴퓨팅 분야의 기술표준경쟁 양상을 살펴보며, 기업 간 경쟁의 양상이 어떻게 국가 간 경쟁의 양상으로까지 번지는지를 검토한다. 3절에서는 클라우드 컴퓨팅의 핵심 자원인 데이터를 둘러싼 미국과 중국 양국의 대내 거버넌스를 살펴보기 위해 양국의 법제를 검토하며, 그 이면의 제도표준을 둘러싼 경쟁 및 갈등을 살펴본다. 4절에서는 데이터 분야의 대외 거버넌스에 대한 미국과 중국 양국의 구상을 담론표준경쟁의 맥락에서 살펴본 후, 마지막 5절에서는 이러한 논의가 한국에 주는 함의에 대해 논한다.

II. 클라우드 컴퓨팅 분야의 미중 기술경쟁

1. GAFAM과 클라우드 컴퓨팅

클라우드 컴퓨팅 서비스 분야에서 앞서나가고 있는 기업들은 GAFAM (Google, Amazon, Facebook, Apple, Microsoft)으로 대표되는 미국의 IT 기업들이다. 클라우드 컴퓨팅 서비스의 구체적인 원리는 본고의 범위를 벗어나기 때문에 논외로 하고, 이 절에서는 클라우드 서비스를 제공하는 기업 간 경쟁에 주목하고자 한다. 미국에 기반을 둔 글로벌 기업들은 클라우드 컴퓨팅 서비스를 통해 큰 수입을 벌어들이고 있으며, 그 중심에는 마이크로소프트 애저(Microsoft Azure), 구글 클라우드 플랫폼(Google Cloud Platform: GCP), 아마존 웹서비스(Amazon Web Service: AWS) 등이 있다. 아마존의 경우 웹서비스가 전체 영업이익의 90%를 차지했으며(2017년 기준), 마이크로소프트의 클라우

드 매출도 전체 매출 중 27%를 상회한다(유인태 2018). 클라우드 시장
이 1조 달러 규모로 성장할 것으로 예상되는 상황에서, 작년 4분기 아
마존 웹서비스(AWS)는 90억 달러의 수익을 벌어들였고, 마이크로소
프트는 구체적인 수익을 보고하지는 않았지만 약 43억 달러의 수익을
벌어들였을 것으로 추정된다(Klebnikov 2020). 이렇게 막대한 규모의
시장에서 미국의 글로벌 플랫폼 기업들은 서비스를 점차 확장함으로
써 더 많은 이용자를 끌어들이고, 이로 인해 시장에서 더 큰 영향력을
발휘할 것으로 예상된다.

GAFAM으로 대표되는 미국의 IT 기업들은 클라우드 서비스 제공
을 위한 데이터 센터를 전세계적으로 확충하며 서비스 범위를 확장하
고 있다. 클라우드 컴퓨팅 서비스의 범위가 확장되어 더 많은 사용자
를 확보할수록 비용 절감 효과를 기대할 수 있으며, 서비스 제공자가
시장에서 더 큰 영향력을 확보할 수 있게 된다. 또한, 데이터 센터가
여러 지역에 포진할 경우, 지역마다 다르게 적용되는 규제에 쉽게 부
합할 수 있는 장점이 있기 때문에 미국의 IT 기업들은 서비스의 범위
를 전 세계로 넓혀나가고 있는 상황이다(유인태 2018).

이러한 노력에 기반하여 아마존, 마이크로소프트, 구글 등의 미국
의 IT 기업은 세계 클라우드 서비스 시장에서 상당한 점유율을 확보하
고 있다. 기술시장 분석 전문기관 가트너(Gartner)에 따르면, 아마존
은 2019년 세계 IaaS 시장에서 약 200억 달러의 매출을 기록하며 45%
의 점유율을 확보했다.[1] 마이크로소프트는 약 80억 달러의 매출을 올

---

1   IaaS란, 클라우드 서비스의 세 가지 유형 중 하나이다. 클라우드 컴퓨팅 서비스는 하
     드웨어 자원만을 임대, 제공하는 서비스인 'IaaS(Infrastructure as a Service)', 이용
     자에게 소프트웨어 개발에 필요한 플랫폼을 임대하는 서비스인 'PaaS(Platform as a
     Service)', 이용자가 원하는 소프트웨어를 임대 제공하는 서비스인 'SaaS(Software as
     a Service)'로 나뉜다. 2019년 전 세계 IaaS 시장 규모는 2018년 대비 37.3% 성장한 총

리며 시장점유율 2위를 차지했다(Costello and Rimol 2020). 세계 시장
에서의 높은 점유율은 미국 기업들이 클라우드 컴퓨팅 경쟁에서 유리
한 규모의 경제를 확보하고 있음을 보여준다.

클라우드는 기술적 특성상 서비스 업체를 정하고 나면 이를 바꾸
기가 쉽지 않아 선점 효과가 크다. 아마존 웹서비스는 2006년 상업 클
라우드 서비스를 처음 시작한 이후 클라우드 서비스 시장에서의 선점
효과를 기반으로 높은 점유율을 유지하고 있으며, 많은 고객을 확보하
여 규모의 경제를 창출함으로써 컴퓨팅 자원 단위당 비용을 낮추고,
이를 기반으로 다시 고객을 유치하는 선순환적 구조를 기반으로 시장
지배적 위치를 유지하고 있다. 구글은 상대적으로 늦게 시장에 진입
했지만, 머신러닝 분야에서의 우위를 기반으로 빠르게 성장하고 있다
(강맹수 2019). 구글의 경우 주요 AI 기술을 필요로 하는 외부 기업에
제공해왔는데, 구글 클라우드 플랫폼이 구글 AI의 핵심 기반이자 보
급 창구이다. AI 전문가와 머신러닝 인프라가 부족한 기업이나, IT 역
량 자체가 부족한 기업의 경우 구글이 제공하는 AI를 사용할 수 있다.
클라우드 기반의 데이터웨어하우스인 '빅쿼리(BigQuery)', 자연어 이
해 플랫폼 '다이얼로그플로(Diaglogflow)', AI 이미지 판독 기술 등은
모두 구글이 구글 클라우드 플랫폼을 통해 제품의 형태로 제공하고 있
는 AI 기술이다. 아예 데이터가 없는 기업의 경우에도 구글이 수집한
데이터와 보유한 기술을 기반으로 한 API(Application Programming
Interface) 서비스를 제공받아 사용할 수 있다(임민철 2019).[2]

445억 달러 규모였다.

2   API(Application Programming Interface)란, 애플리케이션이나 데이터베이스 내에 있
     는 서비스 기능과 데이터에 대한 프로그래밍 방식의 접근(programmatic access)을 말
     한다. (출처: Gartner Glossary)

구글의 클라우드를 통한 AI 서비스 제공의 사례만 보아도 클라우드가 사용자에게 제공되는 서비스와 서비스의 플랫폼, 그 기저에 깔린 데이터와 기술까지 포함하는 중요한 요소임을 알 수 있다. 클라우드를 통해 AI와 같은 범용기술은 물론, 더 나아가 기존에 축적된 데이터까지 활용할 수 있기 때문이다. 실제로 중국의 플랫폼 기업들은 미국 기업이 주를 이룬 클라우드 인프라에서 API의 형태로 원천기술에 접근해 활용함으로써 크게 성장하였다(서울대학교 국제문제연구소 2020).

이렇듯 미국 기업들은 핵심기술 및 선점효과를 기반으로 클라우드 컴퓨팅 경쟁에서 유리한 고지를 점하고 있지만, 이에 대항하는 중국 클라우드 기업들과의 경쟁을 살펴봄에 있어 이를 단순히 기업 간의 경쟁으로만 보기 어렵게 하는 요소가 존재한다. 미국은 정보통신기술 인프라와 관련하여 적극적으로 투자하거나 이를 직접적인 정치적 도구로 활용하지는 않아 기술 개발이 주로 민간 주도로 이루어지는 반면, 중국의 기술 개발 양상은 미국과는 다르기 때문이다(유인태 2018). 이러한 중국 정부의 개입은 특히 중국 시장에서 미국 클라우드 기업들의 상대적 부진으로 이어지기도 한다.

구글의 경우 2020년 7월에서 중국에서의 클라우드 사업을 접었고, 아마존 웹서비스의 중국 내 클라우드 컴퓨팅 서비스 시장 점유율은 4.3%에 불과하다(Hartman 2020). 구글은 중국 내에서 '아이솔레이티드 리전(Isolated Region)'이라는 클라우드 서비스 제공을 중단하면서 공식적으로는 이러한 프로젝트 취소 결정이 지정학적 우려에서 비롯된 것이 아니라고 밝혔으나, 일부 직원들은 서비스 중단 결정에 지정학적인 문제가 부분적으로 영향을 미쳤다고 밝히기도 했다(Gallagher and Bergen 2020). 이러한 구글의 중국 내 클라우드 서비스 철수 결정은 세계시장에서 상당한 정도의 기술력과 선점효과를 지닌 미국 기업들이 중국 시장에서는 경제 논리가 아닌 정치 논리의 작동으로 인해 어려움을 겪고 있는 모습을 보여주는 사례로 볼 수 있다.

다만, 미국의 기업들이 아직까지는 기술경쟁에서 우위에 있다고 판단할 수 있게 만드는 요인은, 중국 밖에서 활동하는 중국 플랫폼 기업들의 미국 플랫폼에 대한 높은 의존도이다. 구글이나 아마존 등의 미국 기업이 클라우드를 통해 제공하던 AI 기술 등을 차단할 경우, 중국의 플랫폼 서비스 기업들은 원천기술에 대한 접근권을 상실하게 되어, 성장에 큰 어려움을 겪을 것임을 짐작해볼 수 있다(서울대학교 국제문제연구소 2020). 일례로, 미국의 플랫폼에 기반해 사업을 전개하고 있는 중국 기업 중 하나인 로봇·AI 스타트업 클라우드마인즈(CloudMinds)의 경우, 미국과 중국에 각각 본사를 두고 있는데, 미국 상무부의 제재 대상 명단(블랙리스트)에 오르면서 상무부의 허가 없이는 미국 지사로부터 중국 지사로 기술 및 기술정보를 이전할 수 없게 되었다. 이로 인해 미국 내 클라우드마인즈의 사업은 무력화되었고, 클라우드마인즈는 나스닥 상장계획도 포기하였다(정재용 2020; Yoo 2020).

2. BATH와 서비스 다각화

중국에서 클라우드 서비스는 주로 기존에 플랫폼을 보유한 인터넷 기업들이 플랫폼 안에 다양한 서비스를 통합시키는 서비스 다각화 전략의 일환으로 제공되고 있다. BATH[3]로 대표되는 중국의 바이두(Baidu, 百度), 알리바바(Alibaba, 阿里巴巴), 텐센트(Tencent, 腾讯) 등 인터넷

3　BATH는 중국 IT 기업들 중 바이두, 알리바바, 텐센트, 화웨이를 말한다.

기업들은 비즈니스의 다각화 과정에서 클라우드 컴퓨팅으로도 서비스
를 확장하고 있다(민성기 2019). 바이두의 경우 클라우드 컴퓨팅 서비
스인 바이두윈(百度云, Baidu Yun)에 직접투자를 하고 있으며, 알리바
바 그룹의 클라우드 부문 자회사인 알리바바 클라우드 인텔리전스는
지난해 4월 클라우드 인프라 구축에 향후 3년간 2천억 위안(약 34조
원)을 투자하겠다는 계획을 밝히기도 했다(이승우 2020).

중국의 인터넷 기업들은 중국 내 클라우드 시장에서 높은 점유
율을 보이고 있는데, 글로벌 시장조사업체 카날리스의 조사에 따르
면 2020년 2분기 기준으로 알리바바가 제공하는 알리바바 클라우드
(阿里云)의 중국 클라우드 서비스 시장 점유율은 40.1%이며, 뒤이어
화웨이(Huawei. 华为)의 클라우드 부문 자회사인 화웨이 클라우드는
15.5%의 시장 점유율을 확보하고 있다. 텐센트 그룹의 텐센트 클라우
드는 15.1%의 시장 점유율로 3위에 올랐다(정재용 2020). 반면 세계
클라우드 서비스 시장에서 중국 기업들의 점유율은 낮은 수준이다. 가
트너(Gartner)에 따르면 중국 내 클라우드 점유율 1위인 알리바바는
2018년 기준으로 세계 IaaS 클라우드 서비스 시장에서 7.7%의 점유율
을 기록했다(Costello and Rimol 2020).

이렇듯 중국의 인터넷 기업들이 제공하는 클라우드 서비스는 중
국 내부에서 상당히 높은 시장 점유율을 보이고 있지만, 세계 시장에
서의 점유율은 아직 미미한 수준이다. 승자독식의 플랫폼 산업 구조
하에서 후발주자라는 사실은 불리하게 작용할 수 있지만, 중국의 인터
넷 기업들의 클라우드 서비스를 무시할 수 없게 만드는 요인은 아시아
태평양 지역(특히 동남아시아)에서의 선전과 중국 정부의 지원이다.

동남아시아 지역에서 중국 기업들은 상대적으로 선전하고 있다.
일례로 알리바바의 알리바바 클라우드는 아시아 태평양 지역에서 아

마존 웹서비스(AWS)의 독주를 막았고, 화웨이 클라우드는 경쟁의 양
상을 더 치열하게 만들었다. 알리바바 클라우드는 인도네시아에서 처
음으로 상용화된 글로벌 공공 클라우드 플랫폼이었으며, '아시아에서
아시아를 위한(in Asia for Asia)' 서비스라는 점에서 호평을 받고 있다
(Ruehl 2020). 알리바바에 따르면 알리바바 클라우드는 2020년 8월에
인도네시아에 세 번째 데이터 센터를 설립하였고, 인도네시아와 말레
이시아를 포함한 지역 시장에서 최대 클라우드 서비스 공급자가 되었
다. 또한, 필리핀에서는 20곳 이상의 현지 파트너를 확보하는 등 동남
아시아 지역에서 적극적으로 서비스를 확장하고 있다(Xinhua 2020).
동남아시아 지역에서 중국 기업들의 선전은 '디지털 실크로드(Digital
Silk Road)'의 차원에서 중국 기업들의 동남아시아 시장에 대한 적
극적이고 공세적인 투자와 진출의 결과인 것으로 보인다(Harding
2019).

　또한, 중국 정부의 대(對)기업 지원이라는 요인을 고려하여야 한
다. 중국 정부는 2010년 국무원의 '전략적 신흥산업 발전에 관한 의견
(关于加快培育发展战略性新兴产业的意见)'에서 클라우드 컴퓨팅 산업을
전략적 신흥산업으로 지정한 이후, 클라우드 컴퓨팅 산업의 발전을 촉
진하기 위한 정책을 지속적으로 추진하고 있다. 2015년에는 클라우드
컴퓨팅과 빅데이터 핵심 기술을 보유한 기업의 혁신 역량을 강화하기
위한 기업 지원 강화, 클라우드 인프라 구축, 빅데이터 개발 및 이용
강화, 클라우드 서비스의 공급 능력 강화 등을 내용으로 하는 클라우
드 컴퓨팅 혁신 발전에 관한 전략을 내놓기도 했다(북경사무소 2015).
2017년에는 '클라우드 컴퓨팅 발전 3개년 행동계획〈云计算发展三年行
动计划(2017-2019年)〉'을 발표하였는데, 중국은 자국의 클라우드 컴퓨
팅의 발전 추세가 가파르지만 여전히 많은 도전에 직면하고 있다고 분

석하고 있다. 주요 업계의 사용자들이 클라우드 컴퓨팅의 안전성이나 가능성, 신뢰성에 대해 우려하고 있어 시장 수요가 완전하지 않다는 점, 산업의 공급 능력이 국제 선진수준에 비하면 여전히 큰 차이가 난다는 점 등을 그 도전으로 꼽으며, 클라우드 컴퓨팅의 발전을 위해 클라우드 분야 제조업 혁신 센터 건설과 클라우드 컴퓨팅 표준체계 보완을 통한 기술 증강, 클라우드 컴퓨팅 공공 서비스 플랫폼 구축 등을 통한 산업발전, 혁신적 창업 지원과 중소기업 발전을 통한 기술 응용 촉진, 클라우드 컴퓨팅 네트워크 보안 기술 강화 등을 중점적인 책무로 제시했다(中华人民共和国工业和信息化部 2017).

최근에는 중국 정부가 포스트 코로나 시대의 '신인프라' 건설을 의미하는 '신기건(新基建)'을 주창함에 따라 지방정부 차원에서도 신기건과 관련된 프로젝트 투자를 발표하였고, 텐센트와 알리바바, 바이두 등의 기업들도 발맞추어 클라우드 데이터 센터 구축, 클라우드 핵심 기술 연구 등 인프라 건설에 대해 대규모 투자계획을 발표하기도 했다(유효정 2020).

또한, 외국 기업에 대한 진입장벽도 자국 기업에 대한 지원의 일종이라는 관점에서 고려되어야 할 점은, 중국이 외국 클라우드 기업의 자국 내 데이터 센터 소유 및 운영을 허가하지 않는다는 점이다. 외국 기업이 중국 내에서 데이터 센터를 운영하기 위해서는 현지에 등록된 회사 중 해외투자가 50%를 넘지 않는 기업이 허가를 받아야 하며, 중국 현지의 파트너 기업이 물리적인 인프라를 소유하며 클라우드 서비스 제공자와 사용자 사이 관계를 통제하게 된다(Hartman 2020). 이러한 제약으로 인해 애플의 경우 구이저우(貴州)에 데이터센터를 설립했으며, 이를 위해 중국 현지 기업인 GCBD와 손을 잡기도 했다.

중국의 클라우드 기업들을 살펴봄에 있어 이상과 같이 중국 정부의 지원을 중요하게 고려해야 하는 이유는 중국의 '탑다운(top-down)' 방식의 정보통신기술전략 때문이다. 이는 정부가 주요 발전 프로그램을 도입하고, 국내적 혁신 시스템을 구축하고, 정보통신기술 인프라를 개선하는 데 주요한 역할을 하고 있음을 의미한다. 이에 따라 중앙정부가 가이드라인과 목표를 제시하면 각 층위의 지방정부가 각자의 상황과 필요에 맞게 현지화된 이행계획과 전략을 발전시킨다(Yu et al. 2016).

이처럼 중국 정부는 빅데이터, 사물 인터넷, 인공지능 등 신흥 분야의 성장을 뒷받침하는 기술로서 클라우드 컴퓨팅의 중요성을 인지하며 클라우드 컴퓨팅 산업의 발전을 주요 정책 목표로 삼고 있다. 중국 정부는 클라우드 컴퓨팅을 지식기반 사회로의 전환을 가능하게 하는 주요 기술혁신의 하나로 간주하여 전략적 우선순위에 클라우드 컴퓨팅의 발전을 두고 있으며, 특히 정부의 주요 관심사 중 하나인 정보 보안을 위해 일정 정도 개입하고 클라우드 컴퓨팅 서비스의 적용을 통제하는 것이 중요하다고 보고 있다(Yu et al. 2016). 이러한 점을 고려한다면, 클라우드 컴퓨팅 분야에서의 경쟁을 GAFAM으로 대표되는 미국의 IT 기업들과 BATH로 대표되는 중국의 기업들 간의 경쟁으로만 파악하는 것은 상황을 단순화시킨 접근일 것이다. 클라우드 서비스를 제공하는 중국의 IT 기업에 대해 중국 당국의 적극적인 지원이 이루어지고 있는 만큼, 비국가 행위자인 민간 기업을 중심으로 성장하고 있는 미국의 클라우드 컴퓨팅 산업과 국가 행위자가 개입하고 있는 중국의 클라우드 산업 간의 경쟁으로 파악하는 것이 더 적절하다.

III. 미중의 대내 데이터 거버넌스

1. 'CLOUD Act'와 역외 데이터 접근

미국이 대내적으로 데이터와 관련해 가지고 있는 법안 중, 클라우드에 저장된 데이터에 접근하는 법 집행과 관련해 가장 중요한 법은 통신저장법(Stored Communications Act: SCA)이다. 이 절에서는 통신저장법에서의 쟁점을 간략하게 살펴본 후, 클라우드 환경에서 통신저장법의 한계를 극복하기 위해 2018년 제정된 클라우드법(CLOUD Act)의 내용과 의의를 살펴보기로 한다.

통신저장법(SCA)은 전자 데이터에 대한 접근을 규제하는 법안으로서, 주요 목적은 전자 데이터(electronic data)의 보호이지만, 동시에 집행기관이 합법적으로 서비스 제공자에게 데이터를 공개하도록 강제할 수 있는 절차를 마련하고 있다(Pecoraro 2017). 이러한 통신저장법의 역외적용이 가능한지 여부와, 만약 가능하다면 어떻게 가능한지에 대해 미국 내에서 논쟁이 있었다. 마이크로소프트 사건(Microsoft v. United States)의 항소심에서 법원은 통신저장법상 정부 기관이 서비스제공자에게 특정 정보의 공개를 강제하는 데 사용할 수 있는 방법 중 하나인 영장으로는 미국 밖에 위치한(hosted) 데이터에 접근할 수 없다는 결론을 내렸다(송영진 2018; Pecoraro 2017). 즉, 정부가 서비스 제공자에게 서버에 접근하여 데이터를 검색할 수 있게 요청하는 과정에서 결정적인 요소는 서비스 제공자에게 정보를 요청하는 시점에서의 정보의 위치(location)라는 것이다.

통신저장법의 역외적용과 관련된 논란을 명확히 하기 위해 통과된 법안이 미국의 '합법적인 해외 데이터 활용의 명확화를 위한 법률

(Clarifying Lawful Overseas Use of Data Act, 이하 클라우드법)'이다. 이 법은 미국의 통신서비스 제공자들이 보유하거나 관리하고 있는 통신 내용, 트래픽 데이터, 가입자 정보 등에 대해 정부기관이 실제 '데이터가 저장된 위치에 관계없이' 제공 요청을 할 수 있도록 명시하고 있다. 이 법률을 통해 역외 데이터에의 접근에 대한 근거가 마련되었다(송영진 2018). 클라우드법 제정 이전에는 영토관할권 내에서의 디지털 증거 수집 시에는 영장을 청구하여 집행한 한편, 영토관할권 밖에 있는 경우는 국제 형사사법공조조약(Mutual Legal Assistance Treaty: MLAT)을 근거로 국가 간 상호조약을 통해서 절차적으로 해결하였다. 이러한 절차적 문제를 해결하고자 한 것이 클라우드법 제정의 취지였다(김재운 2018). 이 법률은 기존의 통신저장법에서 정하고 있는 자격 있는 해외의 국가가 미국 기업에 직접 가서 사용자 통신 내용을 넘겨달라고 요청할 수 있도록 하는 예외를 신설하여, 이 예외조항을 통해 국가들이 형사사법공조조약(MLAT) 절차를 우회할 수 있게 하고 있다. 이와 관련하여 클라우드법이 인권과 프라이버시를 침해할 수 있다는 우려도 제기되었다(Greene 2018).

클라우드법에서 주목할 지점은 크게 두 가지 요소인데, 첫째는 이 법으로 인해 통신저장법의 역외적용이 가능해져 동법의 전 세계적 확장이 가능해졌다는 점이며, 두 번째는 미국과 외국 정부 사이에 클라우드 서버에 접근이 가능하도록 하는 양자 행정 합의가 형성되도록 하는 과정을 마련한다는 점이다. 즉, 미국의 집행기관이 해외의 클라우드 서버에 접근할 수 있도록 하는 행정협정과, 해외 정부로 하여금 미국에 기반을 둔 클라우드 서비스에 접근하도록 하는 행정협정의 확장 과정을 촉발할 수 있다는 것이다(Schwartz and Peifer 2019).[4]

즉, 클라우드법은 테러리즘에 대한 대응과 사이버 정보 수집을 목적으로, 기존에 오랜 기간을 요하던 국제형사사법공조의 절차를 피하고, 행정협정을 통해 증거를 용이하게 수집하고자 하는 목적에서 제정되었다. 그러나 이와 관련해, 다른 나라의 기업이 보유, 관리하고 있는 데이터도 국가 간 행정협정의 상호주의에 근거하여 제공해야 한다는 문제점도 발생한다. 이는 개별국가 차원에서 행정협정 체결 시 관련된 법제 정비를 통해 해결되어야 한다(송영진 2018; 김재운 2018).

이상의 법안을 살펴보면, 형사상의 증거 수집과 대테러 목적이기는 하지만, 국가안보를 위한 데이터의 감시와 역외 데이터에의 접근은 국가안보라는 차원에서 테러와의 전쟁을 수행하기 위한 주요한 도구로 활용되고 있음을 알 수 있고, 국가안보를 목적으로 하는 데이터 감시의 범위는 미국 안과 밖의 세계가 모두 포함되고 있음을 알 수 있다. 국내법적으로 역외 데이터의 접근을 위한 법률적 근거도 마련했다는 점에서 이는 더욱 분명하게 드러난다.

대내적으로 국가적 목적(형사사법적 목적과 대테러 목적)을 위해 기존에 존재하던 법제를 역외적용하고자 하는 시도는 일종의 '데이터 패권'적 행보를 보여주는 단면이기도 하다. 데이터의 위치에 관계없이 타국의 관할권에 위치한 데이터에 대해서도 '합법적으로' 활용할 수 있게 하는 기반이 되기 때문이며, 이는 데이터 거버넌스에 있어서의 미국의 패권적 또는 제국적 면모를 엿볼 수 있는 대목이다.

---

4   해외 관할권 하에 있는 클라우드 서비스 제공자에게 정보 공개를 요구할 때에는 '심각한 범죄(serious crime)'의 경우에 한해서만 요청이 가능하지만, '심각한 범죄'가 무엇인지 엄밀하게 정의되어 있지는 않다.

2. '네트워크안전법'과 데이터 국지화

중국의 대내 데이터 거버넌스의 주요한 정책적 목적 중 하나는 데이터 국지화(data localization)이다. 이는 간략하게 중국 내에서 생산된 데이터는 역내에 보관되도록 하는 조치를 말한다. 이 절에서는 데이터 국지화라는 목적을 달성하기 위한 중국의 법제로서 가장 주요한 법률인 '네트워크안전법(「中华人民共和国网络安全法」)'을 살펴보고자 한다.

　2017년에 도입된 중국의 네트워크안전법은 네트워크 공간을 국가의 주권이 미치는 영역으로 보고, 네트워크 공간상에서의 주권, 즉 정보주권을 법의 보호대상으로 정하고 있다. 이러한 관점에 입각하여 제정된 네트워크안전법은 네트워크상의 정보를 통합적으로 보호하면서 네트워크 안전을 국가안보 정책의 수단으로 삼고 있다. 주된 입법 취지는 방패의 성격을 띠고 있는데, 네트워크 공간이 국가주권의 영역이라는 시각에 기반해 네트워크 공간에 가해질 수 있는 위협에 대응하기 위한 방패를 구축하여 국가주권과 사회안전망을 견고히 보호하고자 하는 법이 네트워크안전법인 것이다(신재하·임요준 2019).

　네트워크안전법은 7개 장으로 구성되어 있으며, 제1장은 총칙, 제2장은 네트워크 보안기술과 촉진, 제3장은 네트워크 운영의 보안을 다루고 있다. 제4장은 네트워크 정보보안에 관한 내용으로, 네트워크 운영 시 수집된 개인정보의 보호와 네트워크상에서 배포된 정보에 대한 관리 등 네트워크상에서 수집, 저장, 배포되는 정보의 안전을 규정하는 조항들을 포함하고 있다. 제5장은 모니터링 경보와 응급조치에 관한 내용으로, 네트워크 보안을 모니터링하기 위한 조치들과 보안사고 발생 시의 응급조치들을 규정한다. 제6장은 법률책임, 즉 동법에 위반되는 행위에 대한 법적 책임을 규정하고 있으며, 제7장은 부칙으로 구성되어 있다(선종수 2018). 이 중 1장과 3장의 내용을 자세히 살펴보면, 1장 총칙에는 네트워크안전법 제정 이면에 존재하는 중국 정부의 구상을 확인할 수 있는 내용들이 포함되어 있다. 1조 목적 조항에서는 '네트워크상의 안전을 보장하고, 네트워크 공간상의 주권과 국가안전, 사회 공공의 이익을 수호하며, 공민과 법인, 기타 조직의 합법적 권익을 보호'하기 위해 네트워크안전법이 제정됨을 밝히고 있어, 네트워크 공간에 대한 주권적 통제가 국가의 안전과 직결된다는 인식이 존재함을 알 수 있다. 37조에서는 핵심정보기반시설의 운영자가 중국의 국경 내에서 운영 중 생산 및 수집한 모든 데이터를 반드시 중국 역내에 보관하도록 하고 있으며, 업무상 필요에 의해 데이터를 역외로 이전할 경우 중국 당국이 정한 방법에 따라 안전평가를 거치도록 요구하고 있다(中共中央网络安全和信息化委员会办公室 2016). 중국 정부가 요구할 시에는 데이터 암호 해독 정보를 제공해야 하며, 이를 거부할 시에는 기업에 영업정지와 벌금이 부과된다(박지영·김선경 2019). 이러한 조항은 데이터 국지화의 강화와 이를 통한 국가의 데이터 통제권 강화의 맥락에서 이해된다. 데이터가 역내에 보관되도록 하고, 역외 제공 시에는 국가가 정한 방법의 평가를 거치도록 함으로써 기본적으로 탈영토적 성격을 띠는 데이터를 국가의 영토적 관할권과 일치시키고 데이터의 위치를 통제하고자 하는 시도이기 때문이다.

　　데이터 국지화를 추진하는 국가로 중국이 유일한 국가는 아니다. 나이지리아나 독일, 러시아 등의 국가도 부분적으로는 데이터의 국지화와 관련된 법률을 가지고 있지만, 중국의 법제에서 독특한 점은 국지화의 대상에 개인정보뿐 아니라 '핵심정보기반시설(关键信息基础设施)'과 관련된 '중요한 데이터'까지 포괄적으로 포함하고 있다는 점이다. 특히 이 '핵심정보기반시설'에 대한 정의는 광범위한데, 공공 통신과 정보 서비스, 에너지, 교통, 수자원, 금융, 공공 서비스, 전자 정부 서비스를 포함하는 영역으로, 사실상 일상생활의 모든 주요 측면을 포함한다(Wei 2018; 선종수 2018).

　이러한 네트워크안전법은 사이버 공간에 대한 통제를 비롯한 국가의 적극적 역할과, 네트워크 공간상의 '국가안보'를 위해서 국가가 개입할 수 있는 여지에 대한 법적 근거를 마련한 것으로 볼 수 있으며, 더 나아가 중국 시장에 진출해있는 개인이나 기업이 중국의 법을 따르게 함으로써 관리감독을 용이하게 하고자 하는 시도에서 비롯된 것으로 볼 여지도 존재한다(신재하·임요준 2019). 일례로 네트워크안전법의 적용으로 인해 애플은 중국 사용자의 아이클라우드 계정을 중국 기업이 운영하는 데이터 센터에 저장하고 암호 해제에 필요한 암호화 키를 중국 당국에 넘긴 데 이어 중국 내의 앱스토어에서 가상사설망(VPN) 관련 애플리케이션 60여 개를 삭제했고, 전기자동차 회사인 테슬라 역시 중국 고객의 데이터 서버를 미국에서 중국으로 옮기기도 했다. 또한, 마이크로소프트는 데이터 수집 기능과 원격 업데이트 기능에 제한을 둔 '중국판 윈도우 10'만을 허가 받았다(강동균 2020; 김준연 2020).

　이 절에서 살펴본 네트워크안전법은 미국의 클라우드법과 충돌할 여지도 존재한다. 클라우드법은 행정협정의 대상이 될 수 있는 외국 정부에 대한 몇 가지 기준을 제시하고 있다. 이러한 기준에는 '개방적인 인터넷에 대한 참여(commitment)'라는 요구조건이 포함되어 있는데, 이는 '국경을 넘나드는 정보의 자유로운 이동과 개방적인 인터넷에 대한 참여를 보여주는 것'으로 정의되었다. 이러한 정의에 따른다면 데이터 국지화를 규정한 법률은 미국의 클라우드법과 충돌할 가능성도 존재한다(Gimelstein 2019). 이러한 국내법 간 충돌은 미국과 중국의 제도표준 경쟁의 한 단면을 보여준다. 양국의 정치경제 모델 사이의 차이점을 보여줌과 동시에, 이 분야에서의 정책과 제도의 표준을 확보하는 것이 중요하다는 양국의 인식을 반영하고 있다고도 볼 수 있을 것이다. 즉, 클라우드 컴퓨팅을 뒷받침하는 양국의 서로 다른 정치경제모델의 경쟁, 또는 제도표준의 경쟁을 보여준다고 할 것이다.

정리하자면, 미국이 민간 기업을 중심으로 클라우드 컴퓨팅 분야에서 상대적 우위를 차지하고, 이에 기반해 데이터의 자유로운 초국적 이동을 장려하며 더 나아가 역외 데이터에까지 합법적으로 접근하고자 하는 '데이터 패권국'으로서의 제도를 운영하고 있다면, 이에 반해 중국은 자국 내에서 활동하고자 하는 기업은 중국의 법제에 따라야 하는 점을 이용해 데이터 국지화와 '데이터 주권'이라는 정책적 목표 달성에 미국의 기업들까지도 협조하게 만들고 있다. 중국의 데이터 국지화 등의 법제는 미국이 추구하는 데이터의 자유로운 흐름이 보장되는 환경과 반하며, 양국 간의 제도표준 경쟁의 균열선을 첨예하게 만들고 있다.

IV. 미중의 대외 데이터 거버넌스

1. '클린 네트워크'와 초국적 데이터 유통 담론

미국은 그간 지속적으로 데이터의 초국적 유통이 보장되어야 한다는 입장을 고수해왔다. 특히 자본의 시각에서 국경을 넘는 데이터의 이동이 자유롭게 보장되어야 한다고 보며, 기업활동을 저해하지 않는 선에서 규제를 최소화하는 것이 바람직하다고 보는 것이 대외 데이터 거버넌스에 있어서의 미국의 입장이다. 문제가 발생하면 사후에 보완을 하는 방식이 기본 기조인 것이다(김상배 2019). 국내적으로도 국가 데이터 저장의 네트워크를 구축하고 관련된 법을 제정 및 시행함으로써 데이터 개방 활성화를 위한 제도적, 기술적 토대를 마련하고 있고, 이를 통해 데이터 분석과 공유의 효율성을 제고하고자 하는 노력을 지속하고 있다(한정석 2020). 더 중요한 것은, 이러한 노력이 국내에 그치는 것이 아니라 자유로운 데이터 유통과 관련된 담론을 국제적으로 투영하고자 하는 시도로 이어지고 있다는 점이다.

이러한 맥락에서 미국은 인터넷 공간의 자유주의적 질서 구축에 방해가 되는 요인은 제거하는 한편, 안전한 글로벌 네트워크 환경을 확보하는 데 관심을 기울여왔다(김상배 2018). 그 연장선 위에서 최근 미국의 대외 데이터 거버넌스는, 자유로운 데이터 유통에 '위협'이 되는 중국의 기업과 정부를 배제하고, 안전하고 깨끗한 네트워크를 형성하고자 하는 시도로 나타나고 있다.

이러한 시도는 트럼프 행정부의 '클린 네트워크(Clean Network)' 프로그램을 통해 더욱 분명하게 드러난다. '클린 네트워크' 구상은 중국 공산당과 같은 행위자의 공격적인 침입으로부터 시민들의 프라이버시와 기업들의 민감정보 등 국가의 자산을 보호하기 위한 트럼프 행정부의 포괄적인 접근이다(US Department of State 2020). 이러한 구상에는 여섯 가지의 하위 항목들이 있는데, '클린 캐리어(Clean Carrier, 중국의 통신사가 미국의 통신 네트워크와 연결되지 않게 보장)', '클린 스토어(Clean Store, 미국의 모바일 애플리케이션 스토어에서 신뢰할 수 없는 애플리케이션을 제거하는 것을 말함)', '클린 앱스(Clean Apps, 중국의 신뢰할 수 없는 스마트폰 제조사들이 사전에 애플리케이션을 설치하지 못하게 막는 것)', '클린 클라우드(Clean Cloud, 알리바바나 바이

표 1 '클린 네트워크' 프로그램의 하위 항목

하위 항목	주요 내용
클린 캐리어(Clean Carrier)	중국의 통신사의 미국 통신 네트워크 연결 방지
클린 스토어(Clean Store)	미국 모바일 애플리케이션 스토어에서 신뢰할 수 없는 앱 삭제
클린 앱스(Clean Apps)	중국 애플리케이션의 선탑재 금지
클린 클라우드(Clean Cloud)	중국 기업들이 접근 가능한 클라우드에 지식재산이나 민감한 개인 정보의 저장 방지
클린 패스(Clean Path)	안전한 커뮤니케이션 경로
클린 케이블(Clean Cable)	미국의 해저 케이블을 중국으로부터 보호

출처: US Department of State(2020)를 바탕으로 필자 편집.

두, 차이나 모바일, 텐센트 등 기업들이 접근 가능한 클라우드 기반 시스템에 미국 시민들의 민감한 개인정보나 기업들의 지식재산이 저장/처리되지 않게 막는 것)', '클린 케이블(Clean Cable, 세계 인터넷과 미국을 연결하는 해저 케이블이 중국의 정보 수집의 대상이 되지 않게 보장하는 것)', '클린 패스(Clean Path, 화웨이나 ZTE와 같이 중국 공산당의 지시에 따라야 하는 신뢰할 수 없는 정보통신기술 회사가 제공하는 어떠한 전송, 통제, 컴퓨팅, 저장 장치도 사용하지 않는 커뮤니케이션 경로)'가 그것이다.

이러한 '클린 네트워크'는 단순히 담론에만 머무르는 것은 아니다. 일례로 '클린 네트워크'에 포함된 여섯 가지 하위 항목 중 '클린 케이블(Clean Cable)'은 앞서 언급한 바와 같이 미국과 세계 인터넷을 연결하는 해저 케이블을 중국의 정보 수집 위협으로부터 보호하겠다는 구상인데, 이에 따라 지난 6월 미국 법무부는 연방통신위원회(FCC)에 국가안보 우려를 근거로 미국과 홍콩을 직접 연결하는 PLCN(Pacific Light Cable Network) 해저 케이블 시스템을 거부할 것을 권고하기도 했다(Department of Justice 2020).

이상의 '클린 네트워크'라는 구상과 관련해 다음의 두 가지를 집중적으로 보아야 한다. 첫째, 이러한 구상이 일종의 데이터 동맹의 형태로 나타나고 있다는 점이다. 미국은 동맹 국가들을 중심으로 '클린 네트워크' 구축에 동참할 것을 요청하며 일종의 반(反)중국 연대를 형성하고 있다(한국방송통신전파진흥원 2020). 일본의 NTT, NEC, KDDI 등 다수의 모바일 기술 회사들이 이 프로그램에 참여하고 있다고 전해지며, 한국의 SK텔레콤과 KT 또한 '클린 캐리어'에 참여하는 기업의 목록에 올라 있다. 미국은 외교적 노력을 통해 영국과 프랑스의 참여를 이끌어냈으며, 이 외에도 인도, 캐나다, 호주의 통신사들도 이름을 올렸다고 밝히고 있다(Layton 2020).

다음으로, 클라우드 컴퓨팅 환경 하에서의 데이터 거버넌스를 살펴봄에 있어 '클린 네트워크'의 6가지 하위 항목 중 '클린 클라우드 (Clean Cloud)'에 주목해야 한다. 미국의 글로벌 플랫폼 기업들이 클라우드 서비스 제공을 통해 큰 수입을 벌어들이고 있고, 일종의 선점 효과를 누리고 있는 상황에서 다른 (특히 중국의) 기업들의 시장 진출을 막고자 하는 의도가 '클린 클라우드'의 구상에 일부 포함되어 있을 수 있기 때문이다. 중국 기업들이 접근 가능한 클라우드에 개인정보를 저장하지 않도록 하는, 사실상 중국 기반의 클라우드 서비스를 사용하지 않도록 권장하는 것은 미국 기업들이 선점한 클라우드 서비스 시장에서 중국 기업들의 세계시장 진입과 글로벌 기업으로의 성장을 차단하는 효과가 있을 수 있기 때문이다(서울대학교 국제문제연구소 2020).

특히, '클린 네트워크' 구상의 이면에는 중국이 그간 이뤄온 기술적 진보에 대한 미국 트럼프 행정부의 우려가 반영되어 있고, 중국이 정치적 억압과 경제적 민족주의, 외교적 강압을 촉진하기 위해 강화한 사이버 역량이 미국에 위협이 된다는 믿음이 존재한다(Fidler 2020).

이러한 맥락에서 볼 때, 미중 간 갈등은 '데이터 라운드'로 옮겨 갈 조짐이 있다고 볼 수 있으며, 이는 클라우드 서비스를 제공하는 중국 기업들이 다음 갈등의 대상이 될 수 있음을 함의한다. 특히 최근에는 화웨이와 틱톡·위챗에 이어 알리바바와 텐센트가 제재 대상이 될 조짐도 보이는데, 알리바바와 텐센트에 대한 투자금지 조치가 검토되기도 했으며, 알리바바에 대해서는 전자상거래와 소매 분야가 아닌 클라우드 서비스 영역에서 제재를 취할 가능성이 큰 것으로 분석되고 있다(Pham 2020). '클린 클라우드'에 대해 국무부가 구체적으로 '알리바바, 바이두 및 텐센트'와 같은 기업들의 클라우드 기반 시스템에 미국 국민들의 민감한 개인정보나 기업들의 지적 재산권 등 정보가 저장 또는 가공되는 것을 방지해야 한다고 명시한 것을 고려해본다면(US Department of State 2020), '클린 앱스'의 맥락에서 틱톡과 위챗 등 애플리케이션 제공 기업에 대한 제재가 가해진 것에 이어, '클린 클라우드'의 맥락에서 클라우드 서비스를 제공하는 기업들이 다음 제재 대상이 될 가능성도 배제할 수 없다.

이상을 종합해보면, '클린 네트워크', 특히 그중에서도 '클린 클라우드'는 클라우드 서비스를 제공하는 중국의 인터넷 기업에 대한 견제로서의 성격을 지니고 있다고 볼 수 있다. 미국은 동맹국들의 참여를 이끌어내며 중국 기업들이 미국의 데이터 패권에 도전하지 못하도록 견제하고 있으며, 이러한 관점에서 본다면 '클린 네트워크' 프로그램의 궁극적인 목적은 세계의 정보통신 네트워크가 중국을 중심으로 재편되는 것을 막는 데 있다는 것이다. 또한, 화웨이에서 시작해 틱톡과 위챗 등으로 이어진 대중(對中) 제재는 장비와 애플리케이션 등의 가시적인 영역에서 클라우드를 포함하는 비가시적인 영역으로 확대될 가능성도 존재한다(이왕휘 2020). 더 나아가, 대중 견제를 위해 기존의 동맹국들을 중심으로 일종의 데이터 안보 동맹을 구축하고자 하는 움직임도 포착되는데, 이러한 데이터 안보 동맹 형성의 함의는 이어지는 절에서 더 자세히 살펴보기로 한다.

2. '데이터 안보 이니셔티브'와 데이터 주권 담론

앞선 절에서 살펴본 미국의 '클린 네트워크' 프로그램에 대해 중국은 이 프로그램이 미국의 디지털 패권을 보존하기 위한 목적을 지니고 있다고 파악하고 있다(Fudan Development Institute et al. 2020). 이 절에서는 미국의 '데이터 패권'과 '클린 네트워크' 프로그램에 대응하는 중국의 '데이터 주권' 담론과 '데이터 안보 이니셔티브'를 살펴보고자 한다.

'데이터 주권' 담론에 대해서 일관된 정의가 존재하는 것은 아니지만 국경 내에서 생산된, 또는 국가의 인터넷 인프라를 지나는 데이터를 국가가 통제하려고 하는 접근으로 이해된다(Polatin-Reuben and Wright 2014). 중국은 그간 자국의 데이터 주권(data sovereignty)과 다른 국가들의 국내문제 비개입을 중요하게 간주해왔고, 이에 따라 데이터 국지화 정책을 통해 데이터 안보를 확보하겠다는 전략을 유지해왔다. 한편으로 중국은 국가주권이 사이버 공간상으로 확장되어야 한다고 보며, 그런 의미에서 네트워크 주권을 국가주권의 자연스러운 확장과 적용으로 보고 지속적으로 강조해왔는데(高奇琦·陈建林 2016), 그 연장선 위에서 '데이터 주권'의 개념도 제기되는 것이다.

2020년 9월 중국은 '글로벌 데이터 안보 이니셔티브(全球数据安全倡议)'를 발표하였다. 그 내용을 살펴보면 크게 8가지의 제안이 담겨 있음을 확인할 수 있는데, "기업은 사업하는 소재국의 법률을 준수하고, 자국 기업이 해외에서 생산 및 취득한 데이터를 그 국내에 저장하도록 요구해서는 안 된다(4항)"는 내용, "타국의 주권과 사법관할권, 데이터에 대한 안전관리권을 존중하고, 타국 법률의 허가 없이는 기업 혹은 개인에 대해 (다른 국가의) 데이터를 수집, 확인해서는 안 된다(5항)"는 내용이 포함되어 있다. 이와 더불어, "범죄단속 등 사법 집행의 필요로 인해 국경을 넘어 데이터를 수집하고자 할 때, 사법협조경로나 기타 관련 다자간 협의를 통해 해결해야 하며, 국경을 넘는 데이터 수집과 관련하여 국가 간 양자 협의를 체결할 때, 제3국의 사법주권이나 데이터 안전을 침해해서는 안 된다(6항)"고도 명시하고 있다(中国外交部 2020). 특히 이 6항의 내용은 앞서 살펴본 바와 같이 국가 간 형사사법공조의 절차를 우회하여 (테러 단속과 사법 집행을 위한) 디지털 정보 수집을 가능하게 하는 미국의 클라우드법(Cloud Act)을 겨냥한 내용으로 해석이 가능하다.

이상의 내용은 앞서 살펴본 네트워크안전법과 유사한 맥락에서 이해될 수 있다. 중국의 국내법과도 유사한 내용을 다른 국가의 참여를 끌어들이는 하나의 '전지구적 제안(全球倡议)'으로 발전시킨 것으로 이해해볼 수 있을 것이다. 즉, 네트워크안전법을 통해 국가의 데이터 통제권을 강화하고 중국에서 수집되고 생성된 정보는 중국 내에 저장할 것을 의무화하여 데이터 국지화를 추진하고 있는 것과 같은 맥락에서, 이를 데이터 안보 분야를 규율하는 대외적 거버넌스에도 투영하고자 하는 시도로서 데이터 안보 이니셔티브가 등장했다는 것이다. 이렇게 본다면 중국은 네트워크 공간상의 활동이나 데이터에 대해 주권적 통제가 가능해야 한다는 사고에 기반해 국내법제를 제정하는 것에서 그치지 않고, 이를 대외적 제안으로 확장하여 이러한 움직임에 다른 국가들도 동참할 것을 촉구하고 있다.

사실 '데이터 안보 이니셔티브'와 같은 중국의 구상은 새로운 것이 아니다. 이와 유사한 구상은 오래전부터 지속적으로 이어져왔다. 2014년 이래로 중국은 매년 '세계인터넷대회(World Internet Conference)'를 개최해왔는데, 세계인터넷대회를 통해 중국은 인터넷 주권의 이념을 널리 선전하고 이를 안전한 인터넷 공간의 구축을 위한 국제협력의 구심점으로 삼고자 했다. 또한, 상하이협력기구(SCO)를 중심으로 사이버 주권의 원칙, 즉 주권과 내정불간섭의 원칙 등이 사이버 공간에서도 적용된다는 원칙을 지속적으로 강조하고 있다. 이러한 시도들은 인터넷 거버넌스에서 서방 국가들과 미국의 우위에 반감을 가진 비서방 국가들을 '주권'의 담론으로 규합하며 이를 제도화하려는 노력의 일환으로, 미국에 대항하는 일종의 '사이버 진영' 건설 시도로도 이해할 수 있다(김상배 2018; 배영자 2018).[5] 이러한 전사를 고려한다면, 데이터 안보 이니셔티브의 등장은 전에 없던 새로운 구상이 아니며, 수년 전부터 중국이 지속적으로 내세우던 담론의 연장선 위에서 이해되어야 한다.

주의해야 할 점은 중국이 내세우는 데이터 주권 담론의 특수성이다. 데이터의 국지화를 시도한 국가가 중국뿐만이 아니었듯, '데이터 주권'의 담론을 내세우는 국가로 중국이 유일한 국가는 아니다. 대표적으로 유럽연합(EU)도 '데이터 주권'을 내세우는데, 중국의 데이터 주권과 유럽연합의 데이터 주권은 구별하여 볼 필요가 있다. 유럽연합(EU)은 GDPR(General Data Protection Regulation)을 통해 정보주체의 데이터 결정권을 강화하고, 유럽연합과 동등한 수준의 개인정보 보

---

5   인터넷 주권(또는 사이버 주권)과 정보주권은 다른 의미를 내포하고 있지만 양자가 혼용되고 있다는 점을 고려하여 이 글에서도 이러한 용어를 엄밀한 구분 없이 혼용하여 사용하고 있음을 밝힌다.

호 체계가 마련되어 있음을 증명하는 '적정성 평가'를 통과해야만 데이터의 역외 이동이 가능하게 하고 있다. 그러나 정보주체의 동의가 있는 경우나 계약을 이행해야 하는 경우에는 정보보호의 수준이 기준에 미치지 못하더라도 데이터 이전이 가능하다. 이는 데이터를 보호해야 할 권리 개념의 근거를 국가 차원이 아닌 개인 차원에서 찾는다는 의미에서 일종의 '시민주권'의 모델로 이해할 수 있다(김상배 2020). 반면 중국이 내세우는 '데이터 주권'은 국경을 넘는 데이터의 이동 자체를 제한하고 통제하려는 움직임으로, 근대 영토국가의 주권개념으로서 '법정치적 주권'에 가깝다(김상배 2019).

다만, 중국이 내세우는 데이터 주권이 근대 국민국가의 국경을 기준으로 한 법정치적 주권의 형태라는 점에서는, 데이터가 영토적 경계를 넘어 상호작용하게 되는 클라우드 환경과 중국이 내세우는 담론과의 정합성에 대한 의문을 제기해볼 수 있다(배영자 2018). 즉, 데이터의 탈영토성이라는 특징이 강화되는 클라우드 환경에서 사이버 공간에 대한 중국의 국민국가 중심의 주권담론이 어느 정도의 설득력과 지속가능성을 가질 수 있을지에 대해서는 더 면밀한 검토가 필요하다.

향후의 지속 가능성의 문제는 차치하고 현재 중국의 데이터 주권 담론 이면의 인식을 살펴보면, 중국은 '클린 네트워크' 프로그램이 진정한 전 세계적 데이터 안보 계획이 아닌, 지정학적 산물이라고 보고 있으며, 미국이 정보통신기술 분야의 규칙이 부재한 상황을 이용해 미국의 이익을 중심으로 데이터 안보의 틀을 만들고자 한다고 이해하고 있다. '클린 네트워크'는 디지털 패권을 유지하고자 하는 미국의 정책적 도구이며, 미국이 주도하는 인터넷 세상에 중국 기업들이 도전하지 못하도록 국력을 활용하여 중국 기업에 대한 압력을 가하고 있다고 보는 것이다(Fudan Development Institute et al. 2020; 郭晓鹏 2020). 이러한 중국의 시각을 고려한다면, '데이터 안보 이니셔티브'는 강한 표적성과 지향성을 지닌 구상으로 이해해야 한다. 즉, 중국의 '사이버 공간의 안전'을 해치는 행위'에 대해서 포괄적으로 대응하는 한편 중국의 인터넷 주권(网络主权)을 확고히 하고, 사이버 공간에서 미국의 '일방적이고 패권적인' 행위에 대해서는 반박하고자 하는 목적을 가진 것으로 이해해야 한다는 것이다(鲁传颖 2020).

이상을 종합해볼 때, 중국의 '데이터 안보 이니셔티브'는 중국이 정의하는 데이터 안보에 기반한 자체적인 구상으로, 미국이 주장하는 자유로운 데이터의 이동을 중심으로 한 데이터 거버넌스의 형성에 대응하는 차원에서 제안된 것으로 볼 수 있다. 아직 데이터 안보와 관련한 국제규범이 명확하게 정립되지 않은 시점에서 양국의 담론이 경합하고 있는 상황으로 파악된다.

앞서 살펴본 미국의 '클린 네트워크'와 중국의 '데이터 안보 이니셔티브' 구상에서 주목해야 할 점은, 데이터 안보의 거버넌스 이슈가 국가 간 동맹의 양상으로 발전하고 있다는 점이다. 미국과 중국 양국은 각자 자국이 강조해오던 담론을 기반으로 주변국들의 참여를 촉구하고 압박하며 일종의 '데이터 안보 동맹'을 형성하고자 하고 있다. 미국은 '클린 네트워크'에 이미 30개 이상의 국가들이 참여하고 있다고 밝혔으며, 중국은 중국의 기술기업들의 안보 우려를 완화하기 위한 노력의 일환으로서 동남아시아 국가들에게 베이징의 새로운 이니셔티브에 참여하도록 요구한 바 있다(Wong 2020).

미국이 미국 플랫폼 기업들의 클라우드 시장에서의 독점적 지위에 기반해 데이터의 국경을 넘나드는 자유로운 이동이라는 담론을 강조하고, 역외 데이터에 대한 접근을 가능하게 하는 법제화를 시도하고 있는 한편, 중국은 데이터의 위치를 역내로 제한하고 데이터의 이동에 대한 국가의 규제 정도를 강화하며, 네트워크 공간에서의 주권적 권한 보장을 강조하고 있기 때문에, 미국과 중국의 상이한 데이터 거버넌스의 기저에 깔린 상호경합적 담론 간 격차가 좁혀지기는 쉽지 않을 것으로 보인다. 양국이 서로 다른 거버넌스 구상에 기반해 다른 국가의 동참을 요구하는 일종의 데이터 동맹 형성을 꾀하고 있는 상황에서, 한국은 미국과 중국 양쪽으로부터 '데이터 안보 동맹'에 참여하라는 압박을 받고 있다.

트럼프 행정부의 대(對)화웨이 제재조치 당시에도 미국은 동맹국들에게 화웨이의 기술과 장비를 사용하지 말 것을 권고했다. 지난해 추가 제재가 발효되면서는 국내 메모리 반도체 기업들도 불가피하게 영향을 받았고, 삼성전자, SK 하이닉스 등의 기업들은 주요 매출처인 화웨이에 반도체를 공급할 수 없게 되는 상황도 발생했다(서미숙 2020). 이렇듯 미국과 중국의 기술패권경쟁의 한 단면이었던 화웨이 제재조치가 발효되자 국내 기업들은 기술적, 경제적 선택을 요구받는 상황에 놓였다. 현재의 데이터 거버넌스를 둘러싼 미중 양국의 상이한 구상에서도 유사한 양상이 드러나고 있다. 양국 모두가 자국의 구상 속으로 한국을 끌어들이려는 움직임이 이미 나타나고 있으며, 더 나아가서는 선택을 강요받을 수 있다는 점을 고려해야 한다.

V. 맺음말

이상 클라우드 컴퓨팅 분야를 중심으로 벌어지는 미국과 중국의 경쟁을 3차원 표준경쟁의 분석틀에 입각해 살펴보았다. 미국의 클라우드 기업들은 시장 선점효과와 핵심 기술력을 기반으로 클라우드 컴퓨팅 시장에서 우위를 차지하고 있는 한편, 중국의 인터넷 기업들은 정부의 지원에 힘입어 클라우드 서비스 시장으로도 사업을 넓히고 있다. 일견 민간 기업 간의 경쟁으로 보이는 미국과 중국 기업 간 경쟁은 중국(그리고 최근에는 미국까지도)과 같은 국가행위자의 개입으로 인해 서로 다른 네트워크 간(inter-network) 기술표준을 둘러싼 경쟁으로 비화하고 있다. 제도표준경쟁의 측면에서 미국과 중국은 각각 역외 데이터 접근과 데이터 국지화를 시도한 국내법을 제정하여 데이터 경제를 뒷받침하고 있으며, 이러한 제도는 양국의 정치경제 모델의 차이를 극명히 드러내고 있다. 담론표준경쟁의 측면에서는 현재 데이터 분야를 규율하는 범세계적 규칙의 부재 상황을 활용하여 양국이 상호 경합적 담론체계를 내세우고 있는 양상이 드러난다. 보다 구체적으로는 미국의 '클린 네트워크' 프로그램과 중국의 '데이터 안보 이니셔티브'의 구상을 살펴볼 수 있는데, 양자 모두 그간 양국이 사이버 공간에 대해 내세우던 '자유로운 초국적 데이터의 흐름' 담론과 '데이터 주권'의 담론의 연장선상에 있는 구상이다.

선도부문에서의 경쟁 양상이 패권경쟁의 미래를 가늠할 수 있게 한다는 관점 하에, 이 글이 하고자 한 작업은 선도부문에서의 표준을 둘러싼 경쟁의 양상을 분석하는 것이었고, 분석의 편의와 클라우드 컴퓨팅 기술의 중요성을 고려하여 그 범위를 클라우드 컴퓨팅과 데이터 거버넌스라는 영역으로 좁혔다. 이러한 작업을 통해 궁극적으로는 미중 패권경쟁의 향후 전망과 전개 양상을 가늠하고자 했으며, 기술과 제도, 담론의 표준을 둘러싼 경쟁이 벌어지는 가운데 한국의 전략이 나아가야 할 방향을 제시하고자 했다.

현재의 양상은 클라우드 컴퓨팅이라는 핵심 기술 분야에서 미국과 중국 어느 한 국가가 승자라고 단언할 수 있는 상황은 아니다. 이

분야에서의 경쟁 양상은 앞서 살펴보았듯 기술과 제도, 담론을 둘러
싼 중층적이고 복합적인 표준경쟁으로 이해되어야 하며, 편의상 미국
과 중국의 경쟁으로 치환하여 살펴보기는 했지만, 경쟁에 참여하는 행
위자들은 중앙정부와 (특히 중국의 경우) 지방정부, 민간 기업 등 다양
한 행위자를 포괄한다. 기술과 제도, 담론의 표준이 서로 다른 차원에
서 경합하며 상호 영향을 미치는 현재 상황에서 세 가지의 측면을 모
두 종합하여 보았을 때, 미국의 데이터 패권에 중국이 데이터 주권을
내세우며 따라잡고 있는 양상이며, 이에 따라 기술의 혁신을 뒷받침하
는 제도 차원의 경쟁과 제도의 상위에 존재하는 보다 추상적인 차원에
서의 담론 경쟁은 점차 심화될 것으로 보인다.

　　더 나아가 최근의 양상에 대해 '스플린터넷(splinternet)'의 도래
가 머지 않았다고 바라보는 시각도 존재한다. '스플린터넷'은 새로운
개념은 아니다. 이에 대해 통일된 정의가 존재하는 것은 아니지만, 대
략적인 정의는 인터넷이 분열되고(splinter), 별도의 규정에 의해 관리
되며, 다른 서비스에 의해 운영되는 인터넷의 파편화 또는 분열 현상
을 말한다. '스플린터넷'의 개념은 최근 미중 간 갈등의 맥락에서 미국
과 중국 양국이 둘로 나뉜 인터넷 세상을 각각 지배할 수 있다는 전망
이 등장하며 더욱 주목을 받고 있다(Kharpal 2019). 이와 유사하게 최
근의 양상과 같이 데이터의 초국적 이전을 선호하는 미국과 국가안보
목적을 위한 데이터의 보호라는 선호를 가진 중국이 각자 자국의 전략
을 고수할 경우, 글로벌 디지털 거버넌스의 파편화로 이어질 수 있다
는 분석도 존재한다(이승주 2019).

　　이러한 '스플린터넷'의 도래와 인터넷 세상의 파편화가 한국에게
는 위기일 수 있다. 앞서 살펴본 바 있듯, 제도 면에서나 담론 면에서
나 미국과 중국의 구상은 상호 호환이 어려운 거버넌스 구상이다. 이

러한 상황에서 양자택일을 요구받는 것은 큰 압력으로 작용할 수 있으나, 어느 한편을 선택함이 반드시 바람직한 전략이라고 단정 짓기도 어렵다. 미국이 '클린 네트워크'를 중심으로 구축하고 있는 네트워크와 중국이 클라우드 컴퓨팅 환경에서도 추구하고 있는 데이터 주권의 논의 사이에서 중견국으로서의 한국의 입지를 정하는 것 자체가 어려운 일일 수 있기 때문이다. 더욱이 화웨이 제재에 동참하라는 미국의 요구에는 민간업체의 화웨이 장비 사용은 개별 기업의 자율성에 달려 있기 때문에 정부가 직접 개입하기 어렵다는 입장으로 대응해왔지만, 인터넷 세상이 분열되어 서로 다른 데이터 거버넌스 하에 놓인다면 문제의 해결을 개별 기업의 선택에만 맡길 수는 없을 것이다.

현재 한국의 데이터 분야 성적표를 보면 아쉬운 지점이 많다. '데이터 3법'이라는 이름으로 개인정보 보호법, 신용정보의 이용 및 보호에 관한 법률, 정보통신망 이용촉진 및 정보보호 등에 관한 법률의 개정안이 통과되었지만, 국민의 정보인권을 보호하지 못한다는 비판과 지나치게 경직적이고 엄격하다는 비판을 동시에 받고 있다(황민규 2020). 데이터 경제의 활성화와 데이터 주권의 확보 모두 중요한 정책적 목표임이 분명하나, 적절한 균형점을 찾는 데 난항을 겪고 있는 모습으로 보인다. 한편으로 국내 클라우드 시장에서는 아마존 웹서비스(AWS)와 마이크로소프트 등 해외업체의 시장 점유율이 50%를 넘었으며, 중국 기업들까지 국내 시장을 공략하고 있는 상황이다(김주완·최한종 2020).

이러한 상황에서 한국이 모색할 전략은 단순한 양자택일을 넘어서는 전략이어야 한다. 이와 관련하여 유럽연합의 대응을 참고할 만하다. 앞서 유럽연합(EU)이 중국과 유사하게 데이터 주권을 확보하려는 전략을 내세우고 있지만, 데이터 주권의 개념을 중국과는 조금 다르게 정의하고 있음을 살펴본 바 있다. 이를 다시 정리해보면, 중국이 데이터의 국외 이전을 차단하고 내부적으로는 완전히 통제가 가능한 모델을 지향한다면, 유럽연합은 국가 간 합의 하에 상호호혜적인 '데이터 자유무역'을 표방한다고 볼 수 있다. 이러한 유럽연합의 전략은 개인정보에 대한 정보 주체의 권리를 강화하는 동시에 데이터 경제의 활성화에 대비하면서 개인정보 보호, 데이터 산업 보호와 데이터 이동의 자유를 모두 잡은 정책으로 평가받고 있다(고명현 2020).

　　유럽연합의 대응을 참고하여 한국은 기술과 경제의 탈동조화(decoupling)에 대비하기 위해 국내 클라우드 기업들의 경쟁력을 강화하며 원천기술에 대한 확보를 늘려가는 한편, 데이터의 국가안보적 함의를 고려한 '데이터 주권'의 확보와 함께 정보주체의 권리, 즉 '정보인권'을 확보하기 위한 전략을 모색해야 할 것이다. 정보주체의 권리와 국가적 차원의 데이터 주권, 데이터 경제로의 전환에 적절히 대응할 수 있는 창의적인 해법이 필요한 지점이다. 물론 유럽연합은 단일한 국가가 아니며, 그 자체로 영향력을 발휘할 수 있는 하나의 세력권이기 때문에 한국과 유럽연합을 동일선상에서 비교하기에는 어려움이 있다. 더욱이 앞서 살펴본 바와 같이 미국과 중국이 데이터를 둘러싸고 각자의 구상과 담론을 내세우며 경합하는 상황에서 한국이 독자적인 담론표준 등을 수립함에 있어 그 역량이 충분하지 않을 수 있다. 따라서, 데이터 주권의 확보를 위한 전략을 모색하는 중견국의 네트워크를 구축하여 대안적인 프레임을 짜고, 그 프레임을 중심으로 뜻을 같이하는 국가들의 세를 모으는 노력이 필요하다.

　　4차 산업혁명 시대의 '원유'라고 불리는 데이터와 관련하여 국내에서의 논의는 국가 간 상이한 데이터 거버넌스에 대한 포괄적 이해에 기반해야 할 것이며, 단순히 정보주체 개인의 차원에서 논의되는 개인

정보 자기결정권을 넘어 중견국으로서 한국의 데이터 거버넌스가 나아가야 할 방향성에 대한 고민이 포함되어야 할 것이다. '데이터 주권'을 확보하는 과제에 각국이 매진한 상황에서 데이터의 권력적 함의를 이해함과 함께 한국의 데이터 주권 모색은 어떠한 방향으로 나아가야 할지에 대한 고민이 향후의 연구과제일 것으로 보인다.

참고문헌

강맹수. 2019. "클라우드 컴퓨팅 시장 동향 및 향후 전망."『산은조사월보』758: 54-71.
고명현. 2020. "사이버공간의 신지정학." 아산리포트 2020.12.18.
김상배. 2016. "신흥안보와 메타 거버넌스: 새로운 안보 패러다임의 이론적 이해."
　　　『한국정치학회보』50(1): 75-104.
_____. 2018.『버추얼 창과 그물망 방패: 사이버 안보의 세계정치와 한국』. 파주:
　　　한울아카데미.
_____. 2019. "〔글로벌 디지털 거버넌스 대응전략〕미중 데이터 규범경쟁과 한국:
　　　유럽연합의 '데이터 주권론'이 주는 함의." http://www.eai.or.kr/m/publication_01_
　　　view.asp?intSeq=10277&board=kor_report&keyword_option=&keyword=&men
　　　u=publish (검색일: 2021.1.12.)
_____. 2020. "데이터 안보와 디지털 패권경쟁: 신흥안보와 복합지정학의 시각."『국가전략』
　　　26(2): 5-34.
김재운. 2018. "미국의 클라우드법(CLOUD Act)상 대테러정책 연구."『한국테러학회보』
　　　11(3): 148-166.
김주완·최한종. 2020. "中업체까지 눈독 들이는 韓 클라우드 시장."『한국경제』2020.9.24.
김준연. 2020. "글로벌 데이터 거버넌스의 형성과 우리의 고민."『월간SW중심사회』1: 4-6.
노현숙. 2015. "클라우드 서비스에서 개인정보 국외 이동의 개념에 관한 연구."『고려법학』
　　　79(0): 209-245.
민성기. 2019. "중국 인터넷 서비스 기업의 다각화에 대한 연구-BAT 사례를 중심으로"
　　　『중국과 중국학』36: 31-57.
박지영·김선경. 2019. "디지털 무역 경쟁과 데이터 보호주의."『아산정책연구원 이슈 브리프』
　　　2019.6.11.
배영자. 2018. "중국 인터넷 기업의 부상과 인터넷 주권(Internet Sovereignty, 网络主权)
　　　이념의 관계."『21세기정치학회보』8(1): 91-113.
북경사무소. 2015. "〔산업정책해설〕중국 클라우드컴퓨팅산업 발전 장려정책."
　　　『중국산업경제브리프』2월.
서미숙. 2020. "미국 화웨이 제재 15일 발효...국내 반도체 기업도 판매 중단."『연합뉴스』
　　　2020.9.8.
서울대학교 국제문제연구소. 2020. "포스트 코로나 시대의 미·중 패권경쟁." 국제문제연구소
　　　워킹페이퍼 174. 2020.11.19.
선종수. 2018. "중화인민공화국 네트워크 안전법의 제정과 시사점."『중국법연구』33: 253-
　　　292.
송영진. 2018. "미국 CLOUD Act 통과와 역외 데이터 접근에 대한 시사점."『형사정책연구』
　　　29(2): 149-172.
신재하·임요준. 2019. "중국 네트워크 안전법에 관한 연구."『중국법연구』37: 37-84.

유인태. 2018. "클라우드 컴퓨팅 기반 미국의 글로벌 플랫폼 구축 전략." 『Future Horizon』 36: 10-13.

유효정. 2020. "中 정부 '新 인프라' 외치자...B.A.T 투자 '활활'." 『ZDNet』 2020.6.22.

이상동. 2013. "클라우드 서비스." 『OSIA Standards & Technology Review』 26(1): 52-65.

이승우 2020. "中 BAT, 클라우드에 120조 투자...美 아마존·MS 아성에 도전." 『한국경제』 2020.6.8.

이승주. 2019. "[글로벌 디지털 거버넌스의 대응전략] 디지털 경제와 글로벌 디지털 거버넌스: 경쟁의 다차원성과 장 연계(forum linkage)의 국제정치." http://www.eai. or.kr/m/publication_01_view.asp?intSeq=10282&board=kor_report&keyword_opt ion=&keyword=&menu=publish (검색일: 2021.1.16.)

이왕휘. 2020. "틱톡과 위챗을 정밀타격한 美 '클린 네트워크'." 『아주경제』 2020.8.17.

임민철. 2019. "구글표 AI 기술, 누구에게 어떻게 제공되나." 『ZDNet』 2019.11.15.

정재용. 2020. "중국 클라우드 서비스 시장, 코로나19 계기로 급성장세." 『연합뉴스』 2020.9.10.

한국방송통신진흥원. 2020. "[트렌드리포트] 미국과 중국 간 갈등, ICT 분야로 확산 양상." 미디어 이슈&트렌드 36. 2020.9.21.

한정석. 2020. "[심층분석] 세계는 '데이터 산업' 전쟁 중." 『미래한국』 2020.8.5.

황민규. 2020. ""데이터 3법, 너무 경직되고 엄격하다"...'무용론' 목소리 커져." 『조선비즈』 2020.4.29.

Costello, Katie and Meghan Rimol. 2020. "Garnter Says Worldwide IaaS Public Cloud Services Market Grew 37.3% in 2019." *Gartner* (August 10).

Daskal, Jennifer. 2015. "The Un-Territoriality of Data." *The Yale Law Journal* 125(2): 366-369.

Fidler, David P. 2020. "The Clean Network Program: Digital Age Echoes of the "Long Telegram"?" Council on Foreign Relations.

Fudan Development Institute, Cyberspace International Governance Research Institute in Fudan University, China Institute for Cyberspace Strategy at Fudan University. 2020. "The Clean Network Program and the US Digital Hegemony." *Fudan Report Series* 6(29).

Gallagher, Ryan and Mark Bergen. 2020. "Google Scrapped Cloud Initiative in China, Other Markets." *Bloomberg* (July 09).

Gimelstein, Shelli. 2019. "Storm on the Horizon: How the U.S. CLOUD Act May Interact with Foreign Access to Evidence and Data Localization Laws." *Data Catalyst* (Jan).

Greene, Robyn. 2018. "Somewhat Improved, the CLOUD Act Still Poses Threat to Privacy and Human Rights." *Just Security* (March 23).

Harding, Brian. 2019-02-15. "China's Digital Silk Road and Southeast Asia." Center for Strategic and International Studies. https://www.csis.org/analysis/chinas-digital-silk-road-and-southeast-asia (검색일: 2021.2.1.)

Hartman, Kenneth G. 2020. "Doing Cloud in China." 2020.7.27. https://www.sans.org/blog/doing-cloud-in-china/ (검색일: 2021.1.12.)

Kharpal, Arjun. 2019. "The 'splinternet': How China and the US could divide the internet for the rest of the world." *CNBC* (Feb 03)

Klebnikov, Sergei. 2020. "Microsoft is Winning The 'Cloud War' Against Amazon: Report." *Forbes* (Jan 07).

Layton, Roslyn. 2020. "State Department's 5G Clean Network Club Gains Members Quickly." *Forbes* (Sep 04).

Mell, Peter and Timothy Grance. 2011. "The NIST Definition of Cloud Computing." NIST Special Publication 800-145.

Pecoraro, Andrew J. 2017. "Drawing Lines in the Cloud: Implications of Extraterritorial Limits to the Stored Communications Act." *Creighton Law Review* 51(1): 75-118.

Pham, Sherisse. 2020. "After TikTok and WeChat, Alibaba could be the next target in Trump's tech war." *CNN Business* (August 13).

Polatin-Reuben, Dana and Joss Wright. 2014. "An Internet with BRICS Characteristics: Data Sovereignty and the Balkanisation of the Internet." 4th USENIX Workshop on Free and Open Communications on the Internet.

Ruehl, Mercedes. 2020. "US and Chinese cloud companies vie for dominance in southeast Asia." *Financial Times* (May 20).

Schwartz, Paul and Karl-Nikolaus Peifer. 2019. "Data Localization Under the CLOUD Act and the GDPR." *Computer law review international* 20(1): 1-10.

US Department of Justice. 2020. "Team Telecom Recommends that the FCC Deny Pacific Light Cable Network System's Hong Kong Undersea Cable Connection to the United States." https://www.justice.gov/opa/pr/team-telecom-recommends-fcc-deny-pacific-light-cable-network-system-s-hong-kong-undersea_ (검색일: 2021.1.9.)

US Department of State. 2020. "Announcing the Expansion of the Clean Network to Safeguard America's Assets." https://www.state.gov/announcing-the-expansion-of-the-clean-network-to-safeguard-americas-assets/ (검색일: 2021.1.17.)

_____. 2020. "The Clean Network." https://www.state.gov/the-clean-network/ (검색일: 2021.1.9.)

Wei, Yuxi. 2018. "Chinese Data Localization Law: Comprehensive but Ambiguous." https://jsis.washington.edu/news/chinese-data-localization-law-comprehensive-ambiguous/ (검색일: 2021.1.9.)

Wong, Catherine. 2020. "China urges neighbors to back its data security ideas, not the US'." *South China Morning Post* (Sep. 10).

Yoo, Erika. 2020. "美 정부, "'클라우드마인즈' 기술, 중국 수출 금지." 『로봇신문』 2020.03.18.

Yu, Jiang, Xiao Xiao and Yue Zhang. 2016. "From concept to implementation: The deveolopment of the emerging cloud computing industry in China."

Telecommunications policy 40(2–3): 130–146.

Xinhua. 2020-07-03. "Alibaba Cloud announces business expansoin in Southeast Asia." http://www.xinhuanet.com/english/2020-07/03/c_139184291.htm (검색일: 2021.1.12.)

中国外交部. "全球数据安全倡议." https://www.fmprc.gov.cn/web/wjbzhd/t1812949.shtml (검색일: 2021.1.10.)

中共中央网络安全和信息化委员会办公室. 2016. "中华人民共和国网络安全法." http://www.cac.gov.cn/2016-11/07/c_1119867116_2.htm (검색일: 2021.1.9.)

中华人民共和国工业和信息化部. 2017. "《云计算发展三年行动计划 (2017－2019年) 》解读" https://www.miit.gov.cn/zwgk/zcjd/art/2020/art_78b03dae6f744842a1b7805bb6adc774.html (검색일: 2021.1.12.)

郭晓鹏. 2020. "社评 : 心正 , 就会认同《全球数据安全倡议》." 『环球时报』 2020.9.8.

鲁传颖. 2020. "全球数据安全 , 美国也该担起责任." 『环球时报』 2020.9.10.

高奇琦·陈建林. 2016. "中美网络主权观念的认知差异及竞合关系." 『国际论坛』 2016(5): 1-7.

제6장

중국의 사이버 공격과 미국 데이터의 침해
신흥안보의 시각

이수연

I. 서론

코펜하겐 학파에 의해 처음으로 제기된 안보화(securitization) 이론은 지금으로부터 30년도 더 전에 논의가 시작되어 안보 연구의 지평을 넓히는 데 많은 도움을 주었다. 그럼에도 불구하고 안보화 이론은 이 이론이 가진 특징 중 하나인 '과잉 안보화(hyper-securitization)'로 인해 여전히 비판을 받고 있기도 하다. 사실 안보화 이론은 안보를 전형적인 현실주의의 시각에서 바라보는 것이 아닌, 구성주의적 시각으로 바라본다는 점에서 큰 의의 및 유용성을 가지고 있다. 안보를 구성주의적 시각으로 본다는 것은, 즉 안보가 담론을 통해 "사회적으로 구성된다(socially constructed)"고 주장하는 것을 의미한다(박인휘 2000). 코펜하겐 학파는 안보의 개념을 두 가지 측면에서 확대했는데, 하나는 대상이고 다른 하나는 영역이다. 전통적인 안보의 시각에서 안보의 대상은 국가로만 국한되었지만 코펜하겐 학파가 보는 안보의 대상은 개인, 지역, 국가, 글로벌 등으로 다양하다. 안보의 영역의 경우, 과거에는 군사적인 영역만이 안보의 문제로 다루어졌는데, 이제는 비군사적 영역까지도 안보의 영역에 들어간다고 주장한다(민병원 2006). 전통적인 군사 안보 문제를 다룰 때와는 달리 흔히 비전통적인 안보의 영역에 있는 문제들을 연구할 때는 과잉 안보화 문제에 직면하는 경우가 많다. 상당히 오래전부터 안보화 이론을 활용한 비전통 안보 논의가 계속 진행되어 왔음에도 불구하고, 여전히 많은 사람들은 군사적인 것 이 외의 것에 대해서까지 안보의 시각으로 보는 것을 과도하다고 여기는 경향이 있으며, 특정 이슈를 정치화하기 위해 안보 불안을 불필요하게 야기하는 것은 아니냐며 문제를 제기하곤 한다.

안보화 이론이 과잉 안보화라는 문제를 안고 있음을 지적하는 연구들은 계속해서 나오고 있다. 가장 대표적인 연구로는 한센(Lene Hansen)과 니센바움(Helen Nissenbaum)의 연구가 있다. 이들은 사이버 안보를 코펜하겐 학파의 안보화 이론을 통해서 보았는데, 안보화 이론을 통해서 본 사이버 안보 논의에서 몇 가지 특징이 확인된다고 설명한다. 이 특징 중 하나가 바로 과잉 안보화이다. 그들은 안보화 이론을 적용해서 본 사이버 안보 연구가 위협을 과장하고 지나친 대응책을 강구하는 경향을 보인다고 설명한다(Hansen and Nissenbaum 2009). 김지영의 연구는 미국과 중국이 벌이는 기술 패권 경쟁 속에서의 안보 담론을 화웨이의 사례를 통해서 살펴본다. 김지영은 화웨이의 5G 네트워크로 인한 실재하는 안보 위협이 없음에도 미래에 언젠가 발생할지 모르는 사이버 위협이 있다는 이유로 안보 담론이 형성되는 것은 과잉 안보화의 특징을 보이는 것이라고 설명한다. 하지만 만약 중국에 의한 사이버 위협으로 실제 심각한 피해가 발생한 사례를 근거로 제시한다면 화웨이의 위협을 객관화함으로써 과잉 안보화 문제를 극복할 수 있을 것이라고 기대한다(김지영 2019). 김지영의 연구는 실제의 피해 사례에 집중함으로써 위협을 객관화하여 과잉 안보화를 극복하려 했다는 점에서 의의가 있다. 하지만 국가의 기반이 흔들릴 정도의 심각하고 직접적인 피해 사례를 근거로 제시하지 않더라도, 문제가 발생하여 국가의 안보에까지 이르는 일련의 과정 혹은 메커니즘을 논리적으로 보여줌으로써 과잉 안보화 비판에서 벗어날 수 있는 그러한 방법을 제시하지는 못했다는 점에서 한계가 있다. 이러한 이유에서 코펜하겐 학파의 안보화 이론을 넘어서는 대안적 시각으로서의 신흥 안보 논의에 주목할 필요가 있다.

비전통적인 안보 논의가 과잉 안보화 비판을 받는 이유는 비군사적 영역에서의 피해들, 그리고 국가가 아닌 개인, 기업 등의 행위자들이 겪는 피해 등이 얼마나 심각하고, 또 어떠한 메커니즘을 거쳐 안보 문제를 발생시키는지를 대개 들여다보지 않기 때문이다. 김상배는 기존의 안보 개념으로 설명하기 어려운 영역들을 설명하고자 하는 시도로서 새로운 안보 논의인 신흥안보(emerging security) 개념을 제시한다. 그는 비전통적 안보와 구분되는 신흥안보 개념을 도입한 이유로 비전통 안보 개념이 안보 논의를 확대하는 데 기여한 것은 맞지만 이것이 소극적 개념화에 불과하다는 점을 지적한다. 과거보다 훨씬 더 복잡해진 안보 환경을 설명하기 위해서는 소극적 개념인 비전통 안보를 넘어서, 보다 적극적인 개념화를 해야 할 필요성이 있다고 보는 것이다(김상배 2016). 신흥안보 이론에서 '창발(創發, emergence)'[1]의 메커니즘을 통해 미시적 '안전(safety)'의 문제가 거시적 '안보(security)'의 문제가 되는 과정을 보이는 것은 안보화 이론의 한계인 과잉 안보화를 극복할 수 있는 가능성을 보여준다고 할 수 있다.

신흥안보는 복잡계 이론에서 주로 사용하는 창발이라는 용어를 안보에 접목시켜 만든 개념이다. 미시적 단계에서는 스스로 속성을 나타낼 수 없어 드러나지 않았던 단순한 존재들이 복잡하게 이루어지는 상호작용 과정을 거치며 상호 연계가 강화됨으로써 거시적인 단계에 이르러서는 어떠한 패턴 혹은 규칙성을 발현하게 되는 것을 창발이라고 한다. 따라서 미시적인 수준에서는 안보의 문제로 여겨지지 않던 어떠한 문제가 여러 이슈와 연계되는 과정 속에서 질적인 변화가 일어나 거시적 수준에 이르면 안보의 문제로 발현되는 것이 신흥안보라고 할 수 있다(김상배 2016).[2] 이는 사안을 동태적으로 볼 필요성을 제기

---

1   "개념어로서의 창발(emergence)이란 복잡계에서 자기조직화의 과정을 통해 새롭고 일관된 구조나 패턴, 속성 등이 나타나는 현상을 의미한다(김상배 2016)."
2   김상배는 미시적 단계의 안전의 문제가 거시적 단계의 안보의 문제로 창발하는 과정을

하기 때문에 정태적으로 이슈를 바라보는 전통적인 안보의 시각이나 비전통 안보의 시각이 한계를 가지고 있다는 것을 보일 수 있다(윤정현 2020). 신흥안보의 문제는 갑자기 발생하여 빠른 속도로 확산될 가능성이 높고 그렇기 때문에 위험을 관리하거나 통제하는 것이 어렵다. 이러한 이유에서 신흥안보 문제가 발생하였을 때 정부가 문제 해결의 모든 것을 관리하는 것은 사실상 불가능하다. 정부뿐만 아니라 신흥안보 위협에 노출되어 있는 기업, 개인 등 다양한 층위의 행위자들이 사안에 따라 주도적인 역할을 수행할 필요가 있는 것이다(윤정현 2020). 과거에는 전통적인 관점에서 거시적 차원의 안보를 논하는 것만으로도 충분했다면 이제는 창발의 가능성을 안고 있는 미시적 차원의 안전에 대해서도 안보의 시각을 가지고 이해하고 관리할 필요성이 생긴 것이라고 할 수 있다(김상배 2018).

전통안보 분야에서 위협의 주체는 군대를 보유한 국가로 한정되지만, 신흥안보 분야에서 위협의 주체는 다양하다. 국가를 포함한 비인간 행위자와 인간 행위자 모두 위협의 주체가 될 수 있다. 컴퓨터 바이러스, 미세먼지, 전염병 바이러스 등이 비인간 행위자로서 위협의 주체가 될 수 있는 것이다(김상배 2018). 데이터[3]는 그 자체만으로는

세 단계로 나누어서 설명하고 있다. 먼저, 한 이슈영역 내에서 안전사고가 양적으로 증가해서 임계점을 넘는 경우에 위험이 창발하는 경우로, 이를 '양질전화(量質轉化)의 단계'라고 한다. 다음은 신흥안보 이슈들 간의 질적인 연계성이 높아지면서 거시적 차원의 안보 문제를 야기하는 '이슈연계의 단계'이다. 마지막은 양질전화나 이슈연계를 통해 창발된 신흥안보 이슈가 전통적인 안보 이슈와 연계되는 경우로, 지정학적 임계점을 넘어 국가 간의 분쟁이 일어나게 되면 명백한 (국가)안보의 문제가 되는 것이다(김상배 2018). 각 단계는 그 단계에 해당하는 임계성(criticality)이 있는데 창발 과정에서 이러한 임계점은 순차적으로 형성될 수도 있고 중첩될 수도 있으며 동시 다발적으로 발생할 수도 있고 생략된 채 넘어갈 수도 있다(김상배 2016).

3   데이터의 사전적 정의는 "컴퓨터가 처리할 수 있는 문자, 숫자, 소리, 그림 따위의 형태로 된 정보"이다(국립국어원 2019). 이 글에서의 데이터는 온라인, 오프라인 관계없이

어떠한 행위를 할 수 있다고 보기 어렵기 때문에 비인간 행위자로서 안보 위협의 주체가 되기는 어렵다. 하지만 데이터를 수집하고 자기의 입맛에 맞게 활용하는 해커, 그리고 그 배후에 존재하는 국가 등은 데이터 분야에서 안보 위협을 실질적으로 일으키는 인간·비인간 행위자라고 할 수 있을 것이다. 이러한 인간·비인간 행위자에 의해 위협을 받고 피해를 입음에도 불구하고 과잉 안보화라는 비판에 직면하기 쉬운 비군사적 영역의 문제인 데이터 문제를 신흥안보의 시각으로 바라봄으로써 데이터도 '안보'의 문제가 될 수 있음을 밝히고자 한다. 즉, 창발의 메커니즘에 주목하여 데이터가 전통안보와는 다른 과정을 거쳐 안보의 문제가 된다는 것을 보이고자 하는 것이다(김상배 2020).

이 글은 신흥안보 이론에서 말하는 '창발'의 개념에 초점을 맞추고자 한다. 개인, 기업, 국가 등 다양한 층위의 행위자들에게 발생하는 위협과 피해가 신흥안보의 메커니즘 속에서 어떻게 안보의 문제로 창발되는지를 보는 것이다. 먼저, II절부터 IV절에서는 사례들을 살펴보며 데이터가 외부의 공격에 의해 침해되는 문제가 발생하면 대상에 어떠한 피해를 입히게 되는지를 확인한다. 그리고 이러한 피해가 어떻게 국가 안보의 문제로 연결되는지 그리고 그에 대한 대응은 어떻게 하고 있는지를 살펴보고자 한다. 이는 데이터의 문제가 미시적 안전의 문제에서 거시적 차원의 안보 문제로 창발 되는 신흥안보의 문제이고, 다층적인 위협을 받음으로써 대응에 있어서도 국가를 포함한 다양한 행위자의 역할이 필요함을 보이기 위함이다. 이는 또한 신흥안보의 시각을 통해 과잉 안보화 비판에서 벗어날 수 있음도 보이고자 하는 것이다. 다시 말해, 이 글에서는 개인, 기업, 국가가 입는 피해와 대응을 분

생산되어 사이버 상에서 저장되고 유통되고 활용되는 모든 형태의 자료를 의미한다.

석함으로써 데이터가 어떠한 메커니즘을 거쳐 안보의 문제가 될 수 있는지를 본다. 마지막 V절에서는 앞서 논의한 내용들을 요약한 뒤, 데이터의 문제를 단순히 과잉 안보화로 성급하게 치부해버릴 것이 아니라, 신흥안보의 시각을 가지고 데이터가 어떠한 메커니즘을 통해서 안보의 문제를 창발 시키는지 확인해야 함을 강조하며 이 글을 마무리하고자 한다.

II. 개인 식별 데이터에 대한 위협

1. 개인에 대한 위협

쁘띠(Patrick Petit)는 그레고리(Derek Gregory)의 '어디서나 전쟁(everywhere war)' 개념을 차용하여 '어디서나 감시(everywhere surveillance)'라는 표현으로 개념화를 시도한다. Everywhere surveillance는 직관적으로 알 수 있듯이, 개인이 존재하는 모든 공간에서 감시를 받는 상태를 표현한 것이다. 그는 everywhere surveillance의 특징으로 감시가 글로벌 규모로 퍼져 있고, 그로 인한 영향이 잠재적인 상태(potentiality)로 어디서든 존재한다는 점을 든다. 또한 복잡한 감시 지형도를 수반하는데, 글로벌 감시에 의해 만들어진 감시 지형도는 다차원적(multidimensional)이라고 지적한다. Everywhere surveillance 상태에서는 모두가 잠재적으로 위협이 될 수 있는 상태이기 때문에 전투원과 시민 사이의 경계는 사실상 존재하지 않으며, 수많은 사람들이 연루되어 있기 때문에 책임감(accountability)이 확연히 감소하게 된다(Petit 2020). 데이비드 쉥크(Daivd Shenk)는 기술

이 직접적으로 감시 행위를 매우 용이하고 저렴하게 만듦으로써 사실
상 누구도 전자기기들의 염탐으로부터 안전하지 않은 상태에 놓여있
을 수밖에 없다고 말하며 조지 오웰이 그의 소설 『1984』에서 경고한
것에 공감한다. 쉥크는 "데이터 스모그(data smog)"라는 표현을 사용
하는데 이는 쁘띠가 제시하는 everywhere surveillance와 같은 것을
의미한다고 볼 수 있다(Shenk 1997; Petit 2020). 데이터(data)와 감시
(surveillance)의 합성어인 "데이터감시(dataveillance)"라는 용어 역
시 데이터가 수집되어 형성된 메타 데이터(meta data)를 활용하여 계
속해서 감시하는 것을 의미한다는 점에서 앞의 용어들과 같은 상황을
묘사한다고 할 수 있다(Chong 2019).

　기든스(Anthony Giddens)에 따르면, 근대 국가는 감시 체제를
본질로 하고 있으며, 국가의 형성 자체가 정보의 수집과 활용, 감시와
통제를 필요로 한다(Giddens 1987). 즉, 국가는 국가의 안정적인 유지
를 위하여 개인의 데이터를 언제나 수집하고 분류하고 저장한다. 국가
적 차원에서 데이터 플랫폼을 형성하는 것이 이례적인 일이 아니라는
뜻이다. 하지만 정보통신기술을 기반으로 한 현대에 사는 개인은 국
가로부터만 데이터를 수집당하지 않는다. 내가 스마트 기기로 클릭하
는 모든 순간들이 데이터로 남고 기업들은 그 데이터를 수집하고 저장
하며 활용한다. 그리고 국가, 기업이 수집한 데이터는 사이버 해킹 공
격을 통해 개인에게 넘어가기도 한다. 데이터를 수집하고 활용하는 주
체가 누구든지 될 수 있는 사회에 살고 있는 것이다. 데이터를 통한 감
시는 프라이버시(privacy)라고 하는 가치에 대해 위협을 가한다. 울퍼
스가 정의한 것처럼 안보를 "가치에 대한 위협"이라고 본다면(민병원
2012), 프라이버시에 대한 위협 역시 안보의 문제가 될 수 있다. 하지
만 안보의 개념을 크게 확장하지 않더라도 개인을 식별할 수 있는 데

이터, 즉 개인정보의 절취 혹은 유출은 더 이상 단순히 개인 수준의 안전 문제에 머물지 않고 국가 안보로까지 연결된다.

일상생활 속 어디에나 만연해 있는 감시는 자연스럽게 개인의 프라이버시, 즉 안전에 대한 논의로 연결될 수밖에 없다. 그리고 프라이버시의 문제이기 때문에 그 피해를 입는 대상도 개인으로 한정될 수밖에 없다. 하지만 이 절에서는 개인으로 한정되는 논의가 어떻게 국가 안보의 문제로 확장될 수 있는지를 보고자 한다. 즉, 국가에 의해 수집된 개인의 데이터가 어떻게 다시 국가의 안보에 영향을 미치게 되는지를 알아보는 것이다. 국가 혹은 기업들이 모은 개인 식별 데이터가 유출되게 되면 1차적으로 피해를 입는 것은 당연히 개인정보의 주체인 개인이다. 하지만 그 개인의 데이터 유출이 국가의 안보 문제로 직결되는 경우도 있다. 아래에서 살펴볼 미 연방인사관리처(Office of Personnel Management: OPM)의 사례와 같이 정부 관계자들에 대한 인사 정보라면 문제는 개인에서 끝나지 않기 때문이다. 국가 안보와 관련해서 민감한 기밀들에 접근 권한을 가진 공무원들의 데이터가 해킹을 통해 유출되는 경우, 이 데이터가 기밀에 접근하는 것을 더 용이하게 만드는 것이다. 특히 정보기관에 소속된 공무원의 데이터라면 데이터가 노출된 정보 요원들은 활동을 접어야 한다. 이는 국가 안보의 측면에서 대단한 손실이라고 할 수 있다. 아래에서는 중국의 개인 식별 데이터 해킹 행위로 인해 미국이 입은 피해에 대해 구체적인 사례를 통해 확인해보고자 한다.

2. 미국 개인 데이터 침해 사례: 미국 연방인사관리처(OPM) 사례를 중심으로

2020년 8월, 당시 대통령이었던 도널드 트럼프(Donald J. Trump)는 행정명령(Executive Order) 13942에 서명하였다. 행정명령 13942는 사실상 중국 기업인 바이트댄스(ByteDance)가 보유하고 있던 틱톡(TikTok)을 겨냥한 명령이다. 이 명령에서 트럼프는 중국의 기업들이 개발하고 소유하고 있는 모바일 어플리케이션들이 미국 내에 확산되면서 미국의 국가 안보를 지속적으로 위협하고 있다고 하며, 특히 틱톡이 제기하는 위험을 해결하기 위해 조치가 필요하다고 밝히고 있다. 틱톡이 국가의 안보를 위협하는 이유로는, 앱 상에서 사용자의 위치 데이터, 검색 기록과 같은 네트워크 활동 정보를 포함한 방대한 데이터를 자동적으로 수집한다는 것을 지적한다(Executive Office of the President 2020). 틱톡이 강하게 부정하고 있기는 하지만, "실제로 아이폰 운영체제 iOS 14 시험 버전에서 틱톡을 실행해 클립보드에 저장된 텍스트를 입력하면 '틱톡이 복사했습니다'라는 경고 알림이 떠" 틱톡이 개인정보를 불법적으로 유출하고 있다는 의혹이 사실이 아니냐는 논란이 일기도 하였다(곽윤아 2020). 이렇게 수집된 데이터에 대해 중국 공산당은 사실상 자유롭게 접근할 수 있기 때문에 잠재적으로 중국이 미국 연방정부 직원들 및 정부와 계약한 업체들의 직원들에 대해서 위치를 추적하고, 절취를 위한 개인정보 문서 일체를 작성하고, 기업들로 하여금 스파이 활동을 수행할 수 있게 만든다는 점에서 미국의 안보와 관련이 있다는 것이다. 따라서 미국 정부는 국가 안보를 위해 틱톡을 제재해야 할 필요성을 강하게 느끼고 있다(Executive Office of the President 2020).

누군가는 개인정보에 불과한 데이터에 대해 미국이 너무 과한 조치를 취하는 것이 아니냐고 생각할 수도 있다. 하지만 틱톡에 의한 개인 데이터 유출 가능성에 미국 정부가 국가 안보까지 들먹이며 예민하게 반응하는 데에는 이유가 있다. 수년 전 중국에 의해 연방정부 직원들의 인사 데이터가 절취된 적이 있었고, 이로 인해 국가 안보 이익에 심각한 타격을 입은 경험이 있기 때문이다. 이러한 사례는 위협을 객관화하는 데 도움이 된다(김지영 2019). 2010년대 중반, 미국 연방인사관리처(OPM)는 현직·전직·장래 연방 직원들과 계약업체 직원들의 신원조사에 영향을 미칠 만한 사건을 발견했다고 발표했다. 포렌식 조사 결과, 사회보장번호(Social Security Numbers), 거주지 및 교육 이력, 고용 이력, 직계 가족 정보 및 기타 개인적, 사업적 지인들의 정보, 건강·범죄·재정 이력 등을 포함한 자세한 개인정보들이 유출된 것으로 파악된 것이다. 심지어 신원조사를 위해 조사관이 진행한 인터뷰 및 지문 조사 데이터도 일부 포함된 것으로 밝혀졌다(OPM 2015).[4] 지문과 같은 생체 데이터는 무기화되어 국가 안보에 위협이 될 수도 있다. 공상과학영화들을 보면 특정 데이터나 무기 등에 접근할 수 있는 권한을 가진 사람의 생체 데이터, 예를 들어 얼굴, 지문, 홍채 등을 복사하여 몰래 기밀 데이터, 무기 등을 절취해내는 장면들을 만날 수 있다. 이런 일들이 전혀 현실감 없는 이야기들은 아니다. 스마트폰에 탑

---

4   사고 대응 팀은 신속하고 철저하게 피해 사실을 평가하고, 어떤 데이터가 도난당했는지 분석하고, 이 사건으로 인해 영향을 받을 수 있는 개인들을 찾아내기 위해 노력하였다. 사고 대응 팀은 2,150만 명의 개인들의 사회보장번호 등 민감한 정보가 신원조사 데이터베이스에서 도난당했다고 결론을 내렸다. 여기에는 신원조사를 신청한 개인 1,970만 명과 비신청자, 주로 배우자나 동거인이 180만 명 포함되어 있다. 본문에서 지적한 바와 같이, 일부 데이터에는 신원조사 조사관이 수행한 인터뷰 결과도 포함되어 있으며 약 110만 건의 지문이 포함되어 있기도 하다(OPM 2015).

재되어 있는 카메라의 화질이 좋아지면서 사진에 찍힌 손가락에 있는 지문을 복제하여 생체 암호로 되어 있는 잠금을 해제하는 것이 가능해졌기 때문이다(임유경 2014).

제114대 미 의회 감독 및 정부 개혁 위원회 위원인 엘리자 커밍스(Elijah E. Cummings)는 연방인사관리처(OPM) 데이터 유출 사건과 관련한 청문회(hearing)에서 이 공격이 누구를 목표로 삼았는지, 그리고 외국 정부가 이 데이터로 무엇을 할 수 있는지 질문한 바 있다. 그는 이러한 질문과 더불어 이 사건이 국가 안보에 위협을 가하게 될까 우려된다는 의견을 내기도 했다(Committee on Oversight and Government Reform 2015). 그의 우려는 타당한 것이었다. 모든 조사가 끝나고 제114대 미 의회 감독 및 정부 개혁 위원회가 연방인사관리처(OPM) 데이터 유출 사건에 대해 작성한 보고서에서는 피해를 정확히 가늠하는 것 자체가 불가능하긴 하지만 신원조사 데이터와 지문 데이터 등의 유출로 인한 피해는 앞으로 적어도 한 세대 동안의 미국 첩보 활동에 악영향을 끼칠 것이라고 분석하고 있기 때문이다. 연방정부의 직원들 중 일부는 미국의 가장 민감한 국가 기밀에 접근하기 위해 보안 허가를 신청해야 한다. 보안 허가를 위해 표준 양식 86(Standard Form 86: SF-86)을 작성하고 신원조사 과정을 거치는데, SF-86을 작성하는 개인들은 대체적으로 중앙정보국(CIA), 연방수사국(FBI)과 같은 정보공동체(Intelligence Community: IC), 국방부(Department of Defense: DOD) 소속이거나 이 기관들과 연계되어 있기 때문에 적대국의 매력적인 목표물이 된다. 이 말은 즉, SF-86 데이터가 적의 손에 들어가게 되면 그 적이 첩보 활동을 하는 데 사용할 수 있게 된다는 것을 의미하고, 개인 식별 데이터가 국가 안보에 치명적인 영향을 미칠 수 있음을 보여준다. 중앙정보국(CIA) 국장이었던 마이클 헤이든

(Michael Hayden)은 이번 사건으로 중국은 앞으로 한동안 보물창고를 얻게 된 것이고, 미국은 이러한 손실을 회복할 수 없다고 말함으로써 이 문제의 심각성을 지적하였다(Committee on Oversight and Government Reform 2016).

제114대 미 의회에서 하원의원을 지낸 윌 허드(Will Hurd)는 연방인사관리처(OPM)가 당한 데이터 침해는 미국이 외부로부터 지속적인 공격을 받고 있다는 사실을 부인할 수 없게 만드는 또 하나의 예일 뿐이라고 했다. 그는 현실 공간에서 폭탄이 떨어지거나 미사일이 발사되는 것은 아니지만 미국이 가진 데이터를 겨냥한 사이버 무기의 지속적인 흐름이 있는 것이라고 덧붙였는데(Committee on Oversight and Government Reform 2016), 이는 미국이 한 번의 데이터 유출로 입는 피해가 막심하므로 미국이 가진 데이터에 대한 보호가 중요함을 강조한 것이라고 할 수 있다. 연방인사관리처(OPM) 사건이 일어나게 된 원인으로 물론 중국으로부터의 사이버 해킹 공격도 있었지만 중요 데이터에 대한 적절하고 책임 있는 관리의 부족도 지적되었기 때문이다(Committee on Oversight and Government Reform 2016). 이와 관련하여 연방인사관리처(OPM)는 국방부와 함께 신용 및 신원 도용 모니터링을 전문으로 하는 민간 기업과 협력하여 데이터 보안 서비스를 제공하겠다고 발표하였다. 이와 더불어, 국방부(DOD), 국토안보부(Departmetn of Homeland Security: DHS), 연방수사국(FBI) 및 기타 기관 파트너의 전문가와 협력하여 광범위한 사이버 방어 및 정보기술 시스템을 강화하기 위해 적극적인 조치를 취할 것을 약속하였다(OPM 2015). 이러한 조치는 제로 트러스트(Zero Trust)를 기반으로 하는 경우가 많다. 과거에는 침입이 외부에서부터 있을 것을 전제로 하고 외부로부터의 공격을 차단하는 방화벽 등을 설치하는 보안 방법을 사용하였다. 하지만 내부에 심어진 바이러스나 악성 코드 등을 통해서 혹은 실제 내부 직원에 의해서 외부로 데이터가 유출되는 사례들이 발생하게 되자 최근에는 내·외부 모두를 신뢰하지 않는 방법으로 보안을 강화하는 노력을 하고 있다. 또한 개인들 역시 이에 맞추어 제로 트러스트로의 인식 전환을 하도록 요구되고 있다.

III. 기업의 경제적 데이터에 대한 위협

1. 기업에 대한 위협

18-19세기 산업혁명 시대의 발전 원동력이 석탄과 석유였다면, 21세기 4차 산업혁명 시대의 석유는 데이터라고 할 수 있다. 데이터는 석탄, 석유 등과 같은 천연자원과 달리 고갈의 염려가 없고 오히려 기하급수적으로 증가하는 자원으로 새로운 산업의 원동력이 될 것으로 예상된다. 폭발적으로 양이 증가한 데이터를 보관하는 것은 기업 입장에서는 비용의 증가를 의미하기도 한다. 이러한 비용 증가를 상쇄시키기 위해 기업들은 데이터를 이용해 수익을 내려고 노력 중이다. 데이터가 "미래의 통화"가 될 수도 있다는 주장도 제기되고 있다. 데이터를 보유하고 있는 기업들이 가치가 높아지는 데이터를 자산으로 활용하여 금전적 이득을 얻을 것이라고 보는 것이다(우지영 2017). 이러한 데이터를 훔치는 사례들이 많이 등장하고 있다. 무역, 기술 등에 대한 데이터를 몰래 빼가는 일이 많은데 그 배후에는 국가가 존재하기도 한다(Brown 2016). 특히 중국은 "세계에서 가장 적극적이고 끈질긴 경제 스파이"이다. 미국의 민간 기업들과 사이버 안보/보안 전문가들은

컴퓨터 네트워크에 대한 많은 침입이 중국에 의한 것이라고 보고한다
(Office of the National Counterintelligence Executive 2011).

사이버 상에서 해킹을 통해 데이터를 절취하거나 스파이의 활동
으로 하는 절취 모두 기업의 경제적 수단에 대해 위협을 가하는 것이
라고 볼 수 있다. 일반적으로 절취되는 데이터는 두 가지로 유형화된
다. 하나는 독점 기술 데이터(proprietary technology data)이고 다른
하나는 전략적 데이터(tactical data)이다(Friedman 2013). 독점 기술
데이터는 누군가가 굉장히 오랜 시간과 많은 돈을 들여 개발한 기술
데이터를 의미한다. 전략적 데이터는 기업의 경영을 위한 데이터라고
할 수 있는데 주로 가격 데이터, 거래량 데이터 등을 포함하고 있다.
미국과 중국은 경제적 데이터 절취를 둘러싸고 많은 갈등을 겪고 있
다. 미국의 기업들이 인식하는 중국으로부터의 위협은 크게 두 가지로
나누어서 볼 수 있다. 하나는 외부적 위협(external threat)이고, 또 다
른 하나는 내부적 위협(internal threat)이다. 데이터 절취의 위협이 어
디에서 발생하는지가 기준이다. 외부적 위협은 밖에서 안으로 침투해
절취를 하는 것이기 때문에 일반적으로 해킹의 방법을 이용한다. 내
부적 위협은 보다 직접적으로 이루어지는 절취 행위로, 다시 말하자면
스파이 행위라고 할 수 있다. 특정 기관에서 일을 하던 직원이 내부에
서 외부로 데이터를 유출하는 경우가 대표적이다(Saias 2014).

III절의 2에서 자세한 사례를 살펴보겠지만, 중국은 외부적 위협,
내부적 위협 할 것 없이 미국의 기업들에 위협을 가하고, 독점 기술 데
이터, 전략적 데이터 할 것 없이 모두 노린다. 가장 흔하게 발견되는
사례는 내부자를 이용하여 기업의 네트워크에 접근해 무역/거래 기밀
을 포함하는 데이터를 외장하드에 담거나 이메일을 보내거나 하는 방
식으로 훔치는 것이다. 2010년 미국의 경제 스파이법(the Economic

Espionage Act)에 의해 판결된 7건의 사건 중 6건이 중국과 연계되어 있는 것이었다는 것만 보아도 중국에 의한 기업 데이터 절취가 얼마나 많이 일어나는지 알 수 있다(Office of the National Counterintelligence Executive 2011). 2011년 작성된 미국 국가정보국(Office of the National Counterintelligence Executive)의 보고서, 「사이버 공간에서 미국의 경제적 기밀을 훔치는 외국 스파이들(Foreign Spies Stealing US Economic Secrets in Cyberspace)」에 따르면, 2009년부터 2011년의 3년간 미국의 독점적 기술을 훔치기 위한 외국의 첩보 기관, 기업, 개인들의 시도들이 증가했다는 것을 알 수 있다. 이들이 노린·독점적 기술들은 미국의 기업들이 개발을 위해 수백만 달러를 들인 것이고, 앞으로 수천만 혹은 수억 달러의 잠재적 이익이 기대되는 기술들이다. 이 보고서는 앞으로도 중국을 비롯한 몇몇 국가들이 끈질기고도 적극적인 방법으로 사이버 상에서 경제와 관련된 중요 데이터 절취 행위를 할 것이라고 예측한다(Office of the National Counterintelligence Executive 2011).

기업이 가진 중요 데이터에 대한 위협은 상호의존이 극대화되어 있는 현재, 국가 간의 경제 문제를 무기화함으로써 국가의 안보를 위협할 수 있는 잠재력을 가지고 있다고 할 수 있다. 그리고 민간 기업의 데이터가 유출되어 그 민간 기업이 손해를 보는 것을 넘어 그 민간 기업이 거래하는 국가 기관에 대한 데이터도 함께 유출될 수 있다는 점에서 국가 안보 이익을 심각하게 침해할 수도 있다. 많은 국가들은 미국 기업들을 빠르게 따라잡거나 국가 안보적 목표 혹은 경제적 번영을 이루기 위한 가장 기본적인 방법으로 미국의 민간 기업이 엄청난 비용과 시간을 들여 개발한 기술에 대한 데이터 절취를 꿈는다. 하지만 미국을 포함한 많은 경제 선진국들은 데이터 절취 행위를 하는 국가들로 인해 많은 비용이 발생하며 그로 인해 일자리 감소도 유발된다며 이들을 비난한다(Office of the National Counterintelligence Executive 2011). 특히 중국과 같이 미국의 지위를 위협하는 국가가 주도하여 미국 기업의 기술 데이터를 절취하게 되면 연구 개발에 들어가는 비용과 시간을 절약함으로써 월트(Stephen Walt)가 말하는 국력의 일부인 경제력을 빠른 속도로 따라잡을 수 있게 된다(Cook 2016; Walt 1987). 국력에서의 차이가 줄어드는 것은 미국이 중국으로부터 더 위협을 느끼게 만드는 원인이 될 수 있다. 즉, 기업의 데이터를 절취하는 것에 불과한·일이 국가의 안보와 연결되게 되는 것이다.

2. 미국 기업 데이터 침해 사례: 구글 해킹 사례를 중심으로

2010년 1월, 중국의 사이버 공격으로 인해 자사의 네트워크가 해킹 당했다고 하는 정보통신기술 거대 기업 구글(Google)의 발표는 하나의 분수령이 되었다. 구글의 발표에 따르면, 베리사인 아이디펜스(VeriSign iDefense)가 중국의 후원을 받은 사이버 침입을 확인했고 이 침입자들은 중요한 소스 코드를 훔쳤으며 중국의 인권 운동가들, 반체제 인사들의 지메일(Gmail) 계정을 노렸다고 한다(Nakashima 2013a; Office of the National Counterintelligence Executive 2011). 구글이 이러한 사이버 침입 및 독점적 데이터의 절취를 당한 것에 대해 전문가들은 중국의 대대적인 경제 스파이 행위의 일부에 불과하다고 밝혔다(Nakashima 2011). 보안 전문가들은 구글에 대한 중국의 사이버 공격이 단순히 구글만을 노린 것이 아니라고 판단한다. 구글에 대한 공격은 이메일 첨부파일의 보안적인 취약성을 이용하여 미국의 주요 금융, 국방(방위), 기술 기업들과 연구 기관들의 네트워크에 몰래 침입하기 위한 정치적, 기업적 스파이 활동의 일부라는 것이다(Cha and Nakashima 2010).

최근 미국의 기업들이 해커들에게 돈을 지불하고 있다. 페이팔(PayPal)이 1만 5,300달러, 테슬라(Tesla)는 테슬라 모델 3를 해킹할 수 있는 사람에게 50만 달러, 애플(Apple)이 아이폰 해커에게 150만 달러를 건넸다. 구글은 픽셀(Pixel) 기기의 타이탄 엠(Titan M) 보안 요소를 손상시키는 해커에게 100만 달러와 50 퍼센트의 "보상(reward)" 보너스를 추가했는데, 이는 애플이 지급하는 최고 보상액과 일치하는 수준이다(Winder 2020). 미국의 유명 기업들이 해커에 돈을 지급하는 이유는 보안 능력 향상을 위해서다. 중국으로부터 지속적인 해킹 공격에 시달리고 데이터를 절취당한 구글을 비롯한 많은 미국의 기업들은 스스로 사이버 방어 능력을 개선하기 위해 해커들에게 기꺼이 비용을 지급한다. 기업들은 해커들에게 비용을 지불하고 해킹에 취약한 부분이 어디인지를 보고하게 하여 중국과 같은 행위자들이 공격을 하기 전에 문제를 해결하고자 노력하는 것이다.

구글은 위와 같은 노력의 일환으로 2010년에 '취약성 보상 프로그램(the Vulnerability Reward Programs: VRPs)'을 만들었다(Winder 2020). 구글의 VRPs는 보안상의 버그를 발견하여 사용자를 보호하는 연구자(조사자)들에게 보상을 해주기 위한 프로그램이다. 이들이 버그를 사전에 발견함으로써 사용자들은 더 안전하게 구글을 사용할 수 있게 되는 것이다. 2010년 중국의 공격으로 취약성이 명확히 밝혀짐에 따라 구글은 크롬(Chrome), 안드로이드(Android)를 포함한 구글 검색 엔진 이외에도 추가적인 구글 제품들의 영역까지 커버하기 위해 VRPs를 확장하고 있다. 앱 스토어인 구글 플레이(Google Play)를 통해 타사가 제공하는 인기 있는 앱에 대해서도 VRPs가 적용되도록

하여 앱 개발자들이 취약성을 식별하는 것을 지원하기도 한다. VRPs
를 위해 구글이 2019년 지출한 비용은 약 650만 달러이고, 이는 역
대 한 해 지불 비용의 두 배에 달한다. 2010년 이래로 구글이 이 프
로그램을 통해 보상으로서 지출한 비용은 총 2,100만 달러 이상이다.
2019년에는 안드로이드 앱, 크롬 등에서 발생하는 데이터 오남용 문
제를 식별하고 완화하기 위해 '개발자 데이터 보호 보상 프로그램(the
Developer Data Protection Reward Program)'을 시작하였다(Pabrai et
al. 2020). 구글 및 다른 미국 기업들의 이러한 노력들은 사실상 기업
이 기술을 연구, 개발하기 위해 비용을 지출하는 것 외에도 이를 지키
기 위한 추가적인 비용을 지출하게 만든다. 중국의 사이버 공간에서의
데이터 절취 행위가 기업들로 하여금 추가적인 명목 비용과 기회비용
을 지출하게 만든다는 점에서 중국의 행위는 기업들의 경제적 수단을
위협하는 것이다.

　　하지만 이는 기업의 수준에서 마무리되는 문제가 아니다. 구글과
중국 간의 갈등 상황은 미국과 중국 사이에서 가장 민감한 이슈들인
인권, 검열, 무역, 지적재산권, 첨단 군사 기술 등과 연계되어 있다. 백
악관 전 대변인인 닉 샤피로(Nick Shapiro)는 구글에 대한 중국의 사
이버 침해가 문제이며, 연방정부가 이에 대해 조사하고 있다고 밝힌
바 있다(Cha and Nakashima 2010). 연방정부가 조사에 나섰다는 의
미는 구글과 같은 기업의 데이터 절취 피해 사례에 대해 버락 오바마
(Barack Obama) 전 미국 대통령이 국가 안보 및 외교의 관점에서 접
근했다는 것을 의미한다. 일개 민간 기업의 데이터가 유출된 것이 아
니라 국가 간의 갈등이 내포되어 있다고 보는 것이다. 미국의 지적재
산권 집행조정관(U.S. Intellectual Property Enforcement Coordinator)
인 빅토리아 에스피넬(Victoria Espinel)은 경제적 데이터에 대한 절

취는 해외 시장에서 기업의 경쟁 우위를 손상시키고, 전 세계 수출 전망을 감소시키며, 미국의 일자리를 위험에 빠뜨릴 수 있다고 하며, 데이터 침해로 인해 미국 기업들의 경제적 수단이 위협을 받는다고 지적했다(Espinel 2013). 몇몇 전문가들은 미국의 경제에서 사이버 데이터 절취 행위로 인해 발생하는 비용이 미국 국내총생산(GDP)의 0.1에서 0.5 퍼센트, 즉 250억 달러에서 1,000억 달러에 이를 수 있다고 말한다(Nakashima 2013a). 미 국가정보국은 보고서에서 외국 경쟁자에 의한 미국 기업들의 경제적 기밀 데이터 도용은 기업의 일자리, 수입 창출 능력, 혁신을 육성할 능력 등과 더불어 국가 안보를 약화시킨다고 주장한다(Office of the National Counterintelligence Executive 2011). 미국 기업들이 가진 독자적인 기술에 대한 데이터를 미국의 적대국이라고 할 수 있는 중국, 러시아, 이란, 북한 등으로 불법적으로 이전하게 되면 이는 미국을 안보적인 위험에 빠뜨리게 된다는 것이다(Nakashima 2011).

오바마 전 대통령은 이러한 데이터의 안보적 위협에 대응하기 위해 국정 연설에서 몇 가지를 제안한 바 있다. 첫째, 외교적 연계의 강화이다. 미국과 비슷한 고민을 하는 국가들과 연합을 구축하여 대응하는 것을 제안한 것이다. 둘째, 기업의 기밀 데이터를 보호하는 모범 사례들을 개발하고, 기업이 기밀을 절취당할 위험을 완화할 수 있는 모범적인 사례들을 서로 공유하는 산업계 주도의 노력에 대한 지원이다. 셋째, 사법부는 외국 경쟁자 및 외국 정부에 의한 데이터 절취 사건을 조사하고 기소하는 것을 최우선 과제로 삼는다. 그리고 이와 더불어 FBI와 같은 정보공동체는 외국 경쟁자들과 정부들에 의해 절취당할 목표물이 될 수 있는 민간 부문의 데이터에 대해서 경고와 위협 평가를 제공한다. 넷째, 경제적 데이터 절취에 대한 법안에 서명했다. 또

한 변화가 필요하다면 의회와 협력하여 그 변화를 지속적이고 포괄적
으로 만들어갈 것이다. 마지막으로, 기업의 데이터에 대한 절취가 미
국 경제를 위험에 처하게 할 수 있다는 인식을 대중들이 가질 수 있도
록 노력한다(Espinel 2013). 이러한 오바마의 2013년 국정 연설은 기
업의 기술 데이터, 경제적인 데이터를 중국과 같은 국가들이 훔쳐가는
문제가 기업의 문제로 끝나는 것이 아니라 국가 전체의 위기라는 인식
을 잘 보여주고 있다. 즉, 기업의 경제적 수단인 데이터에 대한 위협은
결국 국가 안보의 문제로 연결된다는 것이다.

IV. 국가의 전쟁 수행 능력에 대한 위협

1. 국가에 대한 위협

중국에 의한 데이터 절취, 도용은 국가의 전쟁 수행 능력과도 밀접하
게 연결되어 있다. 국가정보국(Office of the National Counterintel-
ligence Executive)의 보고서에 따르면, 중국은 빠른 경제 성장을 위해
미국 기업들이 보유하고 있는 경제 데이터를 노리기도 하지만, 인민해
방군(People's Liberation Army: PLA)의 현대화를 위해 미군이 보유하
고 있는 군사 기술에 대한 데이터에도 끊임없이 접근하려고 노력 중이
다. 중국 인민해방군이 미군에 대해서 우위를 점하기 위한 장기 전략
에는 정보화된 능력을 발전시키고, 해외에 구축되어 있는 중국 기업들
을 포함한 민간 정보 시스템을 활용하는 것이 포함되어 있으며 사이버
공격, 장거리 정밀 타격 능력 등을 개발하는 노력을 통해 이를 달성하
고자 한다(United States-China Economic and Security Review Com-

mission 2020). 인민해방군의 장기 전략 실현을 위해 특히 중국이 관심을 보일 만한 기술 데이터는 크게 두 가지라고 할 수 있다. 하나는 해양 기술 데이터이고, 다른 하나는 항공 기술 데이터이다. 먼저, 해양 기술 데이터와 관련하여, 중국은 대만 해협에서 전략적 우위를 가지고 해상 무역로를 방어하기 위해 해군 기술에 대한 개발에 집중하고 있다. 따라서 중국은 미국 기업들이 가진 기술 데이터를 해킹을 통해 탈취하였듯이 미국 해군이 가진 기술 데이터에 대해서도 접근을 계속 시도할 것이고 최첨단의 기술을 빼내고자 노력할 것이라는 것이다. 다음은 항공 기술 데이터이다. 미국은 지난 수십 년간 군사 작전을 통해서 항공 지상주의(우월주의)를 증명하고 있다(Office of the National Counterintelligence Executive 2011). 미군의 무인기(Unmanned Aerial Vehicles: UAVs)가 아프가니스탄, 이라크 등에서 정보/첩보를 수집하는 역할을 성공적으로 수행하기도 했고, 2020년 초에는 이란의 이슬람혁명수비대 소장이자 군부의 실세였던 거셈 솔레이마니(Qasem Soleimani)가 미 공군이 조종하는 무인기의 공격을 받고 사망하기도 했기 때문에 항공 기술 데이터 중에서 가장 관심을 가질 만한 부분은 무인기에 대한 기술일지도 모른다(Office of the National Counterintelligence Executive 2011; 김대영 2020).

래리 워첼(Larry Wortzel) 미-중 경제안보심의위원회(United States-China Economic and Security Review Commission) 위원장은 2013년에 있었던 미국 하원에서의 증언에서 중국이 미국의 방위산업기지(Defense Industrial Base: DIB)와 미국 정부를 겨냥해서 사이버 첩보 활동을 하는 것이 미국의 국가 안보에 중대한 위협으로 작용하고 있다고 설명했다. 스티브 쿡(Steve Cook)은 래리 워첼이 말한 것처럼 중국이 미국의 방위산업기지나 정부에 대해 사이버 침입을 시도하고 이를 통해 얻은 데이터를 활용하여 미국의 다른 여러 시스템들에 대한 또 다른 데이터를 수집하고 향후 군사 작전을 계획하는 데 사용한다고 주장한다. 미군이 기술에 대한 의존도가 높고 데이터의 흐름이 많기 때문에, 중국은 전장의 데이터를 전송하는 미군의 시스템에 악영향을 미쳐 전략적 이익을 얻으려는 의도를 가지고 있다는 것이 그의 주장이다(Cook 2016). 다니엘 코츠(Daniel Coats) 전 국가정보국장도 중국이 미국 산업에 대해 벌인 사이버 작전들 중 적발된 대부분의 작전들이 대부분 방위사업자나 정부 네트워크를 지원하는 기술 기업에 초점이 맞추어져 있다고 증언한 바 있다(Nakashima and Sonne 2018). 이러한 코츠의 증언은 워첼의 주장을 강화시킨다. IV절의 2에서 살펴보게 될 록히드마틴 등 미군 전투기 F-35 프로젝트에 참여하였던 방위산업체 직원들에 대한 해킹 사례는 워첼이나 코츠가 말하는 미국의 방위산업기지에 대한 사이버 침투 및 데이터 절취에 해당하므로 국가 안보, 특히 국가 안보의 가장 기초를 이루는 군사력(전쟁 수행 능력)과 직결된다고 할 수 있다.

2010년을 전후로 해서 최근 계속해서 일어나고 있는 군사 기술에 관련된 여러 사이버 침투 사례들은 중국이 미국보다 많이 뒤쳐져 있는 전략적인 산업에서의 미국 따라잡기를 위한 것으로 보인다고 전문가들은 분석한다. 방위산업체에 대한 끊임없는 사이버 공격은 미군의 무기 체계에 대한 데이터 확보를 위한 노력인 것이다(Cha and Nakashima 2010). 미국의 방위산업기지(DIB)는 미국의 국방부와 정부가 미국의 국가 안보를 뒷받침하기 위해 의존하고 있는 모든 시스템과 서비스를 생산하는 10만 개 이상의 기업들을 포함하고 있다. 10만 개가 넘는 기업들은 직원 수가 수십만 명에 이르는 주요 계약 업체에서부터 소수의 직원만 있는 중소기업에 이르기까지 다양하게 구성되어 있다. 미국의 군사 연구·개발 데이터를 원하거나 무기와 우주 플랫폼을 손상시키는 방법을 알고자 하는 여러 외국의 정보 단체들에게 있어 미국 방위산업기지에서 일하는 직원들은 매력적인 먹잇감이다. 구성원들이 너무 많이 존재하기 때문에 방위산업기지는 사이버상의 침입과 데이터 절취에 있어 취약할 수밖에 없다. 따라서 중국, 러시아, 이란 등 미국의 사이버 적대국들은 수년간 방위산업기지에 적극적으로 잠입하려는 시도를 해 왔다(NSA 2020). 미국과 중국 간의 경쟁이 패권 경쟁으로 다뤄지고 있는 요즘, 이와 같은 미국의 군사 기술 데이터에 대한 중국의 절취 혹은 도용 사례들은 그 어느 때보다도 미국에 커다란 국가안보 위협으로서 인식될 것이다.

2. 미국의 군사 데이터 침해 사례: 미국의 방위산업체 사례를 중심으로

전 중앙정보국(CIA) 분석관인 피터 매티스(Peter Mattis)는 해킹에 있어서 중국의 인민해방군이 국가안전부(Ministry of State Security: MSS)보다 더 잘 알려져 있지만, 사실 국가안전부가 공안정보기관으로서 더 숙련된 인력을 보유하고 있으며 흔적을 감추는 데 있어서도 훨씬 뛰어나다고 말한다. 그는 중국의 국가안전부가 외국, 군사, 상업 등 모든 형태의 데이터를 해킹한다고 설명한다(Nakashima and Sonne 2018). 전문가들에 따르면, 사이버 상에서의 군사 기밀 데이터 절취는 세 가지의 주된 문제를 일으킨다. 첫째, 미국의 첨단 설계도에 대한 중국의 접근은 분쟁이 발생했을 때 활용될 수 있는 즉각적인 군사 작전의 우위를 중국에 제공한다는 문제가 있다. 둘째, 중국이 미국의 첨단 설계도를 사이버 침투를 통한 데이터 절취를 통해 획득하게 되면 첨

단 군사 기술을 획득하는 속도가 더욱 빨라질 것이고 개발 비용을 수
십억 달러나 절약하게 된다. 셋째, 미국의 설계 데이터는 중국의 방위
산업 자체를 이롭게 하는 데 사용될 수 있다. 전문가들이 지적한 세 가
지 문제점에 부합하는 사례가 바로 F-35 전투기 설계도 도용 사건이
다(Nakashima 2013b).

지난 수년에 걸쳐 중국은 F-35 연합타격전투기, 첨단 패트리엇
PAC-3 미사일 시스템, 고고도미사일방어체계(Terminal High Altitude
Area Defense: THAAD)로 알려진 탄도미사일 격추 시스템, 근해 작전
을 위해 설계된 소형 함정인 해군의 리토랄 전투함 등 많은 군사 기술
데이터를 빼돌렸다. 미국의 수사관들에 따르면, 이것이 모두 중국의
국가안전부에 의해 이루어졌다고 한다(Nakashima and Sonne 2018).
절취당한 군사 기술 관련 데이터 중 특히 F-35 전투기는 미국 역사
상 가장 비용이 많이 들어간 무기 프로그램이다. 2013년 당시 미국은
F-35를 만들기 위해 8개의 국제적 파트너사와 협력을 하고 있었고,
4,000억 달러에 달하는 비용을 들여 약 2,450대를 구매할 예정이었다.
5세대 전투기를 개발 중이었던 국가는 미국, 중국, 러시아 등이 있었
는데 미국의 입장에서는 경쟁 국가에 중요 데이터가 노출된 것이었기
때문에 국가 안보상 심각한 위협으로 인식하였다(Alexander 2013).
2009년 F-35와 관련된 대량의 데이터를 절취해갔다는 의혹을 받고 있
던 중국은 2014년 차세대 전투기 J-31을 일반에 공개한 이후 디자인
이 비슷하다는 이유에서 미국으로부터 더 많은 의심을 받게 되었다(이
봉석 2015). 물론 중국은 이러한 의혹에 대해서 강하게 부정하였지만,
당시 대통령이었던 오바마는 시진핑 중국 주석을 만난 자리에서 사이
버 상에서의 문제가 계속 된다면 양국의 경제 관계에 큰 문제가 생길
것이라며 경고를 하기도 했다(Alexander 2013). 또한 독일의 시사 주

간지인 슈피겔이 에드워드 스노든(Edward Snowden)이 폭로한 기밀 문서에 중국이 미국의 F-35와 관련된 데이터를 몰래 빼냈다는 내용이 있다고 보도함으로써 중국의 미국 군사 기밀 데이터 절취는 기정사실화 되었다(이봉석 2015).

F-35의 사례는 사이버 상에서 침투하여 데이터를 빼간 경우에 해당한다면 다음의 사례는 직원이 데이터를 복사하여 유출한 사례에 해당한다. 미국의 방위산업체 중 하나인 L-3에 재직 중이던 스티브 리우(Steve Liu)라는 중국인이 군사 관련 데이터를 유출한 사건이다. 그는 로켓 발사 장치, 미사일 발사 시스템, 야포(field artillery), 스마트 군수품 등을 위한 정밀항법장치들을 연구하는 일을 했다. 이러한 장치들은 모두 미국 국방부에 의해 사용되고 국방부를 위해 준비될 것들이었다. 즉, 군사 기밀 데이터를 포함하고 있다고 할 수 있다. 리우는 이와 관련된 정보를 외부에 제공하는 것이 승인되지 않았음에도 불구하고 2009년과 2010년에 중국 정부가 후원하는 기술 회의에서 수출제한 기술 데이터에 대한 발표를 하기 위해 중국을 방문했다. 또한 2010년에 회의 참석차 출국할 때에는 개인 노트북에 약 36,000개의 컴퓨터 파일을 다운로드해서 데이터를 유출한 바 있다. 이후 미국 국무부는 리우가 유출한 파일 내에 수출통제 기술 데이터를 포함한 매우 민감한 데이터가 여럿 포함되어 있었다는 사실을 확인했다(Executive Office of the President 2013).

최근 중국이 대만 해협, 남중국해 등 인근 해역에서 도발적이고 강압적인 군사 활동 혹은 준군사 활동을 벌임으로써 인접 국가들에 위협을 가하고 있다. 미국이 이러한 중국의 행태를 안보적인 도전 행위로 간주하고 있는 가운데(The White House 2020), 중국이 자국의 해군력 향상을 위해 단행하는 해킹을 통한 데이터 절취는 미국에게 민감

하게 다가올 수밖에 없다. 미국 관료들의 말에 따르면, 중국 정부 해커
들은 2020년까지 미 잠수함에 사용할 초음속 대함미사일을 개발하려
는 비밀 계획을 포함한 방대한 양의 매우 민감한 데이터를 빼가면서
미 해군 하청업체들의 컴퓨터를 손상시켰다. 도난당한 데이터 중에는
시드래곤(Sea Dragon)으로 알려진 프로젝트와 관련된 614 기가바이
트 규모에 달하는 자료와 신호 및 센서 데이터, 암호 시스템과 관련된
데이터 등이 포함되어 있는 것으로 알려졌다. 이 사건과 관련하여 미
국의 전 상원의원이자 미중 경제안보심의위원회 소속인 제임스 탤런
트(James M. Talent)는 중국이 수단과 방법을 가리지 않고 첨단 무기
기술을 얻는 데 몰두하고 있고 해군 데이터 유출 사건 역시 그러한 시
도의 일환이라고 말하며 불안감을 표시했다. 필립 데이비슨(Philip S.
Davidson)은 그의 인도태평양사령부 총사령관 인사 청문회에서 "중국
은 스스로 개발할 수 없는 것을 사이버 공간을 통해 훔친다"고 말한 바
있다(Nakashima and Sonne 2018).

위에서 살펴보았듯이, 중국을 필두로 러시아, 이란, 북한 등 사이
버 및 신흥기술 경쟁자들과 적대국들이 사이버 해킹을 통해 군사 기밀
데이터까지 유출하는 등 미국의 안보에 도전함에 따라 미국은 사이버
공간에서의 대응과 신흥기술에 대한 외교를 재편할 필요성이 절실해
졌다. 이에 따라 폼페이오 국무부 장관은 사이버 안보·신흥기술국(the
Bureau of Cyberspace Security and Emerging Technologies: CSET)의
신설을 승인하였다(Office of the Spokesperson 2021). 국제전략연구
소(the Center for Strategic and International Studies)의 제임스 루이
스(James Andrew Lewis)는 국무부에 사이버 안보와 신흥기술에 대한
문제를 담당하는 새로운 지국을 설립함으로써 의회가 국가 안보를 위
해 필요한 일을 할 기회가 생겼다고 말하며 현재의 임시방편적인 대응

을 대체하게 될 것이라고 기대하였다(Lewis 2019). 미 국무부가 밝힌 내용에 따르면, CSET는 사이버 공간과 중요 기술의 보호, 사이버 분쟁 가능성 감소, 전략적 사이버 경쟁에서의 우위 등을 포함해서 미국의 대외 정책과 국가 안보에 영향을 미치는 광범위한 국제적 사이버 안보 및 신흥기술 정책 문제에 대한 미국 정부의 노력을 이끌 것으로 보인다(Office of the Spokesperson 2021).

V. 결론

"지금은 사이버 스파이 활동(cyber-espionage)의 황금기이다(Nakashima 2011)." 지금으로부터 10년 전에 나온 말이긴 하지만 여전히 전 세계는 데이터를 위해 보이지 않는 전쟁을 벌이는 중이다. 결국 데이터를 확보하기 위한 전쟁인 것이고, 자신이 데이터를 확보하지 못하는 경우 혹은 상대를 교란시키기 위한 경우에는 데이터를 오염시키고 파괴해버리기 위해 공격을 지속하는 것이다. 데이터 확보 전쟁 속에서 공격에 의한 피해자 혹은 대상은 명확하고 그 규모도 확실하게 파악할 수 있지만 공격의 주체를 정확히 규명하는 것은 어려운 일이다. 그리고 이러한 위협은 언제, 어디에나 잠재적으로 존재하고 있고, 공격을 받은 시점에 바로 피해 사실을 파악할 수 있는 것도 아니다. 시간이 상당히 경과한 이후에 우연히 발견하게 되는 경우가 많기 때문에 추적역시 쉽지가 않다. 마지막으로 이러한 피해가 전통적인 측면에서의 국가 안보에 영향을 미쳤는지 파악하는 것 역시 쉽지 않다. 따로 떨어져있는 여러 사례들이 이러한 특징들을 보인다는 이유에서 데이터 문제를 안보화하는 것이 과잉 안보화에 해당한다고 비판할지도 모른다. 하지만 신흥안보의 시각을 적용하여 문제를 바라보면 일견 미시적인 안전의 문제로 그칠 것 같은 문제가 어느 순간 거시적 차원의 국가 안보로 창발 되기도 한다는 것을 전체 메커니즘을 파악함으로써 알 수 있다. 또한 문제의 해결 및 관리에 있어서도 국가라는 행위자에만 의존할 수 없다. 따라서 사이버 상에서 발생하는 데이터를 둘러싼 갈등은 과잉 안보화라는 비판에서 벗어나기 위해 신흥안보의 시각을 가지고 접근해야 할 필요가 있는 것이다.

데이터 확보 전쟁 속에서 가장 많이 활용되고 있는 방법 중 하나가 바로 사이버 첩보 활동 혹은 사이버 절취이다. 사이버 공간을 통한 은밀한 침입의 가장 매력적인 목표물이 되는 것은 단연 미국이라고 할 수 있다.[5] 정보통신기술을 기반으로 한 인프라가 잘 구축되어 있어 오히려 사이버 공격에 취약하고 미국이 보유하고 있는 기술 데이터, 인적 데이터 등은 활용성이 높기 때문이다. 특히 중국의 지도자들이 현재를 경제성장과 과학·기술 분야에서의 발전 등을 이룰 수 있는 "전략적 기회의 창(a window of strategic opportunity)"으로 여기고 있어서인지 사이버 상에서 중국의 미국에 대한 데이터 확보 노력은 매우 끈

---

5   CIA에서 25년간 해외 공작 부서에 재직했던 콜베(Paul R. Kolbe)는 미국의 기업들이나 국가 기관들이 중국, 러시아, 이란 등과 같은 국가에 의한 사이버 침입에 대해 무방비 상태인 것을 비판한다. 그러면서 몇 가지를 제안한다. 먼저, 미국은 영구적인 사이버 전쟁의 시대(an age of perpetual cyberconflict)에 접어들었다는 사실을 인지해야만 한다는 것이다. 영속적이라는 점에서 사이버 상에서의 갈등은 현실 세계에서의 전쟁보다는 질병과 싸우는 것에 가깝다. 둘째, 제대로 된 국가 차원의 사이버 방어를 구축할 때라는 것이다. 사이버 방화벽과 같은 것에 의존할 것이 아니라 기업, 기관 등을 연결하고 있는 네트워크의 '흐름'을 모니터링 하는 것이 중요하다. 즉, 마지노선을 정하는 것이 아니라 여러 층위의 방어망이 있을 필요가 있다. 셋째, 가차 없는 반격을 해야 한다는 것이다. 스파이는 스파이로 잡는다는 말이 있듯이 말이다. 마지막으로 영구적인 갈등에 직면해 있는 상황 속에서도 사이버 적대 관계에 있는 상대와 대화의 여지는 남겨두라는 것이다. 협력의 작은 한 걸음이 있어야 규범의 창설도 있을 수 있기 때문이다(Kolbe 2020).

질기고 적극적으로 나타나고 있다(Office of the National Counterintelligence Executive 2011). 이 글에서는 중국에 의해 데이터를 침해 받는 미국을 크게 세 가지 층위로 구분하여 살펴보았다.

첫 번째 대상은 바로 개인이다. 감시가 만연한 사회에서 개인이 입는 1차적 피해는 당연히 프라이버시 문제이다. 사생활 침해라고 하는 문제는 지극히 개인의 문제이므로 국가 안보와는 연결될 기미가 보이지 않을 수 있다. 하지만 개인을 식별할 수 있는 데이터에 대한 침해는 결국 국가 안보에 영향을 미친다는 것을 미국 연방인사관리처(OPM) 사례를 통해 살펴볼 수 있었다. 중국이 미국 연방정부 직원들 및 거래업체 직원들의 인사 데이터를 빼감으로 인해 미국은 정보활동에 있어 한 세대 이상 손실을 보게 되었다. 한 개인의 지문, 사회보장번호, 이메일 계정 및 비밀번호 데이터가 유출되는 것으로 끝나는 것이 아니라 국가 안보의 기본인 해외에서의 정보수집활동에 제동이 걸리게 되는 것이다.

두 번째 대상은 기업이다. 구글에 대한 중국의 해킹 사례를 통해 미국 기업이 중국의 해킹으로 인해 얼마나 많은 손실을 감당하고 있는지 볼 수 있었다. 기업이 가진 중요 데이터를 침해하는 것은 상호의존의 시대에 무기화 될 수 있기 때문에 국가의 안보까지도 위협할 수 있다. 또한 기업이 국가 기관과도 거래를 하기 때문에 기업에 대한 해킹 공격을 통해 국가 기관의 데이터까지 절취할 수 있다는 점에서도 이는 안보를 위협하는 문제이다. 절취한 데이터를 바탕으로 미국을 따라잡으려는 중국의 노력이 미국으로 하여금 중국을 더 위협으로 인식하게 만든다는 것 역시 미국 정부 관계자들의 말로 확인할 수 있었다.

세 번째 대상은 국가이다. 국가가 전쟁을 수행하기 위해 필요한 전투기, 잠수함 등에 대한 기밀 데이터를 침해당함으로 인해 미국은 압도적인 전쟁 수행 능력의 격차를 만들기가 점점 어려워지고 있다. 중국이 F-35 전투기 설계도와 같은 군사 기밀 데이터를 절취하여 자국 군대의 현대화에 활용함에 따라 미국이 5세대 전투기에 대한 경쟁 우위를 확실히 점하기가 어려워졌고, 잠수함 등 해군 무기 제작에 있어서도 마찬가지 일들이 일어나고 있다. 경제에 이어 군사 분야에서까지 중국의 따라잡기가 이루어진다면 미국은 엄청난 안보 위협에 직면했다고 인식하게 될 것이 분명하다.

　신흥안보 이슈는 문제가 발생하는 과정에서도 다층적인 성격을 가지고 있지만 문제에 대한 대응에 있어서도 마찬가지의 특성을 가지고 있다. 사안의 복잡성이 심화됨에 따라 국가가 유일한 행위자로서 안보 문제에 대응할 수 없게 된 것이다. II장에서부터 IV절에 이르기까지 여러 구체적인 사례들을 살펴보았을 때도 확인할 수 있다시피, 데이터 침해로 입은 피해에 대한 대응이 개인, 기업, 국가 등 여러 층위에서 각각 주도적으로 이루어졌다. 연방정부 직원들은 강화된 보안 시스템이 기반으로 하고 있는 제로 트러스트(Zero Trust)를 체화할 필요가 있었고, 구글은 VRPs를 통해 해킹의 위험을 줄이고자 하였다. 미국이라고 하는 국가는 비슷한 피해를 입고 있는 국가들과 외교적 연대를 강화하거나 새로운 담당 지국을 설치하는 등의 대응을 하고 있다.

　데이터는 그 자체만으로는 긍정적인 효과를 낼 수도 부정적인 효과를 낼 수도 있는 여러 잠재력을 지닌 존재이다. 하지만 어떻게 연계되어 사용되느냐, 누구에 의해 사용되느냐에 따라 데이터가 지니는 위험성은 달라진다. 데이터를 이용해 위협을 가하는 인간 행위자 혹은 국가와 같은 비인간 행위자는 별다른 위협을 느끼지도 않고 대단한 피해를 경험하지도 않는다. 피해를 입은 위협의 대상이 위협의 주체를 명확히 특정해서 찾아내고 보복하는 것이 사실상 불가능에 가깝기 때문이다. 하지만 데이터로 인해 위협을 느끼는 대상인 개인, 기업, 국가 등은 이로 인해 막대한 손실을 입고 궁극적으로는 거시적 차원의 국가 안보에도 대단한 악영향을 미칠 수 있다. 이러한 사실을 통해 데이터 안보에서 위협의 주체와 위협의 대상은 피해의 정도에 있어서 비대칭성을 갖는다는 것을 확인할 수 있다. 이러한 비대칭성이 존재한다는 점에서도 데이터는 단순히 과잉 안보화로 치부되어서는 안 되고 신흥 안보의 시각을 가지고 보다 정교하게 접근하는 대상이 되어야 한다.

참고문헌

곽윤아. 2020. "'개인 정보가 중국으로 샌다"... 美 "틱톡 이어 위챗 금지도 검토"."『서울경제』
　　2020.7.13. https://www.sedaily.com/NewsView/1Z5ACIHUKB (검색일:
　　2021.1.13.)
국립국어원. 표준국어대사전. https://stdict.korean.go.kr/search/searchView.do (검색일:
　　2021.1.13.)
김대영. 2020. "[김대영의 밀덕] 이란 군부 실세 솔레이마니 'F3EAD'에 죽다."『비즈한국』
　　2020.1.27. https://www.bizhankook.com/bk/article/19356 (검색일: 2021.1.13.)
김상배. 2016. "신흥안보와 메타 거버넌스: 새로운 안보 패러다임의 이론적 이해."
　　『한국정치학회보』50(1): 75-104.
_____. 2018.『버추얼 창과 그물망 방패: 사이버 안보의 세계정치와 한국』. 파주:
　　한울아카데미.
_____. 2020. "데이터 안보와 디지털 패권경쟁: 신흥안보와 복합지정학의 시각."『국가전략』
　　26(2): 5-34.
김지영. 2019. "미·중 기술패권 경쟁의 담론과 실제: 화웨이 5G 사태를 중심으로."
　　『국방연구』62(4): 241-272.
민병원. 2006. "탈냉전시대의 안보개념 확대: 코펜하겐 학파, 안보국제화, 그리고
　　국제정치이론."『세계정치』5: 13-62.
_____. 2012. "안보담론과 국제정치: 안보개념의 역사적 변화를 중심으로."『평화연구』
　　20(2): 203-240.
박인휘. 2000. "탈냉전과 미국의 패권적 안보담론: 뉴욕타임스의 국가안보 보도에 관한
　　연구."『국제정치논총』40(4): 45-64.
우지영. 2017. "제4차 산업혁명: 데이터 경제를 준비하며."『한국콘텐츠학회지』15(1): 14-
　　20.
윤정현. 2020. "신흥안보 위험과 네트워크 거버넌스: 불확실성 시대의 초국가적 난제와
　　대응전략."『한국정치학회보』54(4): 29-51.
이봉석. 2015. "美 F-35 전투기 설계정보, 중국 스파이가 빼돌려."『연합뉴스』2015.1.19.
　　https://yna.co.kr/view/MYH20150119018500038 (검색일: 2021.1.13.)
임유경. 2014. "손가락 사진만으로 지문복제 가능하다."『지디넷코리아(ZDNet Korea)』
　　2014.12.30. https://zdnet.co.kr/view/?no=20141230101354 (검색일: 2021.1.13.)

Alexander, David. 2014. "Theft of F-35 design data is helping U.S. adversaries-Pentagon."
　　REUTERS 2014.12.30. https://www.reuters.com/article/usa-fighter-hacking-
　　idUSL2N0EV0T320130619 (검색일: 2021.1.13.)
Brown, Gary. 2016. "Spying and Fighting in Cyberspace: What is Which?" Journal of
　　National Security Law & Policy 8(3): 1-22.

Cha, Ariana Eunjung and Ellen Nakashima. 2010. "Google China cyberattack part of vast espionage campaign, experts say." *The Washington Post* 2010.1.14. https://www. washingtonpost.com/wp-dyn/content/article/2010/01/13/AR2010011300359. html?sid=ST2010011300360 (검색일: 2021.1.13.)

Chong, Gladys Pak Lei. 2019. "Cashless China: Securitization of everyday life through Alipay's social credit system-Sesame Credit." *Chinese Journal of Communication* 12(3): 290–307.

Committee on Oversight and Government Reform. 2015. "OPM Data Breach: Hearing Before the Committee on Oversight and Government Reform." House of Representatives 114th Congress. 2015.6.16.

_____. 2016. "The OPM Data Breach: How the Government Jeopardized Our National Security for More than a Generation." House of Representatives 114th Congress. 2016.9.7.

Cook, Steve. 2016. "Effects of Chinese Hacking on United States Critical Infrastructure, National Security, and the Economy." Utica College, 1–54.

Espinel, Victoria. 2013. "Launch of the Administration's Strategy to Mitigate the Theft of U.S. Trade Secrets." 2013.2.20. https://obamawhitehouse.archives.gov/ blog/2013/02/20/launch-administration-s-strategy-mitigate-theft-us-trade-secrets (검색일: 2021.1.13.)

Executive Office of the President. 2013. "Administration Strategy on Mitigating the Theft of U.S. Trade Secrets."

_____. 2020. "Addressing the Threat Posed by TikTok, and Taking Additional Steps To Address the National Emergency With Respect to the Information and Communications Technology and Services Supply Chain." Executive Order 13942. 2020.8.11. https://www.federalregister.gov/documents/2020/09/24/2020–21193/ identification-of-prohibited-transactions-to-implement-executive-order–13942–and-address-the-threat (검색일: 2021.1.13.)

Friedman, Allan A. 2013. "Cyber Theft of Competitive Data: Asking the Right Questions." Center for Technology Innovation at BROOKINGS, 1–7.

Giddens, Anthony. 1987. *Social Theory and Modern Sociology*. Cambridge: Polity.

Hansen, Lene and Helen Nissenbaum. 2009. "Digital Disaster, Cyber Security, and the Copenhagen School." *International Studies Quarterly* 53(4): 1155-1175.

Kolbe, Paul R. 2020. "With Hacking, the United States Needs to Stop Playing the Victim." *The New York Times* 2020.12.23. https://www.nytimes.com/2020/12/23/opinion/ russia-united-states-hack.html (검색일: 2021.1.13.)

Lewis, James Andrew. 2019. "End the Uncertainty about Cybersecurity at State." *CSIS* 2019.10.16. https://www.csis.org/analysis/end-uncertainty-about-cybersecurity-state (검색일: 2021.1.13.)

Nakashima, Ellen. 2011. "In a world of cybertheft, U.S. names China, Russia as main culprits." *The Washington Post* 2011.11.3. https://www.washingtonpost.com/world/national-security/us-cyber-espionage-report-names-china-and-russia-as-main-culprits/2011/11/02/gIQAF5fRiM_story.html (검색일: 2021.1.13.)

_____. 2013. "U.S. said to be target of massive cyber-espionage campaign." *The Washington Post* 2013.2.10. https://www.washingtonpost.com/world/national-security/us-said-to-be-target-of-massive-cyber-espionage-campaign/2013/02/10/7b4687d8-6fc1-11e2-aa58-243de81040ba_story.html (검색일: 2021.1.13.)

_____. 2013. "Confidential report lists U.S. weapons system designs compromised by Chinese cyberspies." *The Washington Post* 2013.5.27. https://www.washingtonpost.com/world/national-security/confidential-report-lists-us-weapons-system-designs-compromised-by-chinese-cyberspies/2013/05/27/a42c3e1c-c2dd-11e2-8c3b-0b5e9247e8ca_story.html?utm_term=.13f0d90d15e3&itid=lk_interstitial_manual_46 (검색일: 2021.1.13.)

Nakashima, Ellen and Paul Sonne. 2018. "China hacked a Navy contractor and secured a trove of highly sensitive data on submarine warfare." *The Washington Post* 2018.6.9. https://www.washingtonpost.com/world/national-security/china-hacked-a-navy-contractor-and-secured-a-trove-of-highly-sensitive-data-on-submarine-warfare/2018/06/08/6cc396fa-68e6-11e8-bea7-c8eb28bc52b1_story.html (검색일: 2021.1.13.)

NSA. 2020. "NSA Cybersecurity Year in Review."

Office of the National Counterintelligence Executive. 2011. "Foreign Spies Stealing US Economic Secrets in Cyberspace." Report on Congress.

Office of the Spokesperson. 2021. "Secretary Pompeo Approves New Cyberspace Security and Emerging Technologies Bureau." 2021.1.7. https://www.state.gov/secretary-pompeo-approves-new-cyberspace-security-and-emerging-technologies-bureau/ (검색일: 2021.1.13.)

OPM. 2015. "OPM Announces Steps to Protect Federal Workers and Others From Cyber Threats." 2015.7.9. https://www.opm.gov/news/releases/2015/07/opm-announces-steps-to-protect-federal-workers-and-others-from-cyber-threats/ (검색일: 2021.1.13.)

Pabrai, Natasha, Jan Keller, Jessica Lin, Anna Hupa and Adam Bacchus. 2020. "Vulnerability Reward Program: 2019 Year in Review." Google Security Blog. 2020.1.28. https://security.googleblog.com/2020/01/vulnerability-reward-program-2019-year.html (검색일: 2021.1.13.)

Petit, Patrick. 2020. "'Everywhere Surveillance': Global Surveillance Regimes as Techno-Securitization." *Science as Culture* 29(1): 30-56.

Saias, Marco Alexandre. 2014. "Unlawful acquisition of trade secrets by cyber theft: between the Proposed Directive on Trade Secrets and the Directive on Cyber

Attacks." *Journal of Intellectual Property Law & Practice* 9(9): 721-729.

Shenk, David. 1997. *Data Smog: surviving the information glut*. San Francisco, Calif.: Harper Edge.

The White House, 2020. "United States Strategic Approach to the People's Republic of China." 1-16.

United States-China Economic and Security Review Commission. 2020. "Report to Congress of the U.S.-China Economic and Security Review Commission." 116th Congress.

Walt, Stephen M. 1987. *The Origin of Alliances*. Ithaca: Cornell University Press.

Winder, Davey. 2020. "Google Confirms It Paid Hackers $6.5 Million Last Year To Help Keep The Internet Safe." *Forbes* 2020.1.29. https://www.forbes.com/sites/daveywinder/2020/01/29/google-confirms-it-will-pay-android-pixel-hackers-15-million/?sh=2f8584db33ab (검색일: 2021.1.13.)

제7장

미국 사이버 안보 정책의 진화
미중 갈등의 인식 변화를 중심으로

홍지영

I. 서론

러시아의 계속된 사이버 공격의 위험성에 대해 당시 UN 국제전기연합(ITU)의 의장이었던 아마둔 투레(Hamadoun Touré 2009)는 "만일, 제3차 세계대전이 발생한다면 그것은 사이버전이 될 것이며, 어떤 국가도 성역으로 남을 수 없을 것이다"라는 성명을 발표하였다(신경수 2018). 2017년 1월, 사이버보안 기업 플래시포인트(Flashpoint)는 사이버 세상을 위협하는 국가와 단체들을 조사, 분석한 보고서를 발표했다. 이 보고서는 가장 위협적인 국가로 중국, 러시아 그리고 미국을 포함한 영국, 캐나다, 뉴질랜드, 오스트레일리아의 정보연합체인 파이브 아이즈(Five eyes)를 지목했다. 이 보고서는 파이브 아이즈가 스파이 및 파괴 행위에 있어서 어떤 국가나 조직보다 높은 사이버 역량을 보유하고 있으며, 특히 미국은 그 정점에 서 있다고 밝혔다. 2013년 미국 기업 맨디언트(Mandient)는 미국의 수많은 정부기관과 방산업체, 은행, IT 업체, 미디어, 에너지 기업들이 수많은 조직적인 해킹 공격을 받았는데 이것이 중국군의 대규모 해킹 활동 조직의 소행이라고 밝힌다. 이로 인해 중국이 궁지에 몰리는 듯 하였으나 에드워드 스노든이 파이브아이즈가 전 세계를 대상으로 감시 프로그램을 운영했다는 사실을 폭로하면서 중국과 미국의 입장은 뒤바뀌게 된다(IT World 2017). 세계대전 이후 강대국 간의 전통적 의미의 전쟁은 발발하지 않았으나 사이버 공간에서 이들이 서로를 끊임없이 공격하고 있음이 드러나는 순간이었다.

사이버 공간은 영토귀속성에서 자유로운 모습이 있기에 비대칭적 안보의 수단으로 지정학적 성격뿐 아니라 탈지정학적 성격, 복학적 성격을 가지고 있다(김상배 2015). 그런데 최근에는 사이버 공간에서 지정학적 성격을 강하게 보이고 있다. 특히 2010년대의 미중 간의 사이버 영역에서의 갈등은 지정학적 문제가 사이버 공간에 깊게 투사되고 있음을 보여준다. 이러한 이유에는 중국의 부상에 따른 미국과의 갈등 심화와 IT 기술에서의 패권 경쟁이 얽혀 있기 때문이다. 중국의 급속한 경제성장 및 미국의 견제에 따른 지정학적 갈등은 최근만의 현상은 아니다. 파이낸셜 타임스는 2012년 2월 13일 미국과 중국의 아시아 지역 군비 경쟁을 '덜 태평한 태평양(a less pacific ocean)'이라고 칭했으며, 두 나라의 비군사 분야에서 쌓은 신뢰보다 군사 분야의 불신이 더 깊은 '신뢰 적자(trust-deficit)' 상태라고 표현했다(Financial Times 2012.2.13). 그러나 미국의 경제적 위기를 거치면서 미국의 쇠퇴론이 더욱 강해졌고, 시진핑 주석 이후 중국은 보다 적극적으로 굴기를 시도하고 있다.

미중 간의 갈등은 사이버 공간에서도 직접적으로 드러나고 있다. 미국은 러시아, 북한, 이란 등과 함께 중국의 국가지원해킹에 대한 부정적인 입장을 드러내고 있으며 사이버 공간을 국방 도메인의 하나로서 준비, 대응하고자 한다. 최근에는 여기에서 나아가 중국 통신장비 업체인 화웨이, ZTE 등의 보안성을 문제 삼으며 미국 정부 기관 등에서의 사용을 금지하고, 동맹국에도 화웨이 등의 사용을 금지할 것을 촉구하고 있다. 이에 화웨이는 미국이 공평한 경쟁을 하려고 하지 않는다고 비난하기도 하였으며 중국은 '글로벌 데이터 안보 이니셔티브'를 발표하고 이에 대해 반발하고 있다.

미국은 기술 혁신을 주도하는 국가로서 기술 패권을 유지하고, 군사적으로는 사이버보안 위협에 성공적으로 대응할 수 있는 체계를 갖추는 것을 목표로 하고 있다.

사이버 공간에 대한 위협인식의 시작에 따라 정부 차원의 대응이 이루어졌으며, 미중 패권 갈등의 심화에 따라 중국을 겨냥한 사이버 안보 전략으로 변화한다. 그 과정에서 트럼프 행정부의 미국 우선주의 정책의 영향을 받아 미국의 사이버 안보 정책은 보다 중국을 공격적으로 견제하며 경제, 외교 등의 분야에 더욱 집중한 정책 위주로 재편된다. 이 연구에서는 미중 간의 갈등 배경 속에서 사이버 안보 위협인식을 바탕으로 미국이 사이버 안보 정책이 어떻게 변화해오고 있는지를 살펴보고자 한다.

II. 사이버 공간에 대한 위협인식 생성과 안보화

1. 사이버 공간의 안보화와 그 특성

클라크(David D. Clark)에 따르면 사이버 공간은 첫째, 사이버 활동 분야를 가능하게 하는 물리적 기반과 인프라, 둘째, 물리적 플랫폼을 지원하고 서비스를 가능하게 하는 논리적 구성 요소, 셋째, 저장, 전송, 변형되는 정보 컨텐츠, 넷째, 다양한 역할로 다양한 이해를 가지고 이곳에 참여하는 행위자, 기업, 사용자라는 다층위 모델을 적용할 수 있다(Gazula 2017)고 말했다. 사이버 위협은 공격의 주체를 감출 수 있는 '익명성'과 함께 시간적·공간적 제약을 초월한 '비동시적 동시성'을 가진 공격을 감행할 수 있는 특징을 가지고 있다(Garrie et al. 2012; 신경수·신진 2018 재인용). 혹자는 사이버 공간은 베스트팔렌식 국제 질서 체계를 붕괴시킬 수 있는 비대칭 구조로 새로운 전장(戰場)을 개방할 수 있다고 보기도 한다(O'Flaherty 2018; 신경수·신진 2018 재인용).

2009년~2011년 미국 국방부 차관보를 지낸 윌리엄 린(William J. Lynn)은 2010년 사이버전쟁의 특성에 대해 다음과 같이 설명했다. 첫째 사이버전쟁은 비대칭적이다. 스텔스기와 같은 비싼 무기가 없더라도 프로그램의 취약점을 찾는다면 저비용으로 미국의 국제적 유통 네트워크를 위협할 수 있다. 두 번째로 공격자가 우위를 갖는다. 인터넷은 빠르게 확산되고 기술적 혁신의 장벽이 낮기 때문에 방어 능력은 뒤처지기 마련이다. 세 번째로 전통적인 냉전 시대의 억제 모델이 사이버 공간에는 적용되지 않는다. 미사일은 공격지를 알고 보복을 할 수 있지만, 컴퓨터 바이러스는 공격지를 파악하기 어렵기 때문이다. 오늘날 사이버 침입은 전쟁의 형태보다는 스파이(espionage)에 더 가까우며, 사이버 공격은 보통 중립지의 서버를 악용해서 일어나기 때문에 이곳을 공격하는 것은 의도치 않은 결과를 야기할 수 있다. 또한, 사이버 위협은 미국 국방 시설에만 국한되지 않으며 공격자(hacker)는 중요 민간 기반시설의 네트워크를 공격할 수 있다는 점이다(Lynn 2010). 즉, 사이버 공간은 군사 영역과 민간 영역 간의 구분을 하지 않는다는 특성을 보인다.

상기의 특성은 사이버 공격이 전통적인 공격과 다른 점을 보여준다. 또한, 사이버 공간이 갖는 다음과 같은 특성도 미국 정부의 사이버 안보 정책 수립 과정에 영향을 준다. 앞서도 설명했지만 사이버 공간은 다양한 분야에 동시적으로 영향을 준다. 20세기까지 안보의 대상은 군사·안보 분야와 경제 분야가 서로 분리되어 있었다. 미국이 패권을 유지하기 위해서 경제, 군사 분야에서 각각 타국을 압도함으로써 패권의 위치를 유지하였다. 가령 1950-60년대에는 항공우주산업, 컴퓨터, 반도체 및 전자산업을 지배하였다. 우주기술은 군사 기술과 밀접한 관련을 갖지만 컴퓨터 등의 기술이 군사 기술과 직접 연관이 되지는 않았다. 미국은 항상 타국을 압도하는 국방비와 군사력을 보유하고 있었으며, 기술 분야에서 일본의 첨단 기술이 발달하게 되자 1986년 반도체 협정(The US-Japan 1986 Semiconductor Agreement), 슈퍼 301조를 통한 일본의 경쟁력 약화 추진 및 미국 국내 산업 육성 노력 등을 통해 기술 분야에서 신흥국의 성장을 막고 패권을 유지하고자 노력하였다(최용호 2000). 또한, 경제 분야에서는 레이건 행정부에서 무역적자와 재정적자라는 쌍둥이적자를 타계하고자 일본, 독일과의 플라자합의를 맺어 미국의 환율의 경쟁력을 다시 찾은 사례가 대표적인 패권 유지 정책이라고 볼 수 있다.

그런데 21세기 들어서 ICT 기술이 발달하고 국가의 주요 기반시설은 물론 일상생활의 많은 부분에서 디지털화가 이루어지고, 특히 코로나19 확산 이후 디지털 기술은 미래 성장산업의 기반이 될 것이라는 기대가 더욱 커지고 있다. 또한 드론, 자율무기체계 등은 미래기술의 변환을 예고하고 있으며, 2013년 미국 중앙정보국(CIA) 소속 컴퓨터 공학자 에드워드 스노우든(Edward Snowden)의 미국 기밀문서 폭로, 2007년 에스토니아에서 발생한 사이버 공격 등은 사이버기술이 국가의 중요한 군사기술 및 안보 위협으로도 작용할 수 있음을 보여주고 있다. 사이버 공간의 복합적인 특성으로 인해 미국에서 패권의 위치를 어떤 분야에서 위협받는다고 느끼는지, 국내적으로 어떤 방식으로 지지층을 유지하고 싶은지 등에 따라 군사, 기술, 경제 등 다양한 분야에서의 안보화와 대응이 이루어지게 된다.

사이버 공간은 안보화 과정에서도 특징을 보인다. 사이버 안보에 대한 위협은 의도적인 행위자에 의해서만 야기되는 것이 아니라, 구조적인 위협에 의해서도 야기된다. 헌드리와 앤더슨에 따르면, '사이버 공간의 안전'은 컴퓨터와 정보 시스템의 근본적인 비예측성에 기인한다. 하드웨어나 소프트웨어의 실패는 디지털 기술이나 프로그래밍을 완벽히 해서 해결할 수 있는 문제가 아니다(Hundley and Anderson 1995/1996; Hasen and Nissenbasum 2009 재인용). 사이버 위협은 사람들이 사용하고 있는 컴퓨터, 정보 시스템의 물리적 취약점을 악용하거나 소프트웨어의 취약점을 악용한 공격을 통해 발생한다. 이러한 취약점은 제품의 생산 단계에서 알 수 없는 경우가 많다. 제품의 생산단계에서 기 발견된 취약점에 대한 조치를 모두 취하더라도 제품의 사용 중 계속 새로운 취약점이 발생한다. 새로운 취약점은 코드가 있는 소프트웨어에서는 언제든지 발견될 수 있으며, 이미 발견된 취약점을 그대로 가지고 소프트웨어가 개발될 수도 있다. 새로운 취약점은 이를 해결할 수 있는 패치 업데이트가 안 될 경우 계속 공격에 악용될 가능성이 존재하며, 이미 발견된 취약점이 해결이 안 될 경우 잘 알려진 취약점을 통해서 해커 등이 손쉽게 공격을 할 수 있다. 따라서 사이버 공간은 근본적인 공격의 위협을 가지고 있다.

이러한 특성은 사이버 이슈의 위협에 대한 이미지를 형성한다. 사이버 안보는 가정을 기반으로 하고 있다. 사이버 이슈의 안보화 과정에서는 과잉 안보화(hypersecuritization)의 특징을 보인다. 부잔에 따르면 과잉 안보화란 "위협을 과장하고 과도한 보호조치에 의존하는 경향(tendency both to exaggerate threats and to rewort to excessive countermeasure)"을 의미한다(Buzan 2014; Hasen and Nissenbasum 2009 재인용). 환경 이슈 역시 과잉 안보화의 특성을 보인다. 하지만 사이버 안보 이슈는 줄어드는 빙하 등의 이미지를 원용할 수 있는 환경 이슈와는 다르게 구체적인 이미지를 동원하기 어려운 면이 있다. 또한, 사이버 안보는 매일의 일상이 관행과 관련이 있다. 그리고 기술적인 성격을 띠고 있어서 일반인들이 쉽게 이해하기 어려운 면이 존재한다(Hasen and Nissenbasum 2009). 이러한 특성을 바탕으로 사이버 안보에서는 안보화를 위한 위협의 이미지로 가상의 적을 설정하는데, 국가 기반시설에 대한 위험, 러시아, 중국 등의 국가지원해커의 공격 등을 바탕으로 국가 간 갈등의 이미지를 바탕으로 안보화가 이루어지게 된다. 이런 특성은 트럼프 행정부 시기에 특히 대중 설득 과정에서 효과적인 내러티브 맥락을 만들어내는 데 활용된다.

2. 미중 패권 갈등과 사이버 공간의 기술 경쟁

오간스키는 국제체제는 위계적이며, 새롭게 부상하는 강대국의 군사력이 기존의 패권국의 군사력에 접근할 때 세력전이전쟁이 발생할 수 있다고 보았다(Organski 1958). 아이켄베리와 넥슨에 따르면, 국제질서와 패권국 간의 상관관계에 대한 연구는 지속적으로 발전하여 패권은 단순한 국방력만으로 판단할 수 없으며 연성권력(soft power), 국내정치 변수 등의 상관관계를 추가한 이론으로 발전하였다. 패권의 힘은 물리력에서만 오는 것이 아니라 미국의 관념적 인프라 권력(ideational-infrastructure power), 즉 초국적 엘리트 지식 네트워크를 통한 불평등의 정당화와 갈등 및 협력의 관리를 통해서도 패권의 힘이 변동 가능하다는 것이다. 또한, 국내 정치적 반발, 수입감소, 세계경제 침체 등의 국가 간 권력 차이 이 외의 요소에서도 영향을 받는다고 정리하였다(Ikenberry and Nexon 2019). 모델스키와 톰슨은 세계의 지도력(world leadership)은 일정한 주기 하에 순환되어 왔으며, 기술혁신에 의해 패권국의 교체가 이루어진다고 설명한다(Modelski and Thomson 1995).

중국은 1978년 개혁개방 이후 30여 년간 10% 내외의 잠재성장률을 지속해왔다(한국은행 2015). 중국은 경제성장에 비례해 국방비를 늘리는 것이라고 주장하며, 20년 넘게 두 자릿수의 국방비 증가율을 보이고 있다. 2012년 기준 중국은 북대서양조약기구(NATO) 상위 8개국의 군사비 지출을 합한 것보다 많은 군사비를 지출하였으며, 2017년 사상 최초로 1조 위안(약 168조 원)원을 돌파하였다. 또한 2000년대 들어 스텔스 전투기 젠(殲)-20, 대항모 미사일 둥펑-21 개발 등 다양한 분야의 군비 투자로 태평양 지역 내 미군의 군사 우위에 도전할 수 있는 수준에 도달했다. 또한 2017년 12월 중국 최초의 항공모함인 랴오닝함을 남중국해를 거쳐 대만에 접근시켜 미국 군함의 중국근해 접근을 차단하는 '반접근지역거부(A2AD)' 전략을 이어나가겠다는 의지를 보였다(중앙일보 2012.2.15; 서울경제 2017.3.5). 영국의 외교·안보 연구기관 국제전략연구소(International Istitute for Strategic Studies: IISS)의 2017년 발표에 따르면 2016년 미국의 국방비 순위는 6028억 달러(약 646조 원)로, 2위를 차지한 중국의 1505억 달러(약161조 원)에 비해 압도적인 1위를 차지하였으나, 중국은 국방비 산출기준이 서방과 상이하다는 점에서 국방비 축소 가능성을 염두에 둘 필요가 있다. 가령 중국이 발표하는 공식 국방비에는 해외 첨단무기 구입과 연구·개발비가 포함되어 있지 않다. 중국의 군사 분야 팽창 정책은 실제로 미국을 자극했으며, 트럼프 행정부는 2019년 국방비를 전년 대비 13% 증액, 6860억 달러(약 733조 원)을 국방비로 책정하였고, 중국을 '장기적 전략 경쟁자'로 규정하였다(문화일보 2018.3.9).

경제력에 있어서 중국의 성장과 달리 미국은 이미 선진화된 산업구조로 저성장이 계속되고 있었으며, 급속한 중국의 성장에 미중간의 격차가 계속 줄어들고 있었다. 부시 행정부의 '테러와의 전쟁'은 2003년 이후 5년간 4,000명 이상의 이라크 주둔 미군 사망자를 낳았고, 미

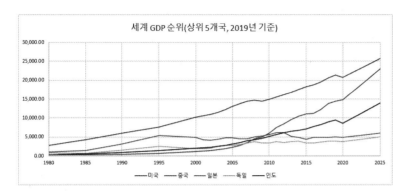

그림 1 세계 GDP 순위(상위 5개국, 2019년 기준)
출처: IMF 전 세계 GDP 통계 재구성.

국 의회 예산처에 따르면 최소1조에서 2조 달러, 노벨 경제학상 수상
자인 조셉 스티글리츠 박사에 의하면 4조 달러의 비용을 소요하였다
(신성호 2009). 또한, 2008년 리만브러더스 사태와 글로벌 금융위기는
미국의 패권 쇠퇴론을 가속시켰다. 미국과 중국의 패권 격차 감소의
상황에서 미국은 중국을 미국식 국제체제에 편입시키는 한편 군사적
으로 견제하는 대외정책을 통해 중국의 패권 전이에 대한 위협을 해소
하고자 하였다.

오바마 행정부는 중국의 위협에 대응하기 위해 대(對)중 전략으
로서 협력과 경제를 동시에 하는 컨게이지먼트(congagement) 전략을
시행하였다. 1990년대부터 미국은 글로벌 금융위기 전까지 금리가 계
속 하락 추세를 보였다. 여기에 중국이 저렴한 노동력을 제공하고, 값
싼 제품을 제공하면서 미국의 1990년대부터 2000년 초반까지 미국의
호황이 유지되는 데 도움을 준다. 금융 측면에서는 중국은 미국의 엄
청난 무역적자에 상당 부분 의존하면서 성장하였으며, 미국의 적자를
해결하기 위해 중국의 과잉저축이 중국의 미국 채권 소유 등 금융 메

커니즘을 통해 미국으로 재순환되면서 양국의 경제적 관계가 유지되었다. 2008년 9월 기준 미국의 유가증권 중 재무성 채권의 경우 일본의 소유 총액이 5,730억 달러인 데 반해, 중국의 소유 총액은 5,850억 달러를 기록하고 있다(김기수 2009). 이와 같은 긴밀한 경제관계를 글로벌 금융위기 이후 미국의 경제적 문제를 해결하기 위해서도 계속 유지가 될 필요가 있었기에 오바마 행정부는 중국과는 경제적으로 긴밀한 관계를 지속한다.

오바마 대통령은 대규모의 금융 위기를 타개할 수출 시장으로 중국이 필요했기 때문에 대선 과정에서 중국 때리기를 했던 기존 후보자들과는 다르게 중국 때리기 없이 대선을 치렀다. 오바마 정부는 경제와 무역의 측면에선 중국과의 자유무역의 기조를 그대로 유지하되, 중국의 정치적 부상이나 동북아에서의 군사대국화에 대한 제어를 위해 다양한 노력을 기울였다. 중국의 인권문제에 대한 거론이나, 동북아에서의 한미일 삼각동맹, 한반도 사드 미사일 배치 등의 여러 정책은 동북아의 긴장상황을 한층 강화하였다(서정권 외 2000).

미국과 중국 간의 갈등은 경제력, 국방력 간의 격차가 줄어드는데서만 오는 것이 아니다. 모델스키 등의 장주기이론에 따르면 기술혁신은 국력을 증강시키며 패권국 교체에 이바지한다. 미국은 1, 2차 세계대전을 거치면서 체계적인 국가혁신체제의 모습을 갖추고 발달하였으며, 특히 2차 대전 이후 미국 정부는 국방이나 기초과학 부문의 혁신활동을 집중적으로 지원하고, 1980년대 이후 미국 경제 침체기에는 민간 기업의 경쟁력과 혁신 능력 강화를 지원하였다. 이 과정에서 정부 주도의 군사기술 개발과 민간 주도의 산업기술혁신이 체계적으로 진행되고 뛰어난 성과를 내면서 미국이 명실상부한 세계기술혁신의 중심지로 자리 잡게 되었다. 중국의 경우, 1985년 '과학기술체제 개혁에 관한 중국공산당의 결정'에 따라 연구개발 조직을 대대적으로 개편하였으며, 해외직접투자와 정부의 연구개발투자가 급증하면서 단기간 내에 빠르게 혁신역량이 제고되어 왔다. 중국은 특히 '자주창신(自主創新)'에 기반하여 2020년까지 혁신형 국가를 구축한다는 목표 하에 '중장기 과학기술 발전계획(2006~2020년)', '2050 과학기술리더 전략', '13-5 과학기술혁신 발전계획(2016~2020)' 등 일련의 계획들을 내세우고 세계 과학기술 강국으로 도약하기 위한 기술혁신 역량강화를 중점적으로 추진해왔다(배영자 2016).

현재 많은 연구에서 새로운 패권 순환 주기(K-wave)를 이끌 선도 부문으로 빅데이터, 사물 인터넷, 인공지능이 결합된 차세대 정보통신기술, 헬스케어나 질병치료와 관련된 바이오 기술, 새로운 소재 활용 및 개발과 관련된 나노기술, 청정에너지 기술 등을 제시하고 있다(Acaev and Pantin 2012; Wilenius and Kurki 2012; 배영자 2016 재인용). 새로운 기술혁신 주기의 선도 부문을 이끄는 국가가 세계정치 패권국으로 부상하다는 이론의 관점에서 보면 미국과 중국의 기술혁신 경쟁, 중국의 급속한 기술력 상승은 경제, 국방 차원에서 격차가 줄어드는 현 상황에서 미국에게 위협을 가중시킬 수 있다.

사이버 공간에서의 중국의 적극적인 기술 공세에 대해서도 미국은 위협을 느끼고 있다. 사이버 공간은 앞서 설명한 바와 같이 안보적인 위협이 발생할 수 있는 군사안보 공간으로 이미 진화한 상태이다. 여기에 추가로 최신 기술을 선도하는 공간이며, 국가의 경쟁력을 좌우하는 중요한 공간이기에 중국의 IT 기술 발달은 미국에 기술 패권에 대한 위협 역시 가져오고 있다. 미국은 4G에서 전 세계적인 경쟁력을 갖는 데 성공하지 못한 반면 중국은 화웨이(Huawei)를 비롯한 통신장비 제조업체에서 빠르게 성장하며 전 세계적인 브랜드로 성장하였다.

5G는 다음 세대의 인터넷의 미래를 정의하는 기술이기에 소련과 미국 간의 달착륙 경쟁에 버금가는 '기술 냉전(tech cold war)'이라고 볼수 있다. 3G에서 4G로의 전환은 동영상 시청이 가능하게 하는 정도의 변화를 가져왔다면 4G에서 5G로의 변환은 인터넷 연결이 가능한 기기의 다운로드 및 업로드 속도를 기하급수적으로 가속화한다. 5G의 도래는 칩이 들어간 모든 제품을 무선 연결할 수 있게 만들며, 공장, 발전소, 병원, 정부 기관 등 모든 인프라를 하나로 연결시킨다. 따라서 국가안보에도 매우 중요한 영향을 준다. 게다가 2017년 6월 통과한 중국의 국가정보법 7조에 따르면, "모든 기관 혹은 시민은 국가 정보 활동을 지원, 지지, 협력해야 한다"고 명시함에 따라 기술 전복 이 외에 보안 우려까지 같이 발생하고 있다(TIME 2019.5.3)

정리하자면, 사이버 공간은 기술 패권 경쟁의 공간이기도 하지만, 국가 기반시설의 정보통신 기술에 대한 의존도가 심화됨에 따라 국가의 안보에 위협을 가할 수 있는, 국가안보의 영역이기도 하다. 미국은 중국의 빠른 경제, 군사적 확장에 패권 도전에 대한 위협을 느끼고 있으며 중국을 견제하기 위해 '재균형 정책', 해양력 강화 등을 추구하고 있다. 또한, 중국의 국가 지원 해킹을 통한 안보 위협을 느끼고 있다. 여기에 더해 기술 패권에 대한 위협 역시 느끼고 있다. 미국이 사이버 공간에 대한 정책은 사이버 안보 위협에 대한 대응과 기술 전복, 기술 경쟁 차원에 대한 대응이라는 두 가지 차원에서 정책을 실행한다고 볼수 있다.

III. 사이버 공간의 위협인식 생성과 군사안보화

1. 사이버 공간에 대한 군사 위협인식과 대응

초창기 사이버 공간에서의 해킹은 개인의 일탈에 의한 기술적 장애가 발생한 것으로 인식되었다. 초창기 컴퓨터 공격은 개인이 자신의 능력을 과시하기 위해 의도적으로 공격을 하거나 비의도적으로 실수에 의해 장애가 발생하는 경우가 많았다. 세계 최초의 컴퓨터 바이러스로 알려진 1971년 '크리퍼 바이러스(Creeper Virus)'는 "I'm the creeper, catch me if you can'이라는 메시지를 남기며 컴퓨터 공격을 과시했었다. 최초의 컴퓨터 바이러스는 '브레인'이며, 프로그램 개발자가 불법 복제를 방지하기 위해 만든 것으로 알려져 있다. 최초의 웜(worm)으로 알려진 모리스 웜(Morris Worm)은 1988년 미국 코넬대학원의 대학생이 실험을 위해 만든 웜으로, 실수에 의해 NASA, 미국 국방부, 하버드 대학교, MIT 대학교 등 다수의 연구기관과 대학교의 서버를 공격했었다(보안뉴스 2020.3.30).

그런데 초연결사회로 발전하면서 사이버 공격의 사회에 미치는 영향력이 크게 증대되었다. 일례로 정보통신기반시설에 정보통신서비스가 도입되면서 이들에 대한 사이버 공격은 전력·수자원·교통·금융 등 국가 기반의 서비스에 대한 장애를 일으키고 대규모의 인명 및 경제적 손실을 야기할 수 있다는 점에서 국가의 안보에 대한 위협으로 인식되기 시작하였다(정보보호백서 2020). 따라서 사이버 영역이 사회의 안전을 위해 보호될 필요가 있으며, 나아가 국가의 안전 보장을 위해 보호되어야 함을 인식하기 시작하였다.

주변국가와 갈등이 고조되는 순간에 한 국가가 사이버 공격을 당

표 1 전 세계 정보통신기반시설 침해사고 사례

시기	발생국	사고 내용
2009.8.	러시아	수력발전댐의 터빈 제어시스템 장애로 인한 발전기 터빈 폭발로 75명 사망
2010.7.	이란	원자력발전소 제어시스템에 스턱스넷 바이러스가 침입하여 나탄즈 원자력 원심분리기의 일부 기능 마비
2012.10.	미국	전력시설 터빈 제어시스템이 악성코드에 감염되어 3주간 운영 중단
2013.3.	한국	방송 및 금융 등 다수 기업 전산망 악성코드로 인한 시스템 파괴 등 장애가 발생하여 PC 및 시스템 4만 8천여 대 피해 발생
2016.10.	미국	호스팅업체 Dyn의 DNS 서비스가 디도스공격으로 인해 웹사이트 접속 장애 발생
2019.1.	미국	오클라호마 보안부에서 rsync 서비스를 통하여 FBI 수사자료 등이 유출
2019.3.	미국	태양광·풍력 에너지 공급기업 에스파워가 시스코 방화벽 취약점으로 서비스거부(DoS) 공격을 받아 발전설비 및 12개 회사와의 연결 중단

출처: 국가정보원 외(2020) 재편집.

하는 사례 등이 등장하면서 사이버 공격이 국가의 공격 수단이 될 수 있다는 인식이 더욱 확산되었다. 1999년 신(新)유고연방으로부터 분리·독립을 원하는 알바니아계 주민과 이를 반대하는 세르비아계 정부군 사이에서 벌어진 유혈 충돌사태인 일명 '코소보 사태'를 국제사회에서 발생한 최초의 사이버 공격으로 보는 견해가 있다(김인중 2013; 신경수·신진 2018 재인용). 2007년에는 에스토니아는 수도 탈린(Tallinn)에 있던 제2차 세계대전 참전기념 구소련 군인 동상을 외관으로 이전하는 문제로 러시아와 외교적 마찰을 빚었었는데 이후 대통령궁을 비롯한 의회, 공공 및 금융기관 등 국가 전역의 모든 전산망이 일제히 파괴당하는 사이버 공격을 받았다. 2008년 러시아는 분쟁 중이던 조지아를 향해 재래식 공격과 함께 사이버 공격을 동시에 병행하는 해킹을 전격적으로 감행했다.

미국에서 사이버 안보 위협은 2008년 이전에도 있어왔다. 미국은 1998년 러시아의 해킹으로 미 국방부, 국가 주요 연구소 등의 민감정보가 대량으로 탈취된 '달밤의 미로(Moonlight Maze)' 사건, 2003년 중국의 해킹으로 미국방산업체 록히드마틴(Lockheed Martin), 미국항 공우주국(National Aeronautics and Space Administration: NASA) 등 주요 군수 사업체 및 연구소의 민감정보들이 탈취된 '타이탄레인(Titan Rain)' 등 다수의 사이버 공격을 경험하였고 이러한 공격의 대응을 통해 얻어진 경험을 기반으로 막대한 예산을 투입하여 사이버 방호체계를 강화시켜 왔다. 2010년 알려진 '사슴 사냥(Operation Buckshot Yankee)'은 미군 역사상 가장 큰 침해사고로 기록되어 있으며, 이를 기점으로 3년간 미국 정부의 사이버 공격과 방어 작전 개념이 완전히 바뀐다. 이 사고는 2008년 후반기에 처음으로 탐지된 사고로 미국 기반시설에 대한 지속적인 정찰·정보수집·침해 작업을 수행하던 러시아가 강화된 미군의 보안체계를 우회하기 위해 기획한 공급망 공격이다. 러시아는 미군 주둔지 중 하나인 아프가니스탄에 유통되고 있는 USB 공급라인을 파악하고 은밀하게 Agent.btz라는 공격코드를 설치한 후 지역상점에 유통시킨다. 이를 구입한 미군이 귀환 후 복귀한 부대의 컴퓨터에 USB 드라이브를 장착할 때 설치된 악성코드는 군 네트워크 전반에 전파되어 당시 아프가니스탄과 이라크 군사작전에 사용되던 가장 민감한 미국의 군사 네트워크까지 침투하였다. 2008년 10월 미국의 최정예 분석조직인 NSA의 ANO(Advanced Network Operation)팀이 이를 탐지, 약 14개월에 걸쳐 울창한 숲속에 숨어 있는 사슴을 사냥하듯 악성코드 제거작업을 완료한다. 이는 후에 미국의 사이버사령부 창설의 직접적 원인이 되었으며, 당시 NSA 국장이었던 키쓰 알렉산더는 2009년 6월 23일 NSA와 새롭게 창설된 사이버사령부 두 부서의 수장으로 임명된다(김혁준 2019).

이러한 사이버 공격 경험은 미국이 사이버 안보의 중요성과 심각성을 더욱 느끼게 하였다. 미국은 사이버 위협과 사이버 공격 작전에 대해 이전부터 인지하고 있고 국방부에서 이와 관련한 준비를 하고 있기도 하였으나, 오바마 행정부에 와서 본격적으로 전방위적인 사이버 안보 대응 체계를 구축하기 시작하였다. 다음 절에서는 오바마 행정부의 사이버 안보 체계 구축 과정과 사이버 안보 분야에서 중국 관련 이슈가 어떻게 다루어지고 있었는지를 구체적으로 살펴보고자 한다.

2. 오바마 행정부의 사이버보안 위협 대응과 사이버 공간의 군사안보화

미국의 사이버보안 정책의 흐름에 대해서 살펴보면 클린턴 행정부는 1996년 행정명령 13010을 통해 주요기반시설에 대한 보호체계를 마련하였고, 부시 대통령은 9·11 테러가 일어난 이듬해인 2002년 11월 국토안보법과 같은 해 12월 연방정보보안관리법(FISMA)을 제정하여 국가사이버보안 관리·통제체계를 일원화하였다. 여기서 더 나아가 오바마 행정부는 사이버 안보를 정부정책의 최우선 과제로 설정하고 백악관을 중심으로 실행계획을 마련하여 추진(손영동 2015)하였다. 먼저 부시 행정부의 대표적인 사이버 안보 관련 정책을 살펴보면, 부시 행정부의 대표적인 정책은 최초의 사이버보안 이슈를 체계적으로 다룬 '안전한 사이버 공간을 위한 국가 전략(National Strategy for Securing Cyberspace, NSSC, 2003)'이다. 이 전략에서는 부시 행정부의 사이버보안에 대한 접근법을 확인할 수 있다. 부시 행정부는 전통적인 냉전 억제 개념의 중요성과 바텀업(bottom-up) 방식의 접근을 하였다. 2002년 '국토안보국가전략(National Strategy for Homeland Security: NSHS)'과 '미국 국가안보전략(U.S. National Security Strategy)'에서도 사이버 위협을 핵위협과 동치해서 보는 접근법을 확인할 수 있다 (Harknett and Stever 2011). 2008년 발표한 '국토사이버 안보종합계획(Comprehensive National Cybersecurity Initiative: CNCI)'은 부시 행정부 시기 마지막으로 발표한 사이버 안보 관련 문서로서 사이버보안 기술 개발에 있어 연방정부의 역할에 대한 내용을 포함한다(Harknett and Stever 2011)

부시 행정부 때의 사이버보안에 대한 대응 체계가 갖추어지기 시작하였으나 여전히 일관성 있는(coherent) 사이버보안 정책을 갖출 필요성이 있는 상태였다. 또한, 부시행정부의 국가기반시설 보호를 담당하는 기존 부서들을 통합해 국토안보부를 설립하면서, 국토안보부 중심의 거버넌스 체계로 사이버보안을 담당하였는데 이에 대한 비판으로 오바마 행정부는 백악관 주도의 체계적인 사이버 안보 거버넌스 체계를 구축하고자 한다. 오바마 행정부의 첫 사이버 안보 관련 문서는 2009년 5월에 발표한 '사이버 공간 정책 리뷰(Cyberspace Policy Review: Assuring a Trusted and Resilient Information and Communications Infrastructure: CPR)'이다. CPR은 사이버보안 추진 체계를 백악관 중심으로 재편하고, 사이버 보안국을 신설하여 대통령 특별 보좌관인 사이버보안 조정관(U.S. Cyber Command)을 임명하여 사이버보안 정책 간 우선순위를 정하는 데 효율성을 제고하였다(송은지·강원영 2014).

CPR을 바탕으로 오바마 행정부는 2010년 3월 '국가 사이버보안 교육 계획(National Initiative for Cybersecurity Education: NICE)', 2010년 9월 '국가 사이버 보안사고 대응 계획(National Cyber Incident Response Plan: NCIRP)'을 수립하고, 2010년 10월 '사이버보안 인식의 달 및 인식제고 캠페인'을 개최하였으며, 2011년 4월 '사이버 공

간에서의 신원 확인을 위한 국가 전략(National Strategy for Trusted Identities in Cyberspace: NSITC)'과 2011년 5월 '사이버보안을 위한 국제전략(International Strategy for Cyberspace)'을 발표한다. 이런 정부 정책들을 통해 오바마 행정부는 백악관 중심의 정책 추진체계를 수립하고 단지 기반시설 보안만이 아니라 능력 제고, 보안 교육, 인력 양성, 국제협력, 민관 협력 등의 전방위적인 사이버 안보 능력 강화를 추구함을 확인할 수 있다.

오바마 행정부의 사이버 안보 정책을 살펴보면, 특정 국가나 대상을 타겟으로 하기보다는 다양한 국가, 행위자의 공격에도 대응할 수 있도록 미국의 사이버 안보 취약성을 대비하고 거버넌스 체계를 개선는 데 목적을 두고 있음을 확인할 수 있다. 이를 통해 미국의 국가 전체적인 사이버 안보 복원력을 강화하고 효율적인 사이버보안 위협 대응 능력을 양성하고자 함을 알 수 있다. 오바마 행정부의 전방위적 사이버 안보 능력 강화 노력은 이 시기에 다양항 행위자의 사이버보안 위협이 실제로 증가한 경험을 통해 미국 정부가 전반적인 국가 보안 능력 강화의 필요성을 느꼈기 때문으로 볼 수 있다. 앞서 설명한 바와 같이 2008년 미국 국방부는 러시아로부터 공급망 침투에 무력하게 당한 바가 있다. 2013년 1월 국토안보부 산하 ICS-CERT의 악성코드 감염 사고와 뉴욕타임즈 및 월스트리트 저널의 해킹 사고가 발생하는데 미국의 보안회사인 맨디언트(Mandiant)는 중국에서 APT 공격이 지속적으로 이루어지고 있으며, 배후에는 중국인민해방군이 관련되어 있다고 지목했다(송은지·강원영 2014). 2014년에는 북한의 소니 영화사 해킹 사건도 국가 지원 해킹에 대한 대중의 인식을 제고하였고, 이런 전방위적인 위협에 백악관 주도의 체계적인 대응할 필요성을 크게 인지했던 것으로 보인다.

이 시기에도 중국 정부 및 기업을 타깃으로 하는 정책도 시행된 바 있다. 2014년 미국 법무부는 미군 내 기관들에 대한 해킹 혐의로 중국군 61398부대 장교 5인을 기소했으며, 같은 해에 미국 기술의 유출 우려를 이유로 중국 기업인 레노버가 IBM의 x86 서버 사업을 인수하는 것을 지연시켰다. 중국 정부와 사이버 범죄를 둘러싼 공방이 강화되면서 2014년 8월 중국은 정부 조달 품목 목록에서 애플의 아이패드 등 총 10개 모델을 제외하였고, 백신 소프트웨어 업체인 시만텍, 카스퍼스키 제품 구매를 중지하기도 하였다.

그러나 오바마 행정부의 전반적인 정책은 중국만을 이슈로 하기보다는 미국이 규정하는 다양한 사이버위협을 체계적으로 대응하는 데에 보다 초점을 맞추어 정책을 실행한 것으로 보인다. 오바마 행정부는 중국만이 아니라 러시아, 북한, 이란 등에서의 위협 대응에도 신경을 쓰고 있었으며, 전략 리뷰, 행정명령, 전략 수립 등을 통해서 전방위적인 대응을 추구한 것을 확인해볼 수 있다. 오바마 행정부의 사이버 안보 정책 전반을 확인해본 결과 오바마 행정부는 사이버 공간 자체에 대한 국가 복원력을 강화하고, 전략적 대응을 체계적으로 할 수 있는 시스템을 구축하는 것을 목표로 한 것으로 보이며 실제로도 중국만이 아니라 이란, 북한 등을 다양한 위협원으로 상정하고 대응하고 있음을 전략 및 정부 정책 실행과정에서 확인할 수 있다. 또한, 중국과 군사 분야에서의 갈등이 있었으나 경제 분야에서 협력하는 전략을 구사하였으므로 중국과의 경제 분야에서의 갈등은 상대적으로 덜 드러났던 것으로 볼 수 있다. 정리하자면 이 시기에는 국가안보의 차원에서 새롭게 안보화되어 가는 사이버 공간을 군사, 안보적 차원에서 대응하고자 하는 것이 주요 목표였으며, 중국과의 갈등도 새로운 국제 규범을 수립하는 등의 과정에서 두드러졌으며 기업과의 갈등은 상대적으로 적었었다.

IV. 미중 패권경쟁 심화와 사이버 공간의 경제·외교 안보화

1. 트럼프 행정부의 대중 외교와 패권 경쟁 심화

트럼프 대통령은 대선 기간 당시 중국이 미국 국민들의 일자리를 뺏어갔고, 지적재산권을 준수하지 않으며, 환율 개입을 통해 대미 무역에서 엄청난 흑자를 보는 불균형 무역의 대상국이라고 평가했다(김한권 2019). 1979년 미국과 중국 간 국교 정상화 이래 미국의 중국 정책은 일종의 패턴을 반복해왔다. 대통령 선거 국면에서는 중국을 비판하고 견제하는 레토릭에 집중하다가 당선 이후 정책 집행 차원에서 중국과의 통상 확대에 치중해온 것이다. 1980년 대만에 무기 수출을 주장한 레이건 후보, 1992년 현직의 아버지 부시 대통령의 미온적인 태도에 맞서 "북경의 도살자들(Butcher of Beijing)"이라는 표현을 사용한 클린턴 후보, 2000년 중국을 전략적 경쟁자(strategic competitor)라고 규정한 아들 부시 후보 등이 미국 대선에서 일관된 중국 비판(China-bashing)을 보여준다. 그러나 "선거 때 비판, 재임 시 협력"을 추구했던 이전 대통령들과 다르게 트럼프 대통령은 중국 관련 부정적 국내 여론을 선도하는 측면도 보여주며 재임 시절 일관되게 중국에 경제적 압박을 가한다(서정권 외 2020).

　　트럼프 행정부의 정책은 '트럼프노믹스(Trumponomics)'로 일컬어지는 미국우선주의 경제정책과 보호주의 무역정책으로 대표할 수 있다. 대외적인 면에서 미국우선주의 정책은 불공정 무역 관행을 없애고, 미국으로의 기업 투자를 활성화하여 미국의 패권을 다시 이룩한다는 것이다. 트럼프노믹스는 보호무역주의를 지지하는 미국 국민들의 여론을 반영한 것으로, 지지자 중심의 대외정책을 추구하는 트럼프는 이런 여론을 적극 반영하여 미중정책을 펴는 것으로 볼 수 있다. 미국은 자유주의 무역정책으로 성장한 국가이나, 퓨리서치센터(Pew Research Centre)의 조사에 따르면 2007년 자유무역에 대한 반대여론이 급등했음을 알 수 있다. 또한, 2007년 공화당원을 대상으로 한 월스트리트저널의 조사에서도 자유무역 회의자가 지지자보다 두 배 가량 많았고, NBC를 비롯한 언론기관의 여론조사에서도 이와 같은 결과를 확인할 수 있다(박훈탁 2018). 자유무역에 대한 회의론 증가, 미국의 급속한 성장에 따른 미국패권 쇠퇴에 대한 우려를 적극 활용하여 트럼프는 선거유세시절부터 '미국우선주의'라는 기치 하에 중국과의 무역 경쟁을 예고했다.

미국의 패권이 위협을 받던 1980년대에도 미국 우선주의 정책이 얘기된 바 있다. 레이건 대통령은 1980년 선거 운동 당시 "미국을 다시 위대하게(Make America Great Again)"를 주장하였다. 실제로 트럼프 대통령이 당선될 당시 트럼프 행정부를 '신레이건주의'라고 지칭하기도 하였다. 그러나 레이건 대통령이 동맹국과의 상호 호혜적인 관계 하의 미국의 재건을 주장했다면, 트럼프 대통령의 미국 우선주의는 일방주의 형태로 나타나며, 미국의 대외전략이 제도적·외교적 수단보다는 강력한 군사력에 기반해야 한다고 주장했다(공민석 2018; Park and Strangarone 2019).

트럼프의 이러한 기조는 2017년 발표한 '국가안보전략(National Security Strategy: NSS)'에서도 확인할 수 있다. 트럼프 행정부는 "미국의 경제 안보가 국가 안보의 기본"이라고 규정했다. 트럼프 행정부는

'미국우선주의'가 단지 슬로건이 아니라 트럼프 행정부의 외교 정책을 만드는 가이드라고 밝혔다. 오바마 행정부가 자유무역을 통한 유대 관계 심화에 바탕을 뒀다면 트럼프 행정부는 무역 불균형, 중국 등으로부터의 경제적 공격(economic aggression)을 경고했다. 또한, 러시아와 중국을 미국의 힘, 영향력, 이해에 도전하는 두 나라라고 지적했다. 오바마 행정부가 장기적으로 중국의 부상을 경계하면서도 명확하게 경쟁국으로 명명하지 않은 것과 차이를 보인다. 트럼프 행정부는 중국을 지식재산권 등에 있어 무역관행을 어기고 있으며, 러시아는 민주주의를 해치려 하거나 미국에 영향력을 행사하려고 하고 있다는 점을 예의주시하고 있다고 밝혔다(CNN 2017.12.18).

트럼프의 대중(對中)정책은 앞서 설명한 군사·대외정책의 기조 하에 다시 압도적인 미국의 패권을 이룩하는 것이라고 볼 수 있다. 여기에 더해 트럼프 대통령 개인의 선호 및 경험을 바탕으로 일방주의적 외교방식과 경제 중심적 사고방식에 의해 외교형태가 주를 이루게 된다. 과거 오바마 행정부가 아시아 중시정책을 추진하는 데 있어 중국의 군사적·경제적·이념적 위협에 균형적으로 대응하기 위해 미국의 군사력의 배분을 조정하고, TPP의 적극적인 추진을 공약했으며, 중국의 인권분야를 강조하는 접근을 보였다. 하지만 트럼프 행정부는 중국과의 관계를 무역전쟁으로 귀결시켜 비경제적 분야에 대한 관심이 줄어들었다. 트럼프 행정부의 가장 중요한 지역안보전략으로 예상되는 공약이 경제학자에 의해 작성되었다는 것이 이를 뒷받침한다(유상범 2019). 따라서 트럼프 행정부는 중국에 대한 보다 공세적인 접근을, 보다 경제적 관점으로 진행하게 된다.

사이버 공간의 경우 앞서 설명한 바와 같이 중국에 의한 위협이 보다 가시화된 상태에서, 중국 국가지원 해킹에 대한 대응이 필요하며, 중국이 기술 패권을 위협하지 않도록 미국의 경쟁력을 보다 강화할 필요가 있다. 2019년 1월, 미국 상원 정보위에 제출된 미국 정보국의 "세계 위협 평가 보고서"는 군사적으로 민감한 자본 집약적 고도 기술 분야에서 미중 간 격차가 급속한 속도로 줄어들고 있음을 지적했다. 2020년 10월 트럼프 행정부는 "주요 신흥 기술에 관한 국가전략(National Strategy for Critical and Emerging Technologies)"을 발표했다. 이에 따르면 과학과 기술에 대한 선두를 유지하는 것이 장기적인 경제와 국가안보에 필수적이라고 밝히고 있으며 대표적인 분야로서 반도체, 군사 등과 함께 인공지능, 통신·네트워킹 기술 등의 분야에서 미국의 경쟁력을 촉진하고 보호하는 것을 추구하고 있다(한국지식재산연구원 2020).

또한 미국 의회는 2018년 6월 6일 페이스북이 화웨이 등 중국의 거대 테크 기업들과 데이터(정보) 공유 파트너십을 맺고 있다는 사실을 확인하고 이에 대한 우려를 표했으며, 2018년 6월 7일 구글(Google)을 소환하기도 하였다(연합뉴스 2018.6.7). 게다가 2019년부터는 세계최초로 한국이 5G를 상용화하면서 전 세계의 5G 구현이 본격화되었다. 5G는 자동차, 제조, 물류, 인프라 등 타 산업 분야와 융합하여 미래 산업으로 재창조, 국가 산업 전체의 경쟁력을 높일 수 있기에 글로벌 경쟁의 중요한 위치를 차지한다. 게다가 5G의 구현 과정에서 국가 기반시설 및 중요 인프라 구축이 이루어지므로 정보 유출 시 기술 전복 및 국가 안보의 위협까지 생길 수 있다. 이러한 이유로 트럼프 행정부에서는 중국에 대한 직접적인 견제 정책이 시행된다.

2. 트럼프 행정부의 사이버 공간의 중국 위협 대응과 경제·외교 안보화

트럼프 행정부의 사이버 안보에 대한 기조는 앞서 살펴본 중국의 부상에 대한 패권 위협과 관련이 깊다. 미국의 사이버 공간에 대한 대응은 트럼프 행정부에 들어오면서 보다 중국을 직접적으로 대상으로 하는 정책들 위주로 구성이 된다. 구체적으로 살펴보면 국방 차원에서 국방기밀 유출 및 주요 국가시설, 기반시설 등의 해킹 위협 대응과 경제적 차원에서 IT 기업의 시장경쟁력 유지 및 미국 경쟁력 강화에 초점을 맞춘 정책들이 실행된다. 또한, 동맹국들에게도 미국의 이해관계가 반영이 된 정책을 취해줄 것을 요구한다.

구체적으로 살펴보면, 트럼프 행정부의 대응은 안보와 경제 분야에서의 대응 필요성을 바탕으로 크게 아래와 같은 유형의 행동이 드러나게 된다. 미국의 중국에 대한 첫 번째 우려는 안보에 대한 위협이다. 최근 미국 국방부, 의회 등은 지속적으로 중국의 사이버 안보 우려를 표명해왔다. 2019년 5월 2일 미 국방부는 연례보고서에서 중국이 군사 기술을 얻기 위해 정보기관 불법 침투, 해킹 사이버절도 등 다양한 수단을 이용한다고 지적했으며, 중국이 잠수함 등 해군 군사력을 바탕으로 남중국해는 물론 북극권까지 군사진출을 시도하고 있다고 지적했다(IT조선 2019.5.3). 2018년 5월 미 국방부는 화웨이, ZTE의 핸드폰을 미군 기지에 판매하는 것을 금지했다(한국경제 2018.5.3). 2018년 6월 미국 의회는 페이스북이 화웨이 등 중국 기업과 데이터 공유 파트너십을 맺고 있다는 사실을 확인하고 IT 기업들이 국가 차원의 스파이 활동에 동원될 수 있다며 우려를 제기하였다(연합뉴스 2018.6.7). 2019년 4월 미국 CIA는 화웨이가 중국 국가안전부(Ministry of State

Security)의 지원을 받는다고 밝히기도 했다(REUTERS 2019.4.20).

이에 대한 대응으로 미국 정부는 2019년 5월, "ICT 기술 및 서비스 공급망 안전을 위한 행정명령(Executive Order on Securing the Information and Communications Technology and Services Supply Chain)"을 발표하였다. 이 행정명령은 미국의 정보통신 기술 및 서비스에 대한 위협과 관련하여 '국가비상사태'를 선포하고, 미국 국가안보와 미국 국민의 보안·안전에 위험이 되는 거래를 금지할 권한을 상무장관에게 위임하는 내용을 포함한다(White House 2019). 이 행정명령 직후 미 상무부는 화웨이 등을 거래 제한 기업 리스트에 등재하였다. 2020년 8월에는 미 국무부가 '클린 네트워크(Clean Network)' 프로그램을 발표한다. '클린 네트워크' 프로그램은 '프라하 제안(Prague Proposals)'에 근간을 두고 있다. '프라하 제안'은 2019년 5월 체코 프라하에서 열린 '5G 보안 컨퍼런스(Prague 5G Security Conference)'에 유럽연합, 미국, 일본 등 32개국 대표가 참여해 5G 네트워크의 안정성과 보안 문제를 논의한 후 발표한 것이다. '프라하 제안'을 토대로 미국 정부는 2020년 4월 대사관 등 미국 내 외교시설에 통하는 모든 5G 네트워크 트래픽에 대해 화웨이, ZTE 등 신뢰할 수 없는 IT기업의 장비를 사용하지 않겠다는 '5G 클린 패스 이니셔티브(5G Clean Path Initiative)'를 발표했다. 이를 발전시켜 2020년 8월에는 '클린 네트워크'를 발표한다. 클린 네트워크란 모바일 앱, 앱 스토어, 클라우드 서비스, 해저 케이블에 이르기까지 모든 ICT 서비스에서 중국 기업 및 기술을 배제하겠다는 계획이다(한국방송통신전파진흥원 2020).

중국에 대한 미국의 두 번째 우려는 기술 전복 및 기술 탈취에 대한 위협이다. 2020년 12월 미국 상무부는 SMIC, DJI 등 중국 기업을 미국 무역 기밀 탈취 및 인권 학대, 남중국해 군사화 등의 이유로 제재 기업에 추가한다. 윌버 로스(Wilbur Ross) 상무부 장관은 "발전한 미국 기술을 더 적대적이 되는 경쟁국의 군사력 구축에 도움이 되도록 두지 않을 것"이라며 중국의 민간-군 복합체에 대한 우려를 표명하였고, 미국의 핵심기반기술(key enabling technology)에 대한 중국 SMIC의 접근을 막겠다고 밝혔다(미 상무부 2020.12.18). ZTE 스마트 폰은 퀄컴, 구글의 SW를 사용하는 등 미국 기업의 중국 기업에 대한 수출 제재 등은 중국 기업의 제품의 생산 및 품질에 큰 손해를 가져올 수 있기에 중국 기업의 성장을 효과적으로 제어할 수 있다.

트럼프 행정부의 중국 위협에 대한 대응 방향은 수출 제재를 바탕으로 한 상무부의 제재, 행정명령, 우방국에의 협력 요청이다. 트럼프 행정부의 중국 대상 수출 제재는 트럼프 행정부 취임 직후에 비해 후반으로 갈수록 노골적으로 중국을 목표로 하는 것으로 변화한다. 가령 ZTE에 대한 미국의 중국 수출 제재는 이란, 북한 등 기존의 미국의 제재대상국을 최종 목표로 하는 제재에서 중국 자체를 제재로 하는 방향으로 변화한다. 2017년 미국 상무성은 ZTE가 이란, 북한에 대한 수출 혐의로 11.92억 달러의 벌금을 부과한다(연합뉴스 2017.3.23). 2018년에는 미 상무성에서 위의 이란, 북한 제재 위반에 관해 ZTE에서 제대로 내부 처벌을 하지 않았다는 이유로 ZTE에 7년간 수출을 금지한다.

미국의 화웨이 제재는 중국과의 무역 갈등 일환에서 발생한 측면도 존재한다. 2018년 12월 제13차 G20 정상회의 기간 중 개최된 미중 정상회담에서 상대국 수출품에 대한 추가 관세 부과를 90일 유예하기로 합의하였고, 이후 2019년 3월 1일까지 중국이 자국 시장에 대한 진입장벽을 낮추고 강제적인 기술이전, 지적재산권 보호 등 미국이 요구한 미중 간 무역 불균형 문제와 불공정 무역 관행에 대한 시정 조치를 논의하기 위해 양국의 고위급 실무협상이 진행되었다. 그러나 결국 미중 무역 협상이 다시금 결렬되자 미국은 2019년 5월 10일 그간 유보했던 중국산 수입품 2000억 달러어치의 약 5,700개의 품목에 대한 관세를 25%로 인상했고, 사흘 후 추과 관세를 부과할 3,250억 달러어치의 중국산 수입 품목을 공개하였다. 같은 날 중국 역시 이에 대한 보복 조치로 약 600억 달러어치의 중국에 대한 미국 수출 품목의 관세를 5-25% 인상한다. 이어 이틀 후인 5월 15일 미국은 중국의 화웨이에 대한 거래 금지를 발표한다(김한권 2019).

또한 트럼프 대통령은 적극적인 위협 내러티브 형성을 통해 대중적 지지를 얻고 동맹국의 협력을 구하는 방식을 이용한다. 사이버 안보 영역에서 트럼프 대통령의 중국 때리기는 트위터 등 SNS를 통한 부정적 여론 모으기와 동맹국과의 협력을 통한 중국 봉쇄형식을 띤다. 앞서 설명한 바와 같이 사이버 영역은 과잉 안보화의 특성을 지닌다. 사이버 영역에서의 공격은 발원지(attribution)를 찾기 어렵기 때문에 국가 간 협력이 필요한 반면, 한편으로는 추정에 의하여 적을 지목할 수도 있다. 전통적인 안보 영역에서는 공격의 발원지를 명확히 찾을 수 있었다. 또한, 디지털 포렌식으로 범인을 잡는 과정이 항상 완전히 작동하지는 못한다. 미국은 의심되는 국가 행위자를 적극적으로 언급함으로써 특정 국가와 미국에 대한 공격을 연결 짓고 있다.

미국은 중국산 통신장비 및 컴퓨터 관련 기기의 보안 문제에 계속 의구심을 제기하고 있다. 2018년 2월 미국 정보기관(CIA, FBI, NSA)들이 나서서 화웨이 스마트폰과 통신장비업체 ZTE의 제품을 사용하지 말라고 경고하였다. 2018년 10월 중국산 메인보드에 마이크로칩이 탑재되어 있다는 기사가 발표된 바 있다(보안뉴스 2018.10.5). 일련의 중국산 장비의 신뢰도 문제와 관련하여 화웨이 장비에서 직접 백도어의 존재가 발견된 바는 없으며, 중국 정부에서도 이에 대해 강하게 반박의사를 표명함에도 불구하고 언론까지 중국 제품에 대한 신뢰도를 의심하고 있으며 트럼프 행정부는 이를 적극 활용하여 미국의 기술패권을 위한 무역제재로 연결하고 있다.

또한, 트럼프 행정부는 동맹국의 적극적인 협력을 요구하는 모습을 확인할 수 있다. 앞서 설명한 프라하에서의 5G 보안 컨퍼런스도 미국의 화웨이 제재 강화 움직임에 맞물려 개최한 것으로, 중국과 러시아를 초대하지 않았다. '프라하 제안' 역시 실질적 구속력은 없지만, 사실상 화웨이 등 중국 IT 기업의 잠재적인 공격을 염두에 두고 사이버보안 강화를 하기 위해 각국이 협력하자는 취지로 채택된 것이다. 미국 국무부가 2020년 4월 발표한 '5G 클린 패스 이니셔티브' 역시 동맹국의 참여를 촉구하며 반(反)중국 연대를 형성하고자 하였다(한국방송통신전파진흥원 2020). 2018년 7월 호주, 12월 일본에서 화웨이 장비 금지 결정을 하였다. 2019년 2월 미 국무성은 EC, 벨기에 정부를 만나 화웨이 제품을 사용하지 말 것을 독려하였으며, 3월 1일 필리핀에 화웨이 5G 장비 사용을 경고하였다. 또한, 3월 12일 독일에 화웨이 장비 사용을 금지하지 않으면 인텔리전스 공유를 중단할 것이라는 경고를 하는 등 동맹국 등에게 미국의 정책에 동참할 것을 적극적으로 요구하고 있다. 영국은 2019년 2월 화웨이의 5G 장비는 관리 가능한 위험이라고 발표하였으나, 이를 번복하고 2020년 화웨이 장비 금지 결정을 내린다(CNET 2020.2.9; 동국일보 2020.7.16). 2020년 영국을 비롯해 미국의 동맹국이 잇따라 미국과의 협력관계 및 기술·경제적 이해관계를 고려하여 미국의 화웨이 제재에 동참하는 모습을 보이고 있다.

2020년 8월 6일 미국 내에서 틱톡과 위챗의 사용을 45일 이후 금지하는 행정명령에 서명하였다. 금지 사유는 중국 기업이 개발한 앱들이 미국의 국가안보, 외교정책 및 경제에 미치는 심각한 위협이다. 이 앱들이 자동으로 수집하는 위치 정보와 검색 기록이 미국인, 특히 공무원과 군인의 개인 및 특허 정보를 파악하는 데 도움을 줄 수 있다. 또한, 중국 공산당은 이 앱들에 게시된 내용을 검열하는 것은 물론이고 체제 정당성을 홍보하고 역정보를 퍼뜨리는 데 악용하고 있다는 것이다. 전 세계에서 다운로드 횟수가 10억 번이 넘는 앱의 사용을 중단시키는 이 조치는 트럼프 대통령의 선거 전략이라고도 간주되고 있다 (아주경제 2020.8.17). 이처럼 중국에 의한 사이버 공간 보안 위협에 대한 적극적인 대응은 중국의 기술 확장을 막는다는 측면에서 기술 패권 경쟁의 측면에서도 해석이 가능하며, 실제 두 위협에 대한 대응이 명확히 구분이 가능하지 않다. 위에서 설명한 중국의 안보 및 기술·경제적 위협에 대한 미국의 대응에 대한 해석이 다양하게 이루어지는 이유도 이 때문이다. 오히려 안보와 경제·기술 양 차원에서 중국에 대한 위협이 거세짐에 따라 중국을 직접 목표로하는 정책에 초점을 맞추고 있다고 보는 것이 더 알맞을 것이다.

또한, 트럼프 행정부의 중국 제재는 트럼프 대통령 개인의 미국우선주의적 정책 하에서만 나타나는 것이라고 보는 데에는 한계가 있다. 앞서 설명한 바와 같이 국방부와 의회에서는 지속적으로 중국에 대한 보안 우려를 표명해 왔다. 2018년 5월 트럼프 대통령이 시진핑 주석과 ZTE 금지 해제에 대해 논의, 6월 7일에 ZTE 제재를 해제하였다고 밝혔다. 그러나 바로 다음날인 6월 8일 미국 의회는 ZTE 해제를 차단하는 초당적 법안을 제출한다. 공화당 톰 코튼(Tom Cotton), 민주당 크리스 밴 홀런(Chris Van Hollen)은 ZTE에 대한 해제 합의를 무력화하고 제재를 원상복구하는 내용의 국방수권법 수정안을 대표 발의한다. 이 법안에 따르면 정부 부처와 기관이 ZTE 제품은 물론 화웨이로부터도 통신장비를 구매할 수 없게 하고 이들 기업에 대한 정부의 대출이나 보조금 제공도 금지한다(연합뉴스 2018.6.8). 트럼프 대통령은 겁을 먼저 준 후 합의를 이끌어 내는 방식의 공격적 외교를 잘 구사하고는 했는데 ZTE 해제도 같은 맥락에서 접근한 면이 있었던 것으로 보인다. 하지만 미국 정부 및 엘리트 전반에 걸쳐 퍼져 있는 중국에 대한 안보 우려 등으로 의회 차원에서의 초당파적인 대응이 나타난 것으로 볼 수 있다. 따라서 트럼프 대통령 개인의 경제 우선주의적 정책 성향만을 이유로 보는 데에는 한계가 있으며, 미국 전반에서 중국에 대한 안보 우려 역시 트럼프 행정부를 통해 경제·기술 제재의 방식으로 표현되는 것이라고 보는 것이 옳을 것이다.

V. 결론

구글의 전 CEO 에릭 슈미트는 "미국은 지금 문제가 되고 있는 이 디커플링을 가속화하고 있다. 특히 테크 분야에서의 디커플링은 인터넷 플랫폼을 분열시켜 미국 기업의 수익을 감소시키고, 더 나아가 미국 테크 기업이 성공할 수 있는 기회를 거의 만들어내지 못할 것"이라고 우려하기도 했다(The Epoch Times 2021.2.3). 또한, 전문가들은 틱톡의 사용 금지령은 단기적으로는 페이스북, 인스타그램과 같은 미국의 앱들의 이익을 가져올 수 있으나 인터넷 단편화로 인해 얻게 되는 리스크가 더 클 것이라고 경고하고 있다. 트럼프 행정부의 조치는 오히려 미국 기업의 이익을 훼손하는 측면이 있다고 산업계는 평가하고 있는 것이다.

그러나 트럼프 행정부의 보호무역주의적 측면에서만 미국의 중국 화웨이 정책을 설명할 수 없을 것이다. 트럼프 행정부의 대(對)중 정책은 그 이전 행정부부터 이어져오던 미중 갈등을 이어받되 기술·경제 패권에서 더욱 위협받는 상황에서 미국의 리더십을 유지하기 위한 정책으로 보아야 할 것이다. 미국은 기술 혁신을 주도하는 국가로서 구글(Google), 마이크로소프트(Microsoft), 애플(Apple) 등 전 세계적인 IT 기업의 본산으로, 인터넷과 그에 따른 산업 혁신을 촉진해왔다. 미국은 자유롭게 개방된 인터넷의 배경 하에서 기업의 자유로운 경쟁을 통한 역량강화를 추구해왔다. 하지만, 미국이 자유로운 사이버 공간을 추구한다고 해서 미국이 사이버 공간에서 국가 간의 평등을 추구한 것은 아니다.

미국 중앙정보국(CIA)과 국가안보국(NSA) 국장을 역임한 마이클 헤이든(Michael Vincent Hayden)은 2013년 7월 내셔널저널과의 인터뷰에서 "인터넷은 우리가 만든 텃밭이고 많은 데이터가 미국을 경유하는데 이를 미국의 이익을 위해 사용하지 않을 이유가 없다"고 발언하였다. 실제로 인터넷 백본망은 미국 네트워크에 유럽, 아시아 등 다른 지역의 네트워크를 연결하는 방식으로 확장 되었으며, 아직도 최소 60% 이상의 인터넷 트래픽이 불필요하게 미국을 경유하고 있다. 또한 인터넷의 가장 중요한 구성 요소인 루트 디엔에스(Root DNS)는 전 세계에 13개가 존재하는데, 이 중 10개가 미국 본토에 있으며 단 3개만이 지역적 요소를 고려하여 각각 스웨덴, 영국, 그리고 일본에서 운영되고 있다. 미국에서 운영되는 10개 중 3개는 아직도 미국 정부에 의해 직접 관리되고 있다(김혁준 2019).

미국의 사이버 공간에 대한 패권 유지는 국가보안 차원의 의미도 있다. 정보통신 시설에 대한 의존도가 강화되면서 주요 기반시설의 인터넷 사고에 대한 취약성이 더 커졌으며, 인터넷을 통한 기밀 정보, 중요 정보 등의 수집이 더욱 용이해졌다. 따라서 미국에게 사이버 공간

에서의 패권 유지는 국가 안보 차원에서의 중요성과 국가의 미래 경쟁
력 유지를 위한 중요성을 지닌다. 이로 인해 미국은 오바마 행정부에
서는 체계적인 사이버 공격 대응 태세를 갖추고 국가의 복원력을 증강
시키는 데 정책의 초점을 맞추었다면 트럼프 행정부에 와서는 사이버
공간에서의 미국의 패권 유지 그 자체에 보다 초점을 맞추어 중국을
대상으로 한 정책을 주로 시행한 것을 확인해 볼 수 있다.

중국이 본격적으로 굴기를 시작한 이후, 미국은 헷징 전략에 있어
서 변화가 있어왔을 뿐 중국에 대한 견제를 늦춘 적은 없다. 트럼프 행
정부의 중국 때리기는 트럼프 대통령 자체의 성격을 반영하기도 하였
으나, 중국에 대한 보안 우려를 지속적으로 표출한 의회 및 안보 기관
의 이해도 반영되었다고 할 수 있다. 따라서 화웨이 및 중국에 대한 위
협인식은 여전히 유지될 것이다. 다만 이것이 어떤 형태로 구현될 것
인지가 향후 미중 관계를 형성하는 방향이 될 것이다. 오늘날 미중 간
의 갈등은 계속 고조되고 있으며, 미중 갈등에 따라 기술패권 갈등도
지속될 수밖에 없을 것이다. 이러한 국제정치 배경에 대한 이해를 토
대로 새로운 미국 정부의 정책을 해석할 때 보다 깊이 있는 해석이 가
능할 것이다.

참고문헌

공민석. 2018. "오바마 행정부와 트럼프 행정부의 동아시아 전략-연속성과 단절에 대한
　　평가." 『사회과학연구』 34(4): 249-273.
국가보안기술연구소. 2015. "美 사이버안보 정보공유 촉진 행정명령 분석." 2015년도 상반기
　　월간 NSR 정보보안 리포트. 국가보안기술연구소
국가정보원 외. 『2020 국가정보보호백서』.
김강녕. 2018. "미중관계의 전개와 현안문제 및 시사점." 『한국과 국제사회』 2(2): 89-130.
김기수. 2009. "오바마 시대 미중(美中) 경제정치 관계: 미중 경제, 구조적 상호의존 관계-
　　미국은 중국의 자본에…중국은 미국의 시장에." CHINDIA Plus 29(0): 31-33.
김상배. 2014. 『아라크네의 국제정치학: 네트워크 세계정치이론의 도전』. 파주:
　　한울아카데미.
_____. 2015a. "사이버 안보의 미중관계: 안보화 이론의 시각." 『한국정치학회보』 49(1): 71-
　　97.
_____. 2015b. "사이버 안보의 복합지정학: 비대칭 전쟁의 국가전략과 과잉 안보담론의
　　경계." 『국제·지역연구』 24(3): 1-40.
_____. 2018a. "트럼프 행정부의 사이버 안보 전략: 국가지원 해킹에 대한 복합지정학적
　　대응." 『국제·지역연구』 27(4): 1-35.
_____. 2018b. 『버추얼 창과 그물망 방패: 사이버 안보의 세계정치와 한국』. 파주:
　　한울아카데미.
김열수·김경규. 2018. "트럼프 대통령의 위대한 미국 재건 전략: 힘의 절약과 비축."
　　『국방연구』 61(3): 131-154.
김지영. 2019. "미·중 기술패권 경쟁의 담론과 실제: 화웨이 5G 사태를 중심으로."
　　『국방연구』 62(4): 241-272.
김한권. 2019. "트럼프 행정부의 대중(對中) 정책과 중국의 대응." 국립외교원
　　외교안보연구소. 정책연구시리즈 2019-09.
김혁준. 2019. "사이버전의 역사(2)-작전명 사슴사냥(Operation Buckshot Yankee,
　　2008)." 데일리시큐 2019.5.22. https://www.dailysecu.com/news/articleView.
　　html?idxno=51170
뉴스핌. "美의회, 화웨이·ZTE에 반도체 수출 금지 초당적 법안 발의." 2019.1.17. http://
　　www.newspim.com/news/view/20190117000740
동국일보. "영국, '화웨이 장비 사용 금지' 결정-내년부터 화웨이 장비 사용 금지 및
　　2027년까지 사용중인 화웨이 장비 폐기." 2020.7.16. http://www.donggukilbo.com/
　　news/view.php?no=3219
문화일보. "中국방비, 美의 4분의 1 수준이나 실제론 절반 육박." 2018.3.5. http://www.
　　munhwa.com/news/view.html?no=2018030901033327100001
민병원. 2006. "탈냉전시대의 안보개념의 확대: 코펜하겐 학파, 안보문제화, 그리고

국제정치이론."『세계정치』 5: 13-62.

_____. 2007. "탈냉전기 안보개념의 확대와 네트워크 패러다임."『국방연구』 50(2): 23-55.

박훈탁. 2018. "패권안정이론의 시각에서 본 트럼포노믹스: 트럼포노믹스의 정치적 의도." 『대한정치학회보』 26(2).

배영자. 2016. "미중 패권 경쟁과 과학기술혁신."『국제·지역연구』 25(4): 31-59.

보안뉴스. "정보보호의 시작과 끝 '안티 멀웨어' 시장 현황·선호도 전격 분석." 2020.3.30. https://www.boannews.com/media/view.asp?idx=87221&kind=

_____. "중국, 미국 컴퓨터에 백도어 용도의 칩 심어 염탐했다." 2018.10.5. https://www.boannews.com/media/view.asp?idx=73432&kind=1

서울경제. "[中 전인대 개막]中 국방예산 7% 증액...1조위안 돌파." 2017.3.5. https://www.sedaily.com/NewsVIew/1OD95DUCXS

서정건. 2019.『미국 정치가 국제 이슈를 만날 때: 정쟁은 외교 앞에서 사라지는가, 아니면 시작하는가?』. 서강대학교출판부.

서정건 외. 2020.『미국 국내정치와 외교정책』. 서울대학교 국제문제연구소 편. 사회평론아카데미.

신성호. 2009. "오바마 시대 미중(美中) 경제정치 관계: 오바마 정부, 장기적 지도력 회복을 위한 새로운 전략 모색 -다자간 협력과 경제 살리기로 잠재력 재실현." *CHINDIA Plus* 29(0): 28-30.

_____. 2016. "미 오바마 행정부의 사이버안보 정책과 쟁점."『국제·지역연구』 25(4): 61-96.

손영동. 2015. "[손영동의 사이버세상]⟨4⟩사이버 팍스 아메리카나." 전자신문 2015.8.4. https://www.etnews.com/20150804000111

송은지·강원영. 2014. "미국 오바마 정부 2기의 사이버보안 강화 정책." *Internet & Security Focus*. 한국인터넷진흥원.

신경수·신진. 2018. "국제사회와 사이버 공간의 안보문제."『국제·지역연구』 27(3): 17-55.

연합뉴스. "ZTE, 美법원서 北·이란제재위반 유죄 인정…1조3천억원 벌금." 2017.3.23. https://www.yna.co.kr/view/AKR20170323168800009

연합뉴스. "페이스북, 화웨이 등 中기업과 데이터공유…美의회서 우려 제기." 2018.6.7. https://www.yna.co.kr/view/AKR20180607001700075

_____. "美의원들, 'ZTE 제재 해제' 급제동…"화웨이까지 제재"(종합)." 2018.6.8. https://www.yna.co.kr/view/AKR20180608012951071

오마이뉴스. "미 수사기관, 소니영화사 해킹 북한 연관성 조사 착수." 2014.12.2.

유상범. 2019. "트럼프 행정부의 인도-태평양 정책: 현상 진단과 전망."『국방연구』 62(2): 53-75.

조원선. 2017. "국가 사이버안보 담론과 안보화 이론: 한국의 사이버안보 상황 분석을 중심으로."『국방정책연구』 116: 145-177.

조찬수. 2018. "양극화, 대침체, 그리고 미국우선주의 무역정치: 트럼프 행정부 무역정책의 국내정치적 설명."『동북아연구(구 통일문제연구)』 33(1).

조화순·권웅. 2017. "한국과 미국의 사이버안보 거버넌스: 사이버위협의 안보화 관점에서의 비교." 『정보사회와 미디어』 18(2): 97-120.

조화순·김민제. 2016. "사이버공간의 안보화와 글로벌 거버넌스의 한계." 『정보사회와 미디어』 17(2): 77-98.

중앙일보. "중국은 국방비 3년 뒤엔 2배로 늘려." 2012.2.15. https://news.joins.com/article/7371422

지식재산연구원. 2020. "미국 트럼프 행정부, 주요 신흥 기술에 관한 국가전략 보고서 발표." 2020.11.3. https://www.kiip.re.kr/ipmap/board/trend/view.do?po_cate_l=tc_D&po_no=20006

최용호. 2020. "미일 기술패권 경쟁과 미국의 경제적 대응: 민군겸용기술을 둘러싼 안보 논쟁과 통상마찰." 국제문제연구소 워킹페이퍼 No.157.

한국경제. "전세계 미군 기지서 中 화웨이·ZTE폰 판매 금지." 2018.5.3. https://www.hankyung.com/international/article/2018050235101

한국방송통신전파진흥원. 2020. 『트렌드 리포트』 9.

한국은행. 2015. "중국경제의 성장률 둔화 배경과 구조개혁." 2015.10.21. https://www.bok.or.kr/portal/bbs/P0002232/view.do?nttId=213264&menuNo=200086

IT World. "토픽 브리핑 | 본격적인 사이버 전쟁이 시작됐다…우리나라는?" 2017.1.20. https://www.itworld.co.kr/news/103117

IT조선. "美국방부 "중국, 군사기술 빼내기 위해 기업 투자 등 수단방법 안가려"." 2019.5.3. http://it.chosun.com/site/data/html_dir/2019/05/03/2019050302200.html

_____. "'反화웨이 전선' 동참한 일본, 중국산 통신장비 금지 강화." 2020.5.27. http://it.chosun.com/site/data/html_dir/2020/05/27/2020052701605.html

The Epoch Times. "美 기술 전문가 그룹 "미·중 간 기술 분야 분리" 촉구." 2021.2.3. https://kr.theepochtimes.com/%E7%BE%8E-%EA%B8%B0%EC%88%A0-%EC%A0%84%EB%AC%B8%EA%B0%80-%EA%B7%B8%EB%A3%B9-%EB%AF%B8%C2%B7%EC%A4%91-%EA%B0%84-%EA%B8%B0%EC%88%A0-%EB%B6%84%EC%95%BC-%EB%B6%84%EB%A6%AC-%EC%B4%89_565013.html

Gazula, Mohan B. 2017. "Cyber Warfare Conflict Analysis and Case Studies." Working Paper CISL #2017-10. Master's Degree Thesis.

Gurrie, Daniel, Michael Gervais, Michael Preciado, Jesse Noa, and Mils Hills. 2012. "The New Frontier of Warfare." *Journal of Law & Cyber Warfare* 1(1).

Harknett, Richard J. and James A. Stever. 2011. "The New Policy World of Cybersecurity." *Public Administration Review* 71(3): 455-460.

Hasen, Lene and Helen Nissenbasum. 2009. "Digital Disaster, Cyber Security, ad the Copenhagen School." *International Studies Quarterly* 53(4): 1155-1175.

Ikenberry, G. John and Daniel H. Nexon. 2019. "Hegemony Studies 3.0: The Dynamics of Hegemonic Orders." *Security Studies* 28(3): 395-421.

Modelski, George and William R. Thompson. 1995. *Leading Sectors and World Powers: The Coevolution of Global Economics and Politics.* Columbia S.C.: University of

South Carolina Press.

O'Flaherty, Kate. 2018. "Cyber Warfare: The Threat From Nation States." *Forbes* 2018.5.3.

Organski, A. F. K. 1958. *World Politics*. New York: Knopf.

Park, June and Troy Stangarone. 2019. "Trump's America First Policy in Global and Historical Perspectives: Implications for US ‒ East Asian Trade." *Asian Perspective* 43(1): 1‒34.

Lynn. William J. 2010. "Defending a New Domain: The Pentagon's Cyberstrategy." *Foreign Affairs* 89(5): 97‒108.

U.S. Department of Commerce. 2018. "Commerce Adds China's SMIC to the Entity List, Restricting Access to Key Enabling U.S. Technology." 2018.12.18. https://www. commerce.gov/news/press-releases/2020/12/commerce-adds-chinas-smic-entity-list-restricting-access-key-enabling

U.S. Department of Justice. 2017. "ZTE Corporation Agrees to Plead Guilty and Pay Over $430.4 Million for Violating U.S. Sanctions by Sending U.S.‒Origin Items to Iran." 2017.3.7. https://www.justice.gov/opa/pr/zte-corporation-agrees-plead-guilty-and-pay-over‒4304‒million-violating-us-sanctions-sending

CNET. "Huawei ban timeline: Follow the saga of the Chinese telecommunications giant." 2020.2.9. https://www.cnet.com/news/huawei-ban-full-timeline-us-sanctions-china-trump-biden‒5g/

CNN. "5 things to know about Trump's national security strategy." 2017.12.18. https:// edition.cnn.com/2017/12/18/politics/5‒things-to-know-about-trumps-national-security-strategy/index.html

Financial Times. "China and US create less pacific ocean." 2012.2.13. https://www. ft.com/content/0fdb73c6‒53e0‒11e1‒9eac‒00144feabdc0

International Monetary Fund. https://www.imf.org/en/Home

REUTERS. "U.S. intelligence says Huawei funded by Chinese state security: report." 2019.4.20. https://www.reuters.com/article/us-usa-trade-china-huawei-idUSKCN1RW03D

TIME. "Inside the Controversial Company Helping China Control the Future of the Internet." 2019.5.23. https://time.com/5594366/5g-internet-race-huawei/

White House. 2019 "Executive Order on Securing the Information and Communications Technology and Services Supply Chain." 2019.5.15. https://trumpwhitehouse. archives.gov/presidential-actions/executive-order-securing-information-communications-technology-services-supply-chain/

제3부

하이브리드전과 미래전의 세계정치

제8장

하이브리드 위협에 대한 나토의 대응전략
전통 군사안보와 사이버 안보의 연계

최정훈

I. 서론

2014년 2월 발발한 이래 2021년 현재까지 공식적으로 종식되지 않은 우크라이나 동부에서의 분쟁은, 러시아와 우크라이나라는 엄연한 두 국가 간의 무력갈등임에도 불구하고 기존의 전쟁과는 확연히 다른 모습을 보이고 있다. 전투가 벌어지고는 있는지, 누가 누구와 싸우고 있는지조차 확실히 드러나지 않았으며, 이러한 불확실성과 혼란을 전략적으로 유발하고 이용한 러시아는 서방세계가 어떻게 대응해야 할지 갈피를 잡지 못하는 동안 우크라이나 동부의 분리주의자들을 후원하고 크림반도를 합병하는 등 자신이 거둔 이익을 기정사실화하는 데 성공했다.

소련 붕괴 이후 경제난으로 재래식 군사력 열세에 처한 러시아는, 재래식 군사수단뿐 아니라 특수부대를 동원한 비대칭전, 우크라이나 국가기반시설에 대한 사이버전, 나아가 온라인 가짜뉴스를 통한 적극적인 정보심리전 등이 배합된 작전술 및 전술에 힘입어 이러한 성과를 거둘 수 있었다. 군사력이라는 경성권력의 핵심 요소뿐 아니라, 사이버 안보, 정부와 국민 간의 신뢰, 사이버 공론장의 회복력 등 다양한 비전통적 요인들이 함께 전쟁의 승패에 관여하게 되면서, 기존의 전쟁에 대한 시각으로는 설명하기 어려운 성공을 거둔 것이다. 이에 대해 미국과 나토(NATO)를 필두로 한 서방 국가들은 러시아가 선보인 '새로운' 전쟁 양상을 '하이브리드 전쟁(Hybrid War)'으로 명명하고 대응책을 모색하고 있다.

이후 학계에서도 '하이브리드 전쟁'에 대한 연구가 여럿 진행되었다. 먼저 전통적 군사학에서는 하이브리드전으로 새롭게 등장한 인간 심리와 사이버 공간에서의 분쟁을 비정규전의 맥락에서, 하이브리드전을 정규전과 비정규전의 새로운 조합 방식으로 이해한다.[1] 러시아가 동원한 사이버전 수단들, 즉 해킹 공격과 가짜뉴스 등을 통한 정보심리전과 그에 대한 서방 측의 대응에 주목하는 연구 역시 적지 않다.[2]

또한 보다 국제정치학적 관점에서, 유럽 차원에서 나타나고 있는 대러시아 안보전략의 일환으로 하이브리드전 위협에 대한 대응을 파악하는 연구도 많다.[3] 이러한 시각에 따르면 러시아의 하이브리드전은 러시아의 부상과 미국 주도 단극체제의 약화라는 국제질서 변동에 수반되는 현상이며, 나토와 유럽의 대응 역시 같은 축에서 조망할 수 있다.

그러나 하이브리드전 자체의 새로움에 주목하는 연구와 유럽의 안보전략 층위에서의 대응에 주목하는 연구들은 나토의 하이브리드전 대응전략이 가지는 독특한 특성에 대해서는 응당한 관심을 기울이지 않고 있다는 점에서 공통의 한계를 가진다. 나토 내 유럽 국가들이 주도하고 있는 하이브리드전 대응전략은, 군사력이 여전히 전쟁의 필수 요소기는 하지만 유일하거나 무조건적인 우위를 가지는 요소는 아니라는 인식을 반영하고 있다. 이러한 다원화의 추세 속에서 군사력 또한 '정치의 연속'이라는 맥락에서 새로운 의미와 작동 방식을 가지게 되는 것이다.

전쟁에서 정치적 목표를 달성하기 위한 수단으로 재래식 군사력 외에도 정보심리전, 사이버전 등 다양한 영역에서의 세력 싸움이 등장하게 되면서, 전선을 밀고 당기며 눈에 보이는 점과 면을 점령하던 근

---

1   국내 군사학계의 대표적인 예로는 김경순(2018); 박일순·나종남(2015) 등이 있다.
2   Jensen et al.(2019); 송태은(2020) 등의 연구가 있다.
3   최근의 연구로는 김재엽(2019); 온대원(2015; 2019); 고상두(2020) 등이, 냉전 이후의 유럽 방위체제 변화에 대한 보다 포괄적인 연구로는 이수형(2003; 2011); 이종광(2012) 등이 있다.

대식 재래전은, 자신이 더 유리한 입지에 있음을 적과 아군에게 설득하고 승리의 조건을 창출해내는 용도로 군사력이 활용되는 새로운 양상으로 변모하고 있다. 전통적 지정학의 가장 극단적인 예였던 근대전쟁이, 인간의 심리와 인지, 사이버공간 등 다양한 탈지정학적 요소와 맞물려 변화하는 현상은 주목을 요하는 현상이라 할 수 있다.

이러한 변화의 추세를 살펴보기 위해 이 글에서는 2014년 러시아가 선보인 하이브리드전에 대한 나토 내 유럽 국가들의 대응을 살펴보고자 한다. 상술한 것처럼 그간 관련 연구들은 상당히 축적되었으나, 대부분 러시아의 전략 및 교리 또는 정보심리전에 대한 분석, 유럽의 거시적 안보전략 차원에서의 분석 등에 주력하여 재래식 분쟁의 양상 변화 및 복합화(複合化)가 가진 국제정치학적 함의에 대해서는 상대적으로 관심이 부족하였다.

이런 부족한 점을 메우기 위해 이 글은 하이브리드 위협이 부상한 이후 나토의 안보전략 및 군사대비태세 변화를 살핌으로써, 전통적 군사안보가 하이브리드전의 맥락 속에서 어떻게 변화하였으며 이전의 군사안보와는 어떤 점에서 차별화되는지, 그리고 사이버 영역을 비롯해 새롭게 등장하는 안보 영역들과는 어떤 관계를 맺고 있는지를 살피고자 한다. 이를 통하여 나토의 군사안보전략과 사이버 안보전략이 연계되면서, 그 구분이 흐려지고 보다 복합적인 양상이 나타나고 있음을 보이고자 한다.

II. 하이브리드 위협의 부상

1. 하이브리드전 개념의 등장과 그 함의

'하이브리드 전쟁'은 육·해·공의 재래식 전장 외에 사이버, 정보심리전 등의 새로운 전투 영역이 겹쳐 나타나는 무력분쟁 양상을 포괄하는 용어로 널리 사용되고 있다. 그러나 비전통적 수단을 통해 군사적 승리를 창출할 수 있다는 주장은 적어도 군사학에서는 새롭다고 하기 어렵다.[4] 예컨대 리델 하트(Basil Liddel Hart)가 말한 간접 접근(Indirect Approach) 개념은 직접 접근(즉 직접적 공격) 이전에 기병이나 기갑부대 등 기동성 높은 전력을 활용해 적을 혼란케 하고, 결과적으로 비용을 최소화하면서 효율적인 승리를 거두는 것을 골자로 하고 있다. 이러한 관점에 따르면 하이브리드전의 주요 요소라 할 수 있는 정보심리전, 사이버전 등도 결국 전쟁에서의 최종적 승리를 위한 보조적 수단임은 변하지 않는다. 가깝게는 헤즈볼라의 게릴라전, 길게는 고대 로마제국에 대한 속주 반란군의 전술에서도 그러한 요소를 발견할 수 있다는 것이다(박일송·나종남 2015; 송승종 2017, 65-66).

그런데 20세기 이후 중국의 국공내전이나 베트남전, 그리고 보다 최근에는 이라크전이나 2006년 제2차 이스라엘-레바논 전쟁 등에서는 흔히 '게릴라전'으로 표현되는 비전통적 군사력이 오히려 재래식 군사력에서의 우위를 상쇄하는 경우가 나타나고 있다. 첨단 군사기술로 무장한 정규군이 불법복제 소총과 급조폭발물(IED)로 무장한 준군

---

4 애초에 게릴라(Guerilla)라는 스페인어 표현('작은 전쟁') 자체가 19세기 초 이베리아 반도 전쟁에서 기원하였음을 고려하면, 비정규전의 경험이 냉전 이전 서구 세계에도 결코 없지 않았음을 알 수 있다.

사조직을 상대로 확실한 승리를 거두지 못하고 심지어 판정패를 당하고 있는 현실은, 전쟁의 양상이 이전과는 달라지고 있음을 확연히 보여준다(McAllister Linn 2011, 38-39).

이에 따라 비정규전 위주의 전쟁을 개념화하려는 시도가 서구 군사학계에서 이루어지기 시작했다. 일례로 미 해병대 장성 린드(William S. Lind) 등이 제시한 '4세대 전쟁'론은, 진화된 내란(Evolved form of Insurgency)의 형태를 띤 전쟁이 기존 클라우제비츠적 전쟁의 다음 세대를 차지할 것이라 주장하였다. 요컨대 정규군 대 정규군이 아니라, 사회의 모든 네트워크를 동원해 상대의 전쟁수행의지 자체를 공략하는 전쟁이 나타나리라는 것이다.[5] 그러나 4세대 전쟁론은 비국가 행위자가 수행하는 비정규전·비대칭전이라는 현상의 참신성에만 주목하여, 실제 전장에서 어떻게 이러한 새로운 전쟁이 드러날 것이며 이에 대해 국가가 어떻게 대응할 수 있을지에 대해서는 모호한 입장만을 취한다는 비판에 직면하였다(권영상 2017, 323).

하이브리드전 개념은 이러한 맥락에서 등장하였다. 서구 군사학의 맥락 내에서, 하이브리드전(Hybird Warfare)이라는 개념을 최초로 사용한 것은 호프만(Frank G. Hoffman)으로 받아들여진다. 그는 2006년 이스라엘-레바논 전쟁에서 준군사조직 헤즈볼라가 거둔 승리가 이스라엘군의 재래식 전력 우위를 상쇄하기 위한 시가전 전술과 전략적·작전술적 층위에서 획득한 '인식우위(Perception dominance)'의 산물이라고 평가하면서, 하이브리드 전쟁의 원형을 여기서 찾을 수 있다고 주장했다.

그에 따르면, 서구와 비서구, 근대와 전근대를 막론하고 유사한

---

5   4세대 전쟁론의 구체적인 주장과 전쟁사 해석에 대해서는 Echevarria(2005); 권영상
     (2017) 등 참고.

게릴라 전술은 항상 존재해 왔지만, 헤즈볼라의 하이브리드전은 이러한 요인들이 유기적으로 결합해 하나의 정치적 목적을 달성하기 위해 사용된다는 점에서 차별화된다. 재래식 전쟁부터 범죄와 테러, 그리고 인식과 정보의 영역에 이르는 다차원적 전장에서 모든 노력이 의도적으로, 그리고 동시에 융합되어 나타난다는 것이다(Hoffman 2007, 35-58).

그러나 하이브리드전 개념의 방점은 이러한 전쟁 수행 방식을 어떻게 실현할지보다는, 그런 방식으로 자신을 노리는 신흥 위협에 국가가 어떻게 대응할 수 있는지에 찍혀 있다.[6] 이에 따르면 하이브리드 위협은 재래식 무력수단부터 사이버전, 심리전 등 다양한 수단이 동시에 동원되는 수준을 넘어, 미국과 같은 서방 선진국의 취약점을 노리는 데 최적화된 형태로 '융합'되어 나타나기 때문에 서방 국가들에게 큰 도전으로 부상하고 있다(Hoffman 2009, 5).

비록 위협의 정의가 지나치게 광범위하고 모호하다는 비판에 직면하기는 했지만, 이와 같은 개념화는 미국과 나토 내에서 상당한 호응을 얻었다(US DoD 2010, 8; Johnson 2018, 141-145). 특히 후술할 우크라이나 분쟁과 더불어, 이전의 이슬람 극단주의 무장단체와는 확연히 다른 면모를 보이는 ISIS가 등장하면서, 이들이 보이는 군사적 수단과 비군사적 수단의 병행 양상을 하이브리드전으로 명명하는 기조가 등장하였다.[7]

하이브리드전이 기존의 '새로운 전쟁'들과 궤를 달리하는 부분

---

6   앞서 인용한 호프만(2007)의 저서의 첫머리에 하이브리드'전'에 대한 개념 정의보다 하이브리드 위협에 대한 정의가 먼저 나온다는 사실은 그런 점에서 의미심장하다.

7   그러나 우크라이나 분쟁으로 하이브리드전이라는 표현이 널리 쓰이기 시작하면서, 그와 동시에 하이브리드전 개념의 적실성에 대한 의문 역시 제기되기 시작하였다(Owen 2009; Johnson 2018, 146).

중 하나는 그것이 내포하고 있는 복합지정학적 함의에 있다고 할 수 있다.[8] 전통적 전쟁은 본질적으로 지정학적 현상이다. 앤더슨이 지적한 것처럼, 모든 전쟁은 국경에서 시작해야 하기 때문이다(Anderson 1999, 134). 국경은 곧 국가의 (이론상) 절대적 주권이 닿는 범위이며, 전시에 이는 전선(戰線)으로 대체된다. 따라서 전통적 지정학의 관점에서 보았을 때 근대전쟁의 목표는 적 영토 내로 진격해 자국군의 위수지역 내에 최대한 많은 가치를 붙잡아놓거나, 적 물리력의 섬멸이나 포위를 통해 상대의 통제가 미치는 범위를 줄이고 그 안의 자산을 제거하는 데 있다.

그러나 재래식 군사력이 전쟁의 유일한 수단에서 다양한 수단 중 하나로 격하된 오늘날에는 사정이 달라졌다. 다양한 수단을 배합해 목표를 달성할 수 있게 되면서, 현실공간 외에도 사이버공간, 그리고 교전국과 제3국 국민들 머릿속에 존재하는 관념의 공간 등이 모두 전략목표 달성에 기여할 수 있는 전장으로 부상하였다.

하이브리드전은 다층적인 전쟁뿐 아니라 각 층위에서의 노력이 하나로 통합되어 동시에 효과를 발휘한다는 데 주목한다. 따라서 적국의 영토를 탈취하는 것은 더 이상 적 정부 또는 국민의 전쟁수행 의지를 무너뜨리기 위한 필수조건이 아니다. 다시 말해 정치적 목표와 전황에 따라 현실공간의 전장은 전략목표를 달성하는 주된 노력의 장이 될 수도, 반대로 탈지정학적 공간에서의 여론전이나 정보심리전을 위한 도구적 공간이 될 수도 있는 것이다. 뿐만 아니라, 이러한 현실과

---

8   복합지정학의 개념에 대해서는 김상배(2015) 참고. 복합지정학은 본디 사이버 안보의 성격을 논하면서 등장한 개념으로, 이에 따르면 새롭게 등장하는 안보 이슈들은 고전적 지정학과 비지정학, 탈지정학 중 어느 한쪽의 틀만으로는 이해할 수 없다. 지정학 논리가 작동하지 않는 면과 영토와 장소라는 지정학적 논리가 여전히 적용되는 면이 중첩되어 존재하기 때문이다.

'탈(脫)현실'의 관계는 같은 시기, 심지어 같은 전역 내에서도 가변적
이며 군 역시 여기에 맞추어 유연하고 탄력적으로 그때그때 새로운 역
할을 수행할 수 있을 것을 주문받는다.

이러한 하이브리드전의 논리는 고전적 지정학만으로는 이해할 수
없다. 전선을 이루고 일진일퇴를 주고받는 것이 아니라, 양측이 어떤
요소를 얼마나 잘 장악하고 있고, 그것을 얼마나 잘 주변에 알릴 수 있
느냐(혹은 감출 수 있느냐)가 훨씬 중요한 문제로 부상한다. 그리고 그
와 동시에, 필요에 따라 점과 네트워크의 싸움에서 선과 면의 싸움으
로의 회귀가 이루어질 수도 있다.

이어지는 절에서 보다 자세히 살펴보겠지만, 이런 복합지정학의
논리는 우크라이나 무력분쟁을 둘러싼 러시아의 무력개입 및 그 과정
에서 드러난 전술·교리, 그리고 그에 대응하는 NATO의 전력 변화 및
교리 발전에서도 드러나고 있다. 고전지정학과 비·탈지정학 어느 쪽
에 치중하지 않고, 전·평시를 막론하고 사이버, 정보심리전 등 수많은
수단과 비정형적으로 결합할 수 있는 유연성과 탄력성이 진영을 막론
하고 요구되고 있는 셈이다.

이처럼 하이브리드전의 대두는 육·해·공의 전통적 지정학적 공
간뿐 아니라 사이버 공간, 교전국 국민의 정체성 등이 얽힌 탈지정학
적 공간에서도 안보경쟁이 일어나는 결과를 초래하고 있으며, 군 역시
이러한 복합지정학적 안보경쟁에서 한 축을 담당하기 위해 변화할 것
을 요구받고 있다. 하이브리드전은 다음 절에서 살펴볼 바와 같이 그
자체로 지정학과 탈지정학이 연계되고, 군사안보와 사이버 안보가 복
합되는 측면을 지니고 있으며, 이에 대한 방어 역시 그런 복합적 성질
을 띨 수밖에 없는 것이다.

2. 러시아의 하이브리드전 교리와 2014년 우크라이나 무력분쟁

2014년 러시아가 크림반도와 돈바스(Донбас, Donbass)[9] 일대에서 전개한 일련의 군사작전과 뒤이은 무력분쟁은 하이브리드전이라는 용어가 널리 쓰이게 되는 결정적 계기로 작용했다. 러시아는 국가 대 국가의 싸움임에도 불구하고 적국의 침략 사실을 확실히 인지할 수도 없는 상황에서 영토의 상실이 기정사실화(fait accompli)되는 상황을 조성하고, 정규군 대신 특수부대와 민병대, 그리고 대규모 사이버전과 정보심리전을 배합하여 사용하는 전쟁 수행방식을 통해 나토를 비롯한 서방의 개입 없이 영토의 확장과 우크라이나에 대한 개입이라는 목표를 달성하였다.[10]

러시아의 크림반도 합병과 돈바스 무력분쟁이 관심을 끌게 되면서, 러시아가 선보인 작전술의 이론적 기반으로 이른바 "게라시모프 독트린(Gerasimov Doctrine)"이 지목되었다. 2013년 발레리 게라시모프(Valery Gerasimov) 러시아군 총참모장이 제안했다고 알려진 이 군사전략 노선은,[11] 상대국의 정권 교체를 목표로 각종 군사적·비군사

---

9 돈 강의 지류인 도네츠(Donets) 강 분지를 뜻하는 준말이다.

10 그러나 하이브리드전이라는 새로운 위협에 속수무책으로 우크라이나가 무너지고, 러시아는 소기의 목적을 모두 달성하였다는 식의 서사는 사태를 지나치게 단순화하는 측면이 있다. 본래 러시아 본토와 밀접한 관계가 있던 크림 반도와는 달리, 돈바스 지방에서 러시아는 우크라이나군과 친우크라이나 민병대의 반격으로 목표한 바를 모두 이루지 못했으며, 2014년 8월 이후에는 결국 재래식 전력의 투입과 핵사용 위협이라는 보다 전통적인 강압외교의 수단에 호소해야만 했다(Freedman 2014, 21-24; Kofman et al. 2017, 68-70).

11 정작 이 노선은 게라시모프 본인이 창안한 것도, 본인이 '독트린'으로 명명한 것도 아니다. '게라시모프 독트린'이라는 표현은 2014년 연구자 마크 갈레오티(Mark Galeotti)가 '입에 착 달라붙는 명칭(Snappy title)'으로 고안하였으며, 갈레오티는 훗날 그러한 명명이 오해의 소지를 불러일으켰음을 인정하였다(Galeotti 2018).

적 수단을 배합하는 것을 그 골자로 한다(Bartles 2016, 33-34). 즉 실제 군사력이 행사되기 전 미리 첩보요원과 범죄조직, 사이버 공격 등을 통해 대상국 국내에 정치적 혼란을 초래하고, 이러한 국내갈등이 마침내 거시적인 위기로 촉발되어 수면 위로 올라오기 전 미리 국내에 자국을 지지하는 정치세력과 이를 뒷받침할 수 있는 민간군사기업, 범죄조직, 특수부대원들을 투입 또는 투입 준비를 완료하는 것이다.

이 과정에서 대상국 내 반군 세력에게는 개입에 대한 신빙성을 제공하고, 정부에게는 갈등을 확전(escalate)시키는 것을 억지하기 위한 '전략적 억지' 작전이 수행된다. 이는 연례 군사훈련부터 국경지대에서의 대규모 화력시범, 기동훈련 등 다양한 방식으로 이루어질 수 있다. 또한 전 과정에서 군사개입 사실을 최대한 은폐·축소하기 위한 정보전[12] 전술이 운용되며, 갈등이 고조되면 미리 조직된 반정부 세력의 '평화유지' 요청에 따라 러시아군이 진주하며 상황은 종결된다 (Герасимов 2013).

그러나 하이브리드전의 당사자로 지목된 러시아가 정작 자신의 전쟁수행 방식을 '하이브리드전(*gibridnaya voyna*)'으로 지칭하지 않고 있다는 점은 지적할 필요가 있다.[13] 러시아의 입장에서 체제 전복이나 국내 혼란 야기와 같은 비군사적 목표를 위해 재래식 군사력과 비군사적 방법을 함께 사용하는 전쟁 수행양상은, 이미 2000년대 중·후반의 색깔 혁명을 통해 드러났다고 할 수 있다. 즉 구소련의 구성국이었던 우크라이나, 조지아 등 국가의 친러 정권이 민주화 시위로 인해

12 　원어는 전투보다 낮은 수준으로 적대적 경쟁이 벌어지는 상태인 정보갈등(Информац-ионное противоборство, Information conflict)이다.

13 　'하이브리드전'으로 이어지는 러시아 내의 신세대 전쟁론에 대해서는 Thomas(2016)와 Westerlund & Norberg(2016)의 논의를 참고하라.

실각하고 친서방 정권이 수립되는 상황을, 러시아에서는 미국과 서방 세계의 개입, 특히 정보기관의 비밀공작의 산물로 인식하였으며, 러시아식 '하이브리드전'은 그에 대응하기 위한 전략의 성격을 가진다 (Thomas 2016, 558; Boulegue 2017, 363).

러시아의 관점에서 우크라이나에 대한 하이브리드전은, 2013년 겨울 유로마이단 시위로 친러 야누코비치 정권이 붕괴 위기에 처한 데 대한 예방적 개입의 성격을 띠고 있었다(Tsygankov 2015, 292-293). 그러나 그 개입의 방식은 이전에 익히 알려진 국가와 국가 간의 근대 전쟁과는 확연히 다른 모습을 보였다.

인구 1억 4천만·군 병력 129만의 러시아와 인구 4천 5백만·군 병력 20만의 우크라이나가 영토를 놓고 벌인 무력분쟁이었음에도, 전통적 관점에서 보았을 때는 저강도 분쟁 정도로 간주될 만큼 무력충돌의 강도는 낮았다.[14] 유엔 인권위 추산에 따르면 2014년~2015년 2월 사이 쌍방의 전사자 총합은 3500명이었으며, 크림 반도의 경우는 6명에 불과하였다(OHCHR 2015, 8).

군사작전 역시 전선을 밀고 당기거나 돌파하는 기존 정규전의 양상과는 거리가 멀었다. 정규군 대 정규군이 아닌, 특수부대와 민간군사기업(PMC), 범죄조직과 민병대가 몇몇 전략적 목표를 놓고 기습과 점령, 포위를 반복하는 등의 전투가 반복되었고, 이를 통해 상대의 전쟁 수행의지 자체를 공략하려는 움직임이 나타났다.

단적인 예로 돈바스(우크라이나 동부) 분쟁에서 가장 사상자가 많이 발생한 일로바이스크(Ilovaisk) 전투는, 근대전쟁의 포위·섬멸전 양상과는 매우 거리가 먼 모습을 보여준다. 국경 근처의 일로바이스크

14 　모든 수치는 2014년 기준으로, 세계은행의 데이터베이스를 참고하였다(https://data. worldbank.org/?name_desc=false).

를 탈환한 우크라이나군은 박격포 포격과 연대본부에 대한 급습 등으로 자신들이 포위당했다고 인식하게 되었고, 친러시아 민병대와의 교섭 후 후퇴하던 중 기습당해 약 400명의 전투손실을 기록했다. 전투의 전 과정에서 러시아군의 개입에 대한 물증은 확인되지 않았다(Shramovych 2019).

이러한 비전통적 군사충돌과 더불어, 분쟁의 전 과정에 걸쳐 대규모 사이버전과 정보심리전이 진행되었다. 2014년 5월 우크라이나 대선을 계기로 반정부 여론이 고조될 무렵부터, 이미 광범위하게 우크라이나 내 언론에 대한 DDoS 공격이 시작되었으며, 2014년 10월부터는 우크라이나 전력망을 비롯한 국가기간시설에 대한 사이버 공격이 언론에 대한 지속적 타격과 더불어 진행되었다(Jensen et al. 2019, 218). 이어서 2017년에는 우크라이나를 집중적으로 공격한 낫페트야(NotPetya)[15] 랜섬웨어 공격으로 통신사와 TV 방송국, 금융기관 등이 타격을 입는 등, 우크라이나의 전쟁수행 의지 자체를 공략하기 위한 지속적인 공격이 이루어졌다.

또한 그와 동시에 서방 국가들의 개입을 막기 위해, 가짜 뉴스 유포 등 사이버 영역을 대폭 활용한 정보심리전이 이루어졌다. 러시아 관영 언론과 SNS에서 활동하는 알고리즘("트롤봇")을 이용해, 러시아군의 개입을 은폐하고 우크라이나 정부와 친서방 민병대를 네오나치, IS, 혹은 미국의 괴뢰세력 등으로 포장하여 정당성을 떨어뜨리는 식의 심리전이 교묘하게 이루어진 것이다(송태은 2020).

이처럼 정규군과 비정규군, 특수부대와 민병대가 교묘히 혼합되

---

15 2016년 유행한 페트야(Petya) 랜섬웨어와 유사하지만 코드 차원에서 차이점이 있어 미국 IT보안기업 카스퍼스키에 의해 '낫페트야'로 지칭되었다. 전체 피해의 80%가량은 우크라이나에서 발생했지만, 이후 유럽 각지로 확산되었다(Bajak & Satter 2017).

고, 사이버전과 정보심리전이 더해진 전쟁 수행으로 인해 나토조약 제 5조에 의한 집단방위(Collective defense)는 끝내 가동될 수 없었다. 러시아군의 개입이 불확실했던 분쟁 초기, 러시아는 친러 민병대의 자발적인 봉기로 사태를 포장하는 한편, 우크라이나 정부의 개입 기반이 될 수 있는 공공기관과 항만시설을 특수부대를 동원해 점령하였다.

이후 돈바스에서 친러 민병대가 우크라이나군 및 친우크라이나 민병대의 반격으로 패배 직전에 몰리게 되자, 러시아는 정규군을 공공연히 투입하면서도 우크라이나 측의 보고가 신빙성이 없다고 주장하는 한편 핵사용 의지를 지속적으로 보임으로써 끝내 서방 국가들의 무력개입을 차단하는 데 성공했다.[16]

이처럼 러시아의 하이브리드전은, 적어도 나토가 표방해온 집단안보의 기제를 무력화하는 데 있어서는 성공을 거두었으며, 이는 이미 내적으로 적지 않은 갈등과 도전에 직면해 있던 나토에게 난제로 부상했다. 이어지는 장에서는 이러한 문제에 대해 나토가 취한 대응에 관해 살펴보고자 한다.

III. 나토의 군사적 대응전략

1. 2014년 이전의 개혁과 한계

북대서양조약기구(NATO)는 1949년 창설 이래 냉전의 종식에 이르기까지, 명실공히 공산 진영의 위협에 대항하는 집단방위체제의 성격을

---

16   분쟁의 구체적인 진행 과정에 대해서는 Kofman et al.(2017)의 보고서를 참조하라.

띠고 있었다. 따라서 냉전 종식 후 나토는 재래식 전쟁 외에 새로운 존재 목적을 찾아야 했으며, 이를 위해 대규모 개혁이 이루어졌다. 하지만 재래식 군사력의 조직개편과 사이버 안보를 비롯한 비전통안보 대응체제 구축 등으로 대표되는 2014년 이전의 나토 개혁은, 우크라이나 무력분쟁으로 인해 그 취약점을 드러냈다.

1991년 로마 정상회담과 1994년 브뤼셀 정상회담을 통해 나토 회원국들은 '새로운 전략개념(New Strategic Concept)'에 합의하였으며, 이를 통해 재래식 위협 외에도 비정형적·비전통적 안보위기에 대응할 수 있는 즉응군 개념이 논의되기 시작하였다(Hendrikson 2012, 83). 2002년에는 이러한 논의의 결과로 나토즉응군(NATO Response Force: NRF) 창설이 합의되었다. NRF는 본격적인 전투병력으로서의 역량을 수행할 수 있는 즉응전력[17]으로 구상되었으며, 5일 내에 여단급(약 4,000명) 전력의 투입을 개시할 수 있는 신속성을 갖추는 것을 목표로 했다(Burwell et al. 2006).

그러나 결과적으로 이러한 노력은 2014년 우크라이나 무력분쟁 상황에서 소기의 목표를 달성하지 못하였다. 당면한 안보위협이 사라지자 대규모 군축이 시행되어 병력의 양과 질이 모두 크게 감소하였으며,[18] 이러한 문제는 중국의 부상으로 오바마 행정부 이후 미국이 '아시아로의 선회'를 선언하면서 더욱 심각해졌다. 미국의 안보 우선순위

---

17   이는 미국이 아프가니스탄과 이라크에서 선보였던 해병 원정여단(Marine Expeditio-anry Brigade)의 편제에 기반한 것이었다. NRF에 대한 미국의 지지 이면에는, 순환식으로 이루어지는 NRF의 병력 차출 구조상 유럽의 나토 회원국들이 NRF 참여를 계기로 미국의 군사혁신에 보조를 맞추게 될 것이라는 기대가 있었다(Lasconjarias 2013, 3).

18   일례로 냉전기 서유럽 군사력 4강에 들었던 영국, 독일, 프랑스, 이탈리아가 보유한 대대급 전투부대의 총합은 1990년 550개에서 2015년 171개로 감소하였다(Burton et al, 2006, 10).

가 아시아–태평양 일대로 변경되면서, 유럽에서의 국지적 분쟁에 대
한 미국의 개입의지 및 역량은 제한될 수밖에 없었던 것이다(김재엽
2019, 67; US DoD 2014).[19]

한편, 9·11 테러 이후 다양한 비국가 행위자로부터의 위협을 진
지하게 고려해야 한다는 인식이 공유되면서, 사이버 안보 개념은 나토
의 틀 내에서 비교적 빠르게 받아들여졌다. 나토가 처음으로 초국가
적 규모의 사이버 공격을 당한 것은 1999년 코소보 사태 당시 친세르
비아 해커에 의해 나토의 통신망이 교란당한 사건으로 알려져 있다.[20]
이처럼 나토의 사이버 안보 경험은 초기부터 이미 현실 영역에서의 군
사안보와 밀접한 관련을 띠고 있었으며, 2008년 나토 차원의 사이버
방위정책이 발표되고 에스토니아의 수도 탈린에 사이버방호협력센
터(NATO Cooperative Cyber Defence Centre of Excellecence: CCD-
COE)가 설립되는 등 나름의 발전이 이루어졌다.

그럼에도 불구하고 2002년 프라하 정상회담에서 사이버 안보가
처음으로 의제로 논의되기 시작한 이후 나토가 보인 행보는 사이버 안
보보다는 사이버 '보안'에 방점이 찍혀 있었다. 즉 악의적인 공격으로
부터 나토와 회원국의 정보기간망을 방어하는, 순수한 사이버 영역 측
면의 고려에 치중되었던 것이다. 일례로 2010년 발표된 전략개념서에
서 사이버 공격에 대한 감지, 방어와 복구만이 목표로 명시되고 잠재
적 공격자에 대한 억지가 부재했다는 점[21]에서 볼 수 있듯 특정 국가

19　그 외에도 인명피해 발생에 대한 우려로 해·공군에 지나치게 연합전력이 치중되는 문
　　제, EU가 독자적으로 추진하던 'EU 전투단(EU Battlegroup)' 구상과의 충돌, 즉응전
　　력 배치 의사결정의 지나친 복잡성 등이 2000년대부터 문제로 지적된 바 있다(Kugler
　　2007; Lasconjarias 2013; Bell 2006).
20　또한 같은 해 나토군이 베오그라드의 중국 대사관을 오폭한 사건으로 인해 중국 해커들
　　역시 나토에 대한 사이버 공격을 감행한 바 있다.

가 군사적·전략적 목적 달성을 위해 사이버 영역을 활용할 가능성에 대한 고려는 부족했다(NATO 2010; Burton 2015, 303). 이러한 점은 2007년 러시아발 사이버 공격에 대해 집단안보 차원에서의 대응을 이끌어내려던 에스토니아가 끝내 소기의 목적을 달성하지 못한 사실에서도 확인된다. 요컨대 사이버 안보의 중요성은 인식되었지만, 전통적 군사안보와의 관련성은 인정되지 않았던 것이다.

2014년 우크라이나 무력분쟁에서 드러난 러시아의 하이브리드전은 이러한 나토 개혁노선의 취약성을 드러냈다. 집단방위체제로서 나토의 핵심이라 할 수 있는 조약 5조는 발동되지 않았으며, 돈바스 전쟁에 러시아군이 전면적으로 개입하면서 친러시아 민병대의 자발적 참여라는 러시아의 변명이 명백한 허구로 밝혀진 뒤에도 제대로 된 대응은 이루어지지 못하였다. 나토가 러시아에 대항해 안보를 제공해줄 수 있다는 신뢰가 무너질 위기에 처한 것이다. 하이브리드전의 대두 이후 급속히 나토의 '취약한 동쪽·남쪽 측면(flank)', 냉전기 풀다 갭(Fulda Gap)에 비유되는 수바우키 갭(Suwałki Gap)[22] 등 냉전기의 지정학적 표현이 부활한 것은 이러한 위기의식을 여실히 보여준다(Mattelaer 2018, 348).

소련의 구 구성국 중 인구와 경제규모, 중요도 면에서 러시아에 버금가던 우크라이나에 비해, 마찬가지로 러시아와 접경하고 있던 친

---

21 다른 재래식 군사력 및 핵전력에 있어서 2010년 전략개념서는 억지를 여전히 중요한 핵심 개념으로 명시하고 있다.

22 풀다 갭은 냉전기 서독-동독 국경 중, 자연방어물이 없어 기갑전력의 침투가 용이한 풀다 일대를 지칭하는 표현이었다. 비슷한 맥락에서 수바우키 갭은 친러 국가인 벨라루스와 러시아령인 칼리닌그라드 사이의 약 40km 너비 구간을 지칭한다. 폴란드령인 해당 구간을 러시아 지상군이 점령할 경우, 발트 국가에 대한 나토군의 증원이 차단될 수 있다.

서방 국가들은 훨씬 열악한 상황에 있었다. RAND 연구소가 미 육군성의 의뢰에 따라 우크라이나 분쟁 직후인 2014년 여름부터 이듬해까지 진행한 일련의 워게임은 나토 측에 매우 암울한 결론을 내렸다. 발트 3국에 대해 러시아가 전면전을 벌일 경우, 짧으면 36시간, 길어도 60시간 내로 라트비아의 수도 리가와 에스토니아의 수도 탈린까지 러시아군이 도달할 수 있다는 것이었다. 더욱 심각한 것은 이러한 워게임이 NATO의 집단안보가 정상적으로 작동하여 발트 국가 및 그 인근에 배치된 나토의 가용자산이 합류한다는 가정 하에서도 동일한 결과가 나왔다는 점이었다(Shlapak & Johnson 2016, 4). 나토를 통한 미국과 서유럽 국가의 개입이 없을 경우 러시아에 대항해 유의미한 저항을 할 수 없는 이들 회원국을 기구 내에 잔류토록 하기 위해서는 나토의 대응책 마련이 시급했다.

더구나 분쟁이 완전히 종식되지 않은 상태에서, 러시아발 하이브리드 위협이 상존하여 나토 측에 지속적인 안보위협을 가하게 되었다. 2014년 9월부터 유럽안보협력기구(OSCE)를 통한 평화 프로세스가 지속적으로 시도되었으나 끝내 유의미한 평화협정으로 이어지지 못했으며, 서방 국가들의 대러시아 경제제재는 비록 러시아 경제에 상당한 타격을 주었지만 안보적으로는 큰 효과를 거두지 못했다(온대원 2015, 45-50).

또한 분쟁 이후에도 러시아발로 추정되는 해킹 공격과 가짜뉴스 유포, 기타 디지털 선전·선동 활동은 계속되었다(Jensen et al. 2019; 송태은 2020, 140). 이러한 정보심리전은 러시아계 주민이 다수 거주하는 발트 3국에 대한 분리주의 선동, 국내정치에 혼란을 유발하기 위한 수단으로서 미국 및 서유럽 국가의 선거에 대한 개입 및 극단주의 선동 등으로 나타나고 있다(고상두 2020, 9-11).

뿐만 아니라 발트 3국 내 유의미한 비중을 차지하는 러시아계 인구의 존재는 우크라이나 분쟁 초기에 러시아가 획책했던 것과 같은 분리주의 선동의 가능성을 남겨놓고 있다. 발트 3국과 독일·폴란드 사이에 존재하는 러시아의 월경지 칼리닌그라드(Kaliningrad)[23]에 대한 러시아의 재래식 전력 증강 역시 또 다른 불안요소로 남아 있다. 러시아는 군사적 요충지인 칼리닌그라드 내의 반접근/지역거부(A2/AD) 역량을 지속적으로 증강하고 있으며, 이로 인해 발트 지역에 대한 나토의 군사적 접근은 더욱 어려워질 가능성이 높다(Frühling & Lasconjarias 2016, 109). 러시아가 적극적으로 사용 의지를 보이고 있는 핵무기로 인한 위협 역시 효과적인 억지를 어렵게 만드는 요인 중 하나다.

2. '우크라이나 충격' 이후 새로운 전략의 모색

우크라이나 무력분쟁 후 2014년 9월 웨일스에서 열린 나토 정상회담에서는 본격적으로 러시아에 대한 대응전략이 논의되기 시작하였다. 특히 기존 나토 개혁 논의가 가지고 있던 근본적인 군비 부족 문제에 대응하기 위해, GDP 대비 2%의 국방예산을 유지하고 그 중 20%를 신규 장비 획득에 배정할 것에 합의하였다. 이후 격년으로 열리는 정상회담을 통해, 나토의 하이브리드 위협 대응전략은 보다 구체적으로 드러나기 시작했다.

하이브리드 위협에 대한 대응의 전체적 계획으로 2016년 『대비태세행동계획(Readiness Action Plan)』을 볼 수 있다(NATO 2016a). 해당 계획은 나토의 신뢰성과 대응태세 강화를 위해 보장(Assurance)과

---

23   2차대전 이후 러시아가 점령한 옛 동프로이센으로, 소련 붕괴로 발트 3국이 독립하면서 러시아의 월경지가 되었다.

적응(Adaptation)이라는 두 축을 중심으로 일련의 조치를 명시하고 있다. 보장이란 러시아의 하이브리드전과 같은 공세적 행동에 대해 반드시 집단안보로 대응할 것을 러시아 및 회원국에게 신뢰성 있는 조치로 보여주는 데 초점이 있다. 또한 '적응'은 하이브리드 위협에 대해 나토 내의 취약성을 장기적으로 줄여나가기 위한 조직개편의 내용을 담고 있다. 이러한 목표를 달성하기 위한 나토의 정책은, 재래식 군사력의 탄력적이면서도 견고한 대응체계 확립과 사이버 안보 등 비전통적 안보에서의 실무협력 증진으로 나타나고 있다.

재래식 군사력의 조직 개편과 전력 재배치

2016년 바르샤바 정상회담과 2018년 브뤼셀 정상회담을 통해 하이브리드 위협에 대한 나토의 군사적 대응체계는 한결 명확하게 나타났다. 구체적으로 나토가 보이고 있는 군사력 측면의 조직개편 현황을 살펴보면 다음과 같다. 먼저 나토 즉응전력의 양적 증가가 두드러진다. NRF의 규모가 대폭 확대되어 최대 4만 명으로 증가했으며, 2018년에는 "4개의 30"으로 통칭되는 『대비태세 이니셔티브(*Readiness Initiative*)』, 즉 NRF와는 별개로 나토 전체적으로 30개 기갑대대, 30개 항공대대, 전투함 30척을 30일 이내로 투입할 수 있는 태세를 갖추겠다는 계획이 발표되었다.

또한 하이브리드 위협 발생 직후, 심지어 그 이전부터 현장에 출동할 수 있는 즉응전력이 신설되었다. 2016년에는 NRF 내에 "창끝(Spearhead)"으로 불리는 최고대응태세연합TF(Very High Readiness Joint Task Force: VJTF)가 새롭게 창설되었다. VJTF는 5개 대대 약 5천 명으로 이루어지며, 담당국에 따라 그 구성과 대응 시간은 달라질

수 있으나 최소 1개 대대 규모의 병력을 3일 내로 투입할 수 있을 것
이 요구된다(Fryc 2016, 49).

또한 취약한 전방지역 국가에 대해 '보강된 전방배치(enhanced
Forward Presence: eFP)'와 '맞춤형 전방배치(tailored Forward Pres-
ence: tFP)'를 제공할 것을 명시하였다.[24] 전방배치는 약 5개 대대 규모
로 이루어진 다국적 혼성전투단에 의해 수행되는데, 이들은 다시 각 1
개 대대 규모로 분산되어 주둔국 군부대 내에 함께 주둔하며, 유사시
주둔국 지휘체계 하에서 실제 군사작전에 투입된다(Stoicescu & Järv-
enpää 2019, 8).

한편, 이러한 군사력 증강과 더불어, 하이브리드 위협에 취약한
지휘통제와 후속지원 구조의 복원성을 증진하려는 노력도 경주되고
있다. 이는 구체적으로는 지원 담당부대와 관련 사령부의 창설로 나
타나고 있다. 먼저 VJTF와 다른 NRF 요소들의 신속한 증원을 지원하
기 위해 창설된 나토군 전력통합부대(NATO Force Integration Units:
NFIU)는 나토의 전방에 해당하는 북동유럽 및 남동유럽 6개국[25]에 설
치되어 있다. 수십 명 규모의 장교단으로 구성되는 이들은 평시에는
주둔국과 NRF 참여국 사이의 연합훈련 계획 보조 등 연락업무를 수행
하며, 상황 발생시에는 양쪽 사이에서 NRF 전력의 원활한 전개를 위
한 지휘 및 협조 임무를 담당한다.

지휘구조의 변화에 있어서는 NRF의 전력증원 개념에 맞추어 적
절한 군수지원을 제공하기 위해 설치된 연합군수지원단사령부(Joint

24　에스토니아, 라트비아, 리투아니아, 폴란드(이상 eFP), 불가리아, 루마니아(이상 tFP).
　　tFP의 창설은 발트 3국과 대러시아 위협인식을 공유하지 않았던 루마니아의 요청에 따
　　른 것으로 알려져 있으며, 실제로 루마니아의 tFP는 교육훈련 위주로 운영되고 있다
　　(Day 2018, 5).
25　에스토니아, 라트비아, 리투아니아, 폴란드, 불가리아, 루마니아.

Logistics Support Group Headquarters)와, 미국 본토 및 캐나다로부터의 원활한 증원과 보급을 보장하기 위한 대서양연합사령부(Joint Force Command for the Atlantic. 버지니아주 노픽 소재)의 설립 등이 대표적인 사례다. 특히 이 두 사령부의 설립과 더불어 나토 사령부 인원의 대규모 증편(1,200명 증가)이 발표된 사실은, 이러한 새로운 사령부의 설치가 실질적인 의미를 지님을 보여준다(NATO 2019).

사이버 안보 측면의 변화와 하이브리드 위협 대응

사이버 영역에 있어서는 이미 2014년 웨일즈 정상회담에서 나토 회원국들은 사이버 안보가 전통적인 집단안보의 범위 안에 포함됨을 공식적으로 천명한 바 있다. 이어서 2016년에는 사이버 영역을 육·해·공을 이은 제4의 전쟁 영역으로 선포하기도 하였다. 우크라이나 사태 이후의 나토 사이버전략은 상술한 재래식 군사력 전략, 즉 탄력적·유연한 대응을 가능케 하는 조직개편을 통한 재보장과 하이브리드 위협에 대한 억지효과 달성이라는 큰 틀 안에서 추진되고 있다고 이해할 수 있다.

    2014년 7월 발표되었으며 이후 정상회담을 통해 재확인된 2014년판 사이버방위정책은 회원국간 정보 및 경험 공유, 민관협력 증진 등을 중요시하던 이전 정책과는 달리, 회원국 간 사이버 방위정책 연계, 구체적인 사이버 집단안보를 위한 협력체계 설립, 나토 내 공동 방위계획프로세스(NATO Defence Planning Process)를 통한 사이버정책 공동추진 등 구체적·안보 중심적인 성향을 강하게 드러냈다(Pernik 2014, 6).

    이에 따라 기존 체제 하에서 나토에 대한 사이버 공격 방어를 담당하던 나토 컴퓨터사건대응역량팀(NATO Computer Incident Response Capability: NCIRC)이, 공격이 정치적인 목적을 띠고 있다고 판단될 경우 사이버방어위원회(Cyber Defence Committee)를 경유해 최상위 기구인 이사회까지 사안을 회부시켜 결정을 받을 수 있게끔 하는 체제가 확립되었다(Caton 2016, 6). 2012년 설립이 추진되었으나 효용성에 의문이 제기되면서 잠시 표류하였던 신속대응팀(Rapid Response Team)도 상시 가동 태세를 갖추게 되었다(Krause 2014, 6). 2016년 사이버 공간이 작전 영역 중 하나로 공인됨에 따라, 지속적으로 강조되어 오던 영역 간 상호운용성 보장의 대상에 사이버 공간이 포함되게 되었음도 주목할 필요가 있다.

다른 한편으로는 하향적인 접근, 즉 나토 수뇌부로부터 개별 회원국의 실무기관 및 민간영역을 대상으로 하는 협력 강화 및 복원력 증진도 이루어지고 있다. 2014년 정상회담 이후 발표된 나토 사이버 산업협력(NATO Industry Cyber Partnership)은 나토 내 통신 및 정보공유를 담당하는 NCI(NATO Communications and Information Agency)에 의해 관리되며, 민간 영역과의 정보 공유, 복원력 가이드라인 달성을 위한 보안태세 확립 지원, 민간 역량 및 전문성의 공유 등을 추진하고 있다. 2016년 바르샤바 정상회담에서 발표된 사이버방위선언(Cyber Defence Pledge)은 나토 회원국들이 각국의 사이버 방위력 및 복원력을 증진하기 위한 목표를 자발적으로 이행할 것을 명시하면서 자체적인 역량 강화를 촉진하고 있다.

한편, 2016년 정상회담에서 나토 회원국 정상은 각 회원국의 전국가적 복원력(resilience) 확충을 핵심 임무로 규정하였으며, 이를 위한 EU와의 긴밀한 협조를 공식화했다(NATO 2016c). 보다 구체적으로 이는 양 조직의 사이버 및 정보심리전 담당 실무부처 간의 협력과 연합훈련 등으로 나타나고 있다(Shea 2017, 27-28). 2018년 EU와 나토가 공동으로 헬싱키에 설립한 하이브리드위협 대응센터(European Centre of Excellence for Countering Hybrid Threats)는 그러한 노력의 또 다른 예다.

또한 리스본 조약에 포함된 이래 가사 상태에 놓여 있던 EU의 상설구조협력(Permanent Structured Cooperation: PESCO)을 활용해 나토의 신속한 대응을 협조하는 것도 바르샤바 정상회담 이후 두드러지고 있다. 나토의 증원전력이 보다 용이하게 국경을 통과할 수 있게 하기 위한 군사이동 프로젝트(Military mobility project)의 사례에서 볼 수 있듯 적어도 실무 수준의 협력에서는 나토와 EU의 공동안보정책 추구가 상승효과를 낼 것으로 전망된다(온대원 2019, 197, 204).

마지막으로 하이브리드전의 특성을 고려하여 2016년 설립된 합동정보보안과(Joint Intelligence and Security Division), 2018년에 설립되어 2023년 전력화를 목표로 하고 있는 사이버공간 작전센터(Cyberspace Operations Centre, 벨기에 소재), 후방에 대한 하이브리드 위협 대응을 위해 2018년 독일 울름(Ulm)에 설치된 연합군유럽최고사령부(SHAPE) 직할 합동지원보조사령부(Headquarters, Joint Support and Enabling Command) 등도 하이브리드 위협에 대응한 움직임으로 볼 수 있다. 對하이브리드전 지원팀(Counter-hybrid Support Teams)의 창설도 주목할 만한 변화로, 2019년 11월 몬테네그로에 배치되어 2020년 10월로 예정된 총선에 관련된 러시아의 선거개입 및 여론조작 활동을 감시·차단하는 임무를 수행하고 있다(Paganini 2020).

이처럼 나토의 군사력은 '창끝'에 해당하는 전력을 보다 예리하게 가다듬는 한편 후속지원을 위한 대비태세를 강화하는 방향으로 변화하고 있음을 볼 수 있다. 이는 후방지원과 지휘통신(C2)의 복원성에 초점을 맞춘 사령부 구조에서도 확인할 수 있다. 더불어 사이버 전력의 강화 역시 단순히 사이버스페이스에 국한되어 이루어지는 사이버 공격뿐 아니라, 하이브리드 위협의 한 부분으로서 이루어지는 공격에 대응하기 위한, 보다 전방위적인 접근을 취하고 있음을 확인할 수 있다. 후방 침투와 교란을 통한 전쟁수행의지 자체에 대한 공격이 하이브리드전, 나아가 그 이전 비대칭전의 핵심적인 요소 중 하나였음을 감안한다면, 이러한 움직임이 하이브리드전을 염두에 두고 있음을 쉽게 알 수 있다.

그렇다면 이와 같은 일련의 변화는 하이브리드전과 그에 대한 대응이라는 측면에서 보았을 때, 어떤 의미를 가지는가? 강대국 경쟁과 안보딜레마에 따른 군비 증가라는, 전통적인 관점에서는 조망할 수 없는 나토 대응전략만의 특색은 무엇인가? 다음 절에서 보다 자세히 살피도록 한다.

IV. 새로운 유럽 안보전략과 군사력의 변환

1. '인계철선 2.0'으로서의 신속대응전력

전방배치와 VJTF 등, 나토가 새롭게 준비하고 있는 신속대응전력은, 러시아의 위협에 직접 노출된 유럽 내 소국들에게는 어느 정도 도움이 될 수 있지만, 러시아와의 전면전 상황에서는 유의미한 전력이 되기 어렵다.

그런데 흥미로운 것은, 러시아가 eFP 전진배치에 대항하여 정보심리전을 시도할 만큼, 정작 당사국인 러시아가 이에 대해 상당히 민감하게 반응하고 있다는 점이다. 한 예로, 2017년, eFP 배치가 본격적으로 시작될 무렵 리투아니아에 파견된 독일군 eFP 병사들이 현지인 대상으로 성범죄를 저질렀다는 가짜 뉴스가 지역 신문과 국회의원에게 무작위로 발송되는 사건이 있었다. 또한 같은 해에는 에스토니아 주둔 영국군 eFP 병사들이 시내에서 난투극을 벌이는 영상이 유포되기도 했다. 그 외에도 지속적으로 eFP 대원에 대한 스마트폰 해킹 시도가 있는 것으로 보고되고 있다(Stoicescu & Järvenpää 2019, 12).

이러한 위협인식의 이유는 어디에 있는가? 2019년 나토 사령부가 발표한 전방배치 관련 보도자료(fact sheet)는, 전방배치의 목적이 "한 가맹국에 대한 공격이 동맹 전체에 대한 공격으로 간주되도록" 하는 데 있음을 공식적으로 밝히고 있다(NATO 2019). 실제로 전방배치 구상, 나아가 NRF 및 이를 둘러싼 군수지원체계 개혁의 핵심은 단순히 전투병력을 전방에 배치하는 데 그치지 않고 유사시 후속전력이 즉각 배치될 수 있음을 러시아와 접경하고 있는 나토 가맹국, 그리고 더 중요하게는 반대편의 러시아에게 설득하는 데 있다.

러시아의 입장에서도 전방배치군의 존재는 군사적 딜레마로 작용한다. 실질적인 군사적 위협이 되기에는 그 규모가 지나치게 작지만, 반대로 공격하는 입장에서는 러시아가 2014년 우크라이나에서 벌인 것과 같은 하이브리드전을 시도하기 매우 어려운 조건을 조성하기 때문이다. 이는 평화유지군과는 달리 전방배치군이 주둔국 군대의 지휘체계 내에 통합되어 있으며, 심지어 같은 주둔지를 공유한다는 사실을 감안하면 더욱 해결하기 어려운 문제가 된다.

전방배치군은 각 1천 명 규모의 다국적 전투단으로 나뉘어 있지만, 그럼에도 불구하고 기갑·기계화 전력을 포함해 다양한 범위의 전력을 포괄하고 있는 특징을 지닌다.[26] 공군의 경우에도 마찬가지로 실제 전력의 소규모 투입이 두드러진다.[27] 해군의 경우도 크게 다르지 않아, 발트 해의 제1상설소해단(Standing NATO Mine Countermeasures Group One, SNMCMG1)은 소해함 3척, 제1상설해상단(Standing NATO Maritime Group One SNMG1)은 프리깃함 2척과 군수지원함 1척으로 구성되어 있다.[28]

이처럼 소규모 전력이지만, 그럼에도 불구하고 이들이 언제든 현지 정규군과 함께 출현할 수 있다는 사실은 그 자체로 하이브리드 공격의 성공 가능성을 불확실하게 만듦으로써 결과적으로 억지 효과를 창출한다. 앞서 전투단의 구성에서 살펴보았듯, 이들은 비록 소수일지언정 기갑, 방공, 화력지원 등 무력분쟁 상황에서 다양한 역할을 수행할 수 있으며, 러시아가 2014년 우크라이나 무력분쟁 초기에 동원했던 특수부대나 경무장한 친러시아 민병대(또는 민병대로 위장한 러시아군)에게는 쉽게 건드릴 수 없는 걸림돌이 된다.

이들을 일시에 제압하기 위해 강력한 재래식 전력을 동원할 경우, 러시아 정규군의 개입을 은폐하기가 매우 어려워지며. eFP 내에 인명피해가 발생할 경우 이는 나토조약 5조에 의거한 자동개입의 강력한 명분이 된다. 반대로 노출을 피하기 위해 의도적으로 낮은 수준의 무장만을 사용하여 작전을 수행한다면, 소규모 교전 위주로 이루어지는

26   일례로 2019년 에스토니아 주둔 eFP전투단은, 1개 기갑대대 규모에 방공, 공병, 정찰 기능이 보강된 800명 규모의 영국군과 330명 규모의 프랑스 기계화보병중대, 아이슬란드에서 파견된 전략커뮤니케이션 담당 군무원 1명 등으로 이루어져 있다. 같은 해의 라트비아 eFP 전투단은 캐나다 기계화보병대대가 중핵을 이루고 있지만, 체코 박격포소대(55명), 알바니아 폭발물해체반(21명) 등 다양한 요소를 포함하고 있다.

27   한 예로 2017년 루마니아의 경우. 영국 왕립공군의 타이푼 4기와 캐나다 공군의 CF-18 호넷 4기가 순환하며 주둔하였는데, 동년 7월 러시아 Tu-22 폭격기의 영공 접근에 따라 스크램블(긴급출격)을 수행하는 등 실제 작전에 투입되기도 했다(Day 2018, 5-6).

28   나토 해상사령부 웹사이트의 상설해군 페이지 참고. https://mc.nato.int/missions/NATO-standing-naval-forces (접속일: 2020.6.20.).

하이브리드전에서 전술적 성공을 보장할 수 없으며, 전장의 상황이 전방배치단 전력을 통해 나토 회원국에게 그대로 전해지게 됨으로써 정보심리전의 효과도 크게 떨어지게 된다. 동일한 논리는 역시 재래식 전력의 관점에서는 턱없이 부족한 공중감시와 해상전력에 대해서도 적용될 수 있다.

우크라이나 무력분쟁에서 러시아가 무력개입의 진상을 성공적으로 은폐할 수 있던 한 가지 이유는, 실제 전장에서 러시아 및 친러시아 민병대와 접촉해 교전하는 것이 우크라이나 정부군 및 친우크라이나 민병대로 국한되었기 때문이었다. 당시 러시아는 우크라이나 정부의 정당성, 또는 민병대의 정당성을 정보심리전을 통해 손상시키는 것만으로도 러시아군과의 교전에 대한 보고의 신빙성을 떨어뜨릴 수 있었다. 그러나 무력분쟁이 발생한 지점에 언제든 각 나토 회원국의 현역 군인 신분인 다국적 전방배치군이 현지 정규군과 함께 출현할 수 있다는 사실은 동일한 전략의 성공 가능성을 크게 낮춘다.

초창기 유럽통합군 논의에서 군단급 규모의 통합군 창설이 제안되었던 것을 고려하면, 모두 합쳐도 1만 명이 채 되지 않는 규모의 전방배치군과 VJTF는 매우 약소해보일 수 있다. 그럼에도 불구하고, 이러한 소규모 병력을 인계철선과 같은 개념으로 운용·배치함으로써 하이브리드전이 노리는 전쟁과 평화 사이의 '회색지대(Grey zone)'에서의 운신의 폭을 크게 줄이는 효과를 발휘하고 있다는 점은 주목할 필요가 있다.

군사개입의 인계철선으로서의 전방배치군 기능은 신속하게 전개 가능한 VJTF와 NRF, 그리고 NRF를 지원하는 군수지원체계의 존재로 인해 더욱 강력해진다. 인계철선이 언제, 어디서 끊어질지는 알 수 없지만, 끊어지면 확실히 하이브리드전의 영역을 넘어서게 되는 것이다.

2000년대 초기 구상에서는 60일이었던 NRF의 목표 반응시간은 15일, 그리고 2~3일로 구상을 거듭할 때마다 단축되고 있는데, 이는 기습적인 하이브리드전으로 얻어낸 뒤 기정사실화할 수 있는 전략적 이익의 기대값을 낮추게 된다.

게다가 VJTF의 출동 시점까지 전면전 이하 수준으로 갈등을 통제하는 데 성공하였다고 하더라도, 수천 명 단위의 외부 증원군 개입은 - 설령 그 자체로 충분한 전력이 되지 못한다 하더라도 - 하이브리드전 대상국의 전쟁수행의지를 북돋고 갈등의 격상 가능성을 높이게 된다(McGuire 2017). 전방배치가 무력화될 경우, VJTF는 또 다른 거대한 '기동형 인계철선(Mobile tripwire)'이 되는 것이다. VJTF까지 무력화한다 하더라도, 이번에는 그 후속부대인 NRF가 투입되게 되며, 러시아가 갈등 격상의 위험을 감수하고 더 강력한 강압의 수단을 동원하지 않는 한 이 모든 과정이 2014년 웨일스 회담 이후 나토가 준비한 군수지원체계에 따라 진행될 것이기 때문이다.

물론 이는 어디까지나 이상적인 상황을 가정한 경우에 지나지 않는다. 하이브리드전의 사전작업으로 대상국 내의 사회혼란을 야기하면서, 반나토 집회나 총기를 사용하지 않는 단순한 폭력행위 등으로 eFP의 개입을 불가능하게 하거나, 비군사적 수단으로 대상국의 전쟁수행의지를 무너뜨리는 등의 방법은 여전히 가능하다(Zapfe 2017). 하지만 대상국의 취약점을 극대화하기 위해 다양한 수단을 융합하는 하이브리드 위협에 대해 역시 다양한 수단의 복합으로 맞서는 대응전략은 이러한 위험을 완전히는 아니더라도 상당히 감축시킨다.

2. '맞춤형 억지': 비군사적·비전통적 수단과의 연계

상술한 것처럼 인계철선 전략이 제대로 작동하기 위해서는, 유럽 내
나토의 본진이라 할 수 있는 서유럽 국가들과 러시아 위협에 직접 노
출된 동유럽·남유럽 국가들의 하이브리드 위협 취약성이 모두 해결되
어야 한다. 예컨대 2017년 러시아의 유럽 내 선거운동 개입 사례에서
볼 수 있듯, 비물리적·비전통적 수단을 동원하여 러시아가 나토의 후
방을 타격한다면, 인계철선의 가장 중요한 연결고리가 무력화됨으로
써 성공적인 대하이브리드전 수행이 불가능해지게 된다.

이를 막기 위해 나토는 2016년 바르샤바 회담을 통해 구체화된
'복원성 가이드라인(Resilience guideline)'에 입각해 각 회원국의 '시
민사회 방위태세(Civil preparedness)' 증진을 위해 노력하고 있다. 이
는 군사안보와 비군사안보가 통합되어, 혼란이나 마비를 유도하기 위
한 외부의 공격을 막아내는 것을 의미한다. 이를 위해 다양한 조치가
모색되고, 각종 기구가 신설 혹은 증편된 것은 앞에서 이미 살펴본 바
있다.

『대비태세 행동계획』에서 명시하는 '보장'의 차원에서 계속 확대
추세를 보이고 있는 나토의 각종 훈련은, 전통적 영역과 비전통적 영
역이 융합되는 면모를 잘 보여주고 있다. 바르샤바 회담이 사이버공
간을 제4의 전장으로 선포한 이래, 러시아에 대한 설득력 있는 억지를
위해 정례화된 각종 군사훈련에서 사이버 관련 훈련은 필수요소로 자
리 잡았으며, 하이브리드전 대응 관련 내용 역시 점차 정착하고 있다.

2014년 웨일스 정상회담에서 회원국들은 대비태세 보장을 위하
여 대규모 훈련을 개최할 것을 결의하였는데, 이러한 훈련은 그 다양
성과 복잡성에 있어 이전의 연합훈련과는 다른 면모를 보이고 있다.

일례로 트라이던트 정처(Trident Juncture) 훈련은 하이브리드 위협이 전면전으로 확전하는 경우에 대비하고 있는데, 2016년에는 루마니아 심리전 TF가 2018년에는 노르웨이 철도청과 도로공사가 참여하였다 (Fjellestad 2018; Olsen 2016). 나토조약 5조 발동 수준 이하의 위협을 다루는 트라이던트 재규어(Trident Jaguar) 훈련 등 복합적인 상황을 상정하는 훈련에서도 이는 마찬가지다.

또한 이러한 훈련의 규모가 지속적으로 확대되고 있는 것도 눈여겨볼 필요가 있다. 일례로 2011년 아프간전 파병국 간의 연합작전 역량 강화를 위해 시작된 미국 주도 연합훈련인 세이버 스트라이크(Sabre Strike)는 2012년에는 8개국 2천 명의 참여를 보였지만, 2015년에는 13개국 6천 명, 2018년에는 19개국 1만 8천 명으로 늘어났다. 뿐만 아니라 훈련의 목적 역시 유럽 내 나토 국가들이 대거 참여하면서 발트 지역에 대한 방어훈련으로 변경되었다. 상술한 트라이던트 정처 훈련 역시 유럽 최대 규모로 자리잡았는데, 특히 2018년 훈련에는 나토 파트너 자격만을 보유한 스웨덴, 핀란드를 포함해 모든 나토 회원국이 참여하였으며, 총 병력은 5만 1천 명에 달했다.

더 나아가 나토는 개별 회원국들이 이와 유사한 훈련을 자체적으로 진행하는 것을 지원함으로써 이러한 하이브리드전 대응방식의 보급에 힘쓰고 있다. 특히 나토군의 전방배치는 이런 개념과 경험이 확산되는 매개로 작용하고 있다. 전방배치된 나토군은 주둔국의 현지 훈련에도 참여함으로써 해당 국가 내의 신뢰를 쌓는 한편, 이러한 방식으로 간접적으로 군사력을 증진하는 효과도 거두고 있다. 라트비아의 "나메이스(Namejs) 2018" 훈련은 라트비아군 사상 최대 규모로 이루어졌으며, 훈련장 외에도 국가기반시설 방어, 하이브리드전 공격에 따른 사회 불안에 대한 대응훈련 등이 함께 이루어진 것으로 알려졌다

(Preses Nodaļa 2018). 마찬가지로 2018년 에스토니아가 주최한 '시일 (Siil)' 훈련도 에스토니아 사상 최대 규모로 진행되어, 나토 회원국의 병력을 포함해 총 1만 5천 명이 참여하였으며 에스토니아 주둔 eFP는 대항군으로 활동한 것으로 알려져 있다(Stocker 2018). 에스토니아 방위군의 총 병력이 6,600명(2019)에 불과함을 감안하면, 이러한 훈련 활동이 러시아의 안보위협에 노출된 발트 국가들에게 가지는 의미를 짐작할 수 있다.

사이버 영역에 있어서도 유사한 동향이 나타나고 있다. 2008년부터 시작된 나토 내 연합 사이버훈련은 점차 그 종류와 규모가 늘어나는 추세를 보이고 있으며, 성격 역시 복합화되고 있다. 2008년 이후 지속된 사이버연합훈련(Cyber Coalition)은 수백 명 수준의 사이버 전문가들이 참여하는 연례훈련으로 확대되었으며, 벨기에의 나토 본부에서 진행되었던 초기와는 달리 2010년대 이후 에스토니아에서 매년 진행되고 있다.[29]

국가기반시설과 정보화된 군사자산에 대한 실시간 공격과 방어를 모의전 형식으로 진행하는 락드 쉴드(Locked Shields) 훈련 역시 CCDCOE 주관으로 이루어지고 있으며, 2018년 훈련에는 30개국 1,000명의 사이버 전문가가 참여하는 등(2017년의 25개국 800명보다 대폭 늘어난 수치다) 많은 국제적 참여를 이끌어내고 있다(Cebul 2018). 2016년부터 시작한 사이버 공격훈련 크로스드 소드(Crossed Swords) 훈련 역시 매년 확장되는 추세이며,[30] 2018년에는 사이버-물

---

29 특히 2014년 에스토니아가 사이버 훈련장(NATO Cyber Range) 설립을 제안하여 나토의 승인을 받은 이후, 해당 시설은 훈련의 중심이 되고 있다. 사이버 훈련의 성격상 참여 인원의 대다수는 소속국에서 훈련에 참여하지만, 그럼에도 불구하고 나토는 공식적으로 사이버 훈련이 에스토니아의 타르투(Tartu)에서 열리고 있음을 강조하고 있다.

30 2014년부터 비공식적으로 공격 시나리오 논의를 위한 워크숍이 추진된 것으로 알려져

리 시스템이 관여되는 시나리오를 포함하고, 2019년에는 각국 사이버 사령부에서 훈련 참관 인원을 선정하는 등 다양한 방향으로 발전하고 있다.

폴란드 비드고쉬(Bydgoszc)에서 매년 진행되는 CWIX(Coalition Warrior Interoperability Exercise)는 나토 회원국이 보유한 군사적 자산 간의 상호운용성과 데이터 공유 역량을 시험하는 훈련으로, 특히 VJTF와 같은 연합전력의 조속한 투입을 염두에 두고 있다. 또한 이 훈련에서는 참여국의 복원력 시험을 위해 사이버 모의공격(CCDCOE가 지원)도 더불어 이루어지는 것으로 알려져 있다. 코로나19에도 불구하고 진행된 2020년도 CWIX에서는 전장 의료데이터 공유, 군사데이터 파밍 시험, 나토핵심데이터프레임워크(NATO Core Data Framework) 시험 등 다양한 실험적 시도가 이루어진 것으로 발표되었다 (NATO ACT 2020; CHIPS 2020).

3. 온라인·오프라인 전장의 융합과 재구성

물론 이상에서 살펴본 것과 같은 나토군의 변화에 긍정적으로 해석할 여지만 있는 것은 아니다. 일례로, 현실주의의 관점에서는 나토가 2014년 우크라이나 침공 이후로 제한된 여건 내에서 나름의 노력을 기울였음은 인정하더라도, 결과적으로 발트해와 흑해 연안에서 러시아에 대해 재래식 억지를 달성하지 못하였음을 지적할 수 있다.

특히 신현실주의 관점에서는 일종의 언더밸런싱(Underbalancing)으로 나토의 변화를 설명할 수 있다. 러시아의 군사력 증강에 대

있다(CCDCOE 2019).

항해 충분히 균형정책을 취할 수 없어, 기존 동맹의 틀을 깨뜨리지 않는 선에서 최소한의 기여만을 하는 것이라는 설명이다. 어려운 경제 상황과 유럽통합에 대한 반대 기조의 등장에 따른 국내 엘리트의 분열 등, 슈웰러가 말하는 언더밸런싱의 발생 요인을 현재의 유럽 내에서도 찾을 수 있는 것이 사실이다(Scheller 2004, 169-170).

VJTF의 실전배치 경험이 없는 현재, 실질적으로 북동유럽과 남동유럽에 추가적으로 배치된 군사력은 eFP와 tFP가 전부임을 고려한다면, 이러한 설명에는 일견 타당성이 있다. 2014년 웨일스 정상회의 합의에 따른 권장선인 GDP 대비 2%의 국방비 지출을 지키는 나토 회원국이 미국, 그리스, 에스토니아, 영국, 라트비아 5개국에 불과하며, 유의미한 증가폭이 있던 나라는 모두 러시아에 인접한 동유럽 국가라는 사실은 이러한 관점에 더욱 힘을 실어준다(전혜원 2018, 14).

그러나 이러한 관점은 부족한 예산에도 불구하고 NRF와 VTJF의 전력이 지속적으로 확충되고 있는 점, 2000년대의 NRF와는 달리 유사시 확전의 명분이 될 수 있는 육군 전력 위주로의 즉응전력 증강이 이루어지고 있다는 점, 그리고 신속대응군뿐 아니라 후속부대 투입을 위한 조직구조 재편이 수반되고 있다는 점, 비록 2% 권장선에는 미달하지만 2014년 이후 유럽 국가들의 방위예산이 꾸준히 증가하고 있다는 점(온대원 2019, 202)을 설명할 수 없다. 오히려 부족한 환경 속에서 최대한 자원을 효율적으로 사용하기 위한 움직임으로 해석할 수 있는 것이다.

앞서 소개한 발트 3국에 대한 러시아 침공 시나리오 위게임에서, 해당 연구를 진행한 RAND 연구진이었던 슐라팍과 존슨은 러시아군에 대한 재래식 전력 기반 억지를 달성하기 위해 최소 7개 여단(최소 3개의 기갑여단 포함)의 현지 주둔이 필요하며, 이를 지원할 수 있는 항공전력과 기타 군수지원도 갖추어져야 한다는 결론을 내렸다(Shlapak & Johnson 2016). 이에 비해 러시아가 전장의 불확실성을 전략적으로 활용하기 어렵게 만드는 eFP와 VJTF 체제는 훨씬 효율적인 대안을 제공한다고 할 수 있다.

다른 한편으로는 탈냉전 이후 꾸준히 지속되어 온 유럽연합의 공동안보정책 차원에서의 설명도 가능할 것이다. 즉 미국의 상대적 쇠퇴와 중국으로의 우선순위 재조정, 방위예산 분담을 둘러싼 나토 내 미국과 유럽 국가들의 갈등 등으로 인해, 기존 미국 중심의 나토라는 틀을 벗어나 유럽 국가들만의 '전략적 자율성(Strategic autonomy)'을 추구하는 움직임으로 해석할 수도 있는 것이다. 신속대응군의 증강이 곧 독자적인 세력투사 역량의 확보로 이어질 수 있음을 감안하면 이러한 시각도 타당한 면이 있다.

그러나 이 역시 실제로 나타나고 있는 유럽의 공동방위 정책을 온전히 설명하지는 못한다. CSDP, PESCO 등 EU 차원의 공동방위 구상에 대해 유럽 국가들이 적극적으로 참여하면서도 유럽개입구상(European Intervention Initiative)[31] 등 지속적으로 유럽 지역통합 외적인 협력을 추구하는 점, 하이브리드 위협 대응에 있어서 기능이 중복되는 나토와 EU 내 신설 기구들이, 이해관계의 상충에도 불구하고 대립보다는 협력의 모습을 보이고 있는 점(Hagelstam 2018; Rühle & Roberts 2019, 64), 그리고 나토 내의 조직개편이 유럽의 자율적인 군사적 의사결정이나 세력투사보다는 신속한 증원과 가맹국에 대한 '맞춤형 억지' 제공에 맞추어져 있다는 점 등은 유럽 지역통합의 관점만으로는 설명할 수 없는, 하이브리드 위협에 대응한 군사력의 변환이라

---

31 2017년 에마뉘엘 마크롱(Emmanuel Macron) 프랑스 대통령이 제안한 방위협력체로, EU와는 별개로 존재하는 군사협력 메커니즘이다.

는 고유의 논리가 작동하고 있음을 보여준다.

그렇다면 이 변환은 구체적으로 어떻게 나타나고 있는가? 하이브리드 전쟁은 군사적 수단과 비군사적 수단, 군사적 목적과 비군사적 목적이 혼합되어, 앞서 II절에서 설명한 것과 같이 현실 전장에서의 승패가 그저 전쟁에서의 승리를 위한 한 가지 요소에 불과하게 되는 특징을 가진다. 이러한 위협에 대응하기 위한 방어 수단 역시 전통적인 군사력에서 국가기반시설의 방호력, 사이버공간의 보안여건 등 전 분야에 걸쳐 구비되어야 한다.

이러한 조건 하에서 사이버 안보는 사이버 영역 내에서의 침해와 공격에 대응하는 보안을 넘어, 군사안보와 함께 추진되는 한편 필요시 군사영역에서의 방어에 동원되기도, 군사적인 위협을 막아내기도 해야 한다. 요컨대 전통적 군사력과 비전통적 사이버 안보 양쪽에 교차 영역(Cross-domain) 작전이 요구되는 것이다. 뿐만 아니라, 하이브리드 위협에 있어서는 명확한 전시와 평시의 구분도 존재하지 않으므로, 전쟁에 대비해 평화 중 대비태세를 구축한다는 전통적 관념도 적용되기 어렵다.

2014년 우크라이나 분쟁 이후 나토가 온라인·오프라인 공간에서 동시에 추진하고 있는 각종 개혁과 그에 따른 활동은 이러한 측면에서, 하이브리드 위협이라는 비정형적이고 복합적인 위협에 대응하는 한 가지 방식을 보여주고 있다고 할 수 있다.

먼저 재래식 전력만을 보면, 러시아라는 군사강국을 상대로 전방에 배치된 eFP, tFP와 유사시 그 뒤를 이어 배치되는 VJTF는, 그 자체로는 유의미한 군사적 성과를 거두기 어렵다. 반면 이들이 전방 국가에서 벌이는 '비군사적' 군사활동, 즉 교육과 훈련, 그리고 보다 본질적으로는 그곳에 존재한다는 사실 그 자체만으로 러시아의 하이브리드 위협에 취약한 나토 회원국에 대한 보장, 그리고 러시아에 대한 나토의 의지(resolve) 표현이 이루어지게 된다. 싸워서 이기기 위한 군대가 아니라, 싸움이 본격적으로 벌어지는 순간 그 가치를 상실하게 되는 군대인 셈이다.

일례로 나토는 웨일스 회담 이후 벌이는 대규모 연합훈련에서 OSCE의 비엔나 합의에 의거, 러시아를 포함한 적성국의 참관을 허용하고 있다. 그러나 이러한 공개성은 러시아가 보이고 있는 폐쇄성에 견주어 볼 때 더욱 두드러진다. 2017년 러시아는 벨라루스와 칼리닌그라드, 발트 일대에서 "자파드(Zapad. 서방) 2017" 훈련을 진행하였는데, 최대 9만 명이 동원된 것으로 추정되는 대규모 훈련[32]이었음에도 불구하고 서방 측의 참관을 불허하였다. 러시아는 이에 대해 훈련참여 병력이 12,700명에 불과해, 참관을 허용해야 하는 OSCE 기준선인 13,000명에 미달한다는 명분을 내세웠다(고상두 2020, 14-15). 물론 서방 국가들이 투명성이라는 자유주의적 가치를 지키고자 일방적으로 비엔나 합의의 원칙을 고수하는 것으로 해석할 수도 있지만, 이 글의 논의를 바탕으로 보았을 때, 전방배치된 나토군의 훈련이 러시아 ─ 그리고 나토 회원국 ─ 에게 '보여주기 위한' 성격을 띠는 것으로 평가할 수도 있을 것이다.[33]

함께 소개한 사이버 훈련 역시, 단순히 역량을 강화하는 것을 넘어, 그런 역량을 과시하는 것까지 목적으로 두고 있다고 할 수 있다.

---

32   흥미롭게도, 공개된 보도자료에 따르면 "자파드 2017" 훈련은 나토의 하이브리드전으로 인해 가공의 벨라루스 지역이 분리주의 폭동을 일으킨 상황을 상정하였다(Walker 2017).

33   실제로 러시아는 우크라이나를 비롯, 서방 국가들에 대한 압박의 수단으로 군사훈련을 사용한 바 있다. 물론 이 경우에는 오히려 세부 내용이 공개되지 않는 데서 발생하는 불확실성을 전략적으로 이용하는 측면이 더 강할 것이다.

상대의 효과적인 하이브리드전 수행을 방해하고, 나아가 그러한 사실을 과시하여 전략적 억지의 효과를 창출하는 나토의 대하이브리드전 군사전략은 이런 면, 즉 재래식 군사력과 사이버 전력이라는 비전통적 군사력이 결합하는 양상을 보인다는 측면에서 또 다른 하이브리드적 요소를 지닌다고 평가할 수 있다. 다시 말해 나토의 사이버 전략, 그리고 각종 기구의 설립과 훈련을 통한 기능 확인·강화는 사이버 안보가 사이버 영역 밖으로 확장되고, 그와 동시에 사이버 영역 밖의 군사적 논리와 결합하며, 전·평시의 구분 없이 작동함으로써 하이브리드 위협을 방어, 보다 정확히는 무력화하기 위한 움직임의 산물이라 할 수 있다.

V. 결론

이상의 논의를 정리하면 다음과 같다. 먼저, 하이브리드전 개념은 서구 군사학계에서 처음 제기되었으며, 전통적 군사력 외에도 각종 비전통적 수단이 정치적 목적 달성을 위해 결합되어 사용되는 양상을 지칭하기 위해 등장하였다. 이후 하이브리드전 개념의 범람으로 이어지는 계기가 된 2014년 우크라이나 무력분쟁에서는, 정규군과 비정규군, 사이버전과 정보심리전 등이 교묘하게 결합되어 우크라이나의 영토를 합병하고 나아가 나토의 집단방위체제 작동을 가로막는 등 하이브리드 전쟁수행 양상이 드러났다.

우크라이나 위기 이전의 나토 개혁 시도가 회원국 간의 인식차, 부족한 국방예산, 나토와 유럽연합이라는 두 기구 간의 충돌, 절차적 복잡성 등 다양한 이유로 큰 성과를 내지 못한 반면, '우크라이나 충격' 이후의 나토는 비교적 기민한 움직임을 보였다. 이에 따라 군사·비군사 양측을 아우르는 대책이 마련되었으며, 집단방위의 틀 내에서 러시아의 하이브리드 위협에 대한 대책이 강구되었다.

이러한 변화는 무엇보다 집단안보에 대한 '의지'가 문제시되었던 2014년의 위기 상황에서 그 뿌리를 찾을 수 있을 것이다. 웨일스 정상회담의 결과에서도 볼 수 있듯, 우크라이나에 대한 무력개입 실패로 나토를 통한 집단안보의 신뢰가 실추된 상황에서, 러시아를 억지하는 한편 내부적인 복원성을 유지하기 위해 적응과 보장을 동시에 추진해야 했던 나토는, 그러한 위기의식, 그리고 러시아의 재래식 전력 위협이 아닌 하이브리드 위협에 대응한다는 목적의식을 바탕으로 2000년대에 비해 더 뛰어난 성과를 올린 것이다.

이에 따라 특히 안보동맹의 핵심인 군사력이 사용되는 방식은 큰 변화를 겪었다. 전방배치(FP)와 나토즉응군(NRF)의 재편, 그리고 복원력 증대와 하이브리드 위협 대응을 위한 각종 기구의 설립으로, 나토는 비교적 짧은 시일 내에 면과 선을 점령한 군대끼리 전선을 형성하고 싸우던 방식에서, 군대의 배치 자체를 통해 전략적 이익을 얻는 방식으로의 전환을 이루어내었다.

사이버 안보전략의 변화는 이러한 측면에서 이해할 수 있다. 2014년 이후 군사력의 변환과 연계되어, 영역 내에서의 억지뿐 아니라 교차영역적인 억지를 달성할 수 있도록 복원력과 신속한 대응, 그리고 재래식 군사력과의 연계를 추구하는 방향으로 변모하고 있다. 이는 2014년 이전, 독자적으로 사이버 영역에서의 위협을 인식하고 이를 방어하기 위한 조직을 세웠을 때의 동향과 대비를 이룬다. 전통적 군사안보에서의 인식 변화 및 정책 전환은 사이버 영역과도 연관되어 나타나고 있으며, 반대로 사이버 공간에서의 안보협력은 오프라인 공간에서의 안보로 긴밀하게 이어지고 있다.

이는 회원국에 대한 집단안보 보장 재확인, 그리고 러시아에 대한 억지를 위해 지속적으로 확대되고 있는 각종 훈련, 그리고 하이브리드 위협에 대항하기 위한 각종 기구의 설립, 그리고 전통적 안보의 논리 에서는 경쟁적인 조직이었던 EU 내의 유사 기구와의 활발한 협력 등 을 통해 나타나고 있다.

그 결과, 나토는 비교적 적은 자원만으로도 러시아의 하이브리드 위협에 어느 정도 대처하는 데 성공했다. 전방배치와 신속대응군 체 제의 조합은 하이브리드전에서 무력이 사용되는 방식을 크게 제약했 으며, 그와 더불어 이루어진 조직개편, 그리고 군사력 사용 방식의 변 화는 나토 내의 하이브리드전에 대한 취약성을 해결하는 실마리가 되 었다.

물론 이러한 변화는 분명한 한계 또한 보이고 있다. 러시아의 재 래식 전력에 비해 턱없이 부족한 군사력으로 억지를 달성하는 상황은, 하이브리드전의 위협에 대해서는 억지의 효과를 얻을 수 있을지언정 엄연히 남아 있는 러시아의 재래식 군사력이나 사이버 공격, 정보심리 전 등 각각의 요소로부터의 안전을 보장하지는 않는다. 또한 실질적인 군사력이 아니라 특정한 제도의 조합으로 이루어진 군사력의 변환이 기 때문에, 다른 신흥안보 이슈, 예컨대 난민 문제를 놓고 유럽 국가들 간의 공조가 약화될 경우 현재의 나토 안보전략은 상당한 수정을 필 요로 하게 될 것이다. 사이버 안보 역시 이러한 변화의 영향을 면할 수 없을 것임이 명백하다.

한편, 복합지정학의 관점에서는 다음과 같은 시사점을 도출할 수 있다. 먼저, 우크라이나 무력분쟁으로 인한 '지정학의 부활'에 대한 대 응이 결코 선형적으로 나타나지 않았음에 주목할 필요가 있다. 러시아

의 부상과 미국의 상대적 약화에 따른 유럽의 자체적 군사적 강화라는
도식은, 그처럼 단순한 정책노선 대신 군사력의 비전통적 활용을 통한
전략적 억지효과 획득, 지역통합과 나토-EU 연계를 통한 안보 추구
등 복잡한 정책으로 나타나고 있다. 물론 그러한 변화의 근간에 러시
아의 위협이라는, 현실주의적 동인이 있음은 부정할 수 없으나 그 위
협이 재래식 군사적 위협이 아닌, 하이브리드 위협이라는 특징 때문에
대응 양상 또한 전통적 관점의 예측과는 상이하게 나타나는 것이다.

또 다른 한편으로는, 전통적 지정학의 가장 극단적인 예였던 전
쟁, 그리고 군사력의 사용 방식이 일정 부분 탈지정학과 맞물리게 되
는 현상에 주목할 수 있다. 나라와 나라 사이의 군사력 균형을 맞춤에
있어, 과거 냉전기에 그러했던 것처럼 분명한 전선과 책임구역, 전투
지경선 등이 존재하지 않고, 대신 특정 국가에 대한 병력 배치 그 자
체, 그리고 그 현장배치된 병력이 현지 군사력 및 사회와 맺는 관계 등
이 중요성을 가지는 현상은, 면과 점, 선의 지정학에서 각 노드 사이의
관계가 중심적 역할을 하는 네트워크의 등장으로 이해할 수 있기 때문
이다.

참고문헌

고상두. 2020. "유럽안보에 대한 러시아의 위협요인." 『슬라브학보』 35(1): 1-22.
권영상. 2017. "린드 4세대 전쟁론의 재조명 – 4세대 전쟁론 비판에 대한 반증을 중심으로." 『군사연구』 144: 295-329.
김경순. 2018. "러시아의 하이브리드전: 우크라이나 사태를 중심으로." 『한국군사』 4: 63-95.
김상배. 2015. "사이버 안보의 복합지정학: 비대칭 전쟁의 국가전략과 과잉 안보담론의 경계." 『국제·지역연구』 24(2): 1-40.
김영준. 2016. "푸틴의 전쟁과 러시아 전략 사상." 『국가전략』 22(4): 153-182.
깁재엽. 2019. "유럽 방위의 독자성 추구: 배경, 현황 및 전망." 『국방정책연구』 35(3): 51-80.
박일종·나종남. 2015. "하이브리드 전쟁: 새로운 전쟁 양상?" 『한국군사학논집』 71(3): 1-32.
송승종. 2017. "러시아 하이브리드 전쟁의 이론과 실제." 『한국군사학논집』 73(1): 63-94.
송태은. 2020. "사이버심리전의 프로파간다 전술과 권위주의 레짐의 샤프파워: 러시아의 심리전과 서구 민주주의의 대응." 김상배 편. 『4차 산업혁명과 신흥 군사안보: 미래전의 진화와 국제정치의 변환』. 파주: 한울아카데미.
온대원. 2015. "우크라이나 사태 이후 유럽의 신안보질서." 『EU연구』 40: 35-66.
_____. 2019. "유럽방위력 증강계획과 미국–유럽 안보관계." 『국제·지역연구』 23(1): 185-216.
이수형. 2003. "국제안보체제의 변화에 관한 역사적 고찰: 유럽안보체제를 중심으로." 『국제정치논총』 43(3): 115-135.
_____. 2011. "유럽연합의 안보정책과 동맹 딜레마." 『국제관계연구』 16(2): 75-102.
이종광. 2012. "유럽연합의 공동외교안보정책 발전과 리스본조약에서의 안보전략 강화." 『국제정치연구』 15(1): 183-207.
전혜원. 2018. "트럼프 행정부와 미국·유럽 안보 동맹: '공평한 부담'의 실현 전망." 『주요국제문제분석』 2018-39. 국립외교원 외교안보연구소.

Anderson, Ewan W. 1999. "Geopolitics: International Boundaries as Fighting Places." *Journal of Strategic Studies* 22(2-3): 125-136.
Bajak, Frank and Raphael Satter. 2017. "Companies Still Hobbled from Fearsome Cyberattack." *Allied Press News* (July 1, 2017).
Bartles, Charles K. 2016. "Getting Gerasimov Right." *Military Review* (January-February 2016): 30-38.
Bell, Robert. 2006. "Sisyphus and the NRF." *NATO Review* (Autumn 2006). https://www.nato.int/docu/review/2006/issue3/english/art4.html (접속일 2020.5.20.)
Boulegue, Mathieu. 2017. "The Russia-NATO Relationship Between a Rock and a Hard Place: How the 'Defensive Inferiority Syndrome' is Increasing the Potential for Error." *The Journal of Slavic Military Studies* 30(3): 361-380.

Burton, Joe. 2015. "NATO's Cyber Defence: Strategic Challenges and Institutional Adaptation." *Defence Studies* 15(4): 297–319.

Burwell, Frances G., David C. Gompert, Leslie S. Lebl, Jan M. Lodal, and Walter B. Slocombe. 2006. "Transatlantic Transformation: Building a NATO-EU Security Architecture." The Atlantic Coucil Policy Paper (March 2006).

Caton, Jeffrey L. 2016. *NATO Cyberspace Capability: A Strategic and Operational Evolution.* Carlisle, PA: US Army War College Press.

Cebul, Daniel. 2018. "Why a NATO Team Defended a Made-up Country's Infrastructure." *DefenseNews* (May 2, 2018).

CHIPS Magazine. 2020. "First-ever Distributed Coalition Warrior Interoporability eXercise Successfully Concludes." (June 29, 2020). https://www.doncio.navy.mil/chips/ArticleDetails.aspx?ID=13621 (접속일 2020.7.19.)

Cooperative Cyber Defence Center of Excellence (CCDCOE). 2019. "Crossed Swords." https://ccdcoe.org/exercises/crossed-swords (접속일 2020.7.19.)

Day, Joseph A. 2018. "Reinforcing NATO's Deterrence in the East." NATO Parliamentary Assembly, Defence and Security Committee (17 November 2018).

Echevarria, Antulio J. II. 2005. "Fourth-Generation War and Other Myths." U.S. Army War College Strategic Studies Institute (November 2005).

Fjellestad, Anders. 2018. "On Track Ahead of Trident Juncture." *Norwegian Armed Forces* (28 February 2018). https://forsvaret.no/en/newsroom/news-stories/on-track-ahead-of-trident-juncture (접속일 2020.6.10.)

Freedman, Lawrence. 2014. "Ukraine and the Art of Limited War." *Survival* 56(6): 7–38.

Frühling, Stephan and Guillaume Lasconjarias. 2016. "NATO, A2/AD and the Kaliningrad Challenge." *Survival* 58(2): 95–116.

Fryc, Mariusz. 2016. "From Wales to Warsaw and Beyond: NATO's Strategic Adaptation to the Russian Resurgence on Europe's Eastern Flank." *Connections* 15(4): 45–65.

Hagelstam, Axel. 2018. "Cooperating to Counter Hybrid Threats." *NATO Review* (23 November 2018).

Hendrikson, Ryan C. 2012. "NATO's Operation Allied Force : Strategic Concepts and Institutional Relationships." in Håkan Edström, Dennis Gyllensporre (eds.), *Pursuing Strategy: NATO Operations from the Gulf War to Gaddafi.* New York: Palgrave MacMillan. pp.82–94.

Hoffman, Frank G. 2007. *Conflict in the 21st Century: The Rise of Hybrid Wars.* Arlington, VA: Potomac Institute for Policy Studies.

_____. 2009. "Hybrid Threats: Reconceptualizing the Evolving Character of Modern Conflict." *Strategic Forum* 240: 1–8.

Jensen, Benjamin, Brandom Valeriano, and Ryan Maness. 2019. "Fancy Bears and Digital Trolls: Cyber Strategy with a Russian Twist." *Journal of Strategic Studies* 42(2): 212–234.

Johnson, Oscar and Robert Seely. 2015. "Russian Full-Spectrum Conflict: An Appraisal After Ukraine." *The Journal of Slavic Military Studies* 28(1): 1–22.

Johnson, Robert. 2018. "Hybrid War and Its Countermeasures: A Critique of the Literature." *Small Wars & Insurgencies* 29(1): 141–163.

Kofman, Michael, Katya Migacheva, Brian Nichiporuk, Andrew Radin, Olesya Tkacheva, Jenny Oberholtzer. 2017. *Lessons from Russia's Operations in Crimea and Eastern Ukraine.* Santa Monica, CA: RAND Corporation.

Krause, Hannes. 2014. "NATO on Its Way Towards a Comfort Zone in Cyber Defence." The Tallinn Papers 3.

Kugler, Richard. 2007. "The NATO Response Force 2002–2006: Innovation by the Atlantic Alliance." National Defense University: Center for Technology and National Security Policy.

Lasconjarias, Guillaume. 2013. "The NRF: From a Key Driver of Transformation to a Laboratory of the Connected Forces Initiative." NATO Defense College Research Paper 88 (January 2013).

Mattelaer, Alexander. 2018. "Rediscovering Geography in NATO Defence Planning." *Defence Studies* 18(3): 339–356.

McAllister Linn, Brian. 2011. "The U.S. Armed Forces' View of War." *Daedalus* 140(3): 33–44.

McGuire, Steven. 2017. "NATO's Very High Readiness Joint Task Force (LAND) 2017: An Analysis." *Small Wars Journal* (September 7, 2017). https://smallwarsjournal. com/jrnl/art/nato%E2%80%99s-very-high-readiness-joint-task-force-land-2017-an-analysis.

North Atlantic Treaty Organization (NATO). 2010. "Strategic Concept for the Defence and Security of the Members of the NATO." (19–20 November 2010).

_____. 2016a. "Fact Sheet: NATO's Readiness Action Plan." NATO Public Diplomacy Division (July 2016).

_____. 2016b. "Joint Declaration by the President of the European Council, the PResident of the European Commission, and the Secretary-General of the North Atlantic Treaty Organization." (8 July 2016). https://www.nato.int/cps/en/natohq/ official_texts_133163.htm?selectedLocale=en (접속일 2020.6.20.).

_____. 2016c. "Warsaw Summit Communiqué," (9 July 2016) https://www.nato.int/cps/ en/natohq/official_texts_133169.htm (접속일 2020.6.20.)

_____. 2019. *The Secretary General's Annual Report.* Brussels: NATO Public DIplomacy DIvision.

NATO Allied Command Transformation (ACT). 2020. "Distributing CWIX Across NATO to Improve Interoperability." (June 8. 2020).

Nünlist, Christian. 2015. "NATO's 'Spearhead Force'," *ETH Zurich: CSS Analysis in Security Policy* 174.

Office of the United Nations High Commissioner for Human Rights (OHCHR). 2015. "Report on the Human Rights Situation in Ukraine."

Olsen, Stephen. 2016. "Exercise TRIDENT JUNCTURE 16 Concludes." *NATO Joint Warfare Centre News* (14 November 2016). http://www.jwc.nato.int/index.php/jwcmedia/news-archive/604-exercise-trident-juncture-16-concludes (접속일 2020.6.20.)

Owen, William F. 2009. "The War of New Words: Why Military History Trumps Buzzwords." *Armed Forces Journal* (November 2009): 34–35.

Paganini, Pierluigi. 2020. "NATO Will Send a Counter-hybrid Team to Montenegro to Face Russia's Threat." *Security Affairs* (January 20, 2020).

Pernik, Piret. 2014. "Improving Cyber Security." International Centre for Defence Studies (Rahvusvaheline Kaitseuuringute Keskus) Analysis (September 2014).

Preses Noda|a. 2018. "Largest Military Exercise 'Namejs 2018' to Take Place in Latvia." Aizsardzibas Ministrija (11/28/2018).

Seely, Robert. 2017. "Defining Contemporary Russian Warfare: Beyond the Hybrid Headline." *The RUSI Journal* 162(1): 50–59.

Shea, Jamie. 2017. "How is NATO Meeting the Challenges of Cyberspace?" *PRISM* 7(2): 18–29.

Shlapak, David A. and Michael W. Johnson. 2016. "Reinforcing Deterrence on NATO's Eastern Flank." RAND Corporation.

Shramovych, Viacheslav. 2019. "Ukraine's Deadliest Day: The Battle of Ilovaisk, August 2014." *BBC News* (29 August 2019). https://www.bbc.com/news/world-europe-49426724. (접속일 2020.3.28.)

Sperling, James and Mark Webber. 2016. "NATO and the Ukraine Crisis: Collective Securitisation." *European Journal of International Security* 2(1): 19–46.

Schweller, Randall L. 2004. "Unanswered Threats: A Neoclassical Realist Theory of Underbalancing." *International Security* 29(2): 159–201.

Stocker, Joanne. 2018. "NATO Kicks off Battle-training Phase of Exercise 'Siil' in Estonia." *The Defense Post* (May 7, 2018).

Stoicescu, Kalev and Pauli Järvenpää. 2019. "Contemporary Deterrence: Insights and Lessons from Enhanced Forward Presence." *International Centre for Defence and Security Report* (January 2019).

Thomas, Timothy. 2016. "The Evolution of Russian Military Thought: Integrating Hybrid, New-Generation, and New-Type Thinking." *The Journal of Slavic Military Studies* 29(4): 554–575.

Tsygankov, Andrei. 2015. "Vladimir Putin's Last Stand: The Sources of Russia's Ukraine Policy." *Post-Soviet Affairs* 31(4): 279–303.

United States Department of Defense (US DoD). 2010. *Quadrennial Defense Review Report* (February 2010).

_____. 2014. *Quadrennial Defense Review Report* (March 2014).

Walker, Shaun. 2017. "Vladimir Putin Watches Display of Russian Firepower near EU Border." *The Guardian* (18 September 2017).

Westerlund, Fredrik and Johan Norberg. 2016. "Military Means for Non-military Measures: The Russian Approach to the Use of Armed Force as Seen in Ukraine." *Journal of Slavic Military Studies* 29(4): 576-601.

Zapfe, Martin. 2017. "Deterrence from the Ground Up: Understanding NATO's Enhanced Forward Presence." *Survival* 59(3): 147-160.

Герасимов, Валерий В. 2013. ≪Ценность науки в предвидении: Новые вызовы требуют переосмыслить формы и способы ведения боевых действий≫. *Военно-промышленный курьер* (26 февраля 2013).

제9장

기술발전과 세계정치
드론의 출현과 확산 및 활용을 중심으로

노유경

I. 머리말

기술의 발전은 무기 체계의 발전을 통해 국제 안보 구조 및 정치 환경
의 변화를 주도해 왔다. 특히 20세기부터 미사일, 전략폭격기, 핵무기
등으로 이어진 신무기 기술의 출현은 국제정치환경에서의 국가 행위
자뿐만 아니라 다양한 비국가 행위자들 간의 관계에 영향을 미치는 주
요한 변수로서 작용해왔다. 신무기의 등장은 기존의 무기 체계를 근간
으로 하는 안보 전략 및 군사 태세의 유지를 새로운 안보 전략과 대응
수단으로 대체하려는 동력을 제공하였다. 이는 곧 기술 혁신을 통하여
새로운 기술을 발명해내고 군사적으로 선점하여 국제정치적 권력의
우위를 유지 혹은 쟁취하고자 하는 국가 간 경쟁의 양상으로 이어지
기도 했다. 즉, 기술 그 자체만이 국제정치에 영향을 미치는 변수가 아
닌, 각기 다른 기술 발전의 속도, 확산 방식 및 활용도가 야기하는 국
가 간 역량의 격차 역시 국제 안보 환경에 주요한 변화를 초래해왔음
을 짐작해볼 수 있다.

　　반면, 국제정치환경에 변화를 야기하는 독립변수로서 기술을 분
석한 기존의 연구들은 기술을 그저 단편적인 하나의 외생적 변수로 다
루어왔다. 특정 기술의 보유 여부 또는 국가 행위자의 혁신 속도가 국
제정치에 미치는 영향을 분석하는 이러한 연구들은 기술을 소위 블랙
박스에 가둔 채 단순화하고 획일화하는 제한점을 지닌다. 하지만 실제
기술이 출현하여 국제관계에 영향을 미쳐온 역사적 흐름을 살펴보면,
기술이 등장부터 확산, 그리고 활용도의 확장에 이르기까지 여러 단계
에 걸친 일련의 과정을 통해 국가 간 관계뿐만 아니라 다양한 비국가
행위자 간의 행동 패턴의 변화를 이끌어왔음을 알 수 있다. 본 논문은
이와 같은 문제의식에서 출발한다. 기술과 국제정치환경 사이의 연관

관계는 기술을 획일화된 하나의 외생적 변수로 인식해서는 완전히 이해할 수 없다는 것이다.

따라서 본 논문은 기술의 발전 단계를 세 단계의 층으로 구분하여 살펴보고, 각각의 단계에서 작동하는 주요 변수들이 무엇인지, 어떤 형태 및 성격의 행위자를 포함하는지, 그리고 국제정치환경에 미치는 영향은 무엇인지 개별적으로 분석해보고자 한다. 그를 위해 기술 발전의 단계별 주요 특징들을 설명하는 문헌을 살펴보고, 단계에 따라 각기 다른 국제정치적 함의가 발생함을 확인해보고자 한다. 먼저 첫 번째 단계는 새로운 원천기술의 출현이다. 완전히 새로운 기술의 출현은 그 자체로 국제정치환경에 영향을 미치는 요인이 될 수 있다. 다음으로 새로운 기술이 제품으로 개발되어 확산되는 단계가 기술 발전의 두 번째 층이라고 볼 수 있는데, 이때 기술이 확산하며 발생하는 국제정치적 변화의 흐름은 첫 번째 출현의 단계와는 다른 모습을 띨 것으로 예상해볼 수 있다. 마지막 단계는 기술이 확산된 후 행위자들이 여러 목적을 위해 기술을 응용해가는 과정이다. 이 단계에서는 기술의 활용도가 여러 행위자 및 국제정치환경의 부차적인 변수들과의 상호작용을 통해 어떠한 함의를 발생시키는지 확인해볼 수 있다.

본 논문이 중점적으로 분석할 새로운 기술은 무인항공기(이하 드론) 기술이다. 4차 산업혁명을 대표하는 첨단기술 중 하나인 드론 기술은 높은 군사적 가치를 지니는 신기술 중 하나이다. 특히 드론 기술은 앞서 설명한 기술의 세 단계에 걸쳐 국가 간 전략적 환경에 상당한 변화를 초래할 것으로 짐작해볼 수 있는데, 드론을 필두로 하는 무인 플랫폼 기술의 발전은 향후 미래 전쟁의 성격과 전개 과정 및 결과에 영향을 미칠 것으로 보이기 때문이다. 예를 들면, 무인전투기의 전장 투입은 훨씬 더 넓은 전장 범위를 커버할 수 있는 내구성 향상을 초래

하며, 대응타격으로부터의 생존 가능성을 높이고, 위기 상황에서 확전
을 관리함과 동시에 아군의 피해를 최소화할 수 있게 하는 군사적 함
의를 지닌다.

정리하자면 본 논문은 기술의 세계정치와 관련하여 제기되어지는
국제정치학의 어젠다를 검토하면서 드론이 국제정치환경에 미칠 영향
에 대한 이해를 돕고자 한다. 특히 국제정치학의 어젠다를 기술의 발
전 궤도에 따라 나누어 살펴봄으로써, 드론이 기술의 발전 단계별로
상이한 국제정치적 함의를 지님을 나타내고자 한다. 본 논문은 기술의
발전 궤도를 크게 세 단계로 구분하는데, 첫째는 원천기술 자체의 발
명, 둘째는 기술의 제품화, 그리고 셋째는 기술의 응용이다. 그에 따라
먼저 II절에서는 새로운 원천기술의 출현이 국제정치환경에 영향을 미
치는 변수로 작용할 수 있음을 전통적인 국제정치학 이론을 통해 설명
한 문헌을 짚어보고, 관련 논점을 드론 기술의 출현에 빗대어 검토해
본다. 다음으로 III절에서는 기술이 제품화되어 확산될 때 발생하는 국
제정치적 변화의 흐름을 내부적 및 외부적 요인으로 구분하여 분석한
문헌을 살펴보며, 드론 제품의 개발과 확산 과정에서 파생되는 국제정
치적 함의를 알아본다. 그 후, IV절에서는 확산된 기술의 응용 단계에
서 행위자들의 특징과 행동 패턴을 살펴본 문헌을 통해 드론 기술이
활용 및 응용되는 과정에서 찾아볼 수 있는 국제정치에의 함의를 짚어
본다. 마지막으로 맺음말에서는 앞선 논의를 간략히 정리 및 검토해본
다. 특히 드론 기술의 발전 궤도별로 파악할 수 있는 국제정치적 함의
들이 공통의 문제의식을 지님에도 불구하고, 그동안 각 단계의 연구가
개별적으로 진행되어 온 경향이 있기 때문에 상호 간의 연결성 및 피
드백 관계가 결여되어 있음을 지적한다. 예를 들면 드론과 세계정치를
연결하는 문헌들은 주로 정책적 관점에서 전개되는 반면 국제정치학

이론의 적용 수준은 낮은 편이다. 이러한 문제점을 해결하기 위해서는 앞으로 기술의 발전 궤도별로 진행되어온 연구 간의 상호 연결성을 증진하는 연구가 필요함을 언급하며 마무리한다.

II. 새로운 원천기술 출현의 국제정치

1. 기술 발전과 국제정치 이론

지난 세기에 걸쳐 기술의 발전은 국제 안보, 경제, 문화 등 여러 분야에 많은 변화를 야기하였다. 빠르게 개발되어 확산된 정보통신 기술을 비롯하여 라디오, 텔레비전, 인공위성과 인터넷에 이르기까지 기술의 혁신은 개개인의 삶뿐만 아니라 국가 간 관계에까지 영향을 미쳐왔다. 특히 기술의 발전과 확산이 초래해온 새로운 형태의 정치적 및 사회-경제적 상호작용을 고려해보면, 오늘날 국가 간의 복합적 관계에서는 기술이 주요한 변화요인 중 하나로 작용해왔음을 짐작해볼 수 있다. 대표적인 예로 지난 몇 십년에 걸친 정보통신기술의 발전은 개개인 및 국가 행위자의 정보 수집 및 확산 방법을 변화시켰으며 그 과정에서 새로운 정치적 도구 및 이해당사자의 등장을 촉진하기도 하였다. 따라서 국제정치적 관점에서 기술은 넓게는 국제정치환경, 좁게는 국가 및 비국가 행위자 간의 상호작용에 구조적 변화를 야기하는 새로운 변수라고 볼 수 있겠다.

　국제정치학자들은 약 20세기 중반부터 기술이 초래할 국제정치환경 및 국가 간 관계의 변화에 대해 연구해왔다. 먼저 1940년대에는 새로운 기술인 전보와 전화기의 발명을 비롯하여 해상 및 항공 기술의

발전(Ogburn 1949), 더 나아가서는 핵폭탄의 개발이 지닌 국제정치적
함의(Brodie 1946)에 대한 연구가 활발히 진행되었다. 이 시기의 연구
는 주로 새로운 기술의 출현이 초래하는 정치적 변화를 개별적으로 분
석하였고, 따라서 보다 일반적인 관점에서 기술 혁신과 국제정치적 환
경 간의 상호의존성에 대한 체계적 분석은 많지 않았다. 그 후, 20세
기 후반에 이르러서는 특정 기술과 관련된 정치경제적 문제에 대한 연
구가 주를 이루게 되었다. 특히 정보통신 기술의 급격한 혁신과 함께
해당 기술이 국가 간 협력에 미치는 영향(Codding 1972)이나 국가 간
힘의 균형에 미치는 영향(Cowhey 1990; Krasner 1991)에 대한 분석을
시작으로, 기술 혁신과 국제정치 간의 상호관계에 대한 연구가 본격적
으로 진행되었다. 대표적으로 정보의 시대에서 네트워크 사회의 등장
을 알린 카스텔(Castells 2000)을 비롯하여, 많은 학자들이 기술과 국
제정치 사이의 복합적인 관계에 대해 분석하기 시작하였다(Kraft and
Vig 1988; McNeill 1982; Skolnikoff 1993).

　　국제정치학에서 기술이 주요 변수로 분석되기 시작한 이후의 문
헌은 전통적인 국제정치이론의 틀로 세분화하여 정리해볼 수 있다. 먼
저 현실주의적 관점에서 기술은 국가의 권력을 구성하는 하나의 요소
로 정의될 수 있다. 길핀에 따르면 권력이란 "국가의 군사적, 경제적
및 기술적 역량"을 뜻한다(Gilpin 1981, 31). 또한 현실주의자들은 국
제정치환경의 무정부성으로 인해 국가들이 자조를 추구하며, 그 과정
에서 국가들은 필연적으로 힘의 균형과 분배의 변화에 민감해질 수
밖에 없다고 설명한다(Waltz 1979; Ashley 1984). 하지만 기술적 역량
의 증진이 어느 정도의 국제정치적 영향력을 지니는지에 대해서는 현
실주의자들 사이에 인식의 차이가 존재한다. 월츠와 같은 신현실주의
자들은 기술 혁신을 국제환경의 기본적인 성격이나 국가 간 상호작용

의 형태 및 이해관계를 크게 변화시킬 만한 주요 변수로 보지 않는데
(Waltz 1959), 이는 핵무기와 같은 대량살상무기 기술의 개발의 경우
에도 마찬가지이다(Waltz 1981). 반면 고전현실주의자들의 경우, 기술
이 국가 간 관계에 초래하는 체계적 변화에 대해 보다 수용적인 입장
을 취한다. 대표적으로 핵무기 기술의 개발과 국가 간 관계를 연구한
고전현실주의자들은 기술의 발전을 국제정치환경에 유의미한 변화를
야기할 수 있는 주요 변수로 분석하면서, 국가의 주권이나 외교 정책
의 수단과 목적 간의 관계 등을 비롯한 현실주의의 토대를 이루는 개
념들에 대해 설명하였다(Morganthau 1961; Aron 1966). 이러한 차이
점에도 불구하고, 현실주의자들은 기술을 국가의 목적 달성을 위한 수
동적 도구로서 이해하며 외생적인 변수로 인식한다는 공통점을 지닌
다. 즉, 핵무기 기술 외에도 정보통신 및 첨단 기술이 국가가 군사적
안보 및 경제적 번영을 위해 숙달하고 활용할 수 있는 권력적 도구 중
하나가 될 수 있다고 분석한 것이다(Gilpin 1987; 2001; Kennedy 1987;
Rice 2000; Rosecrance 1986; 1999).

자유주의적 관점에서 기술은 국제정치환경의 상태에 주요한 영향
을 미치는 중심적인 변수로 분석되어 왔다고 볼 수 있다. 특히 세계화
의 흐름에 따른 국가 간 복합적인 군사적, 경제적 및 정치적 상호의존
성의 증대를 초래한 기술 발전의 국제정치적 영향력에 대해서 활발한
연구가 진행되어 왔다(Morse 1976; van Creveld 1999; Keohane and
Nye 2001). 대표적으로 군사 기술 혁신(Held et al. 1999) 및 정보통신
기술의 발전(Castells 2000)이 국가 간 관계에 유의미한 변화를 야기하
는 주요 변수로서 분석되었다. 또한, 자유주의 진영에서는 기술 발전
의 국제정치적 함의를 크게 세 분류로 구분하여 연구해왔다고 볼 수
있다. 첫째는 기술 발전이 국제정치환경에 극적인 변화를 야기하여 기

존의 정치적 주권을 중심으로 하는 국제 체계의 기반을 약화시킨다
는 주장이다. 즉, 기술의 발전과 확산으로 인해 영토권 및 자주성이 소
실되면서 새로운 국제정치적 구조가 필요하게 된다는 것이다(Ohmae
1995). 반면 둘째는 기술 발전이 세계화를 통해 국제정치환경에 새로
운 행위자를 등장시킴과 동시에 기존의 행위자들의 역량 강화를 초래
하여, 결과적으로 더욱 복잡한 국제정치적 구조를 야기한다는 주장
이다(Held et al. 1999; Rosenau 2003). 이들은 국가 행위자를 중심으
로 하는 소위 '베스트팔렌' 체제가 기술 발전으로 인해 등장한 다양한
비국가 행위자들로 인해 보다 복잡다단해질 것으로 예측한다(Carnoy
and Castells 2001; Ferguson and Mansbach 2004). 마지막으로 셋째는
기술 발전이 글로벌 거버넌스 체제에 변화를 야기할 것이라는 주장인
데, 특히 정보통신 기술이 세계화에 미치는 영향에 대한 연구를 중심
으로 기술 발전과 국제정치의 구조적 관리 체제 간의 상관성에 대해
분석한다(Karns and Mingst 2010; Zacher and Sutton 1996). 이러한 자
유주의적 분석들은 기술을 국제정치환경의 다양한 행위자들이 다양한
목적을 위해 활용할 수 있는 도구로 인식하면서, 국가 행위자의 전유
물이 아님을 설명한다.

　구성주의적 관점에서 기술은 사회적 현실을 구성하는 물질적 자
원 중 하나로 이해될 수 있다. 단, 구성주의학자들은 기술 발전을 단
순한 물질적인 권력의 일부로 인식하는 것은 자칫 물질주의적인 이론
의 함정에 빠질 위험을 초래한다고 설명한다. 즉, 기술은 사회적 행위
자들 간의 담론적 상호관계를 통해서만 국제정치적 함의를 얻게 될 수
있다는 것이다(Wendt 1995). 이와 같은 이해를 바탕으로 구성주의학
자들은 기술이 국제적 군사 관계(Tannenwald 1999) 및 경제발전과
세계화(Shaw 2000)에 미칠 영향에 대해 연구해왔다. 특히 기술 혁신

을 인간의 선택에 따른 결과로 인식하면서(Ruggie 1975), 기술이 특정 결과를 초래할 수 있는 가능성을 높이는 구조적 요인으로 역할 할 수 있다고 설명한다(Adler 1986). 이와 같은 구성주의적 관점은 기술이 개개인 및 국가 간 사회적 관계에 있어 필수 전제조건이 되어가고 있는 오늘날에 더욱 중요한 함의를 지닌다고 볼 수 있다. 즉, 기술 발전 그 자체가 아이디어, 규범, 그리고 아이덴티티에 변화를 초래하여 궁극적으로는 국제정치적 관계를 변화시킬 주요한 구조적 요인이 될 수 있는 것이다.

정리해보면, 새로운 기술의 출현과 그로 인한 국가 및 비국가 행위자 간의 상호의존성의 변화는 국제정치환경에 상당한 영향을 미칠 것으로 짐작해볼 수 있다. 현실주의적 관점에서는 기술이 국가 간 상대적 힘의 균형에 변화를 야기하면서 국가 안보위협에 대한 인식에 변화를 초래하는 변수로, 자유주의적 관점에서는 국제정치환경의 구조와 성격을 바꾸는 변수로, 그리고 구성주의적 관점에서는 국제정치환경 내부의 다양한 행위자가 지니는 관념에 변화를 야기하는 변수로 작동하는 것이다. 그렇다면 위의 이론적 이해를 드론 기술 발전의 사례에 적용해본다면 드론 기술 출현 그 자체가 국제정치환경에 미치는 영향을 파악할 수 있을까? 다음 절에서는 위의 전통적인 국제정치이론들을 분석틀로 활용하여 드론 기술의 출현이 갖는 국제정치적 함의는 무엇인지 살펴보고자 한다.

2. 드론 기술 출현의 국제정치적 함의

드론 기술은 감시와 정찰 목적의 군사용 무인항공기 개발을 그 시초로 볼 수 있으나, 2000년대 초반 이후 공격용으로 활용 범위가 확대되었으며 현대의 공중전에서는 필수적인 수단이 되었다. 오랜 개발의 역사를 갖는 만큼 미국은 긴 시간 동안 드론 기술력의 우위를 점해왔다. 미국의 대표적 군용 드론인 글로벌 호크(Global Hawk), 프레데터 (Predator)와 리퍼(Reaper)는 정찰 및 공격기로서는 최첨단의 항공기 술력을 지니고 있으며, 그 뒤를 이어 이스라엘, 영국, 프랑스, 독일 등의 유럽 국가와 최근에는 중국이 군용 드론 개발 및 수출에 박차를 가하고 있다. 드론 기술의 빠른 확산과 함께 드론을 생산하는 국가와 활용하는 국가가 최근 급격히 증가했으며, 드론의 활용 범위 또한 군사 부문을 넘어 상업 및 민간 부문에까지 확장되었다. 군용 드론 부문에서는 미국이 독보적인 기술력의 우위를 아직까지는 유지하는 모습이지만, 민간 드론 시장에서는 중국이 DJI사를 앞세워 무려 세계시장의 70%가 넘는 점유율을 보이면서 그 성장에 힘입어 사실상 미국의 주력 드론 자원에 대항하는 성격의 군용 드론을 차례로 개발하고 있다.

여기에서는 드론 기술 출현 그 자체의 국제정치적 함의를 도출해보기 위해 드론을 최종용도별로 구분하지 않고 국가의 드론 기술력 그 자체를 드론 기술이라 통칭하고자 한다. 먼저 현실주의적 관점에서 보면, 미국에 이어 여러 국가들이 드론 기술을 차례로 개발해내는 현상은 국제정치환경에 의미 있는 변화를 초래할 것으로 예측해볼 수 있다. 국가가 자국의 생존과 국익 보존을 위해 기술적 역량을 제고하는 것이 결국 국가의 권력에 영향을 미치게 된다는 설명에 따르면, 국가의 드론 기술 개발 역시 권력 추구의 일환으로 이해할 수 있다. 특히 드론 기술이 국가의 전체적인 권력을 구성하는 요인 중 하나로 인식되면서, 여러 국가들 간의 경쟁적인 드론 기술 개발이 국가 간 상대적 힘의 균형에 변화를 야기할 요인이 될 수 있는 것이다. 이와 같은 양상은 패권 경쟁적 구도에 처한 국가들 간의 기술 개발 경쟁에서 더욱 두드러지게 나타나는데, 현재 미국과 중국 역시 모두 드론 기술력 개발에 몰두하고 있는 모습이다. 현실주의적 관점에서 보면 드론 기술력의 상대적 격차가 곧 양국 간 군사력 격차의 일부로 이해될 수 있기 때문에, 양국 간 드론 기술 개발 경쟁은 곧 국제정치환경에서 상대적 힘의 균형을 자국에 유리하게 설정하기 위한 경쟁으로 설명할 수 있다. 드론 기술에서의 우위를 유지하고자 하는 패권국 미국의 노력과 미국과의 드론 기술력 격차를 좁힘으로써 군사력의 격차까지 줄여보고자 하는 중국의 도전은, 앞으로 닥칠 미래의 전장에서 첨단기술을 활용한 무기 기술 개발 경쟁의 일면을 보여준다.

게다가 국가들은 기술을 권력적 도구로 활용할 인센티브를 지닌다. 즉, 경쟁국들은 기술 역량 발전을 통해 국제정치환경에서 자국의 군사적 및 외교적 목적 달성을 위한 외생적 도구를 추가적으로 획득하고자 노력하는 것이다. 드론 기술의 경우도 마찬가지이다. 경쟁국보다 더 고급 드론 기술을 개발하는 것은 국가의 협상력을 강화시키거나, 위협의 신빙성을 제고할 수 있는 수단이 된다. 이때, 기술력의 절대적인 격차뿐만 아니라 상대적인 격차 또한 권력적 도구로 활용될 수 있다. 달리 말하면, 경쟁국보다 절대적으로 우월한 기술을 개발해내는 것뿐만 아니라, 상대적으로도 우월한 기술력을 유지하는 것 역시 권력적 도구로서의 유용성을 발휘하는 것이다. 따라서 국가들은 드론 기술 개발 경쟁에서도 기술력 격차에 민감해질 수밖에 없다. 미국이 중국의 드론 기술 개발에 대해 방어적인 태도를 보이는 이유를 이와 같은 맥락에서 이해해볼 수 있다. 절대적인 수준에서 비교해보면 중국의 드론 기술은 아직 미국의 기술력에 한참 부족하다. 하지만 상대적인 수준에서 중국은 꾸준히 미국의 기술력과의 격차를 줄여오고 있다. 이러한 기술력 격차의 감소는 미국의 입장에서 자국의 드론 기술의 권력적

효과의 소실로 인식되어, 궁극적인 협상력 약화 및 위협의 신빙성 축소를 우려하는 상황으로 이어지게 되는 것이다. 정리하자면, 현실주의적 관점에서 분석한 드론 기술의 국제정치적 함의는 국가 간 힘의 균형 및 국가의 권력적 도구의 효과에 영향을 미치는 변수의 등장이라고 볼 수 있다.

자유주의적 관점에서는 기술의 발전이 국가 간 관계 및 상호의존성에 유의미한 변화를 초래하는 변수가 된다. 드론 기술의 경우, 기술개발의 주체가 국가 행위자로 국한되어 있지 않으며 민간 행위자를 포함한 비국가 행위자의 역할이 증대되고 있다. 즉, 미래의 전쟁 수행 기술인 드론 기술의 개발 과정에서는 국가를 중심으로 하는 주권 체제의 기반이 약화되고 있을 뿐만 아니라 국가 행위자로부터 독립된 새로운 행위자가 등장한 것이다. 이러한 변화는 곧 국제정치환경의 복잡화로 이어질 가능성을 높이게 된다. 기존의 전통적인 무기 기술의 경우, 기술의 개발은 국가 행위자의 주도로 진행되었기 때문에 신기술 출현의 국제정치적 함의 역시 주권 체제를 기반으로 하는 국제정치환경의 흐름을 따라 발생하였다. 그 대표적인 사례가 핵무기 기술이라고 볼 수 있다. 국가 행위자에 의해, 그리고 국가 행위자를 위해 개발된 핵무기 기술은 기존의 국제정치환경에 내재되어 있던 국가 간 안보적 관계 능선을 기준으로 국제정치적 함의를 찾아볼 수 있었다. 반면 드론 기술의 경우, 기술을 개발하는 주체뿐만 아니라 기술을 보유하는 주체마저 민간 기업 및 테러 집단 등 다양한 비국가 행위자를 포함하고 있다. 이러한 현상은 곧 드론 기술의 출현이 국제정치환경의 복잡화에 기여하는 국제정치적 함의를 초래하며, 더불어 기술을 관리하는 국제 체제의 발족을 어렵게 하는 부차적인 함의까지 초래하게 된다.

아직까지 드론 기술 발전을 관리 및 통제하는 국제적 체제는 마련되지 않고 있다. 자유주의적 설명에 따르면 이러한 국제 체제 부재의 원인은 다양한 행위자의 등장으로 인한 글로벌 거버넌스 체제의 변화라고 볼 수 있다. 핵무기 기술의 경우에서 확인할 수 있듯이, 주권 국가로 이루어진 동질적 글로벌 거버넌스 체제에서는 신기술 출현의 관리 체제가 비교적 수월하게 구성될 수 있었다. 하지만 드론 기술의 경우에는 드론 기술의 출현과 함께 다양한 행위자가 대거 등장하여 국제 정치환경의 구조와 성격이 변화한 반면, 글로벌 거버넌스 체제가 그 변화에 발맞추지 못한 채 방황하고 있는 모습이다. 일례로 드론 기술 선진국으로서 미국이 기술 통제를 위해 MTCR이나 국내적 수출통제 레짐을 활용하고자 시도하고 있으나, 드론 기술을 보유하고 있는 여타 국가 및 비국가 행위자의 동조를 얻지 못해 역부족인 것으로 보인다. 게다가 다양한 행위자들이 지니는 이해관계 또한 모두 상이하기 때문에, 기술 출현에 영향을 받은 행위자들 간 공통의 이해 부재로 인해 글로벌 거버넌스 체제적 드론 기술 통제 레짐의 마련은 앞으로도 어려울 것으로 전망해볼 수 있다.

마지막으로 구성주의의 관점에서 드론 기술 출현의 국제정치적 함의를 도출해보면, 기술 그 자체보다는 기술이 만들어내는 행위자 간 상호적 담론의 구성을 통한 영향력의 재구성을 생각해볼 수 있다. 기술을 물질적 권력의 일환으로 분석하는 현실주의적 관점과 대비되는 구성주의적 관점은 기술을 특정한 결과를 초래하는 구조적 요인으로 분석한다. 따라서 드론 기술의 출현은 곧 행위자 간의 관계적 맥락 속에서 새로이 등장한 구조적 요인으로 이해할 수 있다. 또한, 새로운 구조적 요인의 등장은 곧 관련 담론의 구축을 필요로 하는데, 이 과정에서 주도권을 잡은 행위자가 영향력 범위 확장의 기회를 잡을 수 있다. 특히 기술 담론의 경우, 초반 담론 설정을 주도한 행위자가 기술의 향후 발전 방향을 제시하며 주도권을 잡을 가능성이 높기 때문에 담론 설정 경쟁이 치열하다. 드론 기술은 아직까지 비교적 초기 개발 단계에 있는 기술로서 아직까지 고착화된 담론이 구축되지 않은 상태라고 볼 수 있다. 따라서 현재 드론 기술 관련 담론을 포함한 규범, 규칙 및 가치 전반을 스스로에게 유리한 방향으로 구성할 수 있는 행위자가 향후 드론 기술이 활용되는 모든 국제정치환경에서 적지 않은 영향력을 발휘할 가능성이 높다. 특히 한번 설정된 기술 담론이 오랜 지속성을 지닌다는 점과 기술 담론을 설정할 기회가 흔치 않다는 점을 고려해보면, 첨단 드론 기술 담론을 주도하고자 하는 여러 행위자들 간의 경쟁이 보다 치열해지고 더 넓은 전략적 경쟁으로 확장될 여지를 고려하지 않을 수 없어 보인다.

정리하자면 이처럼 드론 기술의 출현은 전통적인 국제정치 이론의 관점에서 다양한 함의를 드러낸다. 4차 산업혁명 시대의 첨단 기술을 대표하는 기술 중 하나인 드론 기술이 국가의 역량 강화를 대변하여 국가 간 상대적 힘의 균형에 변화를 초래할 뿐만 아니라, 국가의 위협인식에까지 영향을 미치는 요인으로 작동한다는 점은 지금의 미국과 중국 간 패권 경쟁에 빗대어 볼 때 유의미한 국제정치적 함의를 보여준다. 또한, 드론 기술을 개발하는 다양한 행위자의 등장이 국제정치환경에서 주권 체제의 기반을 약화하는 동시에 국제정치환경을 복잡화해 글로벌 거버넌스 체제 마련을 어렵게 한다는 자유주의적 설명 또한 지금의 드론 기술 관련 체제 부재의 현실을 반영하고 있다. 게다가 드론 기술 개발 경쟁과 동시에 드론 기술을 둘러싼 담론 설정 경쟁의 양상이 나타나고 있는 모습은 구성주의적 측면에서 확인할 수 있는 드론 기술 출현의 국제정치적 함의라고 볼 수 있다. 하지만 새로운 기술은 그 특성상 출현한 후 멈춰 있지 않고 확산하는 경향을 보인다. 따라서 다음 절에서는 기술의 확산 과정에서 발생하는 국제정치적 변화의 흐름을 살펴보고자 한다.

III. 기술의 제품화 및 확산

여러 기술이 서로 다른 계기와 목적을 위해 발명되는 것처럼, 기술의 확산 역시 기술마다 서로 다른 형태로 진행된다. 확산 형태를 결정하는 요인은 원천기술의 내재적 특징에서 비롯되기도 하지만, 원천기술을 활용하는 방식이 확산 패턴을 결정하기도 한다(Goldman and Eliason 2003). 드론 기술의 경우에도 마찬가지이다. 드론 기술은 비행체 기술을 기반으로 하지만, 활용 목적에 따라 기술의 난이도가 차별화되며 확산 패턴이 좌우된다. 드론 기술의 활용 목적은 군수용 드론과 민수용 드론으로 크게 두 분류로 구분해볼 수 있는데, 각각의 용도에 따라 별개의 확산 패턴을 보여왔다. 대략적으로 비교해보자면, 군수용 드론의 확산은 군사안보적인 이해관계의 틀 속에서 대부분 진행되어온 반면, 민수용 드론은 시장 메커니즘의 영향을 보다 강하게 받는 모습을 보였다. 하지만 최근 군사작전 개념의 발전과 함께 민수용 드론의 군사적 함의가 강조되면서, 명시적 최종용도와는 별개로 드론 기술의 확산 과정에서 군사안보적 요인과 시장 메커니즘이 동시에 혼합적으로 작용하는 경우도 어렵지 않게 찾아볼 수 있다. 여기에서는 먼저 드론 기술의 최종용도별로 그 확산 패턴을 결정하는 요인들에 대해 짚어보고, 이러한 확산 패턴에서 발생하는 국제정치적 함의에 대해서 살펴보고자 한다.

1. 군수용 및 민수용 드론 기술의 확산 요인

드론 기술을 최종용도로 구분하여 그 확산 요인을 간략히 요약해보면, 군수용 드론은 국가 행위자의 내부적 및 외부적 요인에 의해, 민수용 드론은 시장의 수요와 공급 그리고 규모의 경제 원리에 의해 확산 패턴이 구성되어왔다고 볼 수 있겠다. 먼저 군수용 드론의 확산 요인을 내부적 및 외부적 요인으로 나누어 자세히 살펴보자. 여기에서 설명하는 드론 기술 확산의 내부적 요인이란 드론 완제품을 수입하거나 드론 원천기술을 자체적으로 개발하는 국가 행위자의 내재적 특성에서 발생하는 요인으로 정의하고자 한다. 첫 번째 내부적 요인은 드론 기술이 부여하는 전략적 이점이 국가의 전력 증강과 안보 증진으로 연결되는 것이다. 무인 드론의 활용은 국가가 공군 비행사를 위험에 처하게 할 확률을 낮추게 할 뿐만 아니라, 자국의 공군력을 직접적으로 증진할 수 있는 수단이 될 수 있다. 예를 들어 드론은 유인 항공기가 수행할 수 없는 장기간의 정보 감시 및 정찰 임무를 수행할 수 있으며, 인공위성 등 추가적인 무기체계와의 혼선 없이 실시간 정보에 접근성을 제공한다. 이러한 드론의 유용성은 인력과 자원의 절약으로도 이어지기 때문에 오랜 시간 동안 자세한 감시 임무를 수행해야 하는 작전에서 빛을 발한다. 단적으로 미국의 RQ-4 글로벌 호크 드론을 U-2 유인 감시정찰기와 비교해보면, U-2의 항공 시간은 단 몇 시간에 불과한 반면 RQ-4는 이론상 24시간까지 비행할 수 있는 것으로 알려졌다.

　두 번째 내부적 요인으로는 국가의 국내 정치 체제를 들 수 있다. 기존 연구에 따르면 드론 기술은 민주주의 국가와 권위주의 국가에게 서로 다른 이유로 확산된다. 민주주의의 경우 군사력의 희생에 민감하기 때문에 드론이 공군의 대체적 역할을 한다는 점이 매력적으로 여겨진다. 또한 민주주의 국가들이 노동집약적인 군대보다는 자본집약적이 군대를 선호한다는 점을 고려하면(Caverley 2014), 드론의 전장 투입은 공군 비행사의 희생을 피할 수 있을 뿐만 아니라 국내적으로 국방비 관련 예산 압박을 해소할 수 있는 수단이 될 수 있다(Horowitz, Kreps and Fuhrmann 2016). 반면 권위주의 체제에서는 쿠데타나 국내 분쟁의 위협이 상존하기 때문에 군대의 통제를 유지하는 것이 국내 정치적 주요 우선순위인 경우가 많다(Talmadge 2015). 따라서 독재정권에 가까울수록 권력 유지의 수단으로써 군사력에 의존하게 되는데, 군사적 쿠데타의 위협으로 인해 군의 사령관을 온전히 믿지 못하는 권위주의 정권에서는 드론이 최고 권위자의 군대에 대한 통제권을 보장하고 군사적 충돌이 발생했을 경우 취약성을 줄이는 수단이 될 수 있다. 게다가 국내 분쟁 발생 시, 드론이 "원격 조종 탄압"을 가능하게 하면서 독재자를 중심으로 하는 보다 중앙집권적인 탄압 작전을 벌일 수 있게 한다(Cronin 2013).

드론 기술 확산을 야기하는 세 번째 내부적 요인은 국가의 자체적 기술력 발전 정도이다. 기술을 수입하는 국가의 자체적인 역량은 기술이 확산된 이후 군사적 적용 단계에 큰 영향을 미친다(Fuhrmann 2012). 특히 드론을 활용한 장거리 작전이 작전 운용적인 면에서 높은 난이도를 야기할 수 있다는 점을 고려하면, 드론 수입국이 자체적으로 높은 수준의 군사적 역량을 갖췄을 때 가장 효과적으로 드론을 온전히 활용할 수 있을 것임을 알 수 있다(Gilli and Gilli 2016). 한편 드론 기술의 초기 개발 및 확산 단계를 지난 21세기 초반부터는 국가의 자체적 기술적 역량과 드론 기술 확산의 상관관계는 다소 희미해졌음을 짐작해볼 수 있다. 이는 드론의 원천기술을 보유한 국가들을 제외한 여타 기술 강대국들이 현세대의 드론 기술보다 더 고급의 기술력을 필요로 하는 4세대 전투기를 보유하고 있음에도 별도로 드론을 개발하고 있지 않는 모습에서 확인할 수 있다(Horowitz 2010).

　　마지막 네 번째 내부적 요인은 국가 행위자의 국제적 위신과 지위 추구라고 볼 수 있다. 군사 기술의 발전이 국가의 국제적 위신을 향상한다는 연구는 광범위하게 진행되어 왔다(Farrell 2005; O'Neill 2006; Musgrave and Nexon 2018). 드론 기술 역시 국제적 지위와 밀접한 연관성을 보이는데, 이는 곧 드론 기술이 미래의 전쟁 수행 패러다임을 규정하는 주요 첨단 무기기술 중 하나이기 때문이다. 즉, 드론 기술이 현대화된 군사력을 나타내는 지표로 작용할 수 있는 것이다.

　　다음으로는 군수용 드론 기술 확산의 외부적 요인을 짚어보고자 한다. 외부적 요인이란 국가 행위자의 외부적 환경 및 관계적 맥락에 대응하는 과정에서 발생(Posen 1993)하는 요인으로 정의할 수 있다. 첫 번째 외부적 요인으로는 국가 행위자가 처한 직접적인 안보 환경이다. 예를 들어, 국가가 주변국과 영토 분쟁에 당면하여 이전보다 심각한 안보 위협을 느끼거나, 영토 및 해양 분쟁에 휘말려 멀리 떨어진 지역의 감시 및 전투력 증진이 필요할 경우(Cochrane 2014) 드론 기술을 필요로 할 수 있다. 같은 맥락에서 테러리스트 집단이나 반란군으로 인한 안보 위협을 겪는 국가 행위자 역시 드론 기술을 획득하고자 할 수 있다. 특히 드론을 활용해 군대 인력의 소실 없이 비국가 행위자들을 공격할 수 있는 선택지는 국가 지도자에게 매력적일 수 있다.

　　두 번째로는 드론 원천기술을 보유하거나 드론 기술을 수출하는 국가와의 관계이다. 즉, 국가 행위자들은 직접 드론 기술을 개발하는 선택지 대신 드론 기술을 수출하는 국가와의 관계를 통해 완제품 드론을 획득할 수 있다. 드론과 같이 높은 안보적 함의를 지닌 기술의 거래는 주로 정치화된 패턴을 따르게 되는데, 드론 기술의 경우도 확산 초기에는 대체적으로 그러한 패턴을 보였다. 기존 연구에 따르면 여러 정치적 요인 중 군사적 동맹이 드론 기술 확산에 대한 가장 높은 설명력을 보여왔는데(Fuhrmann 2012), 최근에는 주요 드론 수출국들이 서로 상이한 드론 수출 패턴을 드러내며 동맹 관계의 설명력에 의문점을 제시한다. 즉, 군수용 드론을 수출하는 소수의 기술보유국들 간 수출 패턴이 서로 다를 뿐 아니라, 거래 자체에 대한 적극성 또한 국가별 격차가 큰 모습이다. 군수용 드론 기술보유국 중 가장 높은 수준의 기술력을 지닌 미국의 경우, 자국의 군용 드론을 군사동맹국에게조차 까다로운 조건으로 판매하는 경향을 보인다. 반면, 미국의 전략적 경쟁자라고 볼 수 있는 중국은 군용 드론 부문의 후발주자로 기술력의 수준은 미국보다 낮지만, 규모의 경제와 비교적 낮은 가격을 내세워 적극적인 고객 유치로 활발한 군용 드론 거래 양상을 보이고 있다.

마지막 세 번째 외부적 요인은 2010~2011년 즈음 발생한 국제 정치환경의 구조적 변화들이다. 먼저 가장 결정적인 변화로는 2011년 중국이 군용 드론의 공급자로 부상한 것이다. 위에서 언급한 바처럼, 미국과 달리 중국은 여러 국가들에게 적극적으로 드론을 공급하기 시작하였다. 중국의 군용 드론 시장 진출은 비민주주의 국가들의 입장에서는 군용 드론 시장에서의 공급 차원의 제약을 완화하는 요인으로 작용하였다. 또 다른 변화는 2010년의 '아랍의 봄'을 통해 발생했다고 볼 수 있다. 당시 중동의 비민주주의 국가들은 '아랍의 봄'을 저지하거나 개입하기 위해 무장 드론을 획득해 정권을 유지하고자 하였고, 이는 곧 군용 드론의 수요를 증가시키는 결과를 초래했을 수 있다. 그리고 마지막으로 2010년부터 2012년까지 미국이 파키스탄과 예멘에 가한 드론 공격의 여파가 민주주의 국가들의 드론 획득 수요를 감퇴했을 것으로 짐작해볼 수 있다.

이렇듯 다수의 복합적인 내부적 및 외부적 요인이 국가 행위자들의 군용 드론 기술 획득에 영향을 미칠 수 있는 반면, 민수용 드론 확산의 경우 기술 확산의 요인과 과정이 상대적으로 간단하다. 민수용 드론 기술의 확산은 근본적으로 시장 메커니즘에 따라 진행되기 때문이다. 즉, 국제적으로 거래되는 여타 상품들처럼 민수용 드론 역시 수요와 공급의 법칙에 지배되는 모습이다. 민수용 드론 기술 확산 과정에서 시장 메커니즘의 작동을 가장 확실하게 보여주는 사례는 중국 DJI의 성장세와 그로 인한 경쟁자들의 낙오이다. 2000년대 후반부터 민용 드론 기술이 활용되는 분야의 범위가 확장됨에 따라 자연스레 그 수요 또한 단기간에 빠른 속도로 증가하였다. 이러한 과정 속에서 민용 드론 기술이 빠르게 확산될 수 있었던 이유는 급증하는 수요를 받아낼 수 있는 거대한 규모의 경제(economies of scale)를 제공한 주요 행위자의 부상이 결정적이었다고 볼 수 있겠다. 즉, 민용 드론 기술 확산의 중심에는 공급자의 역할이 필수 불가결했다고 할 수 있는데, 그 결정적인 공급자가 중국의 민간 드론 기업인 DJI이다. DJI는 이미 세계 민수용 드론 네트워크를 장악하고 있는 모습인데, 2017년 기준으로 DJI의 매출액이 민수용 드론 시장에서 발생한 전체 이익의 80%에 육박하면서 실질적으로 타국의 경쟁 기업들을 주변화하였다. 게다가 업계 2위로서 시장의 5% 규모를 차지하는 유닉(Yuneec) 역시 중국 기업으로, 민수용 드론 기술 개발 및 보편화와 네트워크 구축에 있어 중국이 사실상의 독점 체계를 이루었다고 볼 수 있다.

주목할 점은 향후 상업용 및 소비자용 드론을 포함하는 민간 드론 시장이 군수용 드론 시장보다 더 빠른 추세로 성장할 것으로 예상된다는 것인데, 농업, 건축업, 부동산업, 미디어 등 다양한 업계에서 드론을 활용한 상(산)업 수요가 급속히 확대되면서 2025년까지 연평균

18% 이상의 성장세를 보일 것으로 추정되고 있다(Teal Group 2016). 즉, 민수용 드론 시장의 예상 성장 속도 및 규모로 미루어 볼 때, 기존 미국, 유럽, 이스라엘 등의 항공부문 선진국을 중심으로 발전되어온 글로벌 항공 시장 구조의 변화 가능성 역시 높게 점쳐지고 있다. 특히 민수용 드론 시장에서 약 70%를 상회하는 세계적 점유율을 차지하고 있는 DJI의 상승세에 힘입어 미래의 글로벌 드론 시장에서 중국의 입지가 점차 확고해질 것으로 보인다.

정리하자면, 군수용 드론 기술의 확산과 민수용 드론 기술의 확산은 서로 다른 요인들로 인해 서로 다른 패턴으로 진행되어왔다. 군수용 드론 기술의 확산 과정이 국가 행위자의 복합적인 내·외부적 요인에 영향을 받아왔다면, 민수용 드론 기술은 기본적인 시장 메커니즘 원리에 따라 경쟁적인 가격 및 소비자의 수요에 응답하는 제품력을 제공한 행위자의 시장 지배력 강화에 좌우되는 모습이다. 다음에는 이렇듯 기술이 제품화되어 개발되고 확산하는 과정에서 파생되는 국제정치환경의 변화의 흐름에서 기술 확산의 국제정치적 함의를 찾아보고자 한다.

2. 드론 기술 확산 과정의 국제정치적 함의

드론의 확산이 지닌 국제정치적 함의에 대해서는 이미 광범위한 연구가 진행되어오고 있다. 드론의 확산은 대표적으로 대테러정책과 대반란정책(Johnston and Sarbahi 2016; Mir and Moore 2019), 국가 간 분쟁의 확전 양상(Lin-Greenberg 2019), 국내 정치적 통제 및 억압(Horowitz, Kreps and Fuhrmann 2016), 무력 사용에 대한 대중적지지(Walsh and Schulzke 2018) 등 다양한 국제정치적 문제들에 대한 유의미한 함의를 지닌 것으로 알려졌다. 앞선 기존의 연구들이 드론 기술 확산 자체를 독립변수로 분석하여 흥미로운 결과를 보여주었다면, 여기에서는 드론 기술의 확산 과정에서 발견할 수 있는 국제정치환경에의 함의에 대해 짚어보고자 한다.

먼저 드론 기술을 가장 먼저 발명했거나, 가장 먼저 활용한 행위자가 국제정치환경에서 무조건적인 우위를 점할 수 있다는 보장은 없다. 현재로서는 항공 기술을 맨 처음으로 개발하고 군사적으로 활용한 서방 국가들이 군수용 드론 기술력의 우위를 점하고 있다. 하지만 드론 기술의 확산이 군사 부문을 넘어 민간 부문에서까지 활발하게 진행되는 과정에서 군수용 드론 기술력의 우위가 자동적으로 민수용 드론 부문에 적용되지는 못하는 양상을 확인할 수 있다. 즉, 단순히 새로운 기술을 세상에 소개하고 전장에 도입하는 것과 해당 기술을 광범위하게 적용하여 다양한 목적 달성의 수단으로 활용하는 것은 엄연히 별개의 문제인 것이다. 이는 곧 기술의 발명과 확산 주체의 분리에 대한 논의로 이어질 수 있다. 신기술을 발명해낼 역량을 지닌 주체가 향후 기술의 확산으로 인한 혜택을 온전히 받지 못하게 될 여지가 발생함과 동시에 그 여지를 착취하고자 하는 주체가 등장하기 때문이다. 달리 말하면, 원천기술을 개발 및 보유한 행위자들은 해당 기술이 초래할 혜택을 내재화해 보존하기 위해 지적재산권의 보호에 사활을 걸 것이고, 기술을 보호하고자 할수록 그 활용은 소극적이게 될 가능성이 높다. 반대로 원천기술을 보유하지 못한 후발주자격 행위자들은 지적재산권 침해나 기술 모방을 통해 상대적으로 낮은 수준의 기술력을 획득하고 난 뒤, 보다 적극적으로 해당 기술을 광범위하게 활용하여 기술 확산으로 인한 혜택을 극대화하고자 할 인센티브를 지닐 수 있다. 이러한 모습은 드론 기술의 확산 과정에서 나타나는 미국과 중국의 경쟁

구도에서 확인할 수 있다. 미국이 군수용 드론 기술을 가장 먼저 개발하고 기술력의 우위를 점하고 있지만 소극적이고 방어적인 태세로 기술의 확산을 저지해온 반면, 중국은 미국의 군수용 드론 기술을 모방해 보다 적극적으로 자국의 드론을 수출하며 국제정치환경에서 세를 넓히고 있는 것이다.

이러한 미국과 중국의 경쟁 구도는 곧 드론 기술 확산 과정에서 발현하는 네트워크 권력의 모습을 보여준다. 미국의 경우, 군용 드론 기술의 확산을 관리하고자 하는 체제 차원 리더십의 발휘와, 주요 군용 드론 기술의 유출과 확산을 최소화하고자 하는 국가 차원의 안보 이해가 서로 상충하는 모습이다. 결과적으로 미국은 소극적으로 네트워크를 치는 모습을 보였고, 이는 결국 네트워크 전체 차원에서 빈 공간을 만들어 다른 도전국들이 쉽게 차지할 수 있는 여지를 만들고 말았다. 또한, 네트워크의 특성상 미국의 기술을 사용하는 국가를 더 많이 링크할수록 전체적 네트워크에서 자국의 세를 확장할 수 있는 네트워크 권력이 발휘되기 용이함에도 불구하고, 미국은 소극적 또는 선택적으로 기술을 확산시키면서 결과적으로는 전체적인 관계적 맥락에서 자국의 영향력을 축소시키는 결과를 낳았다. 그 반면, 중국이나 이스라엘과 같은 도전국들은 미국의 소극적 네트워크 전략이 남겨둔 빈 공간에 전략적으로 침투하여 점차 세를 넓히는 모양새다. 즉, 네트워크 구조 안에서 중심적 행위자가 기대만큼의 능동적인 역할을 수행하지 않을 때 발생하는 네트워크 구조의 공백은 이러한 도전국가들이 적극적으로 관계적 링크를 연결하며 그를 통해 파생되는 권력 자원들을 활용할 수 있는 기회를 제공한다(김상배 2011).

또한 드론 기술은 그 확산 네트워크가 아직까지는 활짝 개방되어 있음과 동시에, 네트워크 자체의 유연성 및 호환성 또한 높게 유지되고 있기 때문에 네트워크 구조의 변경이나 여타 네트워크와의 상호연계 가능성 역시 크다고 볼 수 있다. 즉, 국제적인 통제 체제가 부재한 가운데 네트워크 내외적인 변화가 발생할 여지가 높고, 드론 기술의 특성상 미사일 등의 여타 무기체계와 결합되어 활용되어 보다 확장된 전략적 가치를 지니게 될 여지 또한 높다고 볼 수 있다. 그렇기 때문에 드론 기술 확산 네트워크상에서는 주요 행위자들 간 네트워크의 위치권력과 집합권력을 쟁취하고자 하는 권력 게임의 양상이 진행되어 왔음을 짐작해볼 수 있으며 앞으로도 심화될 여지도 높아 보인다. 게다가 드론과 같은 전쟁 수행 메커니즘을 변화시킬 것으로 예상되는 주요 미래전 기술의 확산 네트워크에서는 표준 세팅의 권력, 즉 게임의 제도, 체제 및 규칙을 설계하는 설계권력 경쟁 또한 치열할 것으로 보인다.

결국 드론 기술이 국제적으로 확산되면서 초래할 국제정치적 변화는 국가적 역량의 재분배이다. 드론 기술로 엮인 네트워크 전체적인 차원에서 가장 많은 세력을 확보한 주체가 그에 상응하는 국제적 영향력을 취할 수 있도록 하는 네트워크 권력이 발생하는 것이다. 드론 기술 확산의 과정 속에서 네트워크 권력의 우위를 점하기 위해 자국에게 유리한 프레임을 짜고, 적절한 맺고 끊기의 절차를 통해 자국의 편을 모으며 세를 확장하는 국가 행위자의 전략은 단순한 기술력의 격차를 뛰어 넘어서 국제정치적 힘의 균형에 실질적인 변화를 야기하는 변수로 작용할 수 있을 것이다. 즉, 이러한 네트워크 권력의 발현은 더 이상 기술력의 격차만이 국가 간 힘의 격차를 대변하지 않는다는 점을 보여주며, 네트워크 권력의 축적을 통해 한 국가가 상대국의 기술적 우월성을 뛰어넘을 수 있는 증폭제를 획득할 수 있음을 나타낸다. 마지막으로 이렇게 확산된 기술이 그 활용 및 응용 단계에서는 어떠한 국제정치적 함의를 지니는지에 대해서는 이어지는 IV절에서 자세히 분석해보고자 한다.

IV. 확산된 기술의 활용과 정당화

드론 기술이 확산된 이후, 기술의 응용 단계에서는 드론 기술의 내재적 특징인 이중용도성과 무인성(unmannedness)이 부각된다. 먼저 드론의 이중용도성은 확산 단계에서의 용도와 응용 단계에서의 용도 간 불일치를 초래하는 잠재적 요인으로 작용할 위험을 지닌다. 반면, 드론 기술 개발의 원천적 목적 중 하나로 볼 수 있는 무인성은 본래의 개발 목적에 걸맞게 무기 체계에서 인간 전투력을 대체하거나, 기존의 유인 전투기가 수행하지 못했던 새로운 작전 수행을 가능하게 한다. 하지만 드론의 무인성은 기술의 합법적 및 윤리적 경계선을 결정하는 데 영향을 미치고 그에 따른 드론 기술의 응용 방법 및 관련 정책에 대해 문제의식을 제고시킨다. 여기에서는 드론 기술의 응용 단계에서 드론의 내재적 특징들이 어떻게 표면화되는지 우선적으로 살펴본다. 그 후, 드론 기술의 응용이 국제정치환경에 어떠한 함의를 지니는지에 대해 설명하고자 한다.

1. 드론 기술의 이중용도성과 무인성

드론 기술이 내재하고 있는 대표적인 특징은 이중용도성이다. 즉, 같은 기술이 두 가지의 용도로 활용될 수 있다는 것인데, 드론 기술은 군수용 그리고 민수용으로 응용될 수 있는 기술이다. 앞서 III절에서 살펴본 바와 같이, 드론 기술은 제품화 및 확산 단계에서부터 이중용도성을 명백히 확인할 수 있으며 활용 단계에서 역시 그 이중용도성이 드러난다. 핵무기 기술과 같은 이중용도 기술과는 차별화되는 드론 기술의 이중용도성의 특징은 크게 두 분류로 구분할 수 있다. 먼저 첫 번째 특징으로는 드론 기술의 이중용도성은 그 응용 단계에서 여타 이중용도 기술보다 더 포괄적인 의미를 내포한다는 점이다. 핵무기 기술을 포함하는 대부분의 이중용도 기술은 제품의 어느 특정 부분이 이중용도성을 지니고 있어 해당 부분의 확산이 저지되는 모습을 보이는 반면, 제품의 최종적인 활용 단계에서는 확실하게 군사적 및 민간 용도로 구분되어 다루어지는 경향을 보인다. 한편, 드론은 부분적으로뿐만 아니라 최종적으로도 모두 이중용도성을 지니는 기술이다. 달리 말하면 군수용으로 개발되어 확산된 드론이 추후 민수용 목적으로 활용되거나 민수용 드론으로 완전히 전환될 가능성이 존재하는 것이다. 마찬가지로 민수용으로 개발 및 확산된 드론 역시 추후 군사용으로 응용될 수 있다. 이는 곧 드론 기술의 경우, 제품화 초기 단계에서의 용도와 활용 단계에서의 용도의 불일치가 발생하는 상황이 초래될 수 있음을 뜻한다.

요컨대 이러한 상황은 민수용 드론의 자동적 군사화, 혹은 군수용 드론의 자동적 민용화로 이어질 수 있다. 즉, 시장 메커니즘과 상업적 이해관계를 기반으로 확산된 드론이 그 활용 단계에서는 군사적 함의를 지니게 되거나, 군사적 목적으로 개발된 드론이 비군사적 목적으로 활용되는 것이다. 이 경우, 군수용 및 민수용 드론 기술의 확산 네트워크가 점차 혼합되는 양상을 보임은 물론, 드론 기술의 활용 단계에 이르러서도 두 용도의 구분이 점차 모호해지면서 기술 활용의 함의를 구분하기가 어려워지게 된다. 이러한 문제점은 드론 기술의 정

치적, 경제적 및 인도주의적 목적 사이의 상충적인 관계를 나타낸다
(Fuhrmann 2008). 민수용 드론 기술의 군사적 활용을 막으면서도, 동
시에 경제적 이해를 추구하는 적법한 거래에 영향을 끼치지 않으면
서, 평화적 목적 추구를 위한 드론의 획득에 간섭하지 않아야 하기 때
문이다.

　드론 기술의 이중용도성의 두 번째 특징은 드론 시장이 여타 이중
용도 기술과는 다르게 다양한 행위자들로 구성되어 있으며 민간-군사
부문 간 기술의 공유가 비교적 어렵지 않다는 점이다. 이는 곧 드론 기
술의 확산 단계에서 규제 마련의 어려움을 초래할 수 있는데, 기술을
규제할 기준을 정확히 정립하기 어렵기 때문이다. 마찬가지로 드론 기
술 활용 단계에서도 역시 민간-군사 부문 간 기술과 응용 지식뿐만 아
니라 완제품 드론마저 별다른 보정 없이 쉽게 이전되는 모습을 보이기
때문에 규제 기준을 세우기 쉽지 않다. 즉, 비군사적 환경에서 드론 기
술의 광범위한 활용도에 힘입어 높은 수준으로 발전된 소형 드론 기술
이 군사적 목적으로도 언제든 활용될 수 있는 것이다. 반대로 군수용
드론이 비군사적 목적으로 활용되는 경우도 있는데, 미국이 출입국 관
리에 리퍼 드론을 활용하는 경우(Nixon 2016)가 대표적 사례이다. 이
렇듯 개발 단계에서는 별도의 용도를 지닌 군수용과 민수용 드론 기술
이 결국 확산 및 활용 단계에 이르러서는 그 용도의 구분이 모호해지
며, 결과적으로는 드론 기술 활용의 규제적 틀 마련을 어렵게 한다고
볼 수 있다.

　드론 기술의 무인성 역시 기술의 활용 단계에서 뚜렷하게 확인할
수 있다. 가장 대표적 및 상징적으로 드론은 유인항공기를 대체한다.
유인항공기의 자원과 인력 차원의 단점을 보완하며 장거리 및 장시간
임무를 수행하거나, 고위험 지역에서 인명 피해를 최소화하기 위해 유

인항공기 대신 투입되어 작전을 수행할 수 있다. 또한, 드론 기술은 유인전투기, 핵무기 체계, 인공지능 등과 같은 여타 무기 기술과 결합이 용이하여 기술의 활용도 및 작전의 효율성을 제고할 수 있다. 예를 들면, 드론 기술은 F-35와 같은 고가의 유인전투기를 보조 및 호위하는 역할을 하거나, 핵무기의 지휘 및 통제와 정보 감시 및 정찰(ISR) 역량을 강화하고, 핵무기 역량의 물리적 보안 위험을 감소시키면서 기술보유국 및 아군의 군사적 안정감을 향상시킬 수 있다. 게다가 적군의 위협에 대한 새로운 방어 도구의 역할도 수행할 수 있으며, 드론을 미끼나 비행 지뢰로 배치하여 기존의 대공 방어를 보완할 수도 있다. 마지막으로 드론 기술은 기존에 존재하지 않았던 새로운 작전 개념의 발전을 촉진하여 군사 작전 운용의 지평을 확장할 수 있다. 일례로 군집(swarming) 및 다중 드론을 활용하는 군사 작전의 발전과 함께 고급 A2/AD 작전까지도 수행할 수 있게 하는 것이다. 게다가 드론 기술이 인공지능 기술과 접목되어 자율성을 제고한다면 재래식 탄두로 적군의 핵 자산을 공격할 수 있는 자율 스텔스 UCAV 및 극초음속 비행체의 개발로까지 이어질 수도 있다.

하지만 이러한 드론의 무인성은 기술의 활용이 내포하는 국제법적 합법성과 전쟁의 수단으로서의 윤리에 대한 논의로 이어진다. 특히 2004년부터 2009년까지 미국의 대태러전략에 의한 드론 공격 이후, 드론 활용의 합법성에 대한 논의가 드론을 군사적 수단으로 활용하는 법적 근거 및 윤리적 논거를 중심으로 진행되었다. 먼저 국제법상 드론의 활용은 무력 사용 결정(resort to armed forces)에 대한 법률과 무력 충돌(conduct of armed conflict)에 적용되는 법률을 통해 분석해볼 수 있다. 국가의 무력 사용 결정에 대한 법률은 UN 헌장, 국제관습법 및 일반원칙에 명시되어 있으며, 통칭 *"jus ad bellum"*으로 불린다. 무력 충돌 상황에서 무력이 어떻게 활용되어야 하는지에 대한 법률은 헤이그 조약, 제네바 협정, 국제관습법 및 일반원칙에서 찾아볼 수 있으며, 통칭 "*jus in bello*"라고 불린다. 즉, 국제법적 기준에 따르면 무력으로서의 드론 공격을 사용하고자 하는 결정은 *jus ad bellum*에 기반을 두어야 하며, 사용하는 방법은 *jus in bello*와 인권을 기반으로 해야만 한다. 미국의 파키스탄 드론 공격의 사례를 통해 드론 활용의 합법성과 윤리적 논거를 살펴보자면, 먼저 공격이 상당한 파괴력을 보였기에 무력의 사용으로 볼 수 있다. 국제법상 무력의 사용은 전장에서 활용되었을 때만 합법적일 수 있다. 하지만 미국이 파키스탄에서 활용한 드론 공격은 무력 충돌 상황이 아닌 경우에도 활용되었을 뿐만 아니라 파키스탄이 요청하지 않았던 조치였다는 점에서 국제법상 정당화되기 어렵다고 분석할 수 있다(O'Connell 2010).

반면, 드론 활용의 법학상의 논리와 더불어 윤리적 논거를 함께 살펴볼 필요가 있는데, 이는 법학상의 논리와 윤리적 논거가 밀접히 연관되어 있을 뿐만 아니라 드론 공격이 정전론의 맥락에서 윤리적 논점을 제시하기 때문이다. 드론 공격의 윤리적 논점은 드론 공격을 활용하는 것이 옳다는 주장과 드론 공격은 옳지 않다는 주장으로 양분되어 있다. 먼저 드론 공격을 활용하는 것에 찬성하는 연구는 적군으로부터 전투원을 멀리 위치시켜 보호하는 원격 조종 무기체계로서 드론의 가치에 기반을 둔다. 전투원이 도덕적으로는 정당화되지만 위험한 작전을 수행할 때, 정의롭게 작전을 수행할 역량을 간섭하지 않는 선에서 가능한 최대한의 보호를 제공해야 할 윤리적 의무를 드론의 활용이 가능하게 한다는 것이다(Strawser 2010). 하지만 드론 공격을 반대하는 연구는 드론이 심각한 인권 침해 및 인도주의 법률의 위반을 초래할 뿐만 아니라 정전론의 맥락에서 과연 정당한 전쟁 수단인지에 대한 의문을 제시한다(Kennedy and Rengger 2012).

정리하자면 드론 기술의 활용 단계에서는 드론 기술이 지니는 두 가지의 내재적 특성, 즉 이중용도성과 무인성이 부각된다. 드론 기술의 이중용도성은 여타 이중용도 기술보다 포괄적인 의미를 갖는데, 기술의 부분적인 측면과 최종적인 완제품 차원 모두 짙은 이중용도성을 띠기 때문이다. 이러한 이중용도성은 결국 제품화 초기 단계의 용도와 최종 활용 단계의 용도 간 불일치를 야기하여 궁극적으로는 두 용도의 구분을 점차 모호하게 하며, 기술 활용의 함의를 구분하기 어렵게 한다. 또한, 민간-군사 부문의 다양한 행위자 간의 기술 이전 및 부문 간의 용도 전환이 비교적 쉽다는 점은 드론 기술의 확산 단계에서 통제적 체제 마련의 어려움을 야기하는 요인으로 작용한다. 반면 드론 기술의 무인성은 드론 기술이 활용됨에 있어 유인항공기를 대체하거나, 여타 무기체계와의 결합을 용이하게 하거나, 새로운 군사 작전의 도입을 촉진하는데 기여한다. 하지만 이러한 드론 기술의 무인성은 국제법적 및 윤리적 문제점을 야기하는데, 무력으로서의 드론 공격 결정과 그 활용 방법의 합법성 및 도덕적 정당화에 대한 문제의식을 제고하기 때문으로 볼 수 있다. 아래에서는 이러한 드론 기술의 활용 단계에서 확인할 수 있는 드론 기술의 특성과 그로 인한 법적 및 윤리적 문제의식이 초래하는 국제정치적 함의에 대해 살펴보고자 한다.

2. 드론 기술 활용 과정의 국제정치적 함의

앞서 짚어본 바와 같이, 드론 기술은 초기 개발 및 확산 과정에서 정의된 용도와는 다르게 활용될 수 있는 가능성이 열려 있기 때문에 최종 용도에 대한 불확실성과 모호성을 지닌다. 즉, 공급 차원에서는 용도별로 구분되어 있는 네트워크를 통해 드론 기술을 확산하는 과정을 거침에도 불구하고, 확산이 진행된 후에는 과연 거래 당시 의도된 용도대로 기술이 적용되었는지 확신할 수 없다. 반대로 수요 차원에서는 높은 이중용도성을 갖는 드론 기술을 거래 당시의 의도에만 국한해 활용할 필요성을 느끼지 못할 수 있다. 이러한 불확실성은 결국 드론 기술의 확산 단계에서의 국제정치적 함의를 파악하는 것의 제한점을 드러낸다. 예를 들면, 군수용 드론 네트워크에서 거래된 드론이 정치 권력적 함의만 지닌다고 볼 수 없고, 민수용 드론 네트워크에서 거래된 드론이 경제적 이해에 대한 함의만 지닌다고 단순 평가 및 비교할 수 없기 때문이다. 따라서 여기에서는 드론 기술이 실제로 활용되는 과정에서 발생하는 국제정치적 함의를 자세히 파악하여, 드론 기술의 확산과 활용이 진행되고 있는 오늘날의 세계정치와 미래의 국제정치환경에 대한 시사점에 대해 정리해보고자 한다.

먼저 드론 기술의 최종 활용 용도에 대한 불확실성은 국제안보환경의 불안정성을 가중시킬 여지가 있다. 드론 기술은 최종 활용 용도에 따라 상이한 안보적 함의를 지니지만, 기술의 확산을 관리하는 과정에서 최종 용도를 확신할 수 없으므로 결과적으로는 기술이 국제안보환경에 미칠 영향 또한 확신할 수 없게 된다. 군용 드론 기술 확산의 경우, 국가 행위자들의 드론 수출입 거래는 국가안보전략의 일환으로서 진행되거나 국내 체제 및 역량에 의해 좌우되는 모습을 보인다. 확산 과정 이후 군용 드론이 국가의 안보 권력적 자원으로 활용될 때, 드론 기술은 활용 용도에 따라 국제정치환경에 복합적인 영향을 미칠 것으로 예상해볼 수 있다. 비무장 감시 정찰 드론의 경우, 휴전 혹은 국경 분쟁 지역을 감시, 정찰하는 임무를 수행하면서 궁극적으로 분쟁 국가 간 안정성에 긍정적인 효과를 야기할 수 있다. 반면, 무기를 탑재한 드론 전투기의 경우, 테러리스트 집단이나 반란군을 제거하거나 정부 지도자들을 암살하는 군사 작전에 활용될 여지가 비무장 드론에 비해 높으며, 국가 간 분쟁에 활용될 여지 또한 높기 때문에 결과적으로 국가 간 안정성에 부정적인 영향을 미칠 수 있다. 게다가 무장 드론을 보유하는 것만으로도 적국을 더 효과적으로 압박할 수 있는 도구의 역할을 하므로(Zegart 2020), 무장 드론은 적대국 간 전략적 안정성에 악영향을 미치는 요인으로 분석할 수 있다.

반면, 민수용 드론 기술 확산의 경우, 다양한 부문의 행위자들이 서로 다른 목적 달성을 위해 개인용, 산업용 및 상업용 드론을 거래하는 시장 경제 구조에서 발휘되는 권력 행사의 모습을 관찰할 수 있다. 근본적인 수요와 공급의 맥락에서 체결될 수 있는 민수용 드론 거래는 일견 국가 간 안보 관계와는 거리가 멀게 보인다. 사실 대부분의 개인 및 기업 행위자의 민수용 드론 거래는 표면적으로 드러나는 거래 이상의 목적을 위해 활용되지 않을 가능성이 높다. 하지만 민수용 드론이 국가 행위자에 의해 안보적 목적을 위해 활용될 여지는 명백히 존재한다. 따라서 기술의 확산 과정에서 기술을 공급하는 주체가 속한 국가 행위자는 민수용 드론 확산의 국제정치적 함의를 고려하지 않을 수 없다. 이는 곧 민수용 드론 네트워크가 국제정치 및 안보적 함의를 반영하는 형태로 변질될 수 있음을 뜻한다. 즉, 기술의 개발 및 확산 목적과는 별개로 기술이 활용되는 단계에서 군사적 용도로 귀결될 가능성을 저지할 수 없을 때, 기술 확산국은 자국에 대한 안보적 위협을 최소화하기 위해 민수용 드론 네트워크상의 안보 외부성을 내재화하고자 시도할 수 있다.

드론 기술 확산의 안보 외부성 내재화는 궁극적으로 민수용과 군수용 드론 확산 네트워크에 모두 적용될 수 있으며, 이는 드론 기술의 이중용도성이 야기하는 모호성에서 기인하기도 한다. 즉, 드론 기술의 활용 과정이 국가 안보적 목적과 경제적 목적을 확실히 구분할 수 없는 모호성을 보인다면, 차라리 군용과 민용 드론 기술 확산을 모두 안전한 안보화 논리로 묶어서 관리하는 것이 가장 최소한도의 안보 위협을 보장할 수 있는 국가 전략이 될 수 있는 것이다. 현재 미국이 보이고 있는 드론 기술 확산에 대한 인식이 이러한 드론 기술 확산 및 활용 과정의 안보화에서 기인한 것으로 설명될 수 있다. 군용 드론 기술의 확산은 강력한 국내의 수출규제와 국제체제하에 관리하고 있지만, 더 폭넓은 범위의 행위자들이 상호 다발적으로 거래하는 민간 드론 확산 네트워크의 이면에서 발생되어지는 의도치 않은 안보 외부성을 감당하기 위한 자체적인 관리 체제가 부재한 현재, 미국은 민수용 드론 기술의 확산 및 제품의 수출입을 안보화하는 전략을 택한 것이다.

이러한 드론 기술 확산 및 활용의 안보화는 드론 기술 최종용도의 불확실성과 더불어 국제정치환경에서의 안보 딜레마를 악화시키는 부정적인 영향을 야기할 수 있다. 특히 뚜렷한 전략적 라이벌이 존재하는 경우에는 기술의 안보화가 국제정치적 불안정성을 더욱 심화할 수 있다. 즉, 전략적 라이벌이 생산 및 확산하고 있는 드론 기술이 표면상으로는 민수용으로 거래되고 있지만, 실제로 거래가 완료된 후 군사 작전용으로 활용될 수도 있다는 불확실성의 고조와 그로 인해 쌓이는 국가 간 불신은 경쟁국 간 안보 딜레마를 심화할 수 있다. 게다가 초기에는 상업적 이해관계를 기반으로 구축된 민수용 드론 확산 네트워크가 점차 군사적 함의를 지니게 되면서 군수용 드론 확산 네트워크와 점차 혼합되는 양상을 보이게 될 수도 있다. 이는 곧 민수용 드론 네트워크에서 권력적 지위를 지닌 행위자들의 국제정치적 힘의 증진 및 국제정치환경에 새로운 주요 행위자의 등장을 불러일으킬 가능성을 높이게 된다. 오늘날의 미국과 중국의 드론 기술 확산 및 활용 패턴에 빗대어 보면, 점차 혼용되어 가는 군수용 및 민수용 드론의 활용 패턴에 따라 그 확산 네트워크 역시 혼재되어 간다면, 드론 네트워크의 주도권을 쟁취하기 위한 미국과 중국 간 경쟁이 더욱 심화될 것으로 예상해볼 수 있다.

드론 네트워크에서의 주도권 경쟁은 결과적으로 네트워크 권력의 실체화로 이어질 수 있다. 즉, 드론 기술의 최종용도가 안보화되어 용도의 구분이 의미가 없어질 경우, 군용과 민용을 통합하여 전체 네트워크상에서 가장 세를 많이 확보해놓은 행위자가 해당 기술 시장과 네트워크를 장악하는 권력을 지니게 될 수 있음을 의미한다. 이는 곧 중국의 민간용 드론 시장 장악이 갖는 국제 안보적 함의가 점차 커지고 있음을 뜻한다. 현재로서는 군용 드론 부문에서 미국이 중국의 군용 드론보다 고급의 기술을 탑재한 고비용, 고효율 드론을 생산하며 우위를 유지하고 있다. 하지만 향후 미래의 전장에서 소형 드론을 활용한 전략 개념이 본격적으로 활성화될 가능성을 고려해보면 민용 드론의 군수화가 얼마나 용이하게 이뤄지고 유지되는지에 따라 국가 간 군사적 우월성, 지위 및 역량의 재분배가 일어날 것이다. 이 경우, 중국이 지금까지 구축해 둔 광활한 민용 드론 네트워크가 중국의 네트워크 권력 증진에 막대한 영향을 끼칠 것이며, 미국의 군용 드론 기술의 우월성이 중국의 민용 드론 네트워크의 규모에 잠식될 가능성이 없지 않을 것으로 조심스레 예상해볼 수 있다.

마지막으로 드론의 군사적 활용에 대한 국제법적 및 윤리적 정당화는 국가 행위자들이 드론 기술을 활용하는 정책 결정 및 전쟁 수행 과정에 영향을 미칠 것으로 보인다. 특히, 국가의 정치 체제와 대외적 환경이 드론 기술의 법적 및 윤리적 경계선을 결정하는 주요 요인이 되어 정부의 드론 활용 방향을 제시할 것으로 생각된다. 하지만 아직 드론 기술의 군사적 활용에 대한 국가 간 공통의 규율 및 규범 체제가 마련되지 않았을뿐더러, 탈근대적 특성을 지닌 비국가 행위자의 무장 드론 기술 활용 등 새로운 변수의 등장 또한 향후 국제정치환경에서 드론의 군사적 활용에 대한 법적 및 윤리적 정당화의 향배를 예측하기 어렵게 한다. 게다가 드론 기술의 응용 단계에서 다양한 행위자들이 지니는 자율성 및 책임에 대한 명확한 정의 또한 결여한 상태이다. 이러한 현상은 전장에서 무장 드론의 활용에 대한 민주주의 국가들의 상반된 입장 표명의 사례를 통해 확인해볼 수 있다. 몇몇 민주주의 국가의 경우, 드론을 활용한 정밀 타격이 보다 정교하게 타겟을 구분할 수 있기 때문에 유인 전투기보다 더 윤리적으로 정당화될 수 있다고 설명한다(Brennan 2012). 하지만 반대로 다른 민주주의 국가들은 국제인도법 준수의 관점에서 볼 때, 민간인에게 피해를 초래할 가능성이 조금이라도 있는 드론의 활용은 적법하지 않다는 입장을 견지한다(Altmann 2013).

결국 드론 기술의 활용에 대한 국제법 및 윤리적 규범의 정립을 위해서는 기술의 활용 단계에서 다양한 행위자들이 지니는 자율성의 정도와 책임에 대한 정의 확립이 선행되어야 할 것으로 보인다. 그 후, 국가의 군사안보적 정책 수행 과정에 드론이 정당한 방식으로 활용될 수 있는 국제적 체제의 마련에 대한 논의가 이어져야 할 것이다. 이러한 논의의 과정에서 정전론의 개념이 접목되어 전쟁이 일어났을 때의 국가의 행동 방식을 설명한다면, 전쟁이 일어나기 전에 전쟁을 방지하기 위한 국가의 행위 및 국가 행위자가 지니는 윤리적 자율성에 대한 개념도 함께 다뤄져야 보다 포괄적인 국제정치적 이해를 도모할 수 있을 것으로 생각된다.

V. 맺음말

이 글은 기술의 발전 단계와 세계정치 간의 상관관계에 대한 국제정치학의 어젠다를 미래전의 첨단기술 중 하나로 꼽히는 드론 기술의 사례를 통해 짚어보았다. 특히, 드론 기술의 발전 단계별로 구분되어 진행된 지난 연구들이 제시하는 논점들을 분석해보고, 그로부터 국제정치적 함의를 도출해보고자 하였다. 또한 드론 기술의 출현, 확산, 그리고 활용 단계에서 각기 다른 성격 및 주요 특징을 지니는 행위자와 변수들의 등장이 기술의 발전 단계에 어떠한 모습으로 반응 및 적응해왔는지 살펴보면서 그 과정이 내포한 국제정치적 함의를 구체화해보고자 하였다.

먼저 II절에서는 새로운 기술의 출현 그 자체에 대한 국제정치적 어젠다를 검토해보면서 전통적인 국제정치학 이론들이 갖는 기술에 대한 관점을 정리해보았다. 새로운 기술의 출현은 국가 및 비국가 행위자 간의 상호의존성을 변화시키는 요인으로 작용하면서 국제정치환경에 영향을 미칠 것으로 볼 수 있었다. 특히 기술의 출현이 현실주의, 자유주의, 구성주의의 관점에서 각기 다른 역할을 하는 변수로 분석되고 있음을 확인하고, 그러한 이해를 드론 기술 발전의 사례에 적용해 드론 기술의 출현이 갖는 국제정치적 함의를 도출하고자 하였다. 현실주의적 관점에서 본 드론 기술의 출현은 국가 간 상대적 힘의 균형 및 위협 인식에 변화를 초래하는 권력적 함의를 지닌 변수로서, 미래전의 새로운 부국강경의 핵심 기술로 이해할 수 있다. 한편 자유주의적 관점에서는 드론 기술의 출현과 발전을 촉진하는 다양한 행위자의 등장이 국제정치환경에서의 주권 체제를 약화하고 글로벌 거버넌스 체제의 마련을 어렵게 한다고 분석할 수 있다. 마지막으로 구성주의적 관점에서는 드론 기술의 출현과 함께 드론에 대한 담론 경쟁의 모습이 나타나고 있는 현상에서 그 함의를 찾아볼 수 있었다.

기술 발전 단계에 따르면 신기술은 출현 이후 점차 확산되는 과정을 거치며 발전해 나간다. III절에서는 드론 기술의 확산되는 과정에서 작용한 주요 요인들은 무엇인지 짚어보며 확산의 과정에서 파생된 국제정치적 함의를 분석하였다. 먼저 드론 기술이 군수용과 민수용으로 나뉘어 서로 다른 확산 패턴을 보이며 확산되어온 기저에는 각기 다른 요인들이 작동한 것으로 볼 수 있다. 군수용 드론 기술의 확산이 국가 행위자가 당면한 여러 요인들에 영향을 받았다면, 민수용 드론 기술의 확산은 시장 메커니즘이 보다 강한 영향력을 발휘한 모습이다. 또한, 드론 기술의 확산 과정은 네트워크 지형을 이루며 진행된 것을 확인할 수 있으며, 그 과정에서 국가 간 네트워크상에서의 국제적 영향력 확보 경쟁을 통한 국가적 역량의 재분배를 예측해볼 수 있었다. 특히, 네트워크 권력의 발현이 국가 간 단순한 기술력의 격차를 뛰어넘어 국가 간 국제정치적 힘의 균형에 실질적인 변화를 초래하는 열쇠가 될 수 있다고 분석하였다.

다음으로는 기술이 확산된 이후 기술을 활용 및 응용하는 단계가 이어지는데, 드론 기술의 경우 이 활용 단계에서 두 가지의 내재적 특징이 부각되는 것을 볼 수 있었다. 첫 번째는 드론 기술의 이중용도성이다. 드론은 기술의 부분적인 측면과 최종적인 완제품 차원 모두에서 높은 수준의 이중용도성을 보이기 때문에 상당히 높은 활용도를 지닌 기술로 볼 수 있다. 하지만 이러한 높은 이중용도성은 결국 제품이 처음 만들어질 때의 용도와 최종적으로 활용될 때의 용도 간의 불일치를 야기하여, 두 용도의 구분을 점차 모호하게 할 위험을 지니게 된다. 게다가 다양한 행위자가 존재하는 드론 시장에서 기술의 이전과 용도 전환이 비교적 쉽다는 점 또한 드론 확산 및 활용 단계의 체제적 관리를 어렵게 하는 요인으로 작동한다. 두 번째 특성은 드론 기술의 무인성이며, 이는 기존 군사 작전의 효율성 및 효과를 증진하는 긍정적인 효과를 발휘할 수 있을 것으로 보았다. 반면, 드론의 무인성은 국제법적 및 윤리적 문제점을 야기하여 드론을 전장에서 활용하는 행위에 대한 합법성 및 정당화에 대한 문제의식을 제고하는 효과를 드러내는 함의를 지니기도 한다. 따라서 드론 활용의 국제법 및 윤리적 규범을 규정하고, 기술의 활용 단계에 참여하는 여러 행위자들 간 자율성 및 책임 소재 정립에 대한 논의가 필요한 것으로 보았다.

위처럼 단계별로 구분하여 살펴본 드론 기술의 발전 궤도는 각 단계마다 각기 다른 논점과 국제정치적 함의를 지닌 것을 확인할 수 있다. 특히 기술의 발전 단계 별로 작동하는 주요 변수 및 행위자의 성격이 상이하고, 그로 인해 발생하는 국제정치적 함의 또한 상이한 모습이다. 이는 곧 기술을 발전 단계별로 나누어 분석하는 것이 기술 발전의 국제정치적 함의를 보다 정확하게 분석할 수 있는 방안이 될 수 있음을 보여준다. 즉, 기술의 발전을 블랙박스에서 꺼내어 세분화함으로써, 기술의 발전 과정이 국제정치환경에 초래하는 변화와 그로 인한 함의를 보다 세밀하게 살펴볼 수 있는 것이다. 실제로 드론 기술이 세계정치에 미칠 영향에 관한 연구는 크게 드론의 확산에 대한 연구와 드론의 활용에 대한 연구로 나뉘어 진행되어 오고 있다. 두 연구 모두 드론이 향후 국제정치와 미래의 전장에서 주요한 변수로 작용할 것이라는 공통의 문제의식을 바탕으로 한다. 따라서 기존의 연구는 드론 기술을 어떤 행위자가 개발하고, 확산하며, 어떤 방식으로 활용하고자 하는지에 대한 분석을 통해 앞으로의 국제정치환경이 맞이할 변화에 대한 정교하고 복합적인 관점을 제시한다.

　하지만 이렇듯 기술의 단계별로 주제가 나뉜 연구들은 개별적으로 진행 및 발전되어온 과정에서 상호 간의 연결성 및 피드백 관계를 구축하지 못했음을 확인할 수 있었다. 즉, 드론 기술의 확산에 대한 연구는 확산의 요인이나 확산의 결과 등에 집중하는 반면, 드론 기술의 활용에 대한 연구는 드론 기술이 활용될 수 있는 방식은 무엇이며 그 방식이 초래할 국제정치적 변화는 무엇인지 파악하는 데 중점을 둔다. 게다가 드론의 확산과 활용에 대한 연구들은 주로 정책적 관점에서 전개되는 반면, 전통 및 신안보 국제정치적 이론의 적용 수준은 낮은 편인 것으로 보인다. 따라서 향후 드론의 발전과 세계정치에 대한 연구는 기술의 발전 궤도별로 진행되어 온 연구들 사이의 상호 연결성을 증진하고 피드백 관계를 마련하여, 드론 기술 발전의 단계별로 확인할 수 있는 국제정치적 함의에 대한 보다 견고하고 완전한 이해를 추구해야 할 과제를 풀어나가야 할 것이다.

참고문헌

김상배. 2011. "네트워크 이론의 국제정치학적 원용". 김상배 엮음. 『거미줄 치기와 벌집 짓기: 네트워크 이론으로 보는 세계정치의 변환』. 한울, 15-67.

Adler, Emanuel. 1986. "Ideological "Guerrillas" and the Quest for Technological Autonomy: Brazil's Domestic Computer Industry." *International Organization* 40(3): 673-705.

Altmann, Jurgen. 2013. "Arms Control for Armed Uninhabited Vehicles: An Ethical Issue." *Ethics and Information Technology* 15: 137-152.

Aron, Raymond. 1966. *Peace and War: A theory of International Relations*. Garden City, NY: Doubleday.

Ashley, Richard K. 1984. "The Poverty of Neorealism." *International Organization* 38(2): 225-286.

Brodie, Bernard. 1946. "The Atomic Bomb as Policy Marker." *Foreign Affairs* 27: 17-33.

Carnoy, Martin and Manuel Castells. 2002. "Globalization, the Knowledge Society, and the Network State: Poulantzas at the Millenium." *Global Networks* 1(1): 1-18.

Castells, Manuel. 2000. *The Information Age: Economy, Society and Culture (Pt. 1: The Rise of the Network Society)*. Oxford: Blackwell Publishers.

Caverley, Jonathan D. 2014. *Democratic Militarism: Voting, Wealth, and War*. New York: Cambridge University Press.

Cochrane, Joe. 2014. "At Asia Air Show, Plenty of Competition for Sale of Drones." *The New York Times*, February 16.

Codding, George A. 1972. *The International Telecommunication Union: An Experiment in International Cooperation*. Leiden: Brill.

Cowhey, Peter F. 1990. "The International Telecommunications Regime: The Political Roots of Regimes for High Technology." *International Organization* 44(2): 169-199.

Cronin, Audrey K. 2013. "Why Drones Fail." *Foreign Affairs* 92 (4): 44-54.

Farrell, Theo. 2005. "World Culture and Military Power." *Security Studies* 14(3): 448-488.

Ferguson, Yale H. and Richard W. Mansbach. 2004. *Remapping Global Politics: History's Revenge and Future Shock*. Cambridge, MA: Cambridge University Press.

Fuhrmann, Matthew. 2012. *Atomic Assistance: How "Atoms for Peace" Programs Cause Nuclear Insecurity*. Ithaca, NY: Cornell University Press.

Gilli, Andrea, and Mauro Gilli. 2016. "The Diffusion of Drone Warfare? Industrial, Organizational and Infrastructural Constraints: Military Innovations and the Ecosystem Challenge." *Security Studies* 25 (1): 50-84.

Gilpin, Robert. 1981. *War and Change in World Politics*. Cambridge: Cambridge University Press.

_____. 1987. *The Political Economy of International Relations*. Princeton, NJ: Princeton University Press.

_____. 2001. *Global Political Economy: Understanding the International Economic Order*. Princeton, NJ: Princeton University Press.

Held, David, Anthony McGrew, David Goldblatt and Jonathan Perraton. 1999. *Global Transformations: Politics, Economics, and Culture*. Cambridge, MA: Polity.

Horowitz, Michael. 2010. *The Diffusion of Military Power: Causes and Consequences for International Politics*. Princeton, NJ: Princeton University Press.

Horowitz, Michael C., Sarah E. Kreps, and Matthew Fuhrmann. 2016. "Separating Fact from Fiction in the Debate over Drone Proliferation." *International Security* 41(2): 7-42.

Johnston, Patrick and Anoop Sarbahi. 2016. "The Impact of US Drone Strikes on Terrorism in Pakistan." *International Studies Quarterly* 60(2): 203-219.

Karns, Margeret P. and Karen A. Mingst. 2010. *International Organizations: The Politics and Processes of Global Governance*. Boulder, CO: Lynne Rienner.

Kennedy, Paul. 1987. *The Rise and Fall of Great Nations*. New York: Random House.

Kennedy, Caroline and Nicholas Rengger. 2012. "The New Assassination Bureau: On the 'Robotic Turn' in Comtemporary War." *Carnegie Council for Ethics in International Affairs*, November 6.

Keohane, Robert O. and Joseph S. Nye. 1998. "Power and Interdependence in the Information Age." *Foreign Affairs* 77: 81-94.

Kraft, Michael and Norman Vig. Eds. 1988. *Technology and Politics*. Durham: Duke University Press.

Krasner, Stephan. 1991. "Global Communications and National Power: Life on the Pareto Frontier." *World Politics* 43: 336-366.

Lin-Greenberg, Erik. 2019. "Game of Drones: The Effect of Remote Warfighting Technology on Conflict Escalation (Evidence from Wargames)." Unpublished Manuscript, Columbia University.

McNeill, William H. 1982. *The Pursuit of Power: Technology, Armed Force, and Society since A.D. 1000*. Chicago: The University of Chicago Press.

Mir, Asfandyar and Dylan Moore. 2019. "Drones, Surveillance, and Violence: Theory and Evidence from a US Drone Program." *International Studies Quarterly* 63 (4): 846-862.

Morgenthau, Hans. 1961. "Western Values and Total War." *Commentary* 32: 277-304.

Morse, Edward. 1976. *Modernization and the Transformation of International Relations*. New York: Free Press.

Musgrave, Paul, and Daniel Nexon. 2018. "Defending Hierarchy from the Moon to the

Indian Ocean: Symbolic Capital and Political Dominance in Early Modern China and the Cold War." *International Organization* 72(3): 591-626.

Nixon, Ron. 2016. "Drones, So Useful in War, May Be Too Costly for Border Duty." *New York Times*, November 2.

O'Connell, Mary E. 2010. "Unlawful Killing with Combat Drones: A Case Study of Pakistan, 2004-2009." Notre Dame Law School Legal Studies Research Paper No. 09-43.

Ogburn, William. Ed. 1949. *Technology and International Relations*. Chicago: Chicago University Press.

Ohmae, Kenichi. 1995. "The Rise of the Region State." *Foreign Affairs* 72: 78-87.

O'Neill, Barry. 2006. "Nuclear Weapons and National Prestige." Cowles Foundation Discussion Paper 1560.

Posen, Barry. 1993. "Nationalism, the Mass Army, and Military Power." *International Security* 18(2): 80-124.

Rice, Condoleezza. 2000. "Promoting the National Interest." *Foreign Affairs* 79: 45-62.

Rosecrance, Richard. 1986. *The Rise of the Trading State: Commerce and Conquest in the Modern World*. New York: Basic Books.

_____. 1999. *The Rise of the Virtual State: Wealth and Power in the Coming Century*. New York: Basic Books

Rosenau, James. 2003. *Distant Proximities: Dynamics beyond Globalization*. Princeton, NJ: Princeton University Press.

Ruggie, John G. 1975. "International Responses to Technology: Concepts and Trends." *International Organization* 29(3): 557-583.

Shaw, Martin. 2000. *Theory of the Global State: Globality as Unfinished Revolution*. Cambridge: Cambridge University Press.

Skolnikoff, Eugene B. 1993. *The Elusive Transformation: Science, Technology, and the Evolution of International Politics*. Princeton, NJ: Princeton University Press.

Strawser, Bradley J. 2010. "Moral Predators: The Duty to Employ Uninhabited Aerial Vehicles." *Journal of Military Ethics* 9(4): 342-368.

Talmadge, Caitlin. 2015. *The Dictator's Army: Battlefield Effectiveness in Authoritarian Regimes*. Ithaca, NY: Cornell University Press.

Tannenwald, Nina. 1999. "The Nuclear Taboo: The United States and the Normative Basis of Nuclear Non-use." *International Organization* 53(3): 433-468.

van Creveld, Martin. 1999. *The Rise and Decline of the State*. Cambridge, MA: Cambridge University Press.

Walsh, Igoe James, and Marcus Schulzke. 2018. *Drones and Support for the Use of Force*. Ann Arbor: University of Michigan Press.

Waltz, Kenneth. 1959. *Man, the State and War: A Theoretical Analysis*. New York: Columbia University Press.

_____. 1979. *Theory of International Politics*. New York: McGraw-Hill.

_____. 1981. "The Spread of Nuclear Weapons: More May Be Better." Adelphi Papers 171. London: International Institute for Strategic Studies.

Wendt, Alexander. 1995. "Constructing International Politics." *International Security* 20(1): 71-81.

Zacher, Mark W. and Brent A. Sutton. 1996. *Governing Global Networks: International Regimes for Transportation and Communication*. Cambridge, MA: Cambridge University Press.

Zegart, Amy. 2020. "Cheap Fights, Credible Threats." *Journal of Strategic Studies* 43(1): 6-46.

엮은이

김상배 서울대학교 정치외교학부 교수
서울대학교 외교학과 학사 및 석사, 미국 인디애나대학교 정치학 박사
『사이버 안보의 국가전략 2.0: 국제규범의 형성과 국제관계의 동학』(2019)
『버추얼 창과 그물망 방패: 사이버 안보의 세계정치와 한국』(2018)
『사이버 안보의 국가전략: 국제정치학의 시각』(2017)
『아라크네의 국제정치학: 네트워크 세계정치이론의 도전』(2014)
『정보혁명과 권력변환: 네트워크 정치학의 시각』(2010)

지은이

김다인 서울대학교 경영학과 4학년

김지이 서울대학교 정치외교학부 외교학전공 석사

김지윤 서울대학교 자유전공학부 4학년

정서윤 서울대학교 정치외교학부 외교학전공 3학년

오예림 서울대학교 정치외교학부 외교학전공 4학년

이수연 서울대학교 정치외교학부 외교학전공 석사과정

홍지영 서울대학교 정치외교학부 외교학전공 석사과정

최정훈 서울대학교 정치외교학부 외교학전공 석사과정

노유경 서울대학교 정치외교학부 외교학전공 박사과정